Mario Krischel

The Torjäger

ullstein extra

MARIO KRISCHEL

THE TORJÄGER

HARRY KANE BEIM FC BAYERN

ullstein extra

Ullstein extra ist ein Verlag der Ullstein Buchverlage GmbH
www.ullstein-extra.de

Wir verpflichten uns zu Nachhaltigkeit
- Papiere aus nachhaltiger Waldwirtschaft und anderen kontrollierten Quellen
- Druckfarben auf pflanzlicher Basis
- ullstein.de/nachhaltigkeit

MIX
Papier | Fördert gute Waldnutzung
FSC® C083411

ISBN 978-3-86493-273-1

Gesetzt aus der Minion Pro
Satz: Pinkuin Satz und Datentechnik, Berlin
Druck und Bindung: CPI books GmbH, Leck
Printed in Germany

Inhalt

Prolog

Es war weit nach Mitternacht. Und ein Ende des Wartens nicht in Sicht.

»Wenigstens kann ich morgen ausschlafen«, sagte einer der Aushaltenden scherzhaft. Wie sonst hätte er sich und seinen Nebenleuten erklären können, was er hier eigentlich noch trieb?

Nüchtern betrachtet war es absurd, dass er hier stand und wartete. Und wartete. Auf einen Moment, der vielleicht gar nicht kommen würde. Aber vielleicht ja doch, sagte er sich. Eine Argumentationskette brauchte es ohnehin nicht.

Die Hoffnung allein genügte. Hoffnung darauf, ihn einmal zu sehen, bevor es alle anderen taten. Damit er es erzählen, auf Instagram posten und angeben konnte. *Seht her*, würde er dann vielleicht schreiben: *Da ist Harry Kane, der neue Bayern-Stürmer, der teuerste Bundesliga-Spieler aller Zeiten, der Superstar aus England. Und ich war live dabei!*

Mittlerweile war es nach 1 Uhr, als ein Schatten sich bewegte. Mehrere Schatten, noch mehr Bewegung. War er das etwa? Doch, das musste er sein!

Es war immer noch so warm auf dem Bürgersteig, zwischen all den Bäumen und Blättern, dass die meisten T-Shirts festklebten an den Rücken ihrer Träger. Die Sonnenbrillen waren längst in den Taschen verschwunden, dafür hier und da ein Leuchten zu sehen, vermutlich von einer mobilen Handy-Ladestation.

Dieser Freitagabend war anders als die anderen Freitagabende zuvor. Nicht nur, weil es nicht mehr regnete, oder weil es dreimal so warm war wie noch vor einer Woche. Was eigentlich auch normal war, wenn man darüber nachdachte. Es war schließlich Mitte August und nicht Anfang April.

An der Säbener Straße, wo der FC Bayern seine Büros hält, spendeten nur die Straßenlaternen einen halbwegs klaren Blick auf die silber-rote Hausfassade. Und dieses eine Licht da oben, im zweiten Stock. Es ließ sich nur vermuten, wer oder was sich dahinter verbarg.

Doch die, die hier standen, waren sich sicher: Es konnte nur Harry Kane sein, vielleicht noch sein Bruder, der auch sein Berater war; ganz sicher noch zusätzliche Entourage und auf jeden Fall die Bayern-Verantwortlichen. Jan-Christian Dreesen bestimmt, der CEO, wie man ihn heute nannte. Der Boss sozusagen.

Irgendwann mussten sie doch jetzt mal diese Verträge unterschreiben, damit Harry Kane neuer Bayern-Stürmer werden und die vielleicht zwei Dutzend Schaulustigen endlich nach Hause ins Bett gehen konnten.

Dieser Tag, der schon so absurd begonnen hatte, musste jetzt endlich ein Ende haben. Doch er war, wie sich keine 24 Stunden später zeigen sollte, nur ein Vorgeschmack.

Da oben, im zweiten Stock, öffnete sich nun tatsächlich ein Fenster. Unten, auf dem Bürgersteig, stieg die Nervosität, stieg die Lautstärke, nahm das Kribbeln wieder überhand.

Das Fenster ging auf, und er steckte seinen Kopf heraus. »Harryyyyyy«, riefen sie, die ausgehalten hatten, so laut es um fast 2 Uhr noch möglich war. Hastig entfernten sie die Ladekabel von ihren Handys, öffneten die Videofunktion und betätigten die Aufnahme-Taste.

Er da oben, im zweiten Stock, antwortete grinsend und winkte. Harry Kane, da stand er. Der neue Bayern-Stürmer, der teuerste Bundesliga-Spieler aller Zeiten. Da stand er, und sie alle waren live dabei gewesen.

Höchste Zeit, es der Außenwelt mitzuteilen.

1

Schweiß

Der Hype und das Debüt

Die äußere Fassade des fünfstöckigen Gebäudes glänzte etwas weniger als am Vortag, als starke Sonnenstrahlen die rosa-beige Optik noch heller hatten erstrahlen lassen. Die Sonne versteckte sich an diesem Samstag hinter einer Wolkendecke, was den heißen Temperaturen in München trotzdem keinen Abbruch tat.

Schwül war es schon um 9.30 Uhr morgens, als der Fanshop des FC Bayern am Münchner Marienplatz seine Tore öffnete, eine halbe Stunde früher als üblich. Den Dutzenden Mitarbeitern, die bereitstanden, war sehr wohl bewusst, was an diesem Tag auf sie zukommen würde. Es war nicht nur der Tag des ersten Pflichtspiels der Saison – Meister Bayern traf im Supercup auf Pokalsieger Leipzig –, es war zudem nur noch eine Frage von Minuten, bis der FC Bayern Harry Kane endlich als neuen Rekordtransfer der Bundesliga vorstellen würde und gleichzeitig das dritte, hauptsächlich in der Champions League zum Einsatz kommende Trikot präsentierte. All das in der Kombination mit einem Augusttag in einer der beliebtesten Städte Europas, an einem der meistbesuchten Orte Deutschlands würde ziemlich sicher einen selten da gewesenen Ansturm auf die Verkaufsregale bedeuten.

Im Dezember 2020 hatte der FC Bayern seinen neuen Flagship-Store in der Weinstraße eröffnet; aufgrund der Corona-Pandemie im kleinen Rahmen und ohne großen Fan-Ansturm. Der neue »Multikomplex« erstreckt sich über fünf Etagen und 3500 Quadratmeter, beinhaltet neben dem bisher größten Fanshop der Bayern außerdem ein Hotel, einen Lounge-Bereich sowie zwei Restaurants, eins davon eine bayerische Gastwirtschaft.

Als »FC Bayern-like« stufte Karl-Heinz Rummenigge, damals noch Vorstandsvorsitzender, das umgesetzte Langzeitprojekt ein. Sollte heißen: das Beste vom Besten, der Vorreiter in Deutschland und Europa. Die Mannschaft befand sich zu diesem Zeitpunkt schließlich als amtierender deutscher Meister, Pokalsieger und Champions-League-Sieger auf dem Thron des deutschen und europäischen Fußballs. Alles lief perfekt.

Rund drei Jahre später war von Corona-Schutzmasken nicht mehr viel zu sehen, stattdessen streiften sich Besucher die Sonnenbrillen von der Nase, bevor sie sich auf den rund 1000 Quadratmetern des Fanshops verteilten und um genau 10 Uhr eine Push-Mitteilung auf ihrem Handy erhielten. »FC Bayern nimmt Harry Kane unter Vertrag«, schrieb der Verein nüchtern in seiner Mitteilung, die ein Foto von Harry Kane mit Bayern-Vorstandschef Jan-Christian Dreesen zeigte. Beide strahlten im dunkelblauen Anzug, Dreesen im weißen und Kane im hellblauen Hemd mit offenem Kragen. Dreesen hielt die rechte und Kane die linke Hand am jeweils anderen Eck des Trikots, auf dem Kanes Name und die Zahl 2027 abgedruckt war. Nicht die Nummer 9, die schon im Fanshop präsentiert wurde, sondern die Vertragslaufzeit. »Der FC Bayern hat Harry Kane (30) von Tottenham Hotspur verpflichtet«, erklärte der FCB in seinem offiziellen Schreiben. »Der englische Nationalstürmer erhält beim deutschen Rekordmeister einen Vertrag bis 30. Juni 2027. Er wird für die Münchner mit der Rückennummer 9 auflaufen.« Gleich darunter setzten die Bayern einen Link und schrieben: »Sichert Euch jetzt das Trikot von Harry Kane mit der Nummer 9!« Und damit war der Wahnsinn eröffnet.

Für Harry Kane ging der 12. August nicht weniger rasant los, als der 11. August geendet hatte. Obwohl er das Vereinsgelände des FC Bayern nach der Vertragsunterschrift erst um kurz vor 2 Uhr verlassen hatte, kehrte er am Samstagmorgen bereits früh zurück. Der Alltag rief.

Im schlichten beigen T-Shirt, mit dunkelblauen Shorts, weißen Sneakers und einer schwarzen Sporttasche stieg er in der Tiefgarage aus dem roten Audi, der ihn am Vortag vom Flughafen in Oberpfaffenhofen abgeholt hatte. Mit einem Bayern-Mitarbeiter und einem kleinen Kamerateam machte sich der Engländer auf den Weg hinauf, an den Trainingsplätzen vorbei, zum Kabinentrakt. In der Umkleide begrüßten ihn erstmals seine neuen Mitspieler, der eine mehr, der andere weniger bekleidet. »*You good?*«, fragte Kane immer wieder höflich, stellte seine Tasche an den für ihn bereits vorgesehenen Platz und zog weiter auf der Vorstellungsrunde. Im Leistungszentrum, wo Kraftsport und Reha-Räume für individuelle Aufbauarbeit zur Verfügung stehen, begegnete Kane Thomas Müller, der seinen neuen Offensivpartner gleich umarmte und grinste. »Ich hatte schon eine Trainingseinheit«, erzählte der Urbayer auf Englisch und stellte Kane die Reha-Trainer und Physiotherapeuten vor.

Müller hatte wegen Hüftproblemen fast die gesamte Vorbereitung nicht mit der Mannschaft verbringen können und würde auch am Abend gegen Leipzig nicht zur Verfügung stehen. »Der Trainer hat gesagt, wir brauchen einen Platz für Harry im Kader«, sagte Müller, fuchtelte ein bisschen mit den Armen und fing an zu lachen, während Kane einen Arm um seinen neuen Partner legte. Müllers unnachahmlicher Humor hatte sich wohl bis nach London rumgesprochen. »Ich ziehe mich also zurück«, lachte Müller weiter.

Weiter ging es auch für Kane. Über Serge Gnabry, Teammanagerin Kathleen Krüger und weitere Mitarbeiter landete er wieder in der Kabine, wo jetzt auch der Rest der Mannschaft eingetrudelt war. Leon Goretzka begrüßte ihn oberkörperfrei, Joshua Kimmich hatte sich gerade mit frisch rasiertem Kopf das schwarze Trainingsshirt übergezogen. »*Finally, he?*«, fragte der Mittelfeldspieler und fing ebenfalls an zu lachen. Natürlich war niemandem in der Mannschaft die Transfersaga entgangen, die sich über die gesamte Vorbereitung erstreckt hatte. Und außerdem hatten Kimmich und Co. in der Vorsaison feststellen müssen, wie eine Bayern-Mannschaft ohne einen Topstürmer funktionierte – deutlich schlechter. Kanes zukünftige Zulieferer waren dementsprechend heilfroh, dass sie wieder einen Abnehmer von Weltklasse-Format in ihren Reihen hatten. Und das zeigte sich schon an Tag eins. »Bist du bereit für heute?«, fragte Kimmich. »Ich bin bereit«, antwortete Kane. *»Let's go!«*

Während die Mitspieler die Fußballschuhe zuschnürten, durfte der Neuzugang noch eine weitere Runde drehen, dieses Mal zum Trainerteam.

Zwei Monate hatte Thomas Tuchel nach seiner Amtsübernahme von Julian Nagelsmann gebraucht, um zwei offensichtliche Planstellen im Aufgebot des FC Bayern anzusprechen. Er wünschte sich für die neue Saison, seine erste mit richtiger Vorbereitung, einen Sechser, einen defensiv denkenden Mittelfeldspieler. Dieses Profil erfüllten Joshua Kimmich und Leon Goretzka nach Ansicht des Trainers nicht. Und vorn fehlte, für alle offensichtlich, ein Topstürmer, eine Nummer 9 mit Vollstrecker-Qualitäten, die Eric Maxim Choupo-Moting nicht und Youngster Mathys Tel noch nicht mitbrachten. Monatelang hatte Tuchel sich um Kane bemüht, Telefonate geführt, ihn in Nordlondon besucht. Und jetzt stand der ersehnte Heilsbringer in der Tür des Büros, wo das Trainerteam gerade eine letzte Besprechung vor dem Abschlusstraining gehalten hatte.

»Er ist hier, er ist hier«, strahlte Tuchel über beide Ohren. Er nahm Kane in den Arm, klopfte ihm mehrfach auf den Rücken und verteilte dann noch ein paar lieb gemeinte »Watschn«. »Ich kann es nicht glauben. Das ist so gut, das ist so gut«, sagte er. Glücklicher hatte man Tuchel in mittlerweile vier Monaten beim FC Bayern selten erlebt. Weil dem Trainer klar wurde, dass ein essenzielles Puzzleteil in seinem Idealbild einer Mannschaft nun da war. Ein Puzzleteil, das andere Lücken notfalls auch mal abdecken könnte. Dass mindestens ein weiteres Teil allerdings fehlte, sollte Tuchel in den kommenden Monaten viel zu oft vor Augen geführt werden.

Nachdem Kane auch Tuchels Co-Trainer in den Arm geschlossen und ein paar Nettigkeiten ausgetauscht hatte, fragte der Chefcoach seine Nummer 9 nach deren Befinden. Immerhin hatte Kane einen bemerkenswert aufreibenden Freitag hinter sich. »Wir schauen mal«, meinte der Stürmer und fragte sicherheitshalber noch mal nach. »Wir trainieren jetzt, oder?«

Um 11.30 Uhr joggte Kane als letzter Bayern-Profi in schwarzen Shorts und schwarzem Trainingsshirt auf den grünen Rasen, auf dem seine Kollegen bereits beim Ballhochhalten warteten. Begrüßt wurde der Neuzugang standesgemäß mit einer kurzen Rede des Trainers, Applaus von der Mannschaft und einem Spalier inklusive zusätzlicher Watschn. Mehr als ein lockerer Aufgalopp war das Training derweil nicht, das sogenannte »Anschwitzen« am Tag des Pflichtspiels, das zugleich ein Finale war, diente wie immer nur dazu, die Muskeln schon mal aufzuwärmen, den Körper hochzufahren.

In mehr als einem Jahrzehnt bei Tottenham Hotspur hatte Kane trotz diverser Auszeichnungen als Spieler des Jahres oder mehrfacher Torschützenkönig nicht einen einzigen Vereinstitel gewonnen. Nun bot sich ihm in München gleich am ersten Tag die Gelegenheit, den Fluch des Titellosen zu beenden. Auch wenn es nur der etwas weniger bedeutende Supercup war.

Jenen Supercup hatten die Bayern in sechs der vergangenen sieben Jahre gewonnen, 2022 ebenfalls gegen Leipzig. Damals, unter Julian Nagelsmann, hatte die Bundesliga nur staunen können, wie spektakulär die Bayern den Abgang von Robert Lewandowski aufzufangen schienen. Mit Sadio Mané, dem als »Weltstar« angepriesenen Neuzugang aus Liverpool, und einer variablen Offensive war Nagelsmanns Mannschaft erst mit 5:3 über RB hinweggefegt und eine Woche später zum Ligaauftakt mit 6:1 über Eintracht Frankfurt. Bis der Motor schnell ins Stocken geriet.

Dieses Mal, vor heimischer Kulisse, war Thomas Tuchel ebenfalls optimistisch nach einer gelungenen Vorbereitung am Tegernsee, in Tokio, Singapur und München. Die Bayern hatten sich gut verkauft in Testspielen gegen Champions-League-Sieger Manchester City, Liverpool oder Monaco. Das Training, stellte Tuchel erstmals und bei Weitem nicht letztmals fest, lief nahezu perfekt. Seine Mannschaft schien ideal vorbereitet, um mit einem Titel und neuem Schwung in die Saison zu starten und die alte vergessen zu machen. Die Last-Minute-Meisterschaft in Köln, ein Geschenk scheiternder Dortmunder, hatte die Defizite der Mannschaft nur schwer kaschieren können. Aber: Hatte sich wirklich genug verändert, um nun neu zu starten unter Tuchel?

Immerhin Kane war neu.

Während die Profis des FC Bayern sich zurückzogen und nach dem gemeinsamen Mittagessen noch mal durchschnaufen durften, brachen am Marienplatz nahezu alle Dämme.

Die Mittagshitze verwandelte die Münchner Innenstadt in eine Sauna und im klimatisierten Flagship-Store der Bayern blieben kaum zwei Meter Platz, um sich von links nach rechts zu bewegen. Aus dem Schaufenster grinste ein überdimensionaler Harry Kane in die Fußgängerzone. Der Neuzugang präsentierte das neue Champions-League-Trikot des deutschen Meisters, in *»off-white«*, also leicht beige gehalten und mit einem gestickten Blumenmuster und V-Ausschnitt versehen. Wer sich nach dem Eingang rechts hielt, bekam die ganze Facette offeriert: zunächst das neue, weiß-rote Heimtrikot, daneben das neue, schwarz-lila-grüne Auswärtstrikot und anschließend auch das neue, beige Champions-League-Trikot. Und überall stach die Nummer 9 hervor und stellte ehemalige Verkaufsschlager wie die 42 von Jamal Musiala oder die 6 von Joshua Kimmich schnell in den Schatten.

Die Treppe, die gleich hinter dem Eingang 23 Stufen ins Untergeschoss zur Kasse führte, war voll besetzt. Über hundert Meter erstreckte sich die Warteschlange. Nicht nur für die Kasse, sondern auch für die Flock-Station. Alle vorab präparierten Kane-Trikots mit der Nummer 9 waren so schnell vergriffen, dass Besucher sich nun extra eins bedrucken lassen mussten. Und weil das teilweise über eine Stunde Geduld erforderte, gaben manche ihr Trikot einfach an der Flock-Station ab und baten darum, es am nächsten Tag abholen zu können.

Allein an diesem Wochenende würde der FC Bayern rund 20 000 Kane-Trikots verkaufen und damit alle vorherigen Rekorde brechen. Abzüglich der Kosten und Anteile für Ausrüster Adidas blieben dem deutschen Meister pro verkauftem Trikot rund zehn Euro. Das ergab also am Samstag und Sonntag bereits einen Umsatz von rund 200 000 Euro. Inklusive aller verkauften Fanartikel löste der Supercup-Samstag damit auch den Sonntag nach dem gewonnenen Champions-League-Finale 2020 als verkaufsstärksten Tag der Vereinsgeschichte ab. München verlor sich im Kane-Fieber.

Ob die Mannschaft dieses Feuer abends am Leben halten könnte?

Im und um das Stadtzentrum leerten sich die Wirtshäuser am Spätnachmittag allmählich, und der Tross des FC Bayern machte sich auf den Weg zur Allianz-Arena. Am Marienplatz, Odeonsplatz oder an der Münchner Freiheit wurden die U-Bahn-Stationen ähnlich stark überlaufen wie zur selben Zeit der Fanshop. Weil keiner auch nur irgendwas vom Kane-Spektakel verpassen wollte, blieb bereits drei Stunden vor Spielbeginn kaum noch Luft zum Atmen in der U6 Richtung Garching-Forschungszentrum. Manche hielten eine Bierflasche in der Hand, andere eine Jacke, nur für den Fall. Und unter all die anderen Bayern-Shirts mischten sich jetzt schon zahlreiche Trikots mit der Nummer 9. Dass wirklich jedem Einzelnen dabei der Schweiß den Rücken herunterlief, schien den Großteil der Bahnfahrer kaum zu stören. Sie sangen, hüpften und waren bereit für eine neue Saison, für den ersten Titel der Spielzeit und ein großes Feuerwerk des FC Bayern. Ein Finale im eigenen Stadion, bei mehr als 30 Grad an einem Samstagabend im frühen August, dazu noch Harry Kanes Premiere. Der erste 100-Millionen-Euro-Spieler der Bundesliga-Geschichte. Und sie alle durften live dabei sein. Was konnte da schon schiefgehen?

Die Luft in der U-Bahn wurde drückender, doch die Laune immer besser. Die, die es sich irgendwie erträglich machten, steckten ihre schwitzenden Mitfahrer nahezu an. Als sich die Türen an der Endstation Fröttmaning öffneten, strömten die Massen aus den Waggons, nach frischer Luft hechelnd. Und die Fangesänge dröhnten lautstark durch den U-Bahnhof.

Der Mannschaftsbus des FC Bayern erreichte derweil ebenfalls frühzeitig die Arena, die an diesem Supercup-Abend ausnahmsweise neutral in Weiß leuchtete statt des obligatorischen Bayern-Rot. Bei den Zuschauern im Stadion dominierte dann wieder das Rot, auch wenn beiden Vereinen offiziell die gleichen Kartenkontingente zugestanden hatten.

Kane stieg aus dem Bus, überhörte die ersten Namensrufe dank der schwarzen Kopfhörer und begab sich im lockeren Spieltagsoutfit und mit rotem Bayern-Rucksack, begleitet von mehreren Kamerateams, erstmals auf den Weg in Richtung Heimkabine. Serge Gnabry, einst ausgebildet bei Tottenhams Erzrivalen FC Arsenal, begleitete Kane auf dem kurzen Weg in Richtung Arena-Rasen, einige Treppenstufen hinunter und dann wieder rauf. Schon jetzt hatten sich Abertausende Fans auf ihren Plätzen eingefunden, um bloß dabei zu sein, wenn der neue Superstar der Bundesliga zum allerersten Mal das grüne Geläuf der Allianz-Arena betrat.

Neuland war die Arena für Kane nicht, er hatte mit Tottenham einst ein von Audi gesponsertes Vorbereitungsturnier in München gewonnen und dafür im Laufe der Jahre ab und zu Lacher geerntet. Die Audi-Cup-Trophäe, die sich die Spurs im Endspiel des Mini-Turniers gegen Gastgeber Bayern sicherten, war bis dahin Kanes einziger »Titel« als Fußballprofi. Ob sich das gegen Leipzig ändern würde? An seinem ersten Tag beim FC Bayern?

Gelassen nahm Kane das erste Rumoren in der Arena auf, scherzte mit Jamal Musiala und schlich gemütlich zurück zur Kabine, die Treppenstufen wieder runter und rauf. Im roten, meterhohen Holzkasten hing sein Trikot in der Kabine bereits auf dem Bügel.

Und draußen machten erste Spekulationen die Runde. Dass Kane im Kader stand, war bereits klar. Aber würde er nach gerade mal rund 24 Stunden in seiner neuen Wahlheimat schon von Beginn an auflaufen? Ohne ein richtiges Training mit der Mannschaft? Möglich wäre es gewesen, das sollte Thomas Tuchel wenige Stunden später nur allzu deutlich und knatschig klarstellen.

Doch der Trainer entschied sich für den jungen Mathys Tel als alleinige Spitze. Das französische Talent war im Jahr zuvor für 20 Millionen Euro von Stade Rennes verpflichtet worden und hatte in seinem Debütjahr bereits erste Spuren hinterlassen. Nun bekam er seine Chance von Anfang an, auch wenn klar war, dass er seinen Platz ganz vorn schnell wieder räumen würde.

Während Tuchel seine Mannschaft ein erstes Mal einschwor, bevor diese sich zum Warmmachen auf den Rasen begab, machte sich wenige Meter weiter eine gewisse Anspannung auf den Tribünen breit. Längst waren bei den Fans die Handy-Kameras auf Abruf bereit, um möglichst schnell ein Foto schießen zu können vom Neuen, vom Hoffnungsträger.

Als die Mannschaft um kurz vor 20 Uhr endlich rauskam, schallte es in der Allianz-Arena bereits fast so laut, als hätten die Bayern schon das 1:0 erzielt. Das Interesse galt nicht so sehr dem 50 Millionen Euro teuren Abwehr-Neuzugang Min-Jae Kim aus Neapel, auch nicht so sehr dem einst 70 Millionen Euro teuren Abwehr-Neuzugang Matthijs de Ligt aus Turin oder dem Meistermacher der Vorsaison, Jamal Musiala. Alles schaute auf Harry Kane, der sich artig in alle Richtungen drehte und winkte, während der Stadion-DJ wohl nicht ganz zufällig »Rock you like a Hurricane« laufen ließ. Der 100-Millionen-Mann durfte sich etwas gemächlicher im Kreis der Ersatzspieler aufwärmen, die Atmosphäre aufsaugen und dann erst mal zuschauen, wie sich die neuen Kollegen so schlugen im ersten Do-or-Die-Spiel der Saison.

In 16 von 17 Bundesliga-Heimspielen der Saison beim FC Bayern wurden die letzten Plätze auf der Tribüne erst unmittelbar vor Anpfiff besetzt. Bei vielen Dauerkartenbesitzern löste ein Samstagnachmittag gegen Mainz oder Darmstadt schließlich nicht die Begeisterung aus, wie es beispielsweise ein Champions-League-Abend gegen Manchester United konnte.

Dieser Supercup-Abend gegen Leipzig dagegen fühlte sich beinahe an wie ein Champions-League-Halbfinale gegen Real Madrid, so sehr kribbelte es. So sehr war die Neugierde auf die Bayern nach Tuchels erster Vorbereitung zu spüren, vor allem aber die Vorfreude auf Harry Kane. Was wohl passieren würde, wenn er die Bayern an seinem ersten Tag zu seinem ersten Titel schoss?

Fürs Erste klatschte er mit ein paar Fans ab, die ihre Arme aus der ersten Reihe über die Ersatzbank der Bayern streckten. Kane, mit dem Trikot in der Hand, grinste, winkte weiter und nahm Platz. Er durfte sich erst mal anschauen, wozu der FC Bayern, sein neuer Arbeitgeber, ohne ihn in der Lage war. Oder wozu er eben nicht in der Lage war. Es gab ja einen Grund, warum dieser Verein 100 Millionen Euro auf den Tisch gelegt hatte, um Kane seinem Jugendverein zu entreißen.

Und die Gründe für diese Investition lieferte das Spiel gegen Leipzig. Leipzig führte früh nach einer Standardsituation, der Spanier Dani Olmo verpasste der Kane-Mania einen ersten Dämpfer. Die Bayern reagierten gut, spielten überlegen und erspielten sich Chancen. Nur nutzten sie sie nicht. Mathys Tel vergab frei stehend, auch Serge Gnabry verpasste aus aussichtsreicher Position. Und nachdem Kane unter dem nächsten, großen Jubel der Fans mit dem Aufwärmprogramm an der Seitenlinie begonnen hatte, schlug kurz vor dem Halbzeitpfiff Dani Olmo ein zweites Mal zu, dieses Mal wunderschön gegen den 70-Millionen-Verteidiger de Ligt und den frisch aus Leipzig verpflichteten Österreicher Konrad Laimer. Es schien alles so weiterzugehen wie in der Saison zuvor.

Gegen ebenjenes RB Leipzig hatten die Bayern im letzten Heimspiel der Vorsaison 1:3 verloren und Borussia Dortmund eine Runde vor Schluss an der Tabellenspitze vorbeiziehen lassen. Nur weil der BVB am Wochenende darauf überraschend und peinlich gegen Mainz gepatzt hatte, durften sich die Bayern in Köln zum elften Mal in Folge als deutscher Meister feiern lassen.

Jetzt, nur drei Monate später, entpuppte sich Leipzig schon wieder als Dorn im Auge, als Partycrasher und möglicher Titelverderber.

Tuchel reagierte in der Halbzeitpause dreimal, nahm de Ligt, Laimer und den wechselwilligen Benjamin Pavard vom Feld und brachte dafür den 50-Millionen-Mann Kim, den Flügelflitzer Kingsley Coman und den Rechtsverteidiger Noussair Mazraoui. Kane musste sich weiter gedulden und beim weiteren Aufwärmprogramm mit ansehen, wie die Kollegen eine Fahrkarte nach der anderen schossen. Gnabry, Musiala, Sané, Tel – sie alle trafen entweder den Ball oder das Tor nicht. Kane, der sich wie gerufen fühlen musste, griff sich mit den Händen durch die gegelten Haare. *Was macht ihr denn da?*, schien er sich zu fragen und erhielt dann das Signal von Fitnesstrainer Holger Broich: *Los, Junge. Der Trainer ruft, du darfst ran!*

58 Minuten hatte er beobachtet, wie es nicht ging. Jetzt sollte er dafür sorgen, dass es besser wurde. Alle standen sie auf, klatschten und jubelten ihrem Messias zu. »*Ladies and Gentlemen*«, setzte der Stadionsprecher Stephan Lehmann an und kostete diesen leinwandmäßigen Moment genüsslich aus, »*a magic moment*«, sagte er und zog Kanes Vornamen möglichst in die Länge. Und alle brüllten sie aus tiefster Seele: »KAAAANE!«

Wen kümmerte es schon, ob der Supercup jetzt gut lief oder nicht. Im schlimmsten Fall würde Leipzig den eben gewinnen. Aber sie, die es mit Bayern hielten, sie hatten jetzt Harry Kane. Den Stürmer, der all diese zuvor vermasselten Chancen genutzt hätte und in Zukunft nutzen würde. Und dann würden sie halt einfach alles andere gewinnen und sowieso wieder Meister werden.

Ein bisschen Abklatschen und Anlaufen war noch drin für Kane, dann wurde schnell klar, dass dieser Leinwand-Moment vorerst kein Happy End haben würde. Vier Minuten stand Kane auf dem Feld, da verursachte der Rechtsverteidiger Mazraoui im eigenen Strafraum einen Handelfmeter. Kane gesellte sich zu den Münchner Protestanten, nur um dann schnell festzustellen, dass sich von denen keiner auf Englisch beim Schiedsrichter beschwerte, er also nichts von all dem Gesagten verstehen konnte. Dani Olmo war das sowieso alles egal, er versenkte den Elfmeter wuchtig zu seinem dritten Tor und zog der Party in Fröttmaning endgültig den Stecker.

Kane, der titellose Torjäger, würde vorerst ohne Titel bleiben. Und die Bayern fanden sich nach Wochen der Vorbereitung genau da wieder, wo sie vorher gewesen waren. Inmitten vieler Rätsel und Fragezeichen. Reichte der Wunderstürmer Kane noch nicht aus? Wie ernst musste Tuchels Gesuch nach einem defensiven Mittelfeldspieler nun genommen werden? Und wann würde diese hochbezahlte Truppe endlich mal wieder ein halbwegs fehlerfreies Spiel bringen?

»Es ist die komplette Fortsetzung unseres letzten Heimspiels gegen Leipzig«, schimpfte der Trainer unmittelbar nach dem 0:3-Debakel in jedes verfügbare TV-Mikrofon und kratzte sich immer wieder demonstrativ am Kopf. Was war hier nur los? Ging das alles so unruhig und ungut weiter? »Es fühlt sich an, als hätten wir vier Wochen … gar nichts gemacht, als hätten wir uns gerade erst getroffen und würden komplett so weitermachen. Ich hab uns gesehen gegen ManCity, ich hab uns gesehen gegen Liverpool und Monaco. Und äh … es ist einfach … ich kann's nicht erklären. Es ist in allen Bereichen auf jeden Fall zu wenig«, sagte Tuchel ratlos und monierte »Hunderte Fehlerbilder«.

Viel deutlicher konnte ein Trainer eine Woche vor dem Start in eine neue Bundesliga-Saison nicht gegen seine eigene Mannschaft wüten. Die Mannschaft wohlgemerkt, die er in den Monaten zuvor schon oft genug verbal zerpflückt hatte. Dass er beispielsweise einen defensiven Mittelfeldspieler suchte, war ja keine Vermutung der Münchner Medien, sondern genauso deutlich von Tuchel ausgesprochen worden. Während der Vorbereitungstour in Asien hatte er seinen defensiven Mittelfeldspielern Joshua Kimmich, Leon Goretzka, Konrad Laimer und Ryan Gravenberch damit indirekt die Tauglichkeit fürs defensive Mittelfeld abgesprochen. Auf der anderen Seite gab es Spieler wie Manuel Neuer oder fortan Harry Kane, vor die sich Tuchel immer wieder schützend stellen sollte.

An diesem Abend jedenfalls, der eine Party werden sollte, aber keine wurde, redete sich Tuchel so sehr in Rage, dass kurzzeitig der Eindruck entstand, er würde mit dem FC Bayern um den Klassenerhalt kämpfen und nicht etwa darum, zum zwölften Mal in Folge deutscher Meister zu werden. »Es gibt keine Verbindung im Moment zwischen dem Zustand, in dem wir ankommen in einem Spiel, und dem, was wir abliefern«, schimpfte der Trainer weiter, kratzte sich am Kinn und am Kopf. »Es gibt null Prozent Zusammenhang. Das ist nicht gut. Das ist erschreckend. Das ist das Schlechteste, das es gibt, weil … ja.« Ja, weil? »Es ist so eine große Diskrepanz, dass es schwer ist, Erklärungen zu finden.«

Auch die hatte es in der Vorsaison schon gegeben, besonders in Mainz: die »Ja«- und »Ähm«- und »Keine-Ahnung«-Ausrufe. Tuchel schien ernsthaft besorgt zu sein um den Zustand dieser Mannschaft. Besorgt aber auch darüber, was das für ihn bedeutete. Hatte er diese Mannschaft, mit der er eigentlich alles gewinnen wollte, überschätzt?

Und was war eigentlich mit Kane, dem angedachten Star des Abends? »Für ihn tut's mir einfach nur leid«, sagte Tuchel etwas ruhiger und verpasste der restlichen Mannschaft gleich die nächste schallende Ohrfeige. »Er denkt wahrscheinlich, wir haben hier vier Wochen nicht trainiert. Ein sehr bitterer Abend für ihn, tut mir leid.«

Kane hielt sich an diesem Abend noch bedeckt, er würde am Sonntagmittag an Ort und Stelle Rede und Antwort stehen im Rahmen der offiziellen Vorstellungspressekonferenz. Für den Moment verschwand er, begleitet von seiner Entourage, aus den Katakomben und machte sich auf den Weg Richtung Hotel.

Tuchel, gefragt nach den nächsten Schritten für Kane und wie er ihn nach diesen stressigen Tagen aufbauen wolle, schnitt dem Reporter das Wort ab und guckte grimmig: »Gibt keinen Aufbau«, motzte er. »Gibt keinen Aufbau. Der hat vor ein paar Tagen gespielt, der hat die komplette Vorbereitung gemacht. Gibt keinen Aufbau. Der trainiert mit uns und startet gegen Werder Bremen. Was für Aufbau?«

Ob er denn die Mannschaft vielleicht noch kennenlernen müsse, schob der Reporter hinterher, und Tuchel feuerte einfach weiter. »Mannschaft kennenlernen … Wir müssen ihn kennenlernen, der muss nicht uns kennenlernen. Wir brauchen exakt … Gibt keinen Aufbau! Sollen wir Harry Kane aufbauen? Und dann was? 25 Minuten, dann 28 Minuten? Ja … Der spielt. Der spielt jedes Spiel. Fertig, aus. Er ist unsere Nummer 9.« Fertig, aus.

Ob das so gut ging?

2

Beginnings

Vier Transfers und die Verbindung zu Beckham

Eine halbe Stunde fährt die orange Overground-Linie aus Londons Mitte raus in den Norden, nach Chingford. Dort geht es weiter mit dem Bus und zu Fuß, bis man schließlich vor grünen Wiesen und einem blauen Container steht.

Er ist etwa vier Meter breit und vier Meter lang, und nur ein aufgeklebtes Schild verrät, wo man sich hier befindet. »Ridgeway Rovers FC« steht in blauen Großbuchstaben auf dem kleinen weißen Blatt, darüber das blaue Vereinswappen, das einen Rosenstrauß zeigt, darunter ein Link zur Vereinswebseite und die jeweiligen Facebook- und Twitter-Kanäle. Es scheint so, als hätten Instagram oder TikTok noch keine Rolle gespielt, als dieser Container zum letzten Mal aufgeschlossen wurde.

Erst Hunderte Meter im Hintergrund erstreckt sich ein zu erahnender Sportkomplex, der zu einer Schule gehört, links spielen auf einem der unzähligen Fußballplätze ein paar Kinder. Und noch etwas weiter dahinter trainiert gerade die U9 des FC Arsenal auf ihrem Campus.

Genau hier beginnt die Geschichte von Harry Kane.

Nach neun Jahren, 156 Toren und fünf deutschen Meisterschaften verabschiedete sich Roland Wohlfarth Ende Juli 1993 aus München und wechselte für umgerechnet 1,25 Millionen Euro vom FC Bayern nach Frankreich zur AS Saint-Etienne. Der »Beständige«, wie er im Verein noch heute genannt wird, hatte über die Jahre immer wieder neue Stürmer vor die Nase gesetzt bekommen, ob es Michael Sternkopf oder Brian Laudrup waren, und sich doch immer wieder behauptet.

Wohlfarth verewigte sich mit seinen Toren in den Geschichtsbüchern der Bayern, landete im internen Torjägerranking auf Platz vier hinter – dem uneinholbaren – Gerd Müller, Karl-Heinz Rummenigge und Rainer Ohlhauser.

Und während Wohlfarth im Sommer 1993 weiterzog nach Frankreich, erblickte in England ein baldiger Bayern-Torjäger das Licht der Welt. Am 28. Juli wurde Harry Edward Kane in Walthamstow im Norden Londons geboren, bereits vier Jahre zuvor hatten Vater Patrick und Mutter Kim den kleinen Charlie begrüßt.

Als Harry gerade das Sprechen lernte, zog die Familie noch ein Stück weiter nordöstlich nach Chingford, wo Englands zukünftiger Kapitän und Rekordtorschütze als Fünfjähriger eine Notiz auf seinen Schreibtisch kritzelte: »Ich will Fußball spielen.«

Also spielte er Fußball, gemeinsam mit Papa Pat und Bruder Charlie verbrachte Harry die Nachmittage im benachbarten Ridgeway Park. Entweder mussten Bäume als Torpfosten herhalten, oder die Tore wurden vom Fußballplatz nebenan über den Zaun geschleppt und stundenlang zerschossen.

Etwas anders sah es an der »Larkswood Primary School«, Kanes Grundschule, aus. Fußbälle waren verboten, also benutzten die Jungs ganz einfach Tennisbälle zum Kicken. Vielleicht, sollte Kane Jahre später zurückdenken, schadete es nicht, sich gleich im frühen Alter auf einen so kleinen Ball zu fokussieren, Präzision zu üben und Geduld zu haben. Auf dem Fußballplatz lief es anschließend nämlich gleich viel besser. Plötzlich waren die Bälle so groß und einfach zu treffen. Und zu halten.

Harry Kanes Geschichte könnte heute eine ganz andere sein, wenn Dave Bricknell damals nicht auf Patrick und Kim Kane gehört hätte.

Beim Ridgeway Rovers FC, dem nächstgelegenen Fußballklub für die Familie Kane, merkte Harry schnell, wie viel Freude ihm das

Spielen mit und gegen andere Kinder seines Alters bereitete. Das war noch mal ein ganz anderer Spaß, als im Park auf ein paar Bäume zu schießen. Plötzlich waren Trainer da, jubelnde und fluchende Eltern. Und Tore, die gezählt wurden.

Natürlich schoss auch Harry gern Tore, welches Kind tat das nicht? Doch als Trainer Dave Bricknell bei einem Training fragte, ob noch jemand als Torhüter zwischen die Pfosten gehen wolle, hob Harry die Hand und hielt alles, was auf seinen Kasten geflogen kam.

Patrick und Kim hatten andere Vorstellungen und baten Bricknell, Harry wieder aufs Feld zu stellen, am besten nach vorn. Bricknell gehorchte und holte Harry aus dem Tor.

Bei den Ridgeway Rovers, zwischen blauen Containern und Schulkomplexen, hatte Jahre zuvor bereits jemand das Kicken gelehrt, der dem kleinen Harry jetzt als Idol diente. Von Chingford aus brach ein gewisser David Beckham einst in die weite Fußballwelt auf und gewann, als Kane gerade anfing zu spielen, mit Manchester United in Barcelona gegen den FC Bayern die Champions League.

England hatte einen neuen Superstar und Harry schon früh einen Ansporn. Dorthin, nach ganz oben, wollte er auch.

Kane schoss Tore wie am Fließband, begeisterte und wurde gemeinsam mit seinem Kumpel und Teamkollegen Nico Yennaris bei einem Ridgeway-Spiel von einem Scout des FC Arsenal beobachtet. Die Gunners, wie man Londons wohl bekanntesten Fußballklub nennt, hatten ihre Jugendakademie nur eine Straßenecke weiter errichtet, also sollten Kane und Yennaris mal vorbeischauen und sich empfehlen.

Selbst beim FC Arsenal, dem sich Kane als Siebenjähriger anschloss, wusste niemand so richtig, ob dieser Junge mit den kurz geschorenen Haaren und den etwas aufgeplusterten Backen nun ein Stürmer war, ein Mittelfeldspieler oder nicht doch ein Torwart. Harry war schon damals ein höflicher, zurückhaltender Junge, er spielte und trainierte und ließ andere entscheiden. In seinem Inneren wusste er gleich, dass er lieber Tore erzielte als Tore verhinderte, und wurde letztlich zu seinem Glück gezwungen.

Ganz so glücklich verlief die Zeit beim örtlichen XXL-Klub allerdings nicht.

Schon damals schickten die Topvereine Europas ihre Scouts durch die Welt und zu benachbarten Sportklubs, um die Toptalente früh an sich zu binden und auszubilden, statt sie später für teures Geld kaufen zu müssen. Und schon damals hatte dieses System seine durchaus dunklen Seiten. Jedes Jahr wurden nach und nach talentierte Spieler dazugeholt, und die Spieler, die nicht übermäßig überzeugt hatten, wieder ausgesiebt, *»hire and fire«* wie im Berufsleben. Fair war und ist das nicht, wie wollte man bei Sieben- bis Dreizehnjährigen denn schon sagen, wer sich wie entwickelte?

Harry Kane jedenfalls wurde zu wenig zugetraut.

In seinem Jahrgang trafen Benik Afobe und Chuks Aneke nach Belieben für die U9 des FC Arsenal, Harry musste währenddessen mit den Spielern, die nicht fürs Spiel nominiert worden waren, am Vereinsgelände trainieren. Afobe und Aneke waren besser, entwickelten sich schneller. »Harry hatte eine gute Technik, aber er war in diesem Alter nicht besonders athletisch«, sollte Aneke, der selbst nie ein Premier-League-Spiel absolvierte, später »The Athletic« sagen. »Er war klein, nicht besonders schnell, ein bisschen pummelig. Es war schwer für ihn, seine Eigenschaften wirklich zur Geltung zu bringen.«

Als »etwas pummelig« und »nicht sehr sportlich« stufte auch Liam Brady, Arsenals damaliger Akademieleiter, Kane ein und teilte dessen Eltern mit, dass es für ihren Sohn nicht reichte. Also schickte Patrick seinen Sohn zurück zu den Ridgeway Rovers. Harry schoss Tor um Tor und fand die Freude am Spiel wieder. Hier, nebenan, war es kein Hauen und Stechen, kein ständiges »Wer ist besser, wer ist schlechter«. Hier konnte er mit seinen Freunden Fußball spielen, so wie es ein paar Jahre zuvor auch begonnen hatte. Auch wenn der Traum, es nach ganz oben zu schaffen, längst noch nicht begraben war.

Der nächste Versuch ließ nicht lange auf sich warten. Etwa anderthalb Jahre später stand ein inzwischen elfjähriger Kane beim anderen örtlichen XXL-Klub vor der Tür, den Tottenham Hotspur. Viele seiner Familie waren glühende Anhänger der Spurs, schließlich waren es von der White Hart Lane, Tottenhams Stadion, gerade mal fünfzehn Minuten bis zur Grundschule. Genauso wie zur »Chingford Foundation School«, der weiterführenden Schule, die Kane später besuchte, eine weitere Parallele zu seinem Idol David Beckham.

Auch Tottenham schickte Kane nach einem sechswöchigen Probetraining wieder weg, er war immer noch nicht gut genug. Also ließ er sich eine halbe Stunde weiter westlich zur Vicarage Road fahren und klopfte beim FC Watford an. Und endlich klappte es.

Den Verantwortlichen gefiel, was dieser »pummelige« Junge zeigte. Wie er mit dem Ball umging, was er für eine Schusstechnik und für einen Abschluss mitbrachte. Watford bot Kane einen Vertrag an, es stand jedoch noch ein Testspiel gegen Tottenham auf dem Programm, den Klub, den seine Familie unterstützte und der ihn nicht wollte.

Kane schoss drei Tore und erhielt noch an Ort und Stelle ein Angebot der Spurs. Jetzt also doch. Eine harte Entscheidung sei das damals gewesen, wie Kane später verriet. Aber Tottenham war der größere Klub, und die Familie würde sich sowieso mehr freuen.

Also unterschrieb Kane bei Tottenham, blieb in Nordlondon und unterschied sich schon damals von einem Großteil anderer Spieler. Dass ein Kind aus einem Nachwuchsleistungszentrum entlassen wird, zurück zu seinem örtlichen Verein geht und es dann noch mal in ein anderes Nachwuchsleistungszentrum schafft, war höchst ungewöhnlich.

So wie vieles im Laufe der Jahre bei einem Fußballer, der ein Torwart hätte sein können, ein Stürmer sein wollte und nun erst mal ein Mittelfeldspieler war. Und nicht mal ein offensiver.

Kane, immer noch recht klein und nicht sehr schlank, begann

bei den Spurs als defensiver Mittelfeldspieler. Als Balleroberer und Ballverteiler. Eigenschaften, die ihm im Verlauf der Karriere helfen sollten.

Erst etwas später wanderte Kane eine Position weiter nach vorn, doch war, anders als es seine Rückennummer 10 in diesem Alter eigentlich aussagte, nicht der Beste. Die besondere Schusstechnik fiel auf, ansonsten eher wenig. John McDermott, damals Akademieleiter bei Tottenham, erkannte, dass Kane kein außergewöhnliches Talent von Haus aus mitbrachte; dass er nicht schneller war oder höher sprang. »Ihm wurde nie etwas geschenkt, er musste immer für sein Trikot kämpfen«, wie er in einem Interview mit Sky Sport sagte.

Kane legte Extraschichten ein, um den Rückstand zu Mitspielern aufzuholen. Einen kleinen Motivationsschub verlieh ihm im November 2005 erneut Idol Beckham, der Monate zuvor noch mit einem Fehlschuss im Elfmeterschießen seinen Teil dazu beigetragen hatte, dass England im Viertelfinale der Europameisterschaft an Gastgeber Portugal gescheitert war.

Beckham, inzwischen bei Real Madrid und längst ein globaler Popstar, eröffnete im Londoner Stadtteil Greenwich, unweit der O_2-Arena, seine eigene Fußballakademie. Zur Einweihungsfeier lud er Mädchen und Jungs seiner alten Schule, der Chingford Foundation School, ein, die Kane gerade besuchte. »Ich weiß noch, wie aufgeregt ich war«, erinnerte sich Kane später. Die gesamte Truppe erhielt nicht nur ein Treffen mit Beckham, sondern auch ein Erinnerungsfoto.

Ein Foto, das fast zwei Jahrzehnte später um die Welt gehen sollte. Zu sehen ist darauf Beckham, mit stylischer Frisur und in weißer Trainingsjacke, wie er den rechten Arm um die Schultern eines jungen Mädchens legt, den linken um einen Jungen. Das Mädchen, mit geflochtenen Zöpfen, ist etwas größer als der Junge mit kurz geschorenen Haaren. Alle drei grinsen in die Kamera, der Junge, Kane, etwas schüchterner als Fotoprofi Beckham und das strahlende Mädchen.

Das Mädchen, Katie Goodland, würde zwölf Jahre später mit »Ja« auf die Frage von Harry Kane antworten, ob sie ihn heiraten wolle.

Das Foto hängt heute noch bei den Kanes zu Hause.

Mit 14 erhielt auch der kleine Harry endlich einen Wachstumsschub und war plötzlich der große Harry, einer der größten Spieler der Mannschaft. Kane wanderte hin und her, spielte zumeist als Zehner, in der U16 aber auch wieder als defensiver Mittelfeldspieler, entwickelte dadurch ein immer besseres Verständnis für seine Mitspieler. Vor allem für die Stürmer, für deren Laufwege und die richtigen Abspielmomente. Mit 16 unterschrieb Kane einen Scholarship-Vertrag bei den Spurs und belohnte sich damit für all die Extraschichten mit Jugendtrainern oder allein.

Er war noch immer kein »Standout«-Spieler. Keiner, der sofort ins Auge stach oder besonders herausragte. Auch heute erzählen ehemalige Akademietrainer eher ungern, dass sie Kane oft übersehen haben; dass sie dessen spätere Explosion nie erahnten.

Doch die Trainingsbereitschaft war immer sichtbar. Der unbedingte Wille, sich zu verbessern und notfalls zu quälen. Und es zahlte sich peu à peu aus.

18 Tore erzielte Kane in der Saison 2009/10 in lediglich 22 Einsätzen für Tottenhams U18, durfte zudem zweimal Profi-Luft schnuppern und bei der ersten Mannschaft auf der Bank sitzen. Erst bei einem Heimsieg im League Cup gegen Everton, als Robbie Keane und Tom Huddlestone zum 2:0-Sieg trafen und Kane mit der Nummer 37 immerhin Warmmachrunden drehte. Und anschließend bei einem Viertrunden-Wiederholungsspiel im FA Cup gegen die Bolton Wanderers, das Tottenham dank zwei Treffern von Roman Pavlyuchenko und zwei Eigentoren mit 4:0 gewann.

Kane war in Reichweite der ganz großen Bühne, auch wenn es für diese noch nicht reichte. Dem Debüt in der englischen U17-Nationalmannschaft folgten im Januar 2011 die ersten Schritte im Profi-Geschäft, im sogenannten »Herren-Fußball«.

Ein halbes Jahr nachdem Kane bei Tottenham seinen ersten Profi-Vertrag unterschrieben hatte, ließ er sich zu Drittligist Leyton Orient verleihen. Er konnte im Großraum London wohnen bleiben, musste nur einen längeren Arbeitsweg zurücklegen in den Nordosten der Hauptstadt.

Leyton kämpfte als 19. in einer Liga mit 24 Mannschaften gegen den Abstieg, hatte lediglich fünf Punkte Vorsprung auf die verbotene Zone und überschaubare 31 Tore in 21 Spielen erzielt. Trainer Russell Slade freute sich also auf Kane, der inzwischen nur noch als Stürmer agierte. »Ich bin sicher, dass er in den kommenden Monaten bei uns eine Rolle spielen wird«, prophezeite der englische Coach und lag nicht ganz weit daneben.

Eine Woche nach seinem Debüt als Einwechselspieler vor 2371 Fans in Rochdale, den ersten Minuten im bezahlten Profifußball, traf Kane bei seiner Startelfpremiere gleich zum allerersten Mal »ganz oben«, also zumindest bei den Erwachsenen, wenn auch noch nicht in der Premier League. In der 57. Minute stand der Teenager, der mit seinem inzwischen schlaksigen Körper und einem jungenhaften Gesicht auch wie einer aussah, nach einem Freistoß von Dean Cox genau richtig. Kane lauerte am zweiten Pfosten auf die Flanke, hielt den rechten Fuß hin und bugsierte den Ball aus der Luft unter die Latte.

Parallel schob sich der FC Bayern dank der Tore von Thomas Müller, Arjen Robben und Mario Gomez durch ein 5:1 gegen Kaiserslautern vorbei an Mainz 05 und hinter Hannover 96 auf Platz vier der Bundesliga-Tabelle. Tabellenführer Borussia Dortmund war bereits auf vierzehn Punkte enteilt.

Tottenham, Kanes Stammverein, holte gleichzeitig durch einen Treffer von Aaron Lennon in der Nachspielzeit immerhin noch einen Punkt bei Newcastle United und blieb Fünfter, dreizehn Zähler hinter Primus Manchester United.

»*Delighted*«, also begeistert, zeigte sich Trainer Slade nach Kanes erstem Tor beim ersten Startelf-Einsatz. Es dauerte drei Wochen, bis Kane wieder jubeln durfte. Dieses Mal als Joker, aber dafür gleich doppelt mit dem 3:1 und 4:1-Endstand gegen die Bristol Rovers. Die »O's« hatten sich längst aus dem Tabellenkeller befreit und klopften stattdessen nun an die Play-off-Plätze an. Nur drei Zähler trennten den Tabellenzehnten von Platz sechs, der zur Teilnahme an Aufstiegsspielen berechtigen würde.

Zwei weitere Male traf der 17-jährige Kane in seiner ersten Profi-Saison, blieb, auch weil er jetzt ab und zu wieder als Zehner gefragt war, in den letzten zwei Monaten der Leihe jedoch ohne Torerfolg und sah zudem einmal die Gelb-Rote Karte. Leyton Orient verpasste Play-off-Platz sechs um einen Zähler und wurde nur Siebter.

Scott McGleish, damals bereits 37 und auf seiner achten Profi-Station, spielte die meiste Zeit neben Kane im Sturm. »Man konnte seine Fähigkeiten sehen«, erinnerte er sich mal im »Bleacher Report«. »Die Sorge war, und ich bin ein älterer Mann, der mit Tottenham und Arsenal aufgewachsen ist, dass er wie ein typischer Tottenham-Spieler aus den 1980er-Jahren aussah. Technisch sehr gut, körperlich in Ordnung, aber von der Spielweise her ein wenig langsam. Wie Glenn Hoddle, sehr elegant, aber mit dem Ball in einem ziemlich lässigen Tempo.«

Wäre dieser Spieler schnell genug für die Premier League? »Alles, was die Premier League je getan hat, ist, jedes Jahr schneller und schneller und schneller zu werden«, fand McGleish. »Als Harry mit 17 Jahren zu uns kam, war es schwer abzusehen, dass er einmal ein Megastar werden würde. Er war ein junger Bursche, und es ging mehr um die Frage, ob er einen weiteren Vertrag bekommen würde. Aber er war gewillt, und er ging zu anderen Vereinen und wurde gebeten, Spiele zu bestreiten, anstatt nur dazusitzen und in der U18 oder U21 zu spielen. Er wollte die physische Seite des Männerfußballs kennenlernen, und ich glaube, das hat ihm geholfen.«

Kane hatte sich untergeordnet, hatte sich zurückgehalten und einfach gearbeitet. Eigenschaften, die für einen 17-Jährigen alles andere als normal waren.

Gestärkt von den Erfahrungen im Herrenbereich, kehrte er zurück an den Hotspur Way nach Tottenham, wohin er ohnehin an den meisten Tagen seiner Leihe gefahren war, um noch eine Extraeinheit zu absolvieren.

Die Saison 2011/12 verbrachte der nun 18-jährige Kane zum Großteil auf der Bank, durfte dafür aber in der Europa League seine große Premiere im Tottenham-Trikot feiern. Wobei »feiern« zunächst nicht der richtige Ausdruck war. Gegen den schottischen Klub Heart of Midlothian hatten die Spurs das Qualifikations-Hinspiel mit 5:0 gewonnen und dementsprechend wenig Sorge im zweiten Duell. Trainer Harry Redknapp wechselte komplett durch und warf auch Kane in die Startelf, zum allerersten Mal und dann auch noch zu Hause an der White Hart Lane, mit Familie und Freunden auf der Tribüne. Eine halbe Stunde war gespielt, als Kane vom gegnerischen Torhüter gefoult wurde, den fälligen Elfmeter selbst ausführte und vor einem lauten Gästeblock an Keeper Jamie MacDonald scheiterte.

Es blieb beim 0:0, doch Kane sollte auf europäischer Bühne weitere Chancen bekommen. In Irland, bei den Shamrock Rovers, erzielte der schmächtige Kane am 15. Dezember 2011 sein erstes Tor im Tottenham-Trikot zum 4:0-Endstand in der 90. Minute, nachdem er zuvor für Jermaine Defoe eingewechselt worden war. Mit dem damaligen Nationalspieler hatte Kane bereits als Elfjähriger auf einem Bolzplatz in Chingford gekickt, nun waren sie Teamkollegen. Auch wenn Kane noch immer ein gutes Stück fehlte, um ein fester Bestandteil der Mannschaft zu werden.

Zwei Wochen nach der Torpremiere schickte Tottenham Kane zusammen mit Teamkollege Ryan Mason vorerst wieder weg, dieses Mal nur eine Liga tiefer zum FC Millwall nach Südlondon.

Millwall kämpfte, ähnlich wie Leyton Orient ein Jahr zuvor, um den Klassenerhalt in der Championship. Und Kane sollte dabei helfen, den Abstieg zu verhindern.

»Er war sehr reif für sein Alter«, erinnerte sich Andy Keogh im Gespräch mit dem »Bleacher Report«. Der sieben Jahre ältere Keogh stürmte damals zusammen mit Kane, und nach fast zwei Monaten Anlaufzeit lief es langsam. »Sein Verständnis für das Spiel war ausgezeichnet. Man hätte nie gedacht, dass ich mit einem 18-Jährigen spiele.«

Nachdem Kane die ersten acht Spiele ohne Tor geblieben war, traf er in den verbleibenden 14 Partien der Ligasaison siebenmal, dazu doppelt im FA Cup und wurde als Millwalls Jungspieler der Saison ausgezeichnet. Die »Lions« beendeten die Saison auf Platz 16, 17 Punkte vor einem Abstiegsplatz.

»Jeder bei Millwall wusste, dass er ein Topspieler werden würde«, so Keogh. »Ich erinnere mich, dass einige der Jungs sagten, er würde für England spielen.«

Würde er auch, doch der Weg dahin beinhaltete noch ein bis zwei Barrieren.

Während der FC Bayern in Deutschland nach zwei Meisterschaften von Borussia Dortmund und einer 2:5-Demütigung im Pokalfinale gegen Jürgen Klopps BVB zum Großangriff ansetzte, präsentierte Tottenham mit André Villas-Boas einen neuen Trainer. Der Portugiese war drei Monate zuvor, nachdem er mit dem FC Porto das Triple aus Meisterschaft, Pokal und Europa League gewonnen hatte, beim FC Chelsea entlassen worden und sollte nun Tottenham um Schlüsselspieler Gareth Bale aufs nächste Level hieven. Die Spurs waren unter Harry Redknapp zwar Vierter geworden, jedoch wieder nur in der Europa League gelandet. Zu wenig für Vereinsboss Daniel Levy, der diesen chronisch erfolglosen Verein ans Maximum bringen wollte.

Kane, jetzt 19, nahm an der Vorbereitung teil, erzielte in einem Testspiel gegen den unterklassigen Verein Southend United einen Dreierpack beim 6:0-Sieg, und am 1. Spieltag war es endlich so weit, wenn auch nur kurz. In Newcastle lagen die Spurs fünf Minuten vor Schluss 1:2 zurück, als Trainer Villas-Boas den Mittelfeldspieler Sandro aus- und den Stürmer Kane einwechselte. Zu spät. Kane, reingeworfen in eine undankbare Situation in einem der lautesten Stadien Englands, richtete nichts mehr aus. Und durfte bald danach die Koffer packen.

Weil Villas-Boas im Sturm auf Jermaine Defoe und Emmanuel Adebayor setzte, schickte Tottenham Kane ein weiteres Mal auf Leihbasis weg, dieses Mal innerhalb der Premier League, zu Norwich City. Zum ersten Mal überhaupt verließ Kane London, sein Zuhause und sein gewohntes Umfeld, zog stattdessen vorübergehend in den Osten Englands ins beschauliche County Norfolk.

Das weiße Trikot wich einem kanariengelben Oberteil, und am 4. Spieltag, bei Norwichs 0:0 gegen West Ham, kam Kane zu seinem zweiten Premier-League-Einsatz, wieder als Einwechselspieler ohne Torerfolg. Es sollte lange so bleiben.

Elf Tage später traf Norwich im League Cup auf Drittligist Doncaster Rovers, Kane begann und legte Alexander Tettey das Tor des Tages auf, musste allerdings in der 50. Minute verletzt ausgewechselt werden und erhielt tags darauf die niederschmetternde Diagnose: Mittelfußbruch und Operation.

Gerade erst waren die Koffer ausgepackt, da kehrte Kane schon wieder zurück nach London, absolvierte das Reha-Programm bei den Spurs und kämpfte sich Stück für Stück zurück.

Zwei Tage vor dem Jahreswechsel brachte Trainer Chris Hughton Kane gegen Manchester City kurz vor der Pause beim Stand von 1:2 für den verletzten Steve Morison, doch Norwich verlor trotz langer Überzahl mit 3:4.

Der erste Startelf-Einsatz folgte drei Tage später, am Neujahrstag beim 1:1 gegen West Ham. Kane, immer noch ein schlaksiger Teenager, spielte als alleiniger Stürmer, blieb aber erneut ohne Scorerpunkt und verabschiedete sich wieder aus Norwich.

Weil Tottenham es, in der Liga auf Tuchfühlung mit Champions-League-Platz drei, nicht schaffte, auf dem Januar-Transfermarkt nachzulegen und einen neuen Stürmer zu verpflichten, holte Villas-Boas Kane frühzeitig von seiner Leihe zurück.

Les Ferdinand, langjähriger Tottenham-Stürmer und mittlerweile als Techniktrainer bei den Spurs angestellt, rief Norwich-Trainer Hughton an und holte sich ein Feedback ein. Kane, meinte Hughton, sei kein Neuner wie Ferdinand seinerzeit, aber auch kein Zehner. »Er ist eine Neuneinhalb«, befand Hughton. Ein Hybrid aus Stürmer und Spielmacher. Einer, der jeden Tag an seinem Torabschluss arbeite, aber trotzdem mehr und mehr am Spiel beteiligt sein musste.

Tottenham verlängerte Kanes Vertrag vorzeitig bis 2017, um ihn dann doch erneut zu verleihen, jetzt wieder in die zweite Liga zu Aufstiegsaspirant Leicester City.

Was folgte, war der *»low moment«* in Kanes Karriere, wie er es später erzählte. Er war gleich gesetzt und traf bei seinem zweiten Einsatz, einem 3:0-Sieg gegen die Blackburn Rovers. Anschließend blieb die Mannschaft von Trainer Nigel Pearson neun Spiele in Folge ohne Sieg und verlor die Aufstiegsplätze aus den Augen.

Kane war der Misere zum Opfer gefallen und spielte nur noch als Joker eine Rolle. Tottenhams Techniktrainer Ferdinand sah sich ein Spiel im Stadion an und telefonierte anschließend mit Kane. Ihm war aufgefallen, dass das Publikum durchaus gereizt auf das Abwehrverhalten der Spurs-Leihgabe reagiert hatte. »Wenn du zurückläufst«, sagte er ihm, »sprinte oder gehe, aber nicht joggen!« Wenn er joggte, erinnerte sich Ferdinand, »sah es immer so aus, als würde er traben, als würde er nach Luft schnappen«.

Kane traf immerhin am vorletzten Spieltag gegen Watford, konnte die 1:2-Niederlage aber auch nicht abwenden. Für Leicester reichte es zwar noch für Platz sechs und die damit verbundene Teilnahme an den Play-offs, hier war jedoch gegen Watford sofort Schluss.

Kane kehrte nach Nordlondon zurück, im Gepäck eine bohrende

Frage: *Wenn ich für Leicester in der Championship nicht spielen kann, wie soll ich es dann bei Tottenham in der Premier League schaffen?*

Die Antwort: So wie immer, mit jeder Menge Arbeit und Extra-Einheiten.

Die Familie fing Kane auf, schenkte ihm neues Selbstvertrauen. *Beweise den Zweiflern, also auch dir selbst, dass sie falsch liegen. Du kannst es schaffen!*

Nachdem der FC Bayern seinen Rachefeldzug gegen Dortmund mit einem donnernden 25-Punkte-Vorsprung in der Liga, dem Pokalsieg sowie dem Champions-League-Triumph im direkten Duell gegen den BVB beendet hatte, legte Pep Guardiola in München los.

Währenddessen feilschte Spurs-Boss Daniel Levy mit Real Madrids Klubpatron Florentino Perez um eine Ablösesumme für Gareth Bale. Der Waliser war Tottenham entwachsen, hatte in 44 Pflichtspielen der Vorsaison sensationelle 26 Tore und 14 Vorlagen beigesteuert und wollte nun unbedingt in die spanische Hauptstadt.

Trainer Villas-Boas ging schon mal präventiv auf Shoppingtour. Früher oder später, wusste der Portugiese, würde Levy Bale ziehen lassen müssen. Und weil er seinen Topstar nicht eins zu eins ersetzen konnte, verteilte er die Last auf mehreren Schultern, kaufte zum Beispiel den spanischen Stürmer Roberto Soldado für 30 Millionen Euro, den argentinischen Flügelspieler Erik Lamela für 30 Millionen Euro und den dänischen Spielmacher Christian Eriksen für rund 15 Millionen Euro.

Tottenham war nur Fünfter geworden und wieder nicht in der Königsklasse vertreten.

Kane spielte in Villas-Boas' Masterplan erneut nur eine untergeordnete Rolle.

Doch der Masterplan würde sich ändern.

3

Posterboy

Der Durchbruch bei Tottenham

Eigentlich sollte er wieder weg, zum fünften Mal. Doch dieses Mal legte Harry Kane sein Veto ein, teilte Trainer André Villas-Boas und Klubboss Daniel Levy mit, dass er sich bei Tottenham durchbeißen und nicht erneut verliehen werden wollte.

Geduld musste der nun 20-Jährige aufbringen, als ihm vor der Saison 2013/14 gleich mehrere hochpreisige Hochkaräter vor die Nase gesetzt wurden.

Für mehr als 120 Millionen Euro hatte Tottenham im Sommer neue Spieler eingekauft und durfte sich bestätigt fühlen, als Roberto Soldado gleich an den ersten beiden Spieltagen der Saison jeweils zum 1:0-Sieg traf.

Levy gab letztlich nach und verkaufte sein Juwel Gareth Bale für die Rekordsumme von 101 Millionen Euro an Real Madrid. So viel Geld hatte zuvor noch kein Verein für einen Spieler ausgegeben, doch die Spurs sahen sich gewappnet für den Abgang ihres Topscorers.

Während der FC Bayern dem BVB nach dem Triple-Sieg auch noch Mario Götze wegschnappte, es bei Neymar versucht hatte und dazu Pep Guardiolas absoluten Wunschspieler Thiago von Barcelona nach München lotste, formte Villas-Boas in Nordlondon das Team nach seinen Vorstellungen. Harry Kane spielte dabei nur eine Nebenrolle. Er durfte in zwei Qualifikationsspielen zur Europa League gegen den georgischen Vertreter Dinamo Tiflis mitwirken, acht Minuten als Joker in der Premier League und etwas länger im League Cup, wo ihm im Achtelfinale gegen Zweitligist Hull City das erste Tor gelang. Im Großen und Ganzen aber kam Kane in der zweiten Mannschaft zum Zug, in der »Premier League 2«. Dass er dort in acht Spielen acht Tore erzielte und fünf vorbereitete, schien bei Villas-Boas oben kaum anzukommen.

»Ich war nicht der beste Trainer für Harry Kane«, sollte Villas-Boas fünf Jahre später im Interview mit »The Players' Tribune« zugeben. »In meiner Zeit dort haben wir ihm einige Optionen auf Leihbasis gegeben, die seltsamerweise nicht wirklich gut für ihn waren, sodass er immer wieder zurückkam. Ich erinnere mich, dass ich ihm gegenüber immer wieder betonte, dass eine Leihe besser sei, und er mir gegenüber, dass es besser sei zu bleiben. Zu dieser Zeit haben wir Soldado häufiger eingesetzt. Es war keine leichte Zeit für ihn.«

Mitspieler munterten Kane auf, versicherten ihm, dass seine Chance kommen werde. »Was auch immer er bisher getan hatte, es war nicht genug«, sagte Les Ferdinand mal, der damals als Ansprechpartner der Leihspieler und Techniktrainer bei Tottenham arbeitete. »Irgendwann hat es bei ihm klick gemacht.«

Plötzlich war Kane der erste Spieler am Trainingsplatz und der letzte, der ging. Er legte zusätzliche Einheiten im Gym hin, baute Muskeln auf und wurde kräftiger, durchsetzungsstärker. Auch gefördert durch Boxtraining. Und weil er mit dem rechten Fuß schon vieles konnte, schloss Kane im Training drei Monate lang nur mit links ab.

Acht Tage vor Weihnachten, als die Bayern und Guardiola nach 14 Siegen aus 16 Spielen bereits wieder deutlich auf Meisterkurs lagen, feuerte Tottenham Trainer Villas-Boas nach einem 0:5 gegen Liverpool, übergab das Kommando dafür interimsweise an dessen bisherigen Co-Trainer Tim Sherwood, der bereits jahrelang unter Vorgänger Harry Redknapp als Assistent tätig gewesen war.

Für Kane änderte sich, auch wegen einer Rückenverletzung, erst mal nichts. Er musste zusehen, wie Stürmer Emmanuel Adebayor bei

Sherwoods Debüt, einem 3:2-Sieg in Southampton, doppelt traf, wie Stürmer Soldado eine Woche später beim 3:0 gegen Stoke City ein Tor selbst erzielte und eins vorbereitete. Wie Tottenham unter Sherwood zunächst von Sieg zu Sieg marschierte und die neu formierte Doppelspitze bestens funktionierte.

Ändern sollte sich das Schicksal des Eigengewächses erst im Frühjahr 2014.

Mit einem lauten Knall.

Anfang April hatte Pep Guardiola die Saison in Deutschland bereits für beendet erklärt, und seine Bayern hatten deswegen zum ersten Mal überhaupt verloren, am 29. Spieltag mit 0:1 in Augsburg. Sie waren schon deutscher Meister und konnten sich ihre Körner nun für das anstehende Champions-League-Halbfinale gegen Real Madrid aufsparen. Was gründlich schiefging.

Tottenham dagegen war gerade zum zweiten Mal gegen Liverpool unter die Räder geraten, die Spurs dümpelten nach wie vor auf Platz sechs herum. Die Champions-League-Plätze wieder mal außer Sichtweite.

Und jetzt hatte sich auch noch Stammspieler Roberto Soldado am Oberschenkel verletzt. Sollte Sherwood für das anstehende Montagabendspiel gegen Abstiegskandidat Sunderland also von seinem 4-4-2-System mit zwei Stürmern abrücken oder einem anderen Angreifer neben Adebayor das Vertrauen schenken?

Klubboss Levy stellte dem Coach in einer Vorbesprechung die gleiche Frage. Sherwood ging Position für Position durch, erzählte Levy, wen er in der Viererkette aufbot, wen im Mittelfeld. Und dass er im Sturm Harry Kane neben Adebayor einsetzen wollte. Warum denn in so einer kritischen Situation kein erfahrenerer Spieler vorn spielte, fragte Levy. »Weil Harry es sich verdient hat zu spielen«, antwortete Sherwood.

Intern gab es längst Überlegungen, Kane zu verkaufen. Leicester City stand bereit, bot Tottenham rund 600 000 Pfund, um den einstigen Leihspieler zurückzuholen. Obwohl Kane bei den »Foxes« eigentlich keinerlei Spuren hinterlassen hatte.

Levy war bereit, das Angebot anzunehmen, doch Sherwood intervenierte: »Tottenham wollte zu dieser Zeit nicht nur Spieler für die Premier League, sondern auch für die Champions League.« Ein Wettbewerb, der wieder in weiter Ferne lag.

Franco Baldini, damals technischer Direktor bei Tottenham, habe Levy laut Sherwood ins Ohr geflüstert, dass Kane nicht gut genug sei für die Ansprüche der Spurs. Sherwood hielt dagegen. In seinen Augen ergab es gar keinen Sinn, einen Spieler, der fast ein Jahrzehnt lang bei diesem Verein unter Vertrag gestanden hatte, für eine solche Summe abzugeben. 600 000 Pfund, so Sherwoods Rechnung, habe Kane ja allein in der hauseigenen Kantine an Lebensmitteln verspeist. »Es war also absoluter Blödsinn, ihn dafür gehen zu lassen. Am Ende musste Daniel jemandem vertrauen, und das Vertrauen kam dadurch zustande, dass Harry am nächsten Tag in der Startelf stand.«

Kane hatte trainiert, hatte hart gearbeitet, hatte sich nie beschwert und hatte gewartet. Und jetzt sollte seine Chance kommen, der erste Startelf-Einsatz in der Premier League. Und dann auch noch im eigenen Stadion, unter Flutlicht an einem Montagabend. Vor Freunden und Familie.

»Es ging einfach darum, dass der Junge sich das verdient hatte«, erzählte Trainer Sherwood bei »Talksport«. »Ich habe immer alle auf Augenhöhe beurteilt, und wenn ich das Gefühl hatte, dass sie im Training Leistung bringen, dann haben sie die Chance verdient. Harry hat das sicherlich getan.«

Ein schwieriges Gespräch mit Levy sei es trotzdem gewesen, wie Sherwood berichtete. Doch letztlich vertraute der Boss dem Trainer.

Mit knallgelben Nike-Schuhen und dem hautengen weißen Trikot betrat Harry Kane am 7. April 2014 den Rasen der White Hart Lane, zum ersten Mal als Startelfspieler für die erste Mannschaft seines Kindheitsklubs Tottenham.

Er war nicht gut genug gewesen für Arsenal, war nicht gut genug gewesen für Tottenham, war dann doch gut genug gewesen für Tottenham. War ein defensiver Mittelfeldspieler, offensiver Mittelfeldspieler oder Stürmer. Ein Neuner, aber eigentlich ein Neuneinhalber. Ein spielmachender Stürmer.

Die Rückennummer 37 tauchte mal ganz links auf, mal im zentralen Mittelfeld und mal vorn in der Box. Da, wo er eigentlich sein sollte. Gegen Sunderland gerieten die Spurs an jenem Montagabend schnell mit 0:1 in Rückstand, genauso schnell bot sich Harry Kane die Chance zum Ausgleich. Doch der 20-Jährige mit dem leichten Bartansatz ums Kinn scheiterte aus kurzer Distanz mit dem schwachen linken Fuß an Gästekeeper Vito Mannone. Sturmpartner Adebayor machte es besser, glich vor der Pause aus. Und dann schlug Kanes Stunde.

Eine Flanke des Spielmachers Christian Eriksen von der linken Seite fiel am Fünfmeterraum runter, genau dort stand Kane, schlich sich aus dem Rücken seines Bewachers Wes Brown, hielt den rechten Fuß rein und jubelte. Jubelte so, wie es ein 20-jähriger Junge in seinem ersten Startelf-Einsatz nach seinem ersten Tor für seinen Klub musste. Ausgelassen, freudestrahlend, die Arme ausbreitend.

Fast auf die gleiche Art und Weise, wie er für Leyton Orient drei Jahre zuvor sein erstes Tor im Herrenbereich gegen Sheffield Wednesday erzielt hatte, hatte er nun auch erstmals für Tottenham gegen Sunderland getroffen.

Ein Bewerbungsschreiben, das für eine zweite und dritte Vorstellungsrunde reichte.

Es hätte noch viel ikonischer werden können an jenem Montagabend, nachdem Kane bei einem Zusammenprall eine Platzwunde am Kopf davongetragen und anschließend mit einer Art Turban weitergespielt hatte. Mehrfach hatte er sich in der Folge stark durchgesetzt gegen Sunderlands bullige Abwehrreihe, hatte Chancen kreiert und Chancen gehabt. Eine davon rutschte unter Torhüter Mannone durch und kullerte in Richtung Linie, doch anstatt den Ball trudeln zu lassen, drosch Adebayor ihn ins Tor und klaute Kane den zweiten Treffer im ersten Spiel.

Er selbst nahm es gelassen, lächelte mit einem leicht blutverschmierten Gesicht und durfte zufrieden sein. Das hier war die perfekte Kostprobe für alles, was noch kommen sollte.

»Er war brillant«, lobte Trainer Sherwood nach dem 5:1-Erfolg und schaute in die Kamera: »Mach dich bereit für Samstag, Harry, weil du wieder spielst.«

Also stand Kane auch fünf Tage später, an einem sonnigen Nachmittag in den West Midlands, in der Startelf, dieses Mal im türkisen Auswärtsgewand gegen West Bromwich Albion. Der Tabellensechzehnte überrollte die Spurs eine halbe Stunde lang, nutzte jeden Fehler und führte 3:0. Nach dem Anschluss vor der Halbzeit köpfte Kane in der 70. Minute zum 2:3-Anschlusstreffer ein, ehe Eriksen in der Nachspielzeit noch auf 3:3 stellte.

Zu wenig für Tottenham, das die Champions-League-Träume wieder begraben musste. Kane allerdings setzte das nächste Ausrufezeichen. Und eine Woche später das nächste.

Gegen den Tabellenletzten Fulham köpfte der Angreifer wie schon gegen Sunderland zum zwischenzeitlichen 2:1 ein, letztlich gewannen die Spurs mit 3:1 und verteidigten den sechsten Platz, der wenigstens zur Europa-League-Qualifikation führen würde.

Dreimal hatte Kane in der Startelf gestanden und in jedem Spiel getroffen. Das Vertrauen, das Trainer Tim Sherwood dem Jungen aus dem Nachwuchs geschenkt hatte, hatte sich vollends ausgezahlt. Roberto Soldado, der 30 Millionen Euro teure Neuzugang aus Spanien, war nur noch Reservist.

Und sollte es bleiben.

Belo Horizonte, 9. Juli 2014: Thomas Müller hatte das erste Tor erzielt. Miroslav Klose das zweite, Toni Kroos das dritte und vierte. Sami Khedira dann das fünfte und André Schürrle später das sechste und siebte. Ein Spiel für die Geschichtsbücher hatte die deutsche Nationalmannschaft im Halbfinale der WM geliefert, den Gastgeber gedemütigt und das Final-Ticket gegen Argentinien gebucht.

Und nun, nur einen halben Tag später, saßen im kleinen Presseraum an der Säbener Straße in München nicht nur deutsche, sondern auch zahlreiche polnische Reporter. Der Sportvorstand Matthias Sammer betrat den Raum, um 12:03 Uhr zunächst mit dem von Eintracht Frankfurt verpflichteten Mittelfeldspieler Sebastian Rode. Und genau 30 Minuten später dann mit Robert Lewandowski, dem amtierenden Torschützenkönig der Bundesliga.

Bereits im Januar hatten die Bayern die ablösefreie Verpflichtung des polnischen Angreifers von Borussia Dortmund bekannt gegeben und dem BVB damit mal wieder ein kleines Stück Herz rausgerissen. Erst Mario Götze und nun Lewandowski. »Wir hatten viel Kontakt«, meinte Lewandowski an diesem 9. Juli 2014 über seinen alten und neuen Weggefährten Götze. »Er hat mir nur Gutes von der Mannschaft erzählt. Für ihn war der Wechsel gut, ich hoffe, dass es bei mir auch so sein wird.«

Auch in London wehte ein frischer Wind, obwohl sich die englische Nationalmannschaft nach nur einem Punkt gegen Costa Rica, Uruguay und Italien schon nach der Gruppenphase von der Weltmeisterschaft verabschiedet hatte.

Mit Tim Sherwood hatte Tottenham durch den sechsten Platz die Europa-League-Qualifikation erreicht, der Nachfolger von André Villas-Boas musste seinen Platz aber trotzdem räumen und wurde durch den Argentinier Mauricio Pochettino ersetzt.

Pochettino, einst von Trainer-Ikone Marcelo Bielsa als Spieler entdeckt, hatte sich einen Namen bei Espanyol Barcelona gemacht und war, 14 Monate vor Kanes Startelfdebüt unter Sherwood, in die Premier League zum FC Southampton gewechselt. Nun sah er in Nordlondon die Chance auf die nächstgrößere Aufgabe. »Es gibt hier eine Fülle von hochkarätigen Talenten im Verein, und ich freue mich darauf, die Arbeit mit der Mannschaft aufzunehmen«, wurde Pochettino im damaligen Vereinsstatement zitiert und nannte natürlich keine Namen.

Doch Kane war eines dieser »hochkarätigen Talente«, auch wenn das vier Monate zuvor nur die wenigsten gesehen hatten. Die Rückennummer 37 hatte Kane inzwischen gegen die 18 eingetauscht, von einer möglichen Ausleihe war längst keine Rede mehr.

Pochettino rückte ab von Sherwoods System mit zwei Stürmern, setzte zum Saisonstart bei West Ham auf ein 4-2-3-1 und stellte mit Adebayor die erfahrene Sturmkante vorn auf. Kane saß zunächst auf der Bank, sollte seinen großen Moment aber noch bekommen.

Nach einer halben Stunde spielten die Spurs in Unterzahl, nachdem Verteidiger Kyle Naughton die Rote Karte gesehen und einen Elfmeter verursacht hatte. Hugo Lloris hielt den Versuch von »Hammers«-Routinier Mark Noble. Nach 18 Minuten im zweiten Abschnitt herrschte wieder Gleichzahl auf dem Feld, weil West Hams Abwehrkante James Collins seine zweite Gelbe Karte erhalten hatte. Pochettino brachte frische Kräfte, unter anderem den ehemaligen Schalker Lewis Holtby im Mittelfeld und in der 82. Minute dann auch Kane für Adebayor.

Die dritte Minute der Nachspielzeit lief bereits, als Joker Kane den Ball im Mittelfeld mit dem Rücken zum Tor erhielt, sich einmal drehte und sofort flach durchsteckte auf den vorgeeilten Verteidiger Eric Dier. Der 20-Jährige, zwei Wochen zuvor erst für fünf Millionen Euro von Sporting aus Lissabon verpflichtet, blieb bei seinem Debüt cool, umkurvte Torhüter Adrian und schob den Ball im Fallen – direkt vor dem Gästeblock – zum 1:0-Siegtreffer ins Netz.

Das Traumdebüt für Pochettino, das Traumdebüt für Dier. Und wieder ein erster Vorgeschmack von Kane, was alles noch kommen sollte.

In der darauf folgenden Europa-League-Qualifikation im zypriotischen Limassol schmiss Pochettino Kane fünf Tage später in die

Startelf und wurde wieder belohnt, dieses Mal erzielte der als Linksaußen neben Stürmer Soldado aufgebotene 21-Jährige den 2:1-Siegtreffer selbst. Auch im Rückspiel traf Kane, und Tottenham machte das Erreichen der Gruppenphase perfekt.

In der Liga musste Kane sich gedulden, stand erst im November erstmals in der Startelf, nachdem er zuvor einen regelrecht absurden Abend in der Europa League erlebt hatte. Beim 5:1 gegen den griechischen Verein Asteras Tripolis, dem ersten Sieg im dritten Gruppenspiel, hatte Kane dreifach getroffen, das Spiel jedoch trotzdem kopfschüttelnd beendet.

»Es war ein toller Abend, bis ich ins Tor ging«, sagte er später, nachdem er sich an seine Wurzeln erinnert hatte. In der 87. Minute sah Stammkeeper Lloris wegen einer Notbremse die Rote Karte, und weil Pochettino bereits dreimal gewechselt hatte, musste ein Feldspieler für die letzten Minuten ins Tor gehen. Kane, einst der Hobbytorwart bei den Rochdale Rovers und in der U9 des FC Arsenal, schnappte sich Lloris' Trikot, streifte sich die Handschuhe über und machte sich bereit, den anstehenden Freistoß von Jeronimo Barrales abzuwehren. Der Argentinier trat an, setzte einen harmlosen Aufsetzer genau in Kanes Richtung. Und der »Torwart« ließ den Ball unter sich hindurchflutschen.

»Das werde ich von nun an den Torhütern überlassen«, scherzte Kane später im Interview, nachdem der erste Ärger über so ein unnötiges Gegentor verflogen war. Seine Spurs hatten ja trotzdem – und vor allem dank ihm – mit 5:1 gewonnen. »Es war ein großartiges Ergebnis für uns, ein toller Sieg, und ich bin natürlich glücklich, dass ich einen Hattrick erzielt habe.«

Der erste von vielen weiteren.

Es war zwar »nur« die Europa League, doch Kane näherte sich wieder der Form, die ihn unter Sherwood hatte aufblühen lassen. Und das sah nun auch Pochettino.

Als Einwechselspieler schoss Kane Anfang November in der 90.

Minute das Siegtor zum 2:1 bei Aston Villa und empfahl sich so endgültig für die Startelf in der Premier League. Jenes Tor, sollte Pochettino später mal zugeben, rettete dem Argentinier damals den Job. Er hatte von seinen ersten neun Ligaspielen bereits vier verloren, Tottenham dümpelte im Mittelfeld herum. Ehe Kane das Ruder mit dem Last-Minute-Tor herumriss.

Bis zum Jahreswechsel begann Kane unter Pochettino jede Partie, traf im League Cup, traf in der Europa League und traf hin und wieder auch in der Premier League, vor allem zu wichtigen Zeitpunkten. Im Dezember gewannen die Spurs dreimal in Folge knapp mit 2:1, jedes Mal tauchte Kane unter den Torschützen auf. Kane war nicht nur der Shootingstar der Premier League, er brachte sich plötzlich auch für die A-Nationalmannschaft ins Gespräch. »Harry hat großes Potenzial und ist ein großes Talent, warum nicht?«, fragte sein Trainer, ohne eine Antwort zu erwarten. »Wenn er so weitermacht wie bisher, bekommt er vielleicht die Chance, für die Nationalmannschaft zu spielen. Seine Tore werden langsam zur Normalität. Wir sind sehr zufrieden mit ihm.«

Zufrieden und abhängig.

Kane traf und traf und traf und unterzeichnete am 2. Februar 2015, nachdem er Tottenham ins League-Cup-Finale gehievt hatte und im Januar zum Spieler des Monats in England gewählt worden war, einen neuen Viereinhalbjahresvertrag. Und nur fünf Tage später spielte er sich mit einem Doppelpack gegen den Erzrivalen Arsenal zum 2:1-Sieg endgültig in jede Highlight-Show Englands. Mit einem artistischen Kopfball in der Rückwärtsbewegung hievte er Tottenham nicht nur vorbei an Arsenal auf Platz fünf, er bejubelte bereits sein 22. Saisontor in allen Wettbewerben, allein zwölf davon in der Premier League.

»*How good is he?*«, schrie der englische Kommentator ins Mikrofon, während Kane vor Freude brüllend auf den Allerwertesten sprang. Und nicht zum ersten Mal ertönte an der altehrwürdigen

White Hart Lane ein Gesang, der im Laufe des nächsten Jahrzehnts noch unzählige Male laufen würde. »Harry Kane«, sangen die Spurs-Fans, *»He's one of our own!«* Einer von uns, einer aus unserem Nachwuchs. Tottenham durch und durch.

»Das ist ein junger Spieler, der unbedingt Erfolg haben will«, sah Chris Hughton, nachdem er es bei Kane als Norwich-Trainer noch nicht wirklich gesehen hatte. »Er will unbedingt Tore schießen, und er will unbedingt für Tottenham spielen. Man muss dem Verein, der ihm diese Möglichkeit gegeben hat, konstant zu spielen, Beifall zollen. Was er seitdem gezeigt hat, sind die besten Aspekte seines Spiels, die zum Vorschein kommen, nämlich die Beweglichkeit und das Tempo in seinem Spiel. Ich denke, das liegt alles daran, dass er regelmäßig spielt und Vertrauen hat.«

Vertrauen, dass er als Teenager in Norwich oder Leicester oder in Nordlondon unter André Villas-Boas noch nicht hatte.

Auch im Februar wählte die Premier League Kane zum Spieler des Monats, zum vierten Mal überhaupt gelang dies einem Spieler zweimal in Folge. Die Freude währte jedoch nur kurz, denn schon am 1. März musste Englands Nachwuchshoffnung den ersten schweren Rückschlag der jungen Karriere verdauen. Im League-Cup-Finale verlor Tottenham 0:2 gegen José Mourinhos Chelsea. »Es ist das schlimmste Gefühl der Welt zu verlieren«, erzählte ein geknickter Kane »SpursTV«. »Und in einem Finale auf der großen Bühne zu verlieren, ist noch schlimmer. Wenn man sieht, wie Chelsea am Ende den Pokal in die Höhe stemmt, hat man dieses Feuer im Bauch. Es ist enttäuschend. In diesen großen Spielen hat man nicht immer das Glück, das man braucht.«

Dafür in der Premier League, wo Kane genau 20 Tage später seinen ersten Dreierpack in der Liga erzielte, ausgerechnet gegen Ex-Klub Leicester City. Kane schob sich vorbei an Sergio Agüero und führte die Torschützenliste acht Spieltage vor Schluss gemeinsam mit Chelseas Diego Costa mit je 19 Treffern an. Vom »Hurricane«

Harry Kane war in England die Rede, und der Hurricane fegte weiter.

Sechs Tage später feierte Kane sein Länderspieldebüt im Trikot der »Three Lions«, traf auch dort nach Einwechslung zum 4:0-Endstand im EM-Qualifikationsspiel gegen Litauen.

Anfang April, ein Jahr nach seinem Startelfdebüt in der Premier League, führte ein immer noch 21-jähriger Kane Tottenham erstmals als Kapitän aufs Feld, blieb jedoch sowohl in Burnley als auch gegen Aston Villa ohne Torerfolg und musste Agüero in der Torschützenliste wieder passieren lassen. Wenig später erzielte er aber dennoch sein insgesamt 30. Saisontor in allen Wettbewerben. Eine Marke, die vor ihm zuletzt nur England-Legende Gary Lineker in der Saison 1991/92 erreicht hatte.

Noch vor einem Jahr hatte Kane um jede einzelne Minute hinter Roberto Soldado und Emmanuel Adebayor gekämpft, nun wurde er in einem Atemzug mit Sergio Agüero oder Diego Costa genannt. Tottenham beendete die Spielzeit dank Kanes Treffer zum 1:0-Sieg in Everton am letzten Spieltag auf Rang fünf, also eine Position besser als im Vorjahr unter Villas-Boas und Sherwood. Nicht nur in den Stadien war Kane wie eine Bombe eingeschlagen. Dank der weltweiten Fernsehvermarktung der populärsten Liga der Welt hatten Fans rund um den Globus Zeuge werden können, wie sich die Kommentatoren überschlugen: *»The North London derby is Harry Kane's fixture!«*

»Well, he was the hero before, he's the messiah for Tottenham now!«

»Of course!«

»Guess who?«

»There really is no stopping Harry Kane at the moment«

»Harry Kane is in the arena … and you know what happens next!«

Kane hatte mit 21 Ligatoren nicht nur die klubinternen Bestwerte von Teddy Sheringham, Jürgen Klinsmann und Gareth Bale eingestellt, er hatte es zugleich ins Premier-League-Team des Jahres geschafft und wurde als bester Jungprofi ausgezeichnet.

»Die Leute haben meine Leistung respektiert«, strahlte Kane bei der Gala im Anzug. »Ich wurde nicht einfach hineingeworfen. Ich musste hart arbeiten und geduldig sein. Es ist mir nicht leichtgefallen.«

Er hatte es von ganz unten nach ganz oben geschafft und war plötzlich das Vorbild für eine ganze Generation, der Posterboy der Premier League. »Tim Sherwood hat mir eine Chance gegeben, und ich konnte ein paar Tore schießen. Dann hat Mauricio Pochettino dasselbe getan, mir eine Chance gegeben, und ich habe Tore geschossen. Wenn Tim mir nicht die Chance gegeben hätte, wäre ich vielleicht nicht da, wo ich jetzt bin. Es geht darum, dass ein Trainer an dich glaubt und dir auf der großen Bühne dieses Vertrauen schenkt. Ich weiß, dass es heutzutage schwierig ist, weil die Trainer so sehr unter die Lupe genommen werden und so viel Druck auf ihnen lastet. Aber wenn ich ein Beispiel für andere Spieler sein kann und anderen Trainern die Möglichkeit gebe, ihre jüngeren Spieler einzusetzen, dann wäre das großartig.«

Zur Saison 2015/16 übernahm Kane die Rückennummer 10 von Adebayor, der in Pochettinos Planungen keine Rolle mehr spielte. »Ich hatte einfach das Gefühl, dass ich die Nummer 10 für Tottenham sein wollte«, erklärte Kane bei »BT Sport«.

In der Nationalmannschaft die 9, bei Tottenham die 10, der perfekte Mix für den Neuneinhalber Kane. »Bei Tottenham dachte ich einfach, dass die 10 eine größere Nummer ist und mehr Verantwortung bedeutet. Es bedeutet ein bisschen mehr Druck, aber das macht mir Spaß. Ich möchte den Verein gut repräsentieren, und ich denke, dass das Trikot mit der Nummer 10 die beste Möglichkeit ist, das zu tun.«

Wie richtig er damit lag.

Er hatte Muskeln zugelegt, den Bart wachsen lassen und die Haare – trotz Geheimratsecken – nach hinten gekämmt. Und das *»one season wonder«*, das Kritiker in ihm sahen, machte da weiter, wo er in seiner rekordverdächtigen Debütsaison aufgehört hatte.

Kane beendete die Saison mit 25 Treffern als Torschützenkönig. Ein junges, aufregendes Tottenham-Team hatte sogar um die Meisterschaft gekämpft, jedoch ausgerechnet gegen Außenseiter und Fast-Absteiger Leicester den Kürzeren gezogen, sich aber endlich für die Champions League qualifiziert.

Auch wenn dort schon in der Gruppenphase Schluss war, zählten die Spurs unter Pochettino, angeführt von Kane und den hochbegabten Mittelfeldspielern Christian Eriksen und Dele Alli, zu den heißesten Aktien Englands. Kane wurde wieder Torschützenkönig, erzielte in der Saison 2016/17 29 Treffer in 30 Spielen. Im Kalenderjahr 2017 hängte er mit 56 Toren sogar Lionel Messi und Cristiano Ronaldo als bester Torjäger Europas ab. Das Duo, dessen Level er stets zu erreichen versucht hatte.

Harry Kane war, wie es ein Kommentator so schön sagte, *»the greatest one season wonder in Premier League history«*.

4

Mia san ...?

Die vergangenen Jahre beim FC Bayern

Oberkörperfrei schritt Thomas Müller mit seinen Stollenschuhen durch die Katakomben der Volkswagen-Arena in Wolfsburg, links und rechts von ihm übergroße Bilder von Wölfen und jubelnden Wolfsburgern an den Wänden.

Müller bog rechts ab und betrat die Kabine des FC Bayern, die nicht viel anders aussah als eine Umkleide in der Schule. Ein paar braune Holzbänke mit grünem Metall und hier und da ein auf dem Boden liegendes, rotes Trikot.

Hasan Salihamidžić, der bärtige Sportvorstand des FC Bayern, wartete bereits im Anzug mit Krawatte, empfing Müller mit einem Handschlag und dem Versuch einer Umarmung. Lucas Hernandez, der kurz nach Müller angehumpelt kam, winkte nur ab, zu groß waren die Schmerzen beim verletzungsanfälligen Franzosen, der gleich den Weg nach links ins Behandlungszimmer nahm.

Salihamidžić ballte trotzdem die rechte Faust, biss auf die Zähne und grinste. Er wusste, dass es noch mal gut gehen würde. Dass dieses ganze Chaos der vergangenen, aufreibenden Monate wenigstens in der neunten Meisterschaft hintereinander münden würde.

Mit 3:2 hatten die Bayern gerade beim VfL Wolfsburg gewonnen, dank eines Doppelpacks des überragenden Jamal Musiala. »Bambi«, wie seine Mitspieler ihren jüngsten, fast zerbrechlich aussehenden Mitspieler liebevoll nannten.

Weil Verfolger RB Leipzig am Vorabend nicht gewonnen hatte,

hatten die Bayern ihren Vorsprung an der Tabellenspitze fünf Spieltage vor Schluss auf sieben Zähler ausgebaut. Anfang April 2021 hätte also alles gut ausgehen können, so turbulent es zuletzt auch gewesen war.

Bis Hansi Flick die Kabine betrat und wartete, ehe jeder Spieler sich gesetzt und jeder Mitarbeiter sich aufgereiht hatte. »Männer«, sagte er laut und dann gleich noch zweimal, schaute auf den Boden, dann wieder hoch und abwechselnd von links nach rechts. »Einmal mehr riesengroßen Respekt für eure Leistung und eure Mentalität.« Salihamidžić nahm auf der Bank Platz, setzte sich Knie an Knie neben den oberkörperfreien Leroy Sané und grinste weiter. Obwohl er als einer der wenigen wusste, was Flick gleich verkünden würde.

»Ich wusste, dass es heute sehr eng werden würde, weil das eine gute Mannschaft war«, machte der Trainer einfach weiter und ignorierte kleine Nebengeräusche. »Das war einfach klasse, auch wenn wir bis zum Schluss zittern mussten. Ich sage nichts Negatives, sondern einfach: Toll, dass wir hier 3:2 gewonnen haben.«

Ein kurzes Schweigen und dann: »Jungs, ich habe euch was zu sagen. Ähm …«

Und wieder Ruhe, alle Augen auf den Trainer gerichtet. Flick schluckte einmal kräftig. »Boah«, setzte er wieder an und ersparte sich den Zusatz, dass das jetzt nicht einfach werden würde. »Ich glaube, wir haben eine gute Beziehung, eine ganz enge Beziehung. Und es ist mir wichtig, dass ich euch das sage. Dass das nicht von irgendwo anders kommt. Ich habe dem Verein diese Woche gesagt, nach dem Spiel gegen Paris, dass ich nach der Saison aufhören und nicht weitermachen möchte, nicht mehr weitermachen will. Es sind verschiedene Dinge, die mich dazu bewegt haben. Es war und es ist immer noch eine wahnsinnige Freude für mich, mit euch arbeiten zu können. Ihr habt eine Mentalität, die ich so in der Form noch nie gesehen habe. Dafür danke«, sagte er und hob beim letzten Wort noch mal die Stimme. »Danke für die geile Zeit, die wir bis jetzt hatten. Es war eine sehr erfolgreiche Zeit. Aber ich bin auch irgendwann mal … wie soll ich sagen? Am Ende. Ich kann nicht immer nach außen den starken Mann machen. Und ich hoffe, dass ihr das versteht. Danke für alles, Männer. Jetzt geht's weiter. Wir haben jetzt noch fünf Spiele und gucken, dass wir es optimal holen. Ja? Danke euch.«

Lauter Applaus entbrannte, doch niemand freute sich. Nicht äußerlich, und die Spieler auch nicht innerlich. Flick schaute in betretene Mienen und unglückliche Gesichter, während sich Tränen in seinen Augen sammelten und er sicherheitshalber aus dem Sichtfeld verschwand, nach links abdrehte, sich am Hinterkopf kratzte und durchatmete.

Ein paar Minuten später ließ er auch die Außenwelt wissen, was er seiner Mannschaft gerade gesagt hatte. Was jeder längst erwartet hatte. Was sich jetzt aber nicht mehr zurücknehmen ließ.

Die Fortführung schwieriger Jahre beim FC Bayern, dem weitere schwierige Jahre bevorstehen sollten.

27 Jahre jung war Uli Hoeneß, als das rechte Knie nicht mehr mitmachte und der damalige Stürmer, der zuvor schon einen Werbevertrag im Namen des FC Bayern verhandelt hatte, 1979 der jüngste Manager der Bundesliga-Geschichte wurde. Zwölf Millionen Mark setzte der fünfmalige deutsche Meister damals jährlich um, hatte gleichzeitig jedoch einen sieben Millionen Mark schweren Schuldenberg zu verwalten.

Hoeneß formte den FC Bayern anschließend zu dem, was er heute ist: groß, gewaltig, erfolgreich und furchteinflößend. Doch er war es auch, der etwas implementierte, das für viele im Laufe der Jahre nicht weniger wichtig wurde als all die Titel: Der FC Bayern sollte eine Familie sein. Ein Verein, in dem man sich umeinander kümmert, in dem man sich streitet und dann wieder zueinanderfindet. Er und Karl-Heinz Rummenigge, der langjährige Vorstandsvorsitzende, haben das selbst vorgelebt. Selbst öffentlich hatte sich das Duo immer mal wieder gefetzt und den FC Bayern am Ende doch zur wirtschaftlichen Nummer eins in Deutschland und Europa gemacht.

Über all die Jahre haben die Bayern ihren Familiengedanken vorgelebt, haben aktuellen und ehemaligen Spielern geholfen, wenn sie in der Patsche steckten. Gerd Müller beispielsweise, den Bomber der Nation, holte Hoeneß einst ins Trainerteam der zweiten Mannschaft, weil der Rekordtorschütze der Bayern drohte, vollends in die Alkoholsucht abzudriften.

Das »Mia san mia«, den eigens verpassten Vereinsslogan, lebte jeder vor. »Mia san mia«, vom Bayerischen ins Deutsche übersetzt »Wir sind wir«, bedeutet im Selbstverständnis des FC Bayern Heimat, Gemeinschaft, Selbstbewusstsein, bedeutet Herz, Emotionen, Erfolg, bedeutet Lust, etwas zu bewegen.

Bewegt wurde in all den Jahren viel. Der Schuldenberg wurde rasch abgetragen, und statt zwölf Millionen Mark verzeichnet der FC Bayern inzwischen Umsätze jenseits der 700 Millionen Euro. Trotzdem gelang ihm nicht alles. Oft griff man daneben und danach wieder hart durch.

Carlo Ancelotti war so ein Beispiel. Der Italiener, geholt als Champions-League-Sieger mit AC Mailand und Real Madrid, als Ikone auf der Trainerbank, musste im September 2017 nach nur 14 Monaten beim FC Bayern schon wieder seine Koffer packen, weil einiges in Schieflage geraten war.

Ancelotti, hieß es damals, hatte deutlich erkennen lassen, wer seine Lieblinge waren, vorzugsweise die spanischsprachige Spielerfraktion um den Mittelfeldstrategen Thiago und den Spielmacher James, den er bereits in Madrid trainiert hatte. Er habe sich von ihnen sogar bei der Aufstellung beeinflussen lassen, soll der Rest der Mannschaft damals vermutet haben.

Ancelotti, hieß es außerdem, hatte einen äußerst zweifelhaften Fitnesstrainer mitgebracht. Giovanni Mauri, schrieb seinerzeit der »kicker«, habe als leidenschaftlicher Raucher »mehr Duftnoten« gesetzt »denn als Fachmann auf seinem Gebiet. Dem reichte auch mal ein nur dreiminütiges Aufwärmprogramm.«

Spieler wie Manuel Neuer oder Thomas Müller sollen deshalb im Büro des Vorstandsvorsitzenden Rummenigge ein und aus gegangen sein, um sich zu beschweren. Arjen Robben habe damals den Satz übermittelt, dass in der D-Jugend seines Sohnes in Grünwald härter trainiert würde als beim FC Bayern unter Ancelotti.

Nach einem 0:3 in der Champions-League-Vorrunde gegen PSG in Paris, bei dem Ancelotti nicht nur Robben, sondern auch Franck Ribéry oder Mats Hummels auf der Bank gelassen hatte, lief das Fass schließlich über, und Ancelotti musste samt Fitnesstrainer Mauri verduften.

Jupp Heynckes übernahm die Mannschaft zum x-ten Mal, zum ersten Mal seit jenem famosen Triple-Gewinn 2013, bevor er das Zepter an Pep Guardiola übergeben hatte. Die Bayern fingen sich wieder und wurden natürlich wie immer deutscher Meister. Sie rückten wieder zusammen und wurden wieder mehr wie eine Familie.

Auch deshalb versuchte der Präsident seinen Freund Heynckes zu überreden, doch noch etwas länger zu machen als nur bis zum Saisonende. Heynckes hatte darauf keine Lust und sagte trotz mehrfachen Nachbohrens immer wieder ab. Und weil Hoeneß so lange gehofft hatte, seinen Kumpel doch noch zu überreden, verstrich die in der Zwischenzeit von Rummenigge eigentlich schon eingetütete Option Thomas Tuchel. Der ehemalige Dortmund-Trainer übernahm stattdessen bei Paris Saint-Germain. Und die Bayern begnügten sich mit Niko Kovac, der in seinem letzten Spiel als Coach von Eintracht Frankfurt den Pokal gewonnen hatte. Im Finale gegen die Bayern.

In München stellte sich Kovac jedoch gleich selbst ein Bein. Auf der Vorbereitungstour in die USA hatten die Bayern ihren letzten Stopp in Florida, sollten dort gegen Guardiolas Manchester City noch ein Testspiel bestreiten. Kovac, offenbar angestachelt, es dem angeblich besten Trainer der Welt zu zeigen, erteilte seinen Spielern in Miami ein Ausgehverbot und wollte eine Nachtruhe einführen. Rafinha, ein sporadisch eingesetzter Rechtsverteidiger, gründete nur wenige Minuten später eine WhatsApp-Gruppe mit dem Namen »Miami Nights« und fügte jeden Spieler hinzu. Im Handumdrehen schlichen 20 bis 30 Fußballprofis aus ihren Zimmern, trafen in der Lobby noch auf Kovacs Bruder Robert, den Co-Trainer, und verschwanden in der Nacht von Miami.

Kovac war gerade mal ein paar Wochen da und hatte innerhalb der Mannschaft bereits jegliche Autorität verloren.

Heynckes war der väterliche Freund gewesen, mit seinen damals schon 71 Jahren vielleicht auch eher der großväterliche Freund. Kovac stattdessen der strenge Lehrer, der Weltklassefußballern das Fußballspielen zu erklären versuchte und scheiterte. Halbwegs zumindest.

Das Double aus Meisterschaft und Pokalsieg beschönigte die eigentlichen Verhältnisse unter Kovac, der schließlich nach 16 Monaten und einem 1:5 gegen seinen Ex-Verein Eintracht Frankfurt gehen musste.

Die meisten Spieler waren außer Form, von einer Spielidee war wenig zu erkennen, von einer Familie schon gar nicht. »Die Mannschaft«, sagte Rummenigge später bei »Amazon Prime«, »spielt alles, nur nicht mehr FC-Bayern-Fußball«.

Kovacs zweiter Assistent Hansi Flick übernahm das Ruder »bis auf Weiteres«, wie es im November 2019 hieß. »Bis er nicht mehr kann«, stand dort nicht. Hätte es aber.

Flick, als Co-Trainer von Joachim Löw 2014 Weltmeister mit der deutschen Nationalmannschaft geworden, schnappte sich die Führungsachse um Manuel Neuer, David Alaba, Thomas Müller und Robert Lewandowski. Er formte eine Einheit, überforderte seine Spieler nicht, sondern ließ sie einfach spielen. Und plötzlich lief es wieder wie aus einem Guss.

»Wir haben keine Spiele gespielt«, urteilte Routinier Müller später bei »Prime«. »Wir haben alles zerstört, was in unseren Weg gekommen ist. Wir haben alles überrollt.«

Und alles gewonnen. Erst die Meisterschaft, dann den Pokal und dann die Champions League, alles inmitten der Anfänge der weltweiten Corona-Pandemie. »Dieses Elf-Freunde-Dasein. Ein Spirit, von dem man geglaubt hat, dass es ihn im Fußball gar nicht mehr gibt. Diese Mannschaft lebt ihn«, fand Rummenigge.

Auf das Triple folgte ein weiteres, kleines Triple. Erst der internationale, dann der nationale Supercup und zu guter Letzt der Gewinn der Klub-WM im Februar 2021.

Erste Risse waren zu dieser Zeit jedoch bereits entstanden.

Fünf Tage nach dem 1:0-Sieg gegen den mexikanischen Klub Tigres, der den Gewinn des sechsten von sechs möglichen Titeln besiegelt hatte, verkündete David Alaba in einer digitalen Pressekonferenz, was ohnehin schon kein Geheimnis mehr gewesen war: Er würde seinen am Saisonende auslaufenden Vertrag nicht verlängern und den FC Bayern nach insgesamt 13 Jahren verlassen. Unterschiedliche Parteien sollten im Laufe der nächsten Monate unterschiedliche Versionen davon erzählen, warum Alaba nicht verlängerte, Hoeneß bezeichnete dessen Berater Pini Zahavi zum Beispiel live im TV als »Piranha«. Und Alaba, hieß es andererseits, habe sich bei den Verhandlungen nicht respektiert gefühlt.

Fakt war jedoch: Mit ihm verlor Bayern nicht nur einen Innen- und Außenverteidiger auf Weltklasse-Niveau, sondern einen nicht zu ersetzenden Leader in der Kabine. Alaba, daraus machten auch Mitspieler kein Geheimnis, war wie ein Kleber, der alle Spieler zusammenhielt. Einer, der mit jeder Gruppe auskam und überall vermitteln konnte.

Auch Flick hätte seinen verlängerten Arm auf dem Platz gern behalten, hatte stattdessen aber selbst Zweifel, was die eigene Zukunft betraf. Im Pokal waren die Bayern bereits früh im Elfmeterschießen bei Zweitligist Holstein Kiel ausgeschieden, in der Liga lief zum ersten

Mal seit Jahren nicht alles glatt. Und in der Champions League stand im Viertelfinale das Wiedersehen mit Paris Saint-Germain bevor.

Woche für Woche wurde Flick in Interviews und Pressekonferenzen zu seinen Zukunftsplanungen gefragt, weil längst nach außen gedrungen war, dass der Erfolgstrainer mit sich rang. »Ihr Job ist es, immer möglichst was Neues aus dem Flick herauszubekommen«, sagte Flick auf einer Pressekonferenz betont sachlich, obwohl es in ihm sichtlich brodelte. »Das verstehe ich absolut. Aber verstehen Sie auch bitte, dass ich in Zukunft, wenn so eine Frage kommt, nur noch ›Nächste Frage, bitte‹ antworte. Weil ich habe wirklich keine Lust mehr.«

Flick war auf all das nie vorbereitet worden, er war nie ein Cheftrainer auf diesem Niveau gewesen, hatte nicht mehrere Jahre Medientraining genossen. Er war über Nacht, nach Kovacs Entlassung, zum mächtigen Mann aufgestiegen und plötzlich der erfolgreichste Bayern-Trainer aller Zeiten geworden.

Und nun befand er sich nur weiterhin mitten in einer Pandemie, er gewann nicht mehr jedes Spiel, nicht mehr jeden Titel; und fing an zu schwanken.

Selbst gegnerische Trainer hatten längst wahrgenommen, dass die Harmonie, die zu Beginn noch unter Flick geherrscht und speziell in Lissabon zum Gewinn der Champions League geführt hatte, peu à peu verschwand.

Weil Weltfußballer Robert Lewandowski den Bayern aufgrund einer Knieverletzung in beiden Viertelfinalspielen fehlte und die Münchner zahlreiche Gelegenheiten liegenließen, schieden sie aus.

Und Flicks Fundament bröckelte weiter.

Inzwischen war klar, dass auch Jérôme Boateng, eine weitere Säule der Triple-Siege 2013 und 2020, nach der Saison gehen würde. Gehen musste. Der Innenverteidiger erhielt nach neun Jahren keinen neuen Vertrag mehr.

Vier Tage nach dem Rückspiel gegen Paris teilte Flick der Mannschaft und den TV-Zuschauern schließlich mit, was sich abgezeichnet hatte. Er konnte nicht mehr, wollte nicht mehr. Zu viel hatte sich angesammelt, zu viel war auf ihn eingeprasselt. Öffentlich hatte er neue Spieler gefordert und nur schwache Kompromisse erhalten. Der Abgang des Strategen Thiago war nicht aufgefangen worden, stattdessen wurden am sogenannten »Deadline Day« im Oktober des Vorjahres mit Bouna Sarr, Eric Maxim Choupo-Moting, Marc Roca und Douglas Costa vier Mitläufer verpflichtet.

Mit Hasan Salihamidžić hatte sich Flick längst überworfen, soll den Sportvorstand einmal sogar hörbar für alle mit »Halt's Maul« angeblafft und sich später entschuldigt haben.

Flick war vorgeprescht mit seinem Abschiedsgesuch, hatte es der Vereinsführung um Salihamidžić und Vorstandschef Kahn zuvor zwar mitgeteilt, nicht jedoch sein Vorhaben, damit an die Öffentlichkeit zu gehen. »Der FC Bayern missbilligt die nun erfolgte einseitige Kommunikation durch Hansi Flick und wird die Gespräche wie vereinbart nach dem Spiel in Mainz fortsetzen«, teilte der Verein daraufhin im Namen des Vorstandes mit.

Was als Liebesgeschichte begann, drohte nun im Streit zu enden.

Die Meisterschaft gewannen die Bayern auch dieses Mal, zum neunten Mal in Folge. Alaba und Boateng nahmen sich, nachdem Robert Lewandowski im letzten Saisonspiel noch schnell Gerd Müller mit dem 41. Saisontor überflügelt hatte, weinend in den Arm. Auch Javi Martinez, geholt nach dem Triple aus zweiten Plätzen im Sommer 2012, verabschiedete sich.

Eine Säule nach der anderen brach den Bayern in diesem Sommer weg, erkennen wollten das in der Führungsetage zunächst aber nur wenige. Sie steckte einen Großteil des schmaler gewordenen Budgets in den neuen Trainer.

Jetzt war Julian Nagelsmann an der Reihe, ein 33-jähriger Senkrechtstarter und »Laptop-Trainer«, wie man das mal nannte. Nagelsmann hatte, ähnlich wie einst Hoeneß, früh aufhören müssen, selbst Fußball zu spielen. Wenn auch auf einem deutlich niedrigeren Niveau als Hoeneß.

Mit gerade mal 28 hatte Nagelsmann, aufgewachsen im bayerischen Landsberg am Lech, die Profi-Mannschaft der TSG Hoffenheim übernommen und vor dem Abstieg bewahrt. Er hatte sie auf ein neues Level gehoben, innovativen Fußball spielen lassen und sogar die Champions League erreicht. War weitergezogen nach Leipzig und nun zwei Jahre später zum FC Bayern, dem Herzensklub seiner Kindheit. Viel mehr »Mia san mia« ging also nicht.

Nagelsmann, das hoffte nicht nur Sportvorstand Salihamidžić, sollte in München eine neue Ära prägen. Einen FC Bayern, der wie der FC Bayern Fußball spielt und Titel für Titel gewinnt.

Da war es dem FC Bayern auch egal, dass er fast 20 Millionen Euro an Ablösesumme nach Leipzig überweisen musste, eine Summe, die kein Verein weltweit jemals für einen Trainer ausgegeben hatte. Einen Fünfjahresvertrag, wie Nagelsmann ihn unterschrieb, hatte ebenfalls noch nie ein Trainer erhalten, zumindest nicht beim FC Bayern.

Eine ganze Reihe an Führungsfiguren hatte abgedankt oder abdanken müssen, nicht zuletzt Karl-Heinz Rummenigge, der den passenden Zeitpunkt für sich gesehen hatte, nach insgesamt 30 Jahren beim FC Bayern. Und nun war Nagelsmann da, ein 33-jähriger Taktikfuchs, der versuchen musste, dieser Mannschaft wieder ein klares Gesicht zu verpassen. Und im Idealfall eine neue Führungsachse zu formen.

Im dunkelroten, langärmligen und verschließbaren Bayern-Oberteil lehnte Julian Nagelsmann an der Tür der Kabine, trug schwarze Tennissocken, weiße Adidas-Schuhe und eine schwarze, kurze Trainingshose. Die Sommerpause war für einige Bayern-Profis vorbei, die Nationalspieler weilten noch im Urlaub oder spielten um den Titel des Europameisters. Doch beim FC Bayern ging das Training wieder los, zum vierten Mal in den vergangenen fünf Jahren mit einem neuen Trainer.

Salihamidžić, trotz des Juli-Wetters im hellgrauen Anzug und offenem Hemdkragen unterwegs, begrüßte Nagelsmann und dessen Co-Trainer Benjamin Glück und Dino Toppmöller, die beide eine FFP2-Maske trugen, sowie den weißhaarigen Xaver Zembrod mit den üblichen blumigen Worten.

Von außen drang Sonnenschein durch die schmalen Fenster oberhalb der Umkleiden, und Nagelsmann ergriff das Wort.

»Auch von mir herzlich willkommen zur Vorbereitung auf die …«, setzte er an und pustete noch einmal durch, »… neue Saison.« Leicht nervös trat dieser Trainer, der kaum älter war als mancher Spieler und sogar jünger als sein Kapitän Manuel Neuer, von links nach rechts, schaute durch die Gegend. »Ich freue mich riesig, hier zu sein, freue mich riesig, Trainer von Bayern München zu sein.«

Er sagte all das auf Deutsch, wohl wissend, dass einige seiner neuen oder alten Spieler ihm eher nicht folgen konnten. Dayot Upamecano hatten die Bayern zum Beispiel für 42,5 Millionen Euro von Nagelsmanns Ex-Klub RB Leipzig verpflichtet, der Franzose verstand immerhin Deutsch. Anders als sein Landsmann Tanguy Nianzou, der im Sommer zuvor ablösefrei von Paris Saint-Germain nach München gewechselt war und vor allem auf dem Platz noch Anpassungsprobleme offenbarte.

Für die Übersetzung hatte Nagelsmann seine rechte Hand Toppmöller, der fließend Französisch sprach.

»Jeder Einzelne von euch kann die Chance nutzen, sich mehr in den Fokus zu spielen«, setzte Nagelsmann seine Begrüßung fort und wurde gleich fordernd. »Gebt mir eine kurze Zeit, euch auch einschätzen zu können in den Einheiten. Wenn ihr wissen wollt, was ihr besser machen sollt oder was ihr gut macht, dann kommt bitte. Ihr könnt immer reinkommen, mit oder ohne Klopfen. Ist mir relativ egal, normal bin ich immer angezogen.«

Ein Witz zur Auflockerung, der erst verzögert ankam und immerhin für ein paar schmunzelnde Gesichter sorgte.

»Jeder hier drin«, sagte er weiter, »kennt das Bayern-Gen, hat das hoffentlich in sich. Das heißt, immer, immer, immer alles gewinnen. Ja? Wir müssen gewinnen, wir wollen aber auch. Gehen wir's an. Danke.«

Verhaltener Applaus ertönte in der Kabine, der kräftigste noch von Sportvorstand Salihamidžić. Aus gutem Grund. Der 44-Jährige, als Spieler Champions-League-Sieger und mehrfacher Meister mit den Bayern, hatte nun erstmals wirklich *seinen* Trainer verpflichtet. *Seinen* Trainer, der unglaublich viel Geld gekostet hatte. *Seinen* Trainer, der abliefern musste. Sonst drohte auch Salihamidžić seinen Job zu verlieren.

Den ersten Titel holte Nagelsmann bereits im zweiten Spiel, durch einen 3:1-Sieg im Supercup gegen Borussia Dortmund. In der Bundesliga kamen die Bayern nach und nach ins Rollen, fegten beispielsweise mit fünf Toren in der ersten Hälfte über Bayer Leverkusen hinweg.

Und Nagelsmann gab sich betont lässig, betont anders, jünger, cooler. An Bundesliga-Spieltagen trug dieser Trainer kein Sakko und auch keine Krawatte, auch keinen Trainingsanzug. Nagelsmann variierte zwischen farbigen T-Shirts und Pullovern, häufig von Hugo Boss oder Ausrüster Adidas. Dazu Hosen, deren Beine über den Knöcheln endeten.

Kritische Stimmen brachte ihm das ein. So, sagten Nörgler, könne kein Bayern-Trainer auftreten. Wer könne so jemanden wirklich ernst nehmen?

Förderlich fielen auch andere Auftritte nicht aus. Als Nagelsmann zum Beispiel auf dem Motorrad zur Säbener Straße fuhr, oder im Cabrio oder auf dem Longboard; immer im Wissen, dass ein Fotograf der »Bild«-Zeitung lauerte.

Eine angespannte Stimmung entstand aber nicht nur deshalb recht schnell. Während Nagelsmann mit einer Corona-Infektion zu Hause auf dem Sofa lag, flog seine Mannschaft, gecoacht von Assistent Toppmöller, hochkant in der zweiten Runde aus dem Pokal. Schon wieder. Im Vorjahr hatte die Endstation noch Holstein Kiel geheißen, dieses Mal setzte es ein peinliches 0:5 in Mönchengladbach.

Trotzdem führten die Bayern die Bundesliga-Tabelle Ende Dezember, als die Stadien aufgrund steigender Inzidenzen wieder leer blieben, souverän mit neun Punkten Vorsprung vor Borussia Dortmund an.

Und dennoch knirschte es.

Die Champions League verkam zum Desaster, trotz einer wieder mal perfekten Gruppenphase mit sechs Siegen aus sechs Spielen. Nachdem die Bayern im Achtelfinale ein 7:1 gegen Salzburg einem glücklichen 1:1 im Hinspiel hatten folgen lassen, setzte es im Viertelfinale ein schmeichelhaftes 0:1 gegen den spanischen Außenseiter Villarreal.

Seit dem Jahreswechsel war nur noch wenig zu sehen von einer spielfreudigen Mannschaft, von einer gut geölten Offensivmaschine. Nagelsmann wechselte immer wieder zwischen dem Bayern-typischen 4-2-3-1-System und einer Dreierkette, überfrachtete seine teilweise überforderten Spieler im Training mit mehreren Variationen.

Und die Quittung folgte im Rückspiel, als Villarreal kurz vor Schluss zum 1:1 ausglich, und Bayern rausflog. Zum zweiten Mal in Folge im Viertelfinale.

»Wenn man ausscheidet, dann ist das so«, kommentierte Nagelsmann das Aus trocken. »Aber Angst habe ich nicht, da gibt es Schlimmeres.«

Angst um seinen Job, wohlgemerkt. Doch die würde kommen.

Oliver Kahn, der Nachfolger von Karl-Heinz Rummenigge als Vorstandschef, schaute auf ein paar Tausend Menschen nach unten. Die Sonne blendete, auf eine Sonnenbrille verzichtete der blonde CEO im dunkelblauen Jackett trotzdem. Er schnappte sich das Mikrofon, während die Spieler des FC Bayern mit Meisterschalen aus Pappe und halb vollen oder halb leeren Weißbiergläsern hinter ihm grinsten, sich unterhielten oder irgendwas auf ihren Handys nachschauten.

Das hier, die Meisterfeier auf dem Münchner Marienplatz, war längst zur Gewohnheit verkommen. Auch wenn diese offizielle Party mit den Fans zum ersten Mal seit dem Ausbruch der Pandemie wieder stattfinden konnte.

Die Bayern hatten schließlich auch unter Nagelsmann den Titel gewonnen, zum zehnten Mal in Folge. Und Kahn hatte keine Lust, dass diese irre Serie alsbald riss. »Ich habe gehört«, begann er und dann gleich noch mal, legte fast nach jedem zweiten Wort eine kunstvolle Pause ein. »Ich habe gehört, dass die Konkurrenz sich Hoffnungen macht, nächste Saison vielleicht mal Meister werden zu können.« Nagelsmann, unmittelbar hinter Kahn positioniert und im stilecht bayerischen weißen Hemd mit grüner Weste gekleidet, leckte sich über die Lippen und grinste. »Eins sage ich euch«, setzte Kahn fort und wurde immer lauter, während einige Fans unten sangen. »Diese Hoffnungen können die sich abschminken!«

Yeah-Rufe und Applaus erhielt der CEO von unten und leckte sich jetzt ebenfalls, so wie er das immer schon tat, über die Lippen. »Nächstes Jahr greifen wir richtig an, und dann sehen wir uns hier wieder. Ich danke euch!«

Nagelsmann hatte zuvor schon gesprochen, hatte seinen ersten Meistertitel als Trainer zwar gefeiert, doch gleichzeitig gemeint, dass er lieber schnell wieder ins Büro verschwinden würde. Um dann im Frühling 2022 nicht nur mit der Meisterschale, sondern auch mit dem DFB-Pokal und der Champions-League-Trophäe auf den Rathaus-Balkon zurückzukehren.

Er sollte gar nicht mehr zurückkehren.

Ein grinsender Nagelsmann war am 30. Juni auf der Startseite von »bild.de« zu sehen, daneben vier Zeilen. »Julian Nagelsmann«, stand dort in Weiß geschrieben und in roten Großbuchstaben darunter: »liebt Bild-Reporterin«. Rumms.

Die »Bild«-Zeitung machte also nicht nur die Beziehung einer »Bild«-Reporterin öffentlich. Sondern die Beziehung einer »Bild«-Reporterin, die für die Berichterstattung über den FC Bayern zuständig war, mit Julian Nagelsmann, der für den Fußball des FC Bayern zuständig war.

Die Reporterin, hieß es in dem Artikel, sei »mit sofortiger Wirkung von der Berichterstattung über den FC Bayern entbunden«.

Nagelsmann wiederum, zweifacher Vater und vorher verheiratet, trainierte weiterhin den FC Bayern. Doch das Vertrauensverhältnis zu seinen Spielern hatte erheblich gelitten. Spieler, die gelegentlich mal durch die versprochene, offene Tür des Trainerbüros schritten, hielten plötzlich inne, fragten sich, was wäre, wenn der Inhalt dieser vertraulichen Gespräche seinen Weg in die »Bild«-Zeitung findet.

Robert Lewandowski, der Jahr für Jahr um die 50 Tore beigesteuert hatte, war zum FC Barcelona gewechselt, der Abwehrspieler Niklas Süle ablösefrei zu Borussia Dortmund. Dazu waren die Münchner ein paar Mitläufer für gutes Geld losgeworden und hatten ihrerseits kräftig eingekauft. Sadio Mané, der Flügelspieler des FC Liverpool, wurde von Sportvorstand Salihamidžić als »Weltstar« angepriesen und sollte die Lewandowski-Lücke füllen, auch wenn es kein positionsgetreuer Wechsel war. Als Süle-Ersatz hatten die Bayern 67 Millionen Euro nach Turin überwiesen, um Matthijs de Ligt von Juventus zu verpflichten. Außerdem kamen für rund 40 Millionen der 20-jährige Mittelfeldspieler Ryan Gravenberch von Ajax Amsterdam sowie der 17-jährige Offensivallrounder Mathys Tel von Stade Rennes.

Wieder ein kleiner Umbruch und wieder ein großer Leader weniger. Erst war Thiago gegangen, dann Alaba und Boateng und nun Lewandowski, der innerhalb des Teams als einer der größten Nagelsmann-Kritiker galt.

De Ligt sollte der neue Abwehrboss werden, Mané aufgrund seiner ruhmreichen Karriere in Liverpool mit Champions-League- und Premier-League-Titel die Aura in der Offensive mitbringen. Und

Nagelsmann sollte dieses Puzzle zusammensetzen, um dann wie angedacht alle drei großen Titel auf dem Rathaus-Balkon vorzuführen.

»Es wird ein bisschen Apokalypsen-Stimmung verbreitet, weil wir ein paar neue Spieler geholt haben«, befand Nagelsmann vor dem Bundesliga-Auftakt in Frankfurt. Wenige Tage zuvor hatte seine neue Offensive bereits das erste Mal gewirbelt und durch ein 5:3 in Leipzig den Supercup gewonnen. »Es ist ganz normal für Bayern München, dass wir immer versuchen, nach dem Höchsten zu streben.« So auch dieses Mal, ohne Druck. »Den Druck, den ihr«, also die Medien, »machen wollt, verspüre ich nicht.«

Sieben Monate später war Nagelsmann seinen Job wieder los.

In der Champions-League-Gruppenphase hatten sich die Bayern erneut schadlos gehalten, hatten danach sogar beide Achtelfinal-Begegnungen gegen Paris Saint-Germain gewonnen. Doch nach einem 1:2 in Leverkusen Mitte März, unmittelbar vor einer Länderspielpause, zogen die Bayern mehr als drei Jahre vor Vertragsende die Reißleine und entließen Nagelsmann.

Zu viel war abseits des Feldes passiert.

Angefangen mit Longboard-Auftritten und der Beziehung zu einer »Bild«-Reporterin, dann der folgenschwere Skiunfall von Manuel Neuer nach dem deutschen Vorrunden-Aus bei der WM in Katar. Nagelsmann hatte Torwarttrainer Toni Tapalovic, der auch Neuers Trauzeuge gewesen war, gar nicht schnell genug entlassen können, um Neuer damit auf die Palme zu bringen.

In der Liga hatten die Bayern einen Neun-Punkte-Vorsprung auf Dortmund verspielt, und die Mannschaft hinterließ immer wieder einen konfusen Eindruck.

»Wir planen mit ihm langfristig, haben das mit einem Fünfjahresvertrag dokumentiert, weil wir mit ihm etwas aufbauen wollen«, hatte Präsident Herbert Hainer noch wenige Tage zuvor im »kicker«-Interview gesagt und befunden: »Man erkennt einen deutlichen Fortschritt in diesen eineinhalb Jahren.«

Dann aber wohl doch nicht deutlich genug.

Nach dem Leverkusen-Spiel war Nagelsmann in einen kurzen Skiurlaub aufgebrochen und hatte tatsächlich aus den Medien von seiner bevorstehenden Entlassung erfahren. Die Bayern, die ihre Souveränität und Überlegenheit unter der Führung von Kahn und Salihamidžić längst eingebüßt hatten, machten auch hier wieder einen gravierenden Fehler.

Sie wollten erst die Zusage von Thomas Tuchel für die Nachfolge von Nagelsmann, ehe sie Nagelsmann informierten. Das war ihr gutes Recht, doch hätte diese Causa – wie so viele Themen zuvor – eigentlich nie ihren Weg an die Öffentlichkeit finden dürfen.

Mit »Mia san mia« hatte auch dieser Vorgang wieder wenig zu tun; beim FC Bayern, wo man angeblich aufeinander aufpasste und sich nicht in aller Regelmäßigkeit der Lächerlichkeit preisgab.

»Julian Nagelsmann hätte nach der Niederlage in Leverkusen nicht in den Skiurlaub fahren dürfen«, wurde Klubpatron Hoeneß wenige Tage später im »kicker« zitiert. »Wäre er in München geblieben, hätte man sich am Montag oder Dienstag zusammengesetzt und gesprochen. Und, wer weiß, was dann passiert wäre?«

Ob Nagelsmann seinen Job dann behalten hätte? Wohl nicht, zu verlockend war für Kahn und Salihamidžić die Verpflichtung des Trainers Tuchel, der parallel auch als heißer Kandidat auf die Nachfolge von Antonio Conte bei Tottenham Hotspur gehandelt wurde.

Tuchel, meinte Hoeneß, nachdem der neue Trainer zum Einstand einen überzeugenden 4:2-Sieg gegen den vorherigen Tabellenführer Dortmund gefeiert hatte, war nun »die Ideallösung. Seine zwei Pressekonferenzen waren summa cum laude, eine druckreife Ausdrucksweise. Das ist Bayern München. Er hat diesen Verein in zwei Tagen verinnerlicht.«

Falsch gedacht. Schon wieder.

5

Mind Games

Die Monate mit Mourinho und das Klatschen

Die Welt sah im Mai 2021 immer noch nicht so aus, wie sie einmal gewesen war. Weltweit infizierten sich nach wie vor Millionen Menschen täglich mit dem Corona-Virus, Läden blieben geschlossen, Ausgangssperren bestehen.

Der Fußball hatte sich ein kleines Stück Normalität zurückgeholt, aber auch wirklich nur ein kleines. Zwar wurde wieder gespielt, doch in großen Teilen von Europa blieben die Stadien bis auf ein paar Vereinsmitarbeiter leer. Als Robert Lewandowski am letzten Spieltag der Saison 2020/21 in der letzten Spielminute gegen Augsburg sein 41. Saisontor erzielte und damit den 40-Tore-Rekord von Gerd Müller brach, feierte lediglich die Mannschaft mit ihm. Bejubeln durften es die Fans des FC Bayern nur vor den TV-Bildschirmen.

Etwas lockerer ging es peu à peu in England zu, wo zum Ende der Saison immerhin wenige Tausend Menschen verteilt im Stadion sitzen durften. 10 000 Zuschauer sahen zum Beispiel live im Tottenham Hotspur Stadium, wie die Gastgeber an einem Mittwochabend, einen Spieltag vor dem Saisonfinale, trotz Führung 1:2 gegen Aston Villa verlor und von Platz sechs auf Platz sieben abrutschte.

Und sie sahen noch sehr viel mehr.

Die Amazon-Crew hatte sich längst verabschiedet aus Nordlondon. Ein Jahr lang hatte sie die Profi-Mannschaft von Tottenham während einer turbulenten Saison 2019/20 für eine Dokumentation begleitet und war unverhofft auf Gold gestoßen. Nachdem die

Spurs unter Trainer Mauricio Pochettino noch im Mai 2019 das Champions-League-Finale in Madrid erreicht (und gegen Liverpool verloren) hatten, schien diese Mannschaft langsam auszubrennen.

Fünf Jahre lang hatte der Argentinier Pochettino Tottenham betreut und zu einer Spitzenmannschaft in England geformt, zu einer attraktiv spielenden Mannschaft, die auch dank Harry Kane die Vormachtstellung in Nordlondon übernommen und den Erzfeind FC Arsenal überholt hatte. Ein Titel war dabei, wie eigentlich immer am Hotspur Way, allerdings nicht herausgesprungen.

Im November 2019, nach fünf Premier-League-Spielen ohne Sieg und einen Monat nach dem heftigen 2:7 in der Champions-League-Gruppenphase gegen den FC Bayern, musste Pochettino gehen.

Die Spurs, die sich mit Pochettino viermal in Folge für die Königsklasse qualifiziert und ein milliardenteures, hochmodernes neues Stadion gebaut hatten, taumelten auf Platz 14 zurück in die Bedeutungslosigkeit.

Harry Kane, der Topstar einer Truppe, die im Sommer zuvor für mehr als 100 Millionen Euro aufgerüstet worden war, stand auch zu diesem frühen Zeitpunkt der Saison schon wieder bei zehn Pflichtspieltreffern. »Gaffer«, also Trainer, schrieb der Vize-Kapitän einen Tag nach Pochettinos Aus in den sozialen Medien und teilte dazu ein Bild, wie sich beide lächelnd in den Armen lagen. »Ich werde dir für immer dankbar sein, dass du mir geholfen hast, meine Träume zu verwirklichen.«

Unter Pochettino war Kane zum Superstar der Premier League aufgestiegen, zum Stürmer Nummer eins der englischen Nationalmannschaft und dort sogar zum Kapitän, zum WM-Torschützenkönig 2018 in Russland. 159 Tore hatte Kane in fünf gemeinsamen Saisons mit Pochettino erzielt, dazu 26 Treffer vorbereitet. »Wir hatten in den letzten fünfeinhalb Jahren einige großartige Momente, die ich nie vergessen werde«, schrieb er also weiter. »Du warst nicht nur mein Manager, sondern auch mein Freund, und ich danke dir für diese Beziehung. Viel Glück für dein nächstes Kapitel!«

Vor allem Kanes eigenes nächstes Kapitel sollte es in sich haben.

Daniel Levy hatte Tottenham in fast 20 Jahren als »Chairman«, also Präsident, einen neuen Anstrich verpasst. Der kahl rasierte Geschäftsmann, seit 2000 bei den Spurs im Vorstand, galt seit jeher als knallharter Verhandlungspartner (mehr dazu später) und umsichtiger Geizhals – bei den eigenen Fans zumindest.

Er verkaufte seine Spieler entweder gar nicht oder ganz spät und dann zum Maximalpreis. Selbst aber blieb er lange vorsichtig, was teure Investitionen in den eigenen Kader betraf. Während Manchester City, Manchester United oder Chelsea links und rechts mit Geld um sich warfen, verkündete Tottenham im April 2019 einen Rekordgewinn von 113 Millionen Pfund, umgerechnet rund 130 Millionen Euro. Nie zuvor hatte ein Fußballverein weltweit eine solche Summe erwirtschaftet. Wohl wissend, dass sich die Zeiten wieder ändern würden.

Von der Corona-Pandemie konnte Levy zum damaligen Zeitpunkt natürlich noch nichts wissen, doch die Rekordzahlen verkündete der damals 57-Jährige einen Tag nach der feierlichen Eröffnung des neuen Tottenham Hotspur Stadium. Dieser moderne, 62 000 Zuschauer fassende Hingucker, der gleich neben der altehrwürdigen White Hart Lane erbaut wurde, würde ein milliardenschweres Loch in die Kassen spülen.

Doch Levy hatte die Spurs nun endgültig auf die Weltkarte des Fußballs gebracht. Er hatte mit Mauricio Pochettino Jahre zuvor einen Glücksgriff gelandet, jahrelange Champions-League-Einnahmen vorzuweisen und nun das modernste Stadion in Europa. Jetzt, nach der Entlassung des Erfolgstrainers Pochettino, fehlte nur noch ein neuer starker Mann an der Seitenlinie.

Hinter den Kulissen rieben sich die Verantwortlichen bei Amazon Prime die Hände, als sie Pochettinos letzte Tage dokumentarisch begleiteten und gleichzeitig mitbekamen, dass der Name José Mourinho die Runde machte im weißen Teil Nordlondons.

»*Club statement*«, twitterte Tottenham am frühen Morgen des 20. November, 22 Stunden und 59 Minuten, nachdem der Verein am Vortag per »*Club statement*« das Aus von Pochettino verkündet hatte. Weg war der charismatische Argentinier mit seinem etwas holprigen Englisch, neu der alles gewinnende Portugiese José Mourinho. Der wohl größte Name auf dem Trainermarkt neben Pep Guardiola, der mit Manchester City gerade Meisterschaft und FA Cup gewonnen hatte.

Mourinho war das menschgewordene Selbstvertrauen, ein Mann, der wöchentlich einen Drahtseilakt hinlegen konnte zwischen überschwänglicher Arroganz und demütigender Selbstzerstörung der eigenen Mannschaft.

Den Spurs stand beides bevor.

2003 hatte Mourinho mit dem FC Porto den UEFA-Cup gewonnen, 2004 sensationell die Champions League, dann beim FC Chelsea gesagt, er sei »*The Special One*«, und anschließend die Premier League nach Belieben dominiert. Mit Inter Mailand hatte er 2010 im Champions-League-Finale den FC Bayern geschlagen, das Triple gewonnen und dann seinen Traumjob bei Real Madrid gefunden. Dort, in der spanischen Hauptstadt, war er zwar einmal Meister geworden und einmal Pokalsieger, hatte ansonsten aber nur staunen dürfen ob der donnernden Dominanz des FC Barcelona unter Pep Guardiola, seinem ewigen Widersacher.

Das Bild des »*Special One*« hatte in Spanien Kratzer bekommen, und auch die Rückkehr nach London zu Chelsea verlief trotz eines erneuten Meistertitels 2015 eher holprig, ehe es weiterging zu Manchester United, Englands Rekordmeister.

Das Schicksal wollte es wohl so, dass Mourinhos erster Arbeitstag in Manchester auch Pep Guardiolas erster Arbeitstag in Manchester war, allerdings beim »*noisy neighbour*«, dem lauten, aber bis dahin noch kleineren Nachbarn ManCity. Beide Trainer schauten in die Röhre, als am Ende der ersten Saison Antonio Conte mit dem FC Chelsea englischer Meister wurde – und Harry Kane zum zweiten Mal in Folge Torschützenkönig.

Mourinho jedoch hatte seinen Ruf als *»winner«* wieder einmal bestätigt, als er mit den lange erfolglosen Red Devils sowohl den Ligapokal als auch die Europa League gewann. Dass er einen völlig aus der Zeit gefallenen, defensiven Fußball spielen ließ, sich regelmäßig öffentlich mit Klubverantwortlichen anlegte und die eigene Mannschaft gegen sich aufbrachte, konnte dadurch kaschiert werden.

Guardiola und ManCity schrieben in der Folgesaison englische Fußballgeschichte, holten als erstes Team überhaupt 100 Punkte in 38 Spielen und ließen Vizemeister ManUnited mit 19 Zählern Vorsprung hinter sich. Und während sich Guardiolas ManCity fortan eine Dauerfehde mit Jürgen Klopps Liverpool lieferte, hatte sich Mourinho in Manchester bereits ins Aus katapultiert.

Dieser spezielle Eine, der historische Coups mit Porto und Inter gelandet hatte, hatte seinen Glanz längst verloren, wirkte nur noch wie ein grantiger Besserwisser, der gar nichts besser wusste. Einer, der seine Spieler »vor den Bus warf«, wenn sie ihn enttäuschten.

Aber er war eben immer noch José Mourinho. Und das schien Daniel Levy zu genügen. Seine Spurs hatten an der Tür der Großen geklopft, mit offensivem, intensivem und erfrischendem Fußball unter Pochettino für Furore gesorgt. Sie spielten in einem State-of-the-art-Stadion. Jetzt mussten sie all das nur noch vergolden.

Und wer war dafür besser geeignet als José Mourinho? Der Mann, der acht Meisterschaften, acht Pokaltitel, zwei UEFA-Cup-Siege und zwei Champions-League-Titel vorzuweisen hatte. Der Mann, der seine Mannschaft verteidigen und kontern ließ und andere Trainer als »dumm« beschimpfte, wenn sie ihre Mannschaften nicht auf Konterfußball ausrichteten. Der Mann, dem es völlig egal war, wie seine Mannschaft gewann. Hauptsache, sie gewann.

Die Spurs hatten schön gespielt, aber sie hatten noch nichts gewonnen. Jetzt wollten sie endlich gewinnen.

»José ist einer der erfolgreichsten Manager der Welt und hat 25 Titel gewonnen«, schrieb Tottenham also am 20. November 2019 in seiner Pressemitteilung und lobte Pochettinos Nachfolger für sein »taktisches Geschick«. Auch Daniel Levy, der sich mindestens so sehr nach dem ersten Titel mit Tottenham sehnte wie Harry Kane, klang begeistert: »José verfügt über einen großen Erfahrungsschatz, kann Teams inspirieren und ist ein großartiger Taktiker. Er hat bei jedem Verein, den er trainiert hat, Titel gewonnen. Wir glauben, dass er Energie und Glauben in die Kabine bringen wird.«

Falsch geglaubt.

Seine erste Nacht als Tottenham-Trainer verbrachte Mourinho auf dem Trainingsgelände und schlief, wie auch seine Assistenten, im Büro, in dem extra Betten bereitstanden. Am nächsten Morgen sprach er zur Mannschaft und am Nachmittag, nach dem Training, zur Presse. 41 Minuten lang saß Mourinho im violetten Trainingspullover, dunkelblauer Weste und inzwischen ergrautem Haar auf dem Podium und grinste. »Ich bin bescheiden«, sagte er zum Beispiel einmal und antwortete keine fünf Minuten später ganz bescheiden auf die Frage, ob das verlorene Champions-League-Finale der Spurs wohl zum Bruch bei Pochettino geführt habe: »Ich weiß es nicht, weil ich noch nie ein Champions-League-Finale verloren habe.«

Mourinho wurde auch gefragt, was sich geändert habe zur Situation vor vier Jahren, als er als Chelsea-Trainer gesagt hatte, niemals zu Tottenham zu gehen. »Ich wurde gefeuert«, erwiderte er grinsend und erntete ein paar Lacher von den Dutzenden anwesenden Journalisten.

Er, der chronische Gewinner, hatte nun bei einem Klub angeheuert, der sich mit dem Gewinnen noch nicht auskannte. »Wir können die Premier League in dieser Saison nicht gewinnen«, beschwichtigte Mourinho pflichtbewusst angesichts von 20 Punkten Rückstand auf

Tabellenführer Liverpool. Aber: »Wir können – ich sage nicht, dass wir es tun werden –, wir können sie nächste Saison gewinnen.«

Konnten sie nicht.

Überzeugt habe ihn jedenfalls zum einen Daniel Levy von diesem »großartigen Klub«, vor allem aber diese »großartige Mannschaft«, der er vor der ersten Trainingseinheit gesagt hatte, »dass einer der Gründe, warum ich mich entschieden habe zu kommen, sie war«.

Auf Harry Kane angesprochen, sagte Mourinho: »Wenn man versucht, Kane zu kaufen, ist das einfach eine unmögliche Mission.« Wohl wissend oder glaubend, dass Daniel Levy Tottenhams Eigengewächs und Schlüsselspieler wahrscheinlich nie ziehen lassen würde. Kane hatte im Sommer 2018 ja erst einen neuen Sechsjahresvertrag unterschrieben und damit ohnehin nicht das letzte Wort, sollte er vor 2024 auf die Idee kommen, Tottenham zu verlassen.

»Er muss gewinnen, mit uns, mit England«, erzählte Mourinho weiter. Dafür war er schließlich verpflichtet worden. Um zu gewinnen, mit Kane. »Er muss etwas gewinnen, um die Qualitäten, die er mitbringt, zu highlighten.« Sollte heißen: Ein Spieler, der so gut Fußball spielte und so viele Tore erzielte und vorbereitete, durfte einfach nicht titellos durch seine Karriere gehen.

Und wer, wenn nicht Mourinho, war besser für diese Mission geeignet?

Fürs Erste verlief also alles wie immer: ein neuer Trainer voll überschwänglicher Vorfreude. Bis sich der Wind irgendwann drehte.

Bei Mourinho und Tottenham sollte es rund 13 Monate dauern, ehe sich das ganze ManUnited-Desaster in Nordlondon wiederholte.

Nachdem die Amazon-Crew sich nach einer Viertelsaison mit Mauricio Pochettino und einer Dreiviertelsaison mit José Mourinho verabschiedet und vorzügliches Bildmaterial für die neunteilige »All or nothing«-Dokumentation erhalten hatte, schien Tottenham vom steigenden medialen Interesse zu profitieren. Die Fußballwelt sprach über »All or nothing«, über diese Spurs, über die schlimmen Auswirkungen der Corona-Pandemie, über Mourinho, den Star der Show. Und über Harry Kane und Co.

Wie entfesselt begann Tottenham die Saison trotz eines Auftaktpatzers gegen Everton. Schon am zweiten Spieltag schrieben Kane und sein Sturmpartner Heung-Min Son Premier-League-Geschichte, weil der Engländer dem Südkoreaner beim 5:2-Sieg in Southampton vier Tore auflegte und dazu noch einmal selbst traf. Schön gespielt hatten die Spurs mal wieder nicht, aber sie, beziehungsweise Kane und Son, hatten die hochstehende Abwehrkette Southamptons mustergültig ausgespielt.

Es folgten weitere Ausrufezeichen. Im League-Cup-Achtelfinale gewannen die Spurs im Elfmeterschießen gegen Mourinhos Ex-Klub Chelsea. Fünf Tage später blamierten sie Mourinhos anderen Ex-Klub ManUnited im Old Trafford und fegten mit 6:1 über den Rekordmeister hinweg. Kane hatte zweimal getroffen und ein Tor vorgelegt, Son hatte ebenfalls zweimal getroffen und ein Tor vorgelegt.

Fast alles lief wie am Schnürchen, selbst gegen den ewigen Widersacher Guardiola gewann Mourinho wieder. Auf den Tag genau ein Jahr nach seiner Vorstellungspressekonferenz schob sich seine Mannschaft durch einen 2:0-Sieg gegen Manchester City auf Platz eins und gab ihn drei Wochen lang nicht mehr her.

Kane stand allein in der Liga bereits bei herausragenden neun Toren und zehn Vorlagen, nie zuvor hatte Tottenhams Nummer 10 derart effizient gespielt und gleichzeitig auch als Vorbereiter glänzen können. Kane, der immer schon mehr war als nur der Strafraumstürmer zum Toreschießen, erreichte unter Mourinho ein neues Level. »Manche Leute denken, der Stürmer soll Tore schießen, aber der Stürmer soll der Offensive auch eine große Dynamik verleihen«, erklärte der Portugiese damals und bezeichnete Kane nicht zum ersten Mal als »einen der besten Stürmer der Welt«.

Als Fünfter beendeten die Spurs die Halbserie in der Premier League und erreichten nach einem 2:0-Sieg im Halbfinale gegen

Zweitligist Brentford das League-Cup-Endspiel. Die Chance auf einen Titel, sie war so groß wie lange nicht.

Im Finale würden im April zwar Manchester City und Pep Guardiola warten, doch Mourinho hatte in den vergangenen Jahren schon bewiesen, dass er dem Katalanen in den großen Spielen ein Bein stellen konnte. Nur sollte dieses große Spiel ohne ihn stattfinden.

Erste Risse hatte es bereits im Dezember 2020 gegeben. Nach einem 1:1 bei Crystal Palace meinte Mourinho, seine Mannschaft habe dieses Spiel trotz langer Führung nicht gewonnen, weil sie seinen Anweisungen nicht gefolgt war. »Ich habe den Spielern gesagt, was passieren kann, und es ist passiert«, erklärte er, das Lächeln war längst einem Grummeln gewichen. »Ich habe den Spielern gesagt, dass sie diese Art von Spiel nicht akzeptieren sollen, aber aus irgendeinem Grund waren wir nicht in der Lage, das zu tun, worum ich sie gebeten habe.«

Die Spieler waren also schuld, auf keinen Fall er.

Zwei Wochen später schenkte Tottenham wieder eine Führung her, kassierte in Wolverhampton vier Minuten vor Schluss das 1:1. »Sie wissen, was ich ihnen in der Halbzeit gesagt habe«, erklärte Mourinho im Anschluss und warf seine Spieler wieder vor den Bus. »Wenn sie es nicht besser machen konnten, dann deshalb, weil sie es nicht besser machen konnten.«

Mourinho, der es wie kein Zweiter verstand, seine Spieler mit Mind Games zu kitzeln, sie mit öffentlicher Kritik zu provozieren, hatte die akzeptable Grenze längst überschritten. Er provozierte nicht mehr, er vernichtete. Er kitzelte sie nicht, er brachte sie gegen sich auf. Den Großteil zumindest. Kane, der inzwischen bei zwölf Toren und elf Vorlagen stand, soll lange als Fürsprecher Mourinhos gegolten haben, hatte sich äußerst zufrieden mit der forschen Gangart des fordernden Fußballehrers, der eigentlich keinen Fußball mehr lehrte, gezeigt.

Zu lange war es bei den Spurs zu harmonisch zugegangen, jetzt war eben mal einer da, der kein Blatt vor den Mund nahm. Doch Tottenham rutschte immer tiefer ab. Während der Halbzeitpause im Ligaspiel in Manchester, nachdem Guardiolas City Mourinhos Spurs 45 Minuten lang vorgeführt hatte, aber nur 1:0 führte, soll Mourinho in der Kabine merkwürdig positiv unterwegs gewesen sein, seinen Spielern gesagt haben, wie gut sie es bislang gemacht hätten. Am Ende stand es 0:3 aus Sicht der Spurs.

Zwischen Ende Januar und Ende Februar verlor Tottenham fünf von sechs Spielen, zweieinhalb davon ohne den am Knöchel verletzten Kane. Aus Platz eins war Platz acht geworden. Mourinho hatte sich so sehr darauf versteift, gegnerische Angriffe zu stoppen, dass seine Mannschaft vergessen hatte, wie sie überhaupt selbst angreifen sollte.

Wenn was nach vorn ging, dann fast ausschließlich über Kane, der schlechte Spiele und schlechte Wochen im Alleingang vergessen machte. Beim 4:1 gegen Crystal Palace Anfang März etwa war der inzwischen 27-Jährige an allen vier Toren direkt beteiligt, traf zweimal selbst und bereitete zwei Tore vor.

Dennoch musste er mit ansehen, wie seine Spurs nur zwei Wochen später peinlicherweise trotz 2:0-Führung aus dem Hinspiel im Europa-League-Achtelfinale am kroatischen Außenseiter Dinamo Zagreb scheiterten.

Mourinhos Mannschaften waren stets über eine sattelfeste Defensive zum Erfolg gekommen, nie mit schönem Offensivfußball. Doch als die Spurs Anfang April beim 2:2 in Newcastle – Kane hatte beide Tore erzielt – wieder einen späten Ausgleich kassierten, holte Mourinho ein letztes Mal zum großen Rundumschlag aus. Der Unterschied zwischen seinen früheren, abwehrstarken Mannschaften und der jetzigen Tottenham-Truppe? *»Same coach, different players.«*

Die Spieler waren also schuld, auf keinen Fall er.

Eine Woche darauf, nach einem biederen 1:3 bei seiner Ex-Mannschaft ManUnited, hatte Mourinho offensichtlich einen Maulkorb vom Klub verpasst bekommen und sagte im Interview, dass »ich nicht mehr sagen kann, was ich denke«.

Was er dachte, wusste ja sowieso jeder. *Er* war gut genug, um Tottenham zum Titel zu führen, nur die Mannschaft eben nicht.

Eine Woche darauf, nach einem 2:2 bei Tabellennachbar Everton – Kane hatte erneut beide Tore erzielt –, war Schluss für Mourinho. Zum letzten Mal hatte er sich nach den Gegentoren 31 und 32 aufgeregt. Zum letzten Mal musste er sich öffentlich zurückhalten. Zum letzten Mal sprach er als Tottenham-Trainer zu jenen Spielern, die ihn so sehr enttäuschten.

Zum ersten Mal nach 19 Jahren verließ er einen Trainerjob ohne Titel.

Und zum ersten Mal änderte sich bei Harry Kane etwas.

Fast zwei Monate waren vergangen, seit Mourinho seine Koffer gepackt und Nordlondon wieder verlassen hatte. Die Spurs hatten sich in der Liga einigermaßen gefangen, doch das League-Cup-Finale gegen Guardiola und ManCity knapp mit 0:1 verloren.

Kane würde auch im achten Anlauf eine Saison bei Tottenham ohne Titel beenden. Und jetzt war der Trainer, der eigentlich immer Titel gewann, nicht mehr da.

Er selbst war überrumpelt worden von Mourinhos Entlassung, hatte erst wenige Minuten vor der offiziellen Verkündung davon erfahren. »Ich hatte ein großartiges Verhältnis zu José, und ich wünsche ihm alles Gute für seine nächste Aufgabe, aber er weiß genauso wie wir, dass Fußball hart sein kann.«

Statt Mourinho war nun vorübergehend Kanes Kumpel Ryan Mason verantwortlich. Kane und der zwei Jahre ältere Mason waren einst zusammen zu Millwall verliehen worden, waren zusammen bei den Spurs groß geworden.

Und steckten nun zusammen in der Patsche.

Von den 10 000 Zuschauern, die das 1:2 gegen Aston Villa am vorletzten Spieltag der Saison 2020/21 sehen durften und gesehen hatten, waren fast alle nach dem Schlusspfiff geblieben. Fast so, als hätten sie geahnt, dass die Geschichte dieses Spiel noch nicht zu Ende erzählt war.

Merkwürdig leise war es im Tottenham Hotspur Stadium, als ein Großteil der Mannschaft langsam in Richtung Katakomben schlenderte und die Kamera ihren Fokus auf die Hauptfigur richtete. Enttäuscht und melancholisch sah Harry Kane aus, als er von der Mittellinie zum Sechzehner schlich und von dort aus klatschend eine kleine Runde durchs größtenteils verwaiste Stadion drehte. »Harry Kane«, riefen manche von der Tribüne und erhoben sich ebenfalls klatschend.

Es fühlte sich bei Kane nicht an wie ein Danke-dass-ihr-gekommen-seid-Klatschen, es sah eher nach einem Was-wenn-es-das-jetzt-gewesen-ist-Moment aus.

Würden die Spurs-Fans ihren Anker, ihr Eigengewächs, ihren Harry Kane etwa zum letzten Mal im Tottenham-Trikot sehen?

Zwei Tage später sollten sie ihre Antwort bekommen. Und die konnte ihnen nicht gefallen.

6

Desire

Die Golfrunde mit und ohne Folgen

Etwas zu windig war es an diesem Mai-Tag. Die sonst so perfekt nach hinten gekämmten Haare zottelten kreuz und quer über die hohe Stirn, doch das schien Harry Kane überhaupt nicht zu stören.

Tottenhams Lebensversicherung, die die Torschützenliste der Premier League vor Liverpools Mohamed Salah anführte, hinterließ einen gelösten Eindruck. Als könnte er all das Drama im eigenen Haus zumindest kurzzeitig mal beiseiteschieben.

Kane und Gary Neville, der Gastgeber des Tages, hätten sich fast kein besseres Wetter aussuchen können, um an Londons Stadtgrenze zu golfen. Die Sonne brach durch die dünne Wolkenschicht und erhellte das glänzende Grün der hektargroßen Anlage.

Sie hatten diesen Termin, bei dem sie von Caddies und Kameras begleitet wurden, ganz bewusst gewählt. Genauso bewusst wie den Zeitpunkt, wann sie der Fußballwelt diese Golfrunde präsentieren würden.

Denn sie sollte nicht folgenlos bleiben.

Ein Tag war vergangen, seit Tottenham unter José Mourinhos Nachfolger Ryan Mason mit 1:2 gegen Aston Villa verloren, den sechsten Platz hergegeben hatte und nun am letzten Spieltag in Leicester auf Schützenhilfe vom FC Southampton gegen West Ham angewiesen war, um noch in die Europa League einzuziehen. Ansonsten wartete in der kommenden Saison die neu geschaffene Conference League, die gerade für vermeintliche Premier-League-Größen deutlich weniger lukrativ war als die Europa League, geschweige denn die Champions League.

Dass der Lokalrivale Arsenal noch einen Punkt schlechter dastand, war aufgrund der schwierigen Situation nur ein schwacher Trost.

Schon vor der Heimniederlage gegen Villa hatten in der englischen Presse erstmals vehement Gerüchte die Runde gemacht, dass Harry Kane am Saisonende nach 17 Jahren bei Tottenham den Abschied anstrebte. Aufgrund der erneut gescheiterten Qualifikation für die Champions League, dem für ihn wichtigsten Wettbewerb, wolle er am liebsten innerhalb Englands weiterziehen und Titel gewinnen, hieß es, während Manchester United, Manchester City und der FC Chelsea als ernsthafte Interessenten genannt wurden.

Lange hatte es so ausgesehen, als würden Tottenham die Argumente ausreichen, um Kane bei Laune zu halten. Sie hatten das modernste Stadion in Europa, sie hatten unter Mauricio Pochettino regelmäßig in der Champions League gespielt, und mit dessen Nachfolger Mourinho, den Kane extrem schätzte, hatten sie noch bis vor einem halben Jahr die Liga angeführt.

Nun war klar, dass wieder ein neuer Trainer gefunden werden musste und zum zweiten Mal in Folge kein Königsklassen-Fußball in Nordlondon gespielt würde. Und für Kane stand die wegen der Corona-Pandemie verschobene Europameisterschaft an, die für die englische Mannschaft zum Großteil im Wembley Stadium stattfinden würde. Die perfekte Bühne also, auch wenn es die für einen Spieler, der zum dritten Mal Torschützenkönig der Premier League und gerade erst zum Spieler der Saison gewählt wurde, gar nicht brauchte. In Europas Topligen hatten lediglich Robert Lewandowski vom FC Bayern und Lionel Messi vom FC Barcelona mehr Torbeteiligungen vorzuweisen als Kane, der in knapp 330 Pflichtspielen für Tottenham 220 Treffer erzielt, aber keinen einzigen Titel gewonnen hatte. Niemand hatte in den vergangenen Jahren in der besten und reichsten Liga der Welt annähernd so oft getroffen wie Harry Kane.

Tottenham war sein Verein, das wusste Kane und bekräftigte es bei jeder Gelegenheit. Doch in ihm war längst der Wunsch gewachsen, endlich mehr zu haben, als nur die bedingungslose Liebe der eigenen Fans. Er wollte all die Tore, die er erzielte, versilbern. Er wollte nicht in der Conference League spielen. Er wollte wieder die Champions-League-Hymne hören, auf dem Platz und nicht vor dem Fernseher. Und er wollte endlich Titel gewinnen.

Ein fünfeinhalbminütiges Video bekam Fußball-England am Abend des 20. Mai präsentiert, einen Tag nach Tottenhams Heimniederlage gegen Aston Villa. Zu sehen war Harry Kane in langärmliger Golfkleidung, an der Seite von Gary Neville.

Neville, Mitte 40 und einst Teil der goldenen Generation bei Manchester United, die unter Sir Alex Ferguson unzählige Male Meister und zweimal Champions-League-Sieger geworden war, arbeitete nach einer kurzen und durchwachsenen Laufbahn als Trainer inzwischen als Experte im englischen Fernsehen. Er kannte Kane aus gemeinsamen Zeiten bei der englischen Nationalmannschaft. Im März 2015 war Neville Co-Trainer unter Roy Hodgson, als der 21-jährige Kane beim EM-Qualifikationsspiel gegen Litauen sein Debüt im Trikot der Nationalmannschaft feierte und nur zwei Minuten nach seiner Einwechslung zum 4:0-Endstand traf.

Beim TV-Sender Sky hatte Neville eine eigene Interview-Serie ins Leben gerufen, und Kane sollte der zweite Gast bei »The Overlap« werden. Das Teaser-Video, das Sky am Vorabend der eigentlichen Ausstrahlung veröffentlichte, zeigte bereits den elementaren Ausschnitt, der für reichlich Gesprächsstoff sorgen sollte.

Einen Tag nachdem er seine vermeintliche Ehrenrunde im beinahe leeren Tottenham Hotspur Stadium gedreht hatte, war Kane mit Neville zu sehen, den Oberkörper am Golfschläger abstützend, wie er gelöst und lachend mit seinem einstigen Trainer flachste und mehr als deutlich durchblicken ließ, dass er Tottenham in der kommenden Transferphase verlassen möchte. »Am Ende meiner Karriere will ich nichts bereuen«, sagte Kane zum Beispiel und sprach wieder mal über »*desire*«, das Verlangen nach Titeln. Titel, die es mit Tottenham womöglich nie geben würde. Dafür waren Manchester City, Manchester United oder Chelsea nicht nur finanzstärker, sie waren auch rücksichtsloser und spendabler.

ManCity, finanziert von der Herrscherfamilie aus Abu Dhabi, ManUnited, finanziert von der US-Familie Glazer, und Chelsea, noch finanziert vom russischen Oligarchen Roman Abramowitsch, hatten im vergangenen Jahrzehnt jeweils mehr als eine Milliarde Euro nur für Spielereinkäufe ausgegeben. Bei Tottenham dagegen entschuldigte sich Chairman Daniel Levy in einem offenen Brief an die Fans, bei all den Ausgaben für das neue Stadion aus den Augen verloren zu haben, »was wirklich wichtig ist«. Die Mannschaft.

Auch die Spurs hatten im europäischen Vergleich keineswegs gegeizt, aber sie kamen im Vergleich zum Rest der »Big Six« in England – also ManUnited, ManCity, Chelsea, Arsenal und Liverpool – eben als einziger Klub ohne eine einzige Trophäe weg. Arsenal hatte immerhin ein paarmal den FA Cup gewonnen, United unter Mourinho zum Beispiel die Europa League, Chelsea würde in wenigen Wochen zum zweiten Mal die Champions League gewinnen. Und ManCity und Liverpool lieferten sich an der Premier-League-Spitze Titelkämpfe für die Ewigkeit. Im Folgejahr sollten Jürgen Klopps Reds nicht mal 92 Punkte für die Meisterschaft reichen, weil City die letzten zwölf Saisonspiele ungeschlagen blieb und mit 93 Punkten Meister wurde.

Wie sollte Tottenham sich da durchsetzen?

Die vermeintlich größte Chance, 2016 unter Pochettino, hatten sie fahrlässig ausgelassen und im Meisterschaftskampf gegen den krassen Außenseiter Leicester City den Kürzeren gezogen. Danach hatte ManCity unter Guardiola die Zügel angezogen, Liverpool für rund 150 Millionen Euro einen neuen Torwart und einen Abwehrchef geholt und United einfach alles gekauft, was halbwegs teuer war – auch wenn die Spieler oft gar nicht in die Mannschaft passten. Mehr als 100 Millionen Euro gab United für Paul Pogba aus, der den Klub vier Jahre zuvor ablösefrei verlassen hatte und bei Juventus durchgestartet war (und sechs Jahre später wieder ablösefrei zu Juventus wechseln würde).

Fast 90 Millionen Euro gab United für den Abwehrspieler Harry Maguire aus, der bei Leicester City stark verteidigt hatte, in Manchester aber eher durch Slapstick-Einlagen auffiel. 85 Millionen Euro gab United für den Stürmer Romelu Lukaku aus, der nach 42 Toren in 96 Spielen schon wieder weg war.

Und so ging es in einer Tour weiter. Tottenham dagegen hatte bislang nur einmal überhaupt die 50-Millionen-Marke überstiegen und war dabei gestolpert. Die 62 Millionen Euro, die der Mittelfeldspieler Tanguy Ndombele von Olympique Lyon im Sommer 2019 gekostet hatte, hätten genauso gut in beheizte Sitze für das neue Stadion fließen können.

Ansonsten war dieser Kader rund um Harry Kane gespickt von talentierten Kickern, die mal 20 oder mal 30 Millionen Euro gekostet hatten oder, wie Kane, der eigenen Akademie entstammten oder ganz jung verpflichtet worden waren. Eric Dier zum Beispiel, der als Kind nach Portugal gezogen war, in der Akademie von Sporting in Lissabon auf sich aufmerksam gemacht hatte und als 20-Jähriger nach London gewechselt war.

Oder Dele Alli, dieses Wunderkind, das den Sprung zum Superstar verpasste. Als 18-Jährigen hatte Tottenham den Mittelfeldspieler von Milton Keynes Dons verpflichtet. Und dieser hochbegabte Stratege schien eines der ganz entscheidenden Puzzleteile unter Pochettino zu werden, begeisterte im Zusammenspiel mit Kane und sollte Real Madrid angeblich einmal 100 Millionen Euro wert gewesen sein. Zwei Tore hatte er im Rückspiel des Champions-League-Halbfinals gegen Ajax Amsterdam vorbereitet und damit den Sprung ins Endspiel ermöglicht.

Doch von der Niederlage gegen Liverpool schien sich auch Alli, der später bei »The Overlap« mit Gary Neville psychische Probleme offenbarte, nicht mehr richtig zu erholen; wie auch der restliche Spurs-Kader – bis auf Harry Kane.

Und der sah seine Zeit nun gekommen. Die Zeit für den Sprung nach ganz oben. Die Zeit für einen Titel. *»If you can't beat them, join them«*, heißt es im englischen Sprachgebrauch hier und da. »Wenn du sie nicht schlagen kannst, dann schlag dich halt auf ihre Seite.«

ManCity war der unangefochtene Primus der Premier League, United immerhin ein finanzstarker Gigant mit besserer Aussicht auf Silberware. Und Chelsea schaffte es irgendwie immer wieder, mal Meister oder Champions-League-Sieger zu werden.

Wer sollte es also werden für Kane?

»Ich freu' mich drauf«, sagte Kane mit beiden Händen in den Taschen der engen grauen Stoffhose, die leicht abknickte über den weißen Sneakers.

Es war »vermutlich der schickste Golfplatz«, den Gary Neville je gesehen hatte. Er, der Interviewer, und Kane, der Stargast, lachten miteinander, als wären keine Kameras, Berater oder Caddies da. Nur zwei alte Weggefährten, die ihrem Hobby nachgingen an einem perfekten Frühlingstag.

»Es könnte wild werden«, bremste Neville die Erwartungen und schaute in die Kamera. Der Spaß ging los.

»Du bist der Angreifer«, rief Neville Kane zu und signalisierte dem Torjäger damit, dass er den ersten Schlag angehen sollte. Kane ging leicht in die Hocke, hielt die linke, in einen weißen Handschuh gepackte Hand oben am Griff, die rechte nackt darunter, holte aus und setzte zum perfekten Auftaktschlag an. »Soll ich dir was sagen?«, fragte Kane und redete gleich weiter, während Neville ein »Uhhh« Sekunden in die Länge zog. »Das war mein bester Schlag jemals.«

Neville zog nicht viel weniger sehenswert nach, auch wenn sein

Versuch »ein bisschen zu hoch« geriet. Beide schauten kurz dem Ball hinterher, Kane übergab den Schläger seinem Caddie und machte sich an Nevilles Seite auf den Weg zu beiden Bällen.

»Also«, sagte Neville und ließ seinen Schläger über das perfekte Gras schleifen. »Rede mit mir über Tottenham. Deine Liebe für Tottenham, was denkst du über den Klub?«

Der Spaß-Teil musste vorübergehend ruhen, jetzt stand die Arbeit an. »*Yeah, no*«, antwortete Kane so, wie er fast immer eine Frage beantwortete, bevor er ausholte. »Ich bin bei Tottenham, seit ich elf Jahre alt war. Über mein halbes Leben, mit vielen Höhen und Tiefen auf dem Weg. Ich musste extrem hart dafür arbeiten, wo ich heute bin. Ich liebe den Klub, ich liebe die Fans, sie sind ein großer Teil meines Lebens. Natürlich war diese Saison ein bisschen enttäuschend aus Klubsicht.« Er selbst hatte seinen Job ja mehr als ordentlich erfüllt. Der Rest nur eben nicht so ganz. »Wir hatten zuletzt ein paar gute Jahre. Ich schätze, wir müssen einfach schauen, wohin das führt.« Am liebsten ohne ihn.

Kane schlenderte weiter, pustete ein bisschen und sprach darüber, wie »enttäuschend« der aktuelle Zustand seines Klubs sei. Nach Meisterschaftskämpfen gegen Leicester und Chelsea und einem Champions-League-Finale gegen Liverpool befand sich Tottenham plötzlich wieder in einer Umbruchphase. »Wenn ich ehrlich bin: Das ist enttäuschend. Die Gelegenheiten waren definitiv da.« Die Gelegenheiten, gute Jahre zu vergolden. »Ich sage nicht, dass die Gelegenheit nicht mehr da ist, ein oder zwei gute Spieler können vieles verändern. Das haben wir mit Liverpool oder ManCity gesehen.« Aber Tottenham war eben nicht Liverpool und nicht ManCity.

Kane, der Vorzeigeprofi in Interviews, wusste, was er sagen konnte und was er lieber verschwieg und wie er seine Botschaft diplomatisch vermitteln konnte. Denn natürlich war ihm bewusst, dass diese Gelegenheit mit Tottenham wahrscheinlich nicht mehr aufkommen würde. Er musste diese Gelegenheit jetzt woanders suchen.

Warum sonst hatte er diesem Interview zugestimmt?

Der Fußballer Kane, der Musterprofi, tauchte im weiteren Verlauf der Sendung oft auf. Immer dann, wenn er, ganz wie im Spiel, einmal die Haare mit den Händen nach hinten strich. Oder dann, wenn Neville das Golfspielen unterbrach und sich zu erinnern schien, warum beide überhaupt hierhergekommen waren. Er hatte Kane schließlich zu interviewen.

Ansonsten aber präsentierte der sonst so abgeklärte Kane eine ganz neue Seite von sich. Ein lockerer, fast schon frecher Spaßvogel. Ein relativ normaler 27-Jähriger eben, der statt Pub-Besuchen auf dem Golfplatz abschaltete. Und zu Hause eine Frau und drei Kinder hatte.

Die Wolken hatten sich inzwischen gegen die Sonne behauptet, Kane und Neville zogen weiter. Der eine fragte, der andere antwortete. Kane sprach über die für ihn überraschende Entlassung von José Mourinho, wenige Tage vor dem dann verloren gegangenen League-Cup-Finale gegen ManCity. Er sprach über das öffentliche Bild von Tottenham, dem titellosen Hinterherläufer. »*Yeah, no*«, begann er wie fast immer. »Es ist schwer zu hören, wenn ich ganz ehrlich bin. Wir waren so nah dran, und die Dinge hätten ganz anders laufen können, aber ich verstehe natürlich, dass wir als Verein nicht über die Ziellinie gekommen sind, dass wir nichts gewonnen haben, dass wir nicht dominant waren. Wenn man sagen muss, dass wir wahrscheinlich das beste Team seit sehr, sehr langer Zeit hatten. Man hört diese Kommentare natürlich, und sie fressen einen innerlich ein bisschen auf.«

Und ein Ansporn seien sie auch, ergänzte Kane. Das war bis hierhin schließlich so etwas wie die Geschichte seiner Karriere. Der, dem man den Sprung nach oben nicht zugetraut hatte. Der, der, als er dann oben war, wahrscheinlich nur ein One-Season-Wonder war, eine einmalige Ausnahme. Der, der für den kleineren Klub spielte, der so gern zu den ganz Großen gehören wollte. »Natürlich weiß ich, wie es ist, tagein, tagaus zu arbeiten, mit den Spielern zu spielen, hart im

Fitnessstudio und im Training zu arbeiten, um zu versuchen, etwas zu gewinnen, um zu versuchen, Trophäen zu gewinnen.« Was nicht passiert ist. »Aber das bedeutet nicht, dass wir nicht genauso hart arbeiten wie alle anderen. Als Verein haben wir es einfach nicht geschafft, über die Ziellinie zu kommen, aber es gab einige erstaunliche Momente, einige erstaunliche Jahre für den Verein, also gibt es auch ein paar positive Aspekte, aber natürlich geht es in meinem Beruf ums Gewinnen.« Ausrufezeichen. »Ich will gewinnen.« Ausrufezeichen. »Also ärgert es mich natürlich, dass wir das nicht geschafft haben.« Ausrufezeichen.

Neville, der allein aufgrund der gemeinsamen Vergangenheit mit Kane einen ganz anderen Draht in diesem Interview aufbauen konnte, wartete geduldig, ließ Kane ausreden und hantierte weiter am Schläger rum, während die andere Hand in der Hosentasche verschwunden war.

Dann stellte er die entscheidenden Fragen.

»Ist das das Wichtigste für dich: Titel?«

»Ich möchte am Ende meiner Karriere nichts bereuen«, erklärte Kane und stützte sich wieder mit einer Hand auf dem Schläger ab. »Ich würde nie sagen, dass ich für den Rest meiner Karriere bei den Spurs bleiben würde. Ich würde nie sagen, dass ich die Spurs verlassen würde. Die Leute könnten es so sehen, als ob ich verzweifelt nach Trophäen suche, aber ich habe das Gefühl, dass ich fast noch eine weitere Karriere zu spielen habe. Ich habe sieben, acht Jahre vor mir, also habe ich keine Eile, ich will nichts überstürzen. Ich kann noch besser sein als bisher.«

»Kannst du das?«, fragte Neville leicht überrascht.

»Ich denke schon«, antwortete Kane und grinste. »Ich habe keine Angst zu sagen, dass ich der Beste sein will. Ich will das Level von Ronaldo und Messi erreichen. Das ist mein ultimatives Ziel. Titel gewinnen, 60, 70 Tore pro Saison schießen. Das ist der Standard, den ich mir selbst setzen möchte.«

Cristiano Ronaldo und Lionel Messi gelang es selbst in den etwas weniger herausragenden Jahren, so viele Tore zu erzielen und zahlreiche Titel zu gewinnen. Der eine verbrachte den Großteil seiner Karriere aber bei Manchester United, Real Madrid und Juventus, der andere beim FC Barcelona. Klubs, die Titel gewannen.

»Wenn Tottenham sich im Umbruch befindet«, hakte Neville also nach, »stehst du dann jetzt am Scheideweg?«

Seine Sehnsucht nach Titeln hatte Kane öffentlich stets betont, nie zuvor hatte er jedoch öffentlich über einen möglichen Abschied von seinem Kindheitsverein gesprochen. Bis jetzt.

Er biss sich leicht auf die Lippe, wartete anderthalb Sekunden und sagte dann ehrlich: »Ich denke schon. Ich denke, das ist definitiv ein Gespräch, das man mit dem Verein führen muss.«

Da war er, der Moment, den Tottenham-Fans nie erleben wollten. »Ich möchte in den größten Spielen spielen, in den größten Momenten.« Die wurden nicht in der Conference League produziert, sondern in der Champions League. Mit der Königsklasse würden die Spurs aber auch im Folgejahr nichts zu tun haben. »Es ist also sicher ein Moment in meiner Karriere, in dem ich nachdenken und sehen muss, wo ich stehe, und ein gutes, ehrliches Gespräch mit dem Präsidenten führen muss.« Also Daniel Levy, der seinen Topstar um jeden Preis beschützen würde.

Drei Jahre zuvor: In vier Tagen würde Harry Kane mit der englischen Nationalmannschaft nach Russland fliegen, um diese als Kapitän bei der Weltmeisterschaft anzuführen. Doch zu Beginn des Monats, am 8. Juni 2018, hatte er noch schnell etwas anderes zu erledigen.

Kane setzte seine Unterschrift unter einen frischen Sechsjahresvertrag bei Tottenham, der sein Gehalt von 100 000 Pfund pro Woche auf 200 000 Pfund pro Woche verdoppelte. Statt bis 2022 war er nun bis 2024 an den Verein gebunden und in völlig neue Gehaltsphären aufgestiegen. Noch nie hatte Klubpatron Daniel Levy die

Schatulle auch nur annähernd so weit geöffnet wie für den Mann, der unter allen Umständen gehalten werden musste. So lange wie möglich.

Und Kane trieb nichts so sehr an wie die Sehnsucht, mit seinem Kindheitsverein etwas Großes zu erreichen. Titel zu gewinnen. Wo sonst würde er so eine Zuneigung erfahren?

Zehn Tage nach der Unterschrift bei den Spurs traf England in Wolgograd zum eigenen WM-Auftakt auf Tunesien. Kane erzielte nach zehn Minuten das 1:0 und in der ersten Minute der Nachspielzeit den immens wichtigen 2:1-Siegtreffer.

Im zweiten Spiel gegen Außenseiter Panama traf Kane jeweils per Foulelfmeter zum 2:0 und 5:0 und nach der Pause zum 6:0-Endstand.

Die Fußballwelt schaute nach Russland und sah, wie England sich zu einem Mitfavoriten aufschwang, vor allem dank Kapitän Harry Kane. Der Mann, der die Saison bei Tottenham mit beeindruckenden 41 Saisontoren abgeschlossen hatte, sieben davon in der Champions League, 30 in der Premier League.

England, die chronisch elfmeterunfähige Nation, setzte sich im Achtelfinale in Moskau im Elfmeterschießen gegen Kolumbien durch, nachdem Kane eröffnet und Kumpel Eric Dier den finalen Treffer gelandet hatte. Im Viertelfinale in Samara stellte Schweden keine sonderlich hohe Hürde dar, Harry Maguire und Kanes kongenialer Partner Dele Alli trafen beide per Kopf zum 2:0-Sieg. Erst im Halbfinale im Olympiastadion in Moskau endete die Reise etwas überraschend nach Verlängerung gegen Kroatien.

Kane hatte zwar wieder keinen Mannschaftstitel gewonnen, beendete die Weltmeisterschaft jedoch mit sechs Treffern als Torschützenkönig.

Am 10. Juli, dem Tag, an dem England an Kroatien scheiterte, hatte zunächst Juventus Turin die Schlagzeilen auf sich gezogen und die Verpflichtung eines gewissen Cristiano Ronaldo von Real Madrid verkündet. 117 Millionen Euro erhielt der Champions-League-Sieger aus der spanischen Hauptstadt zwar, hatte nun aber auch eine Lücke zu füllen, die die portugiesische Tormaschine hinterließ.

Wer kam da infrage? Harry Kane nicht, denn der hatte sich ja frühzeitig zu Tottenham bekannt. Vielleicht zu früh?

»Letztlich wird es an mir liegen und daran, wie ich mich fühle und was zu diesem Zeitpunkt das Beste für mich in meiner Karriere sein wird«, sagte Kane also zu Gary Neville, fummelte mit beiden Händen in den Hosentaschen herum und schaute nach unten. Vielleicht auch deshalb, weil er wusste, dass dieser Satz nicht der Wahrheit entsprach.

Er hatte im Juni 2018 die Unterschrift unter einen Sechsjahresvertrag gesetzt, drei Jahre verblieben davon noch. Es war also »letztlich« nicht allein seine Entscheidung, was im kommenden Sommer passieren würde. Solange kein Verein ein unmoralisches Angebot bei Daniel Levy hinterlegte, konnte sich der Präsident gemütlich zurücklehnen und auf Kanes Vertrag beharren. Er musste ihn weder in diesem noch im nächsten Sommer verkaufen.

»Wie denkst du, wird das Gespräch mit Daniel verlaufen?«, fragte Neville.

»Wir hatten immer ein gutes Verhältnis zueinander«, meinte Kane und erzählte, wie Levy ihn trotz bestehender Verträge belohnt habe mit neuen, besser dotierten Papieren. Allerdings, das ließ Kane aus, natürlich nie ganz uneigennützig. Solange Levy Kane immer etwas mehr Gehalt zahlte, konnte er auch jedes Mal wieder die Vertragslaufzeit in die Länge schrauben – und seinem Toptorjäger damit quasi ein Unverkäuflich-Schild umhängen. So wie jetzt.

»Ich bin mir nicht sicher, wie das Gespräch mit ihm verlaufen wird«, gab Kane etwas zurückhaltend zu. »Aber als Spieler weiß man ja nicht, was der Präsident denkt, ich weiß es nicht. Vielleicht will er mich verkaufen, vielleicht denkt er: ›Wenn ich 100 Millionen für dich bekomme, warum nicht?‹ Das werde ich die nächsten zwei, drei Jahre nicht wert sein.« Und wieder falsch. »Wir haben eine gute Beziehung, ich habe dem Verein 16 Jahre meines Lebens geschenkt, also hoffe ich, dass wir ein gutes, ehrliches Gespräch führen können und sehen, wo wir in dieser Hinsicht stehen.«

»Gut, also«, sagte Neville und schritt voran. »Gehen wir in den Bunker.« Dahin, wo der Golfball lag.

Der andere Ball lag jetzt bei Daniel Levy.

7

Frustration

Das Angebot während des Turniers

Wellen schlagen London für gewöhnlich nicht entgegen, ziemlich sicher nicht von der Themse. Die gibt es vielleicht an der Südküste Englands, in Cape Cornwall oder Newhaven. In der Hauptstadt dagegen beschränkt sich das Schwanken eher auf Geschehnisse außerhalb des Wassers. Zum Beispiel darauf, was auf einem Golfplatz so geschieht – oder geredet wird.

Harry Kanes Worte hatten Wellen geschlagen, gewaltige sogar.

63 Minuten des Interviews mit Gary Neville waren letztlich ausgestrahlt worden, zwei Tage nach dem vorletzten und zwei Tage vor dem letzten Spieltag der Saison 2020/21. Einer Saison, die mit José Mourinho begonnen hatte und ohne José Mourinho, ohne Champions-League-Fußball, ohne Titel enden würde. Im Grunde war also alles wie immer bei Tottenham Hotspur. Und davon hatte Harry Kane, der erneute Torschützenkönig der Premier League, jetzt genug.

Natürlich hatte er es nicht direkt ausgesprochen, hatte nicht offensichtlich »Ich will weg« gesagt, aber: Ganz bewusst hatten er und seine Berater diesen Termin gewählt, diesen Ausstrahlungszeitpunkt unmittelbar vor Saisonende.

Und ganz geschickt hatte Kane Sätze wie »Ich möchte am Ende meiner Karriere nichts bereuen« oder »Ich will der Beste sein, will Titel gewinnen« formuliert. Die Spurs würden in der folgenden Spielzeit aller Voraussicht nach in der neu geschaffenen Conference League starten, gegen Gegner aus kleineren Ligen, die auch die

Chance haben sollten, am Europapokal teilzunehmen. So verkaufte es die UEFA zumindest, in Wahrheit hatte sie nur noch eine weitere Einnahmequelle geschaffen. Die Ironie des Schicksals wollte es wohl so, dass José Mourinho derjenige war, der diesen Wettbewerb mit AS Rom im nächsten Frühling als Erster gewinnen sollte.

Er war eben ein Gewinner, Tottenham nicht.

Kane sah seine Karriere nun am Scheideweg und kündigte nach dem letzten Spieltag in Leicester erneut öffentlich Gespräche mit Klubboss Daniel Levy an, an dem das Interview natürlich keineswegs vorbeigegangen war.

Er konnte einerseits beruhigt sein, schließlich hatte Kane noch einen Vertrag bis 2024 und Levy somit jederzeit das letzte Wort. Aber was für ein Licht warf es auf »seinen« Klub, wenn das Aushängeschild, das beste Eigengewächs der Historie, die Lebensversicherung wegwollte? Wenn dieser Spieler öffentlich eingestand, dass er seine Ziele mit Tottenham nicht erreichen konnte? Wie sollte Levy Spieler aus dem obersten Regal nach Nordlondon lotsen, wenn der eine vorhandene Spieler aus dem obersten Regal schon signalisierte, dass Titel woanders gewonnen wurden?

Seit 60 Jahren wartete Tottenham inzwischen auf die dritte Meisterschaft, seit 2008 – Kane war damals noch 14 Jahre jung – auf einen halbwegs bedeutenden Titel. Damals hatten die Spurs nach einem 2:1 nach Verlängerung gegen Chelsea den League Cup gewonnen – und seitdem wieder leiden müssen.

Levy, berichtete die englische Medienlandschaft, soll »wütend« gewesen sein, dass ausgerechnet Harry Kane den Weg über die Öffentlichkeit gegangen war. Nur Tage nachdem erstmals berichtet worden war, dass er Levy seinen Wechselwunsch mitgeteilt habe, hatte Kane Öl ins Feuer gegossen und jetzt auch wirklich alle wissen lassen, dass er den nächsten Schritt woanders gehen wollte.

Die »Daily Mail«, ein englisches Boulevardblatt, konnte derweil gar nicht genug bekommen von Kanes Golfrunde mit Neville, feuerte nicht nur Spekulationen an, sondern zog auch eine »Körpersprache-Expertin« zur Rate und analysierte Kanes »ungewöhnlich sprunghaftes« Verhalten Stück für Stück. Seine Gesichtsausdrücke wurden durchleuchtet, seine Schulterhaltung und »die Gestik von der Hüfte abwärts«, die »darauf hindeutet, dass er auf einer sehr grundlegenden Ebene verärgert sein könnte oder sich unterbewertet fühlt«.

Als Kane zum Beispiel vom ausbleibenden Erfolg seines Vereins sprach, hielt er »seine Stimme hoch und leicht«, mit einem »ein wenig schwankenden Gang«, er zuckte mit der Schulter, »um anzudeuten, dass es keine große Sache ist«. Aber war es doch? »Wenn er auf seinen persönlichen Erfolg oder das Fehlen eines solchen bei den Spurs zu sprechen kommt, werden Kanes körpersprachliche Signale inkongruent und sogar widersprüchlich. Er hält inne, um zu sprechen, und spreizt seine Beine weit, um eine Förderung des Alphaselbstbewusstseins zu signalisieren. Indem er seinen Golfschläger genau in der Mitte seines Schrittes abstützt, schafft er ein eher seltsam anmutendes Ritual, das darauf hindeutet, dass sein Macho-Stolz bedroht sein könnte und einen Neustart benötigt. Er schiebt seine Hände in die Taschen, eine Geste, die Macht zu signalisieren scheint, aber seine enge Hose gibt den Blick frei auf das Fummeln und Drücken in seinen Taschen, was auf unterdrückte Emotionen hindeutet, die zwischen Angst und Ungeduld oder sogar Wut schwanken könnten.«

Klar war, dass Kane überrumpelt worden war von Mourinhos Entlassung. Der Portugiese hatte viele Spieler vergrault mit seinen öffentlichen Demütigungen, mit seiner direkten Art, nachdem unter Pochettino noch ein bisschen mehr Einigkeit geherrscht hatte. Kane dagegen, der Pochettino sogar als Freund bezeichnete, hatte Gefallen gefunden an Mourinhos Herangehensweise. Endlich war mal ein Trainer da gewesen, der kein Blatt vor den Mund nahm. Der von dieser talentierten Truppe forderte, endlich erwachsen zu werden, Spiele zu gewinnen, die sonst nicht immer gewonnen worden waren.

Doch auch der Schuss ging nach hinten los. Ein neuer Trainer war noch nicht in Sicht, bis zum Saisonende übernahm Kanes Kumpel Ryan Mason den Posten als Interimscoach. Was danach passieren sollte, blieb auf vielen Ebenen unklar.

8000 Zuschauer durften dabei sein am letzten Spieltag der Saison 2020/21. Leicester City, am Spieltag zuvor erstmals seit Dezember aus den Champions-League-Rängen abgerutscht auf Platz fünf, hoffte gegen Tottenham immer noch auf ein Ticket für die Königsklasse, brauchte dafür aber entsprechende Resultate vom drittplatzierten Liverpool und vom viertplatzierten Chelsea.

Tottenham dagegen hatte sich wenige Wochen zuvor jeder Chancen auf eine Rückkehr in die Champions League beraubt und war nun auf Kurs Conference League. Sollte sich West Ham, auf Platz sechs, keine Blöße geben gegen Southampton, würde den Spurs auch ein Sieg in Leicester nicht mehr für die Europa League reichen. Und selbst die Europa League wäre nach einer fast vollständigen Saison mit José Mourinho schon eine Enttäuschung gewesen.

Doch darüber war zwei Tage nach Harry Kanes großem Interview mit Gary Neville kaum gesprochen worden, über allen Tottenham-Themen schwebte einzig und allein die Frage: Bleibt er oder geht er?

Erstmal traf er in Leicester, zum zwischenzeitlichen 1:1. Am Ende gewannen die Spurs mit 4:2, weil Gareth Bale, der 2013 an Real Madrid verlorene Sohn, vor der Saison zurückgekehrt war und nun einen Doppelpack erzielte.

Es brachte der Mannschaft jedoch nichts, letztlich blieb es bei einem enttäuschenden Platz sieben, dem schlechtesten Abschneiden seit 2009.

Doch die Frage, die alles in den Schatten stellte, lautete: Würde Tottenham ohne Harry Kane stattfinden?

Pep Guardiola atmete einmal kräftig durch. »Wir lieben ihn so sehr«, sagte er ins Sky-Mikrofon, die Hände in den Hosentaschen vergraben und die Meister-Medaille um den Hals hängend. »Er ist ein …«, setzte er wieder an, unterbrach sich für vier Sekunden. Im Etihad

Stadium von Manchester City, dessen Rasen mit hellblauem Konfetti übersät war, überspielte laute Musik die 10 000 feiernden Fans, die kommen durften und gekommen waren. »Er ist ein besonderer Mensch für uns alle«, sagte Guardiola mit brechender Stimme, während sich Tränen in seinen Augen sammelten. »Er ist so toll, so toll.«

Sergio Agüero, der ManCity 2012 in letzter Sekunde zur ersten Meisterschaft seit 1968 geschossen hatte, hatte sich standesgemäß mit einem Doppelpack beim 5:0 gegen Everton verabschiedet und gleich noch mal einen Premier-League-Rekord gebrochen. Es waren seine Treffer 183 und 184 im Trikot der Skyblues, Wayne Rooney hatte es für den Lokalrivalen ManUnited auf 183 Ligatore für einen Verein gebracht – keiner war bis dahin auf mehr gekommen.

Nach zehn Jahren in Manchester war Agüeros auslaufender Vertrag nicht mehr verlängert worden, doch der Argentinier, dessen Rolle im Team von Guardiola nach und nach kleiner geworden war, hinterließ Spuren. Nicht nur deshalb, weil der Verein ihm vor dem Stadion eine Statue erbauen lassen wollte.

»Er hat mir sehr geholfen«, krächzte Guardiola mit roter werdenden Augen und brachte keine weiteren Worte hervor. Als der Reporter gerade dabei war zu fragen, wie er den letzten verbliebenen Spieler der Meistermannschaft von 2012 ersetzen könne, fiel Guardiola ihm gleich ins Wort und schrie: »Wir können ihn nicht ersetzen. Können wir nicht.«

Wieder atmete der Katalane durch und setzte noch mal an: »Es gibt viele Spieler, die dieser Verein hatte – Joe Hart, David Silva haben diesem Verein geholfen, das zu werden, was er ist. Er«, also Agüero, »kam heute rein und hat seine Qualität in 20 Minuten gezeigt.« Und vorbei war es mit der Stimme. Und vorbei war es mit Agüero.

Guardiola, der gerade zum neunten Mal in zwölf Trainerjahren Meister geworden war, brauchte also einen neuen Stürmer. Wie passend, dass zwei Tage zuvor ein sehr guter Stürmer eines anderen Vereins beim Golfen gesagt hatte, dass er gern Titel gewinnen würde.

Die Buhrufe hallten noch ein wenig nach, doch viel Zeit zum Zweifeln blieb der englischen Nationalmannschaft nicht. Sie hatte sich mehr oder weniger durchgewurschtelt durch die ersten beiden Gruppenspiele der Europameisterschaft.

Erstmals überhaupt fand das kontinentale Turnier in verschiedenen Ländern statt, und England hatte, auch aufgrund einer Vereinbarung mit dem deutschen Verband, ein Finale im eigenen Wembley-Stadion in London im Blick. Die Three Lions zählten wie Weltmeister Frankreich zum Favoritenkreis, Außenseiterchancen durften Titelverteidiger Portugal, Belgien, Spanien oder Italien eingeräumt werden, obwohl die Squadra Azzurra drei Jahre zuvor überraschend die Weltmeisterschaft in Russland verpasst hatte. Deutschland dagegen war nach dem blamablen Vorrundenaus in Russland gegen Mexiko, Schweden und Südkorea immer noch mit sich selbst beschäftigt.

Ein Jahr nachdem diese spezielle EM aufgrund der Corona-Pandemie nach hinten verschoben worden war, mussten viele Stadien zum Großteil leer bleiben. Deutschland verlor sein Auftaktspiel gegen Frankreich vor 13 000 Zuschauern in München mit 0:1, lieferte 12 926 Zuschauern ein 4:2-Spektakel gegen Portugal und zitterte sich vor 12 413 Zuschauern durch ein 2:2 gegen Ungarn ins Achtelfinale.

England revanchierte sich in London vor 18 497 Zuschauern mit einem 1:0 gegen Kroatien für die Halbfinal-Niederlage bei der WM in Russland, enttäuschte dann beim 0:0 im Nachbarschaftsduell gegen Schottland auf ganzer Linie und brauchte zum Abschluss gegen Tschechien mindestens einen Punkt, um die Runde der letzten Sechzehn zu erreichen.

Harry Kane war bislang blass geblieben. Der Kapitän stand sinnbildlich für die recht harmlose Offensive der Three Lions, war gegen Schottland erneut von Trainer Gareth Southgate ausgewechselt worden und zog Fragen nach seiner Fitness von der englischen Presse auf sich. »Gareth hat das Recht, Änderungen vorzunehmen, die er für die Mannschaft für richtig hält«, erklärte der Anführer, der sich zwar auf die EM konzentrieren wollte, allerdings am Anfang einer selbst verursachten Transfersaga steckte. »Wir haben bei den vergangenen Turnieren gelernt, dass wir versuchen müssen, zum richtigen Zeitpunkt den Höhepunkt zu erreichen. Der beste Zeitpunkt ist in der K. o.-Phase, von wo aus wir hoffentlich weitermachen können. Vielleicht war ich in Russland im Viertel- und Halbfinale nicht so gut drauf, wie ich es mir gewünscht hätte. Am Ende sind wir nicht dorthin gekommen, wo wir hinwollten, vielleicht auch aus diesem Grund.«

Sollte heißen: Wenn er zu Beginn des Turniers noch Probleme hatte, würde vielleicht später alles gut werden. Bei der WM in Russland hatte Kane fünf seiner sechs Tore in der Vorrunde erzielt, in der K. o.-Phase nur noch im Achtelfinale gegen Kolumbien getroffen. Vielleicht würde es ja dieses Mal genau umkehrt laufen?

»Es waren ein paar harte Spiele«, erklärte Kane am Rande des englischen EM-Quartiers. »Es geht darum, dass ich für den Rest der Spiele fit bin. Ich hatte nicht das Gefühl, dass ich körperlich nicht in der Lage war, es zu schaffen. Ich habe mich vor diesen Spielen so gut gefühlt wie noch nie in dieser Saison, wenn ich ehrlich bin.«

Was war also los mit dem Torgaranten, der auf dem Weg zu dieser Europameisterschaft in jedem der acht Qualifikationsspiele getroffen und insgesamt zwölf Tore sowie fünf Vorlagen beigesteuert hatte?

Klappte das mit dem Ausblenden der eigenen Zukunftspläne vielleicht doch weniger gut, als er es sich eingestehen wollte? Es waren schließlich noch nicht mal drei Wochen vergangen, seit er öffentlich erklärt hatte, demnächst Gespräche mit Tottenham-Boss Daniel Levy über die eigene Zukunft führen zu wollen.

Kane wollte weg, das wusste inzwischen jeder. Die Fragen, die es noch zu klären galt: Wohin wollte er? Und durfte er?

Ein paar Tage zuvor, beim Golfen mit Gary Neville, hatte Kane gesagt, dass »immer die Möglichkeit« bestünde, »eines Tages ins Ausland zu gehen, aber ich glaube nicht, dass mich das in naher Zukunft wirklich interessiert«.

Wirkliches Interesse schien ohnehin nur in der Premier League aufzuflammen, wo der frisch gebackene Champions-League-Sieger Chelsea, der frisch gebackene Champions-League-Vize Manchester City und das chronisch unzufriedene Manchester United als heißeste Anwärter auf einen Kane-Transfer galten.

Das Problem aus Sicht von Manchester City, Manchester United, Chelsea und Kane: Daniel Levy, dieser gefürchtete Geschäftsmann, würde einen Teufel tun und seinen besten Spieler an die ligainterne Konkurrenz verkaufen.

Kane hatte im Beisein von Neville kein Geheimnis daraus gemacht, dass ManCity durchaus eine interessante Adresse für ihn wäre, auch wenn er das wie immer geschickter verpackte, als es einfach so auszusprechen. Gefragt nach einem Spieler, mit dem er gern mal zusammen auflaufen würde, nannte Kane ohne großes Zögern Kevin De Bruyne, Spielmacher bei Manchester City. Der Belgier, einst in der Bundesliga für Werder Bremen und Wolfsburg am Ball, verstand es wie kein Zweiter, einen Stürmer mit präzisen Schnittstellenpässen oder Flanken in Szene zu setzen. »De Bruyne ist ein ganz besonderer Spieler«, lobte Kane und grinste. »Einige der Bälle, die er für City spielt, sind der Traum eines jeden Stürmers. Er ist ein herausragender Spieler mit dem Ball, gegen den Ball, im Pressing. Seine Zuspiele sind so gut, wie ich es noch nie gesehen habe, um ehrlich zu sein.«

Gut für Kane, dass ManCity im Hintergrund längst an einem Transfer des Premier-League-Toptorjägers arbeitete.

Ein Tag blieb der englischen Mannschaft noch zur Vorbereitung auf das letzte Gruppenspiel gegen Tschechien. Für die Three Lions ging es nicht nur um den einen Punkt, der zur Qualifikation für das Achtelfinale benötigt wurde, es ging zugleich um dringend benötigtes Selbstvertrauen, das vor einer K. o.-Runde entscheidend war.

Ganz ohne Ablenkung blieb jedoch auch dieser letzte Vorbereitungstag nicht, im Gegenteil. »Manchester City macht Tottenham ein Angebot für Harry Kane im Wert von mindestens 100 Millionen Pfund«, schrieb der »Guardian« am Nachmittag des 21. Juni, 30 Stunden vor dem Anpfiff der Partie gegen Tschechien.

Nun stand es erstmals schwarz auf weiß geschrieben: Das titelgewinnende Manchester City wollte Harry Kane, der dringend Titel gewinnen wollte.

England überstand die Hürde Tschechien, überzeugte aber wieder nicht und gewann erneut dank eines einzigen Treffers von Raheem Sterling.

Etwas weiter nördlich hatte sich Daniel Levy längst in Stellung gebracht. Natürlich würde er ein 100-Millionen-Pfund-Angebot für Harry Kane niemals annehmen. Nicht für seinen besten Spieler, der noch drei Jahre unter Vertrag stand. Nicht wenn die Konkurrenz trotz der Corona-Pandemie mit dem Geld um sich warf, während er aufgrund des Stadionbaus zur Unzeit zum Sparen gezwungen war. Nicht dass er hätte ahnen können, dass nur ein Jahr nach der Fertigstellung des neuen Wohnzimmers eine Pandemie ausbrechen und ein heftiges Loch in die ohnehin schon klammen Kassen spülen würde.

»Ich werde nie über einen bestimmten Spieler in der Öffentlichkeit sprechen«, erzählte Levy in einem von Tottenham auf Twitter verbreiteten Video Mitte Juni. Doch natürlich ging es dabei um Harry Kane, es ging schließlich nur noch um Harry Kane. »Ich werde nur sagen, dass seine Frustration, nicht zu gewinnen, von mir und allen Fans und Spielern geteilt wird. Wir alle wollen gewinnen.« Das klappte nur nicht. »Es gibt einen Markt da draußen«, sagte er weiter. »Was wir wollen und was andere Vereine wollen, ist nicht immer zu erreichen. Wir werden das tun, was für den Verein richtig ist.«

Denn das tat er seit jeher.

Florentino Perez kannte Daniel Levy inzwischen seit ein paar Jahren, und zwar besser, als es ihm lieb war. In Madrid saß der Präsident von Real, las vom angeblichen Angebot Manchester Citys an Tottenham für Harry Kane und muss nur müde gegrinst haben.

Er wusste ganz genau, was Pep Guardiola in möglichen Verhandlungen mit Levy bevorstand.

Im Sommer 2013 war Harry Kane erst Monate zuvor von seiner Leihe zu Leicester City zurückgekehrt, als es bei Tottenham krachte. Gareth Bale, damals der Talisman und absolute Superstar der Spurs, weigerte sich Ende August, kurz vor Schließung des Sommer-Transferfensters, am Mannschaftstraining bei Tottenham teilzunehmen, verabschiedete sich stattdessen von seinen Teamkollegen und wartete lieber in Madrid, dass sich der dortige Gigant Real endlich mit den Spurs auf einen Transfer des Walisers einigte.

Bale hatte Tottenham mit 69 Torbeteiligungen in den vergangenen zwei Jahren getragen, war dem Klub aber – wie Kane acht Jahre – entwachsen und bereit für den Wechsel zu seinem Kindheitstraum-Verein Real Madrid.

Daniel Levy sah das etwas anders. Er hatte im Vorjahr bereits nur ungern Mittelfeldspieler Luka Modric für 30 Millionen Euro zu Real Madrid ziehen lassen, jetzt sollte nicht im zweiten Jahr in Folge der absolute Schlüsselspieler gehen.

Levy hatte sich lange geweigert, mit Madrids Mogul Florentino Perez überhaupt zu sprechen, luchste dem Bauunternehmer letztlich jedoch die damalige Weltrekordsumme von 101 Millionen Euro Ablöse ab und ließ Bale ziehen. »Gareth war ein Spieler, den wir auf keinen Fall verkaufen wollten, da wir uns für die Zukunft rüsten wollen«, ließ sich Levy damals, am 2. September, im Vereinsstatement zitieren und hätte seinen Unmut nicht deutlicher zum Ausdruck bringen können. »Er ist ein Spieler, dessen Karriere wir gefördert und entwickelt haben, und er hatte erst ein Jahr von seinem neuen Vierjahresvertrag absolviert. Die Aufmerksamkeit von Real Madrid war so groß, und Gareths Wunsch, sich ihnen anzuschließen, war so groß, dass wir der Meinung waren, dass der Spieler in der laufenden Saison nicht ausreichend eingebunden sein würde. Wir haben daher mit großem Widerwillen diesem Verkauf zugestimmt und tun dies in dem Bewusstsein, dass wir über einen außergewöhnlich starken Kader verfügen, den wir um nicht weniger als sieben Topnationalspieler erweitert haben.«

Perez, so berichteten es spanische Medien im Anschluss, soll sich damals geweigert haben, jemals wieder mit Levy in Verhandlungen zu treten. So schmerzhaft und langwierig war es ihm in diesem Prozess ergangen.

Auch Sir Alex Ferguson, der erst Wochen zuvor nach 27 Jahren als Trainer von Manchester United aufgehört hatte, konnte ein Lied singen vom Tauziehen mit Daniel Levy. Nachdem der bulgarische Stürmer Dimitar Berbatov die Saison 2007/08 mit 37 Torbeteiligungen für Tottenham beendet und ManUnited parallel die Champions League gewonnen hatte, wollte Ferguson diesen eleganten Angreifer ins Old Trafford lotsen – und Daniel Levy genau das Gegenteil. Er weigerte sich strikt, Stammspieler an die Premier-League-Konkurrenz zu verkaufen. Auch wenn Tottenham, auch dank eines Treffers von Berbatov, immerhin frisch gekürter League-Cup-Sieger, die Saison in der unteren Tabellenhälfte beendet hatte und ManUnited auch im Folgejahr wieder Champions League spielen würde. »Schmerzvoller als ein neues Hüftgelenk« seien die Gespräche mit Levy dennoch gewesen, berichtete Ferguson später in seiner Biografie. »Die Verhandlungen waren sehr schwierig und haben sich ewig hingezogen. Immer wenn ich dachte, alles wäre unter Dach und Fach, bekam ich einen Anruf mit neuen Forderungen. Typisch Daniel Levy!«

Wie später bei Bale ging auch der Wechsel von Berbatov erst kurz vor Ende der Deadline über die Bühne.

»Ich agiere nur im besten Interesse meines Vereins«, beschrieb Levy seine Taktik später selbst. »Wenn du einen Spieler wirklich nicht verkaufen willst, hast du jedes Recht, Nein zu sagen. Du verfügst über die Rechte.«

Und was für Modric und für Bale galt, galt auch für Harry Kane. Nur ein bisschen anders.

8

Isolation

Der Nicht-Streik und Manchester City

Gegen Tschechien war es gut gegangen, besser vor allem als zuvor gegen Kroatien und Schottland. Harry Kane hatte zwar wieder nicht getroffen, doch England hatte sich bei dieser Europameisterschaft, die sich durch den Austragungsmodus in verschiedenen Ländern ein bisschen anfühlte wie eine Heim-EM, fürs Achtelfinale qualifiziert. Das zählte.

Im Achtelfinale in einer Woche ging es im Klassiker gegen Deutschland. Im Wembley, dem Mekka des Fußballs. Im Vorgängerstadion des 2007 neu errichteten, 90 000 Zuschauer fassenden Tempels hatte Deutschland 1966 auf tragische Art und Weise gegen England das WM-Finale verloren. Hier, im Nordwesten Londons, hatte Deutschland 1996 das EM-Finale nach einem Golden Goal von Oliver Bierhoff gegen Tschechien gewonnen. Hier hatte Dietmar Hamann am 7. Oktober 2000 gegen England das letzte Tor geschossen, bevor das abbruchreife Stadion 2003 endgültig dem Erdboden gleichgemacht worden war und Platz entstand für eine neue Kathedrale. In dieser hatte, wie sollte es anders sein, Deutschland den Engländern am 22. August 2007 bei einem Freundschaftsspiel die erste Niederlage zugefügt.

Viermal so hoch kam das neue Wembley-Stadion im Vergleich zu seinem Vorgänger daher, bot doppelt so vielen Zuschauern Platz und ragte heraus mit seinen 90 000 leuchtend roten Sitzschalen und dem 133 Meter hohen Metallbogen, der die Dachkonstruktion trägt.

Hier hatte sich England durchgewurschtelt in einer vermeintlich leichteren Gruppe gegen Kroatien, Schottland und Tschechien, war dabei aber immerhin ohne Gegentor geblieben. Deutschland dagegen hatte seine Spiele in der Münchner Allianz-Arena ausgetragen und lediglich beim 4:2 gegen Portugal am 2. Spieltag überzeugt und ansonsten viel Dusel gehabt.

Favorisiert waren also die Engländer vor dem x-ten Wiedersehen dieser beiden großen Fußballnationen. Harry Kane hatte zwar erst einmal gegen Deutschland gespielt, dabei aber gute Erinnerungen mitgenommen. Im März 2016, bei einem Freundschaftsspiel im Berliner Olympiastadion, hatte er gegen den amtierenden Weltmeister auf 1:2 aus Sicht der Briten verkürzt, später gewann England dank eines Treffers von Eric Dier in der Nachspielzeit sogar noch mit 3:2.

Jetzt richtete sich der Fokus wieder auf den Kapitän der Three Lions, der noch ohne Turniertreffer war und aufgrund des Angebotes von Manchester City im täglichen Dauerfeuer der Presse stand. Würde er England zum zweiten Titel nach dem WM-Erfolg 1966 schießen und damit sein persönliches Trauma beenden? Würde er dann doch bei Tottenham bleiben? Oder würde Tottenham sich tatsächlich auf Verhandlungen mit Manchester City einlassen? Dabei war Pep Guardiolas nahezu perfekt geölte Maschine doch sowieso schon fast unschlagbar, und Stürmer Sergio Agüero war ohnehin kaum noch eingesetzt worden. Den Verlust könnten auch die anderen, hochbegabten Offensivkünstler auffangen.

Aber wer setzte einem Verein schon Grenzen, der sich aufgrund der finanziellen Unterstützung aus Abu Dhabi eigentlich alles leisten konnte? Die UEFA jedenfalls nicht. 2020 war ManCity wegen »schwerwiegender Verstöße« gegen das Financial Fairplay für zwei Jahre von der Champions League ausgeschlossen worden. Der Klub hatte deutlich mehr Geld ausgegeben als eingenommen, was nicht den Regularien entsprach. Außerdem, so der Vorwurf der UEFA, habe der Klub unrechtmäßige Geldzuwendungen durch seine arabischen Investoren erhalten. ManCity war vor den internationalen Sportgerichtshof gezogen und hatte mit seinem Einspruch in letzter Instanz recht bekommen. Die Sperre wurde wieder aufgehoben, und City zog prompt ins Finale ein, verlor dort jedoch gegen Thomas Tuchels Chelsea mit 0:1.

Und brauchte vielleicht auch deswegen jetzt einen Harry Kane. Einen Stürmer von Weltklasse-Format, der die Querpässe und Steckpässe und Flanken dieser wunderbaren Techniker verwertete.

Doch Kane, ganz der Profi, lenkte seinen vollen Fokus auf die Europameisterschaft, ließ Bruder Charlie und Vater Pat als Berater im Hintergrund die Geschicke leiten und hielt sich ansonsten raus. In seinem Kopf fand nur das anstehende Achtelfinale gegen Deutschland statt.

»Wir sind zuversichtlich«, sagte Kane in dunkelblauer England-Trainingsjacke neben Trainer Gareth Southgate, einen Tag vor dem Aufeinandertreffen mit Deutschland. Die Einschränkungen der Corona-Pandemie machten sich nicht nur auf den Rängen bemerkbar, sie sorgten auch nach wie vor für digitale Pressekonferenzen. So wie an diesem Montag. »Es gibt Bereiche, in denen wir uns sicher verbessern können, und ich hoffe, dass wir das für morgen mitnehmen können. Aber das Wichtigste ist, dass wir gewinnen, und darauf konzentriert sich das Team.«

Ausgerechnet in England, wo der Corona-Inzidenzwert deutlich über dem in Deutschland lag, lockerten die Behörden vor dem Achtelfinale die Restriktionen, erlaubten 40 000 Zuschauern den Zugang zum Spiel im Wembley Stadium. Als durchaus »grenzwertig« bewertete der deutsche Nationalspieler Robin Gosens diese Anpassung. Er selbst hatte die schlimmsten Folgen der Pandemie aus erster Hand erfahren, sah als Profi des italienischen Erstligisten Atalanta aus seiner Wohnung in Bergamo, wie Leichen über die Straßen getragen wurden, weil in den Krankenhäusern kein Platz mehr war.

Doch Fußball blieb eben Fußball, und für den Fußball überschritten selbst besonnene Menschen gern mal Grenzen. Es sollte schließlich eine denkwürdige Europameisterschaft werden, in sportlicher Hinsicht wohlgemerkt.

Während die Spieler abgeschottet in ihren Hotel- und Trainingsplatz-Blasen mit Masken umherliefen, füllte sich das Stadion in London am späten Dienstagnachmittag peu à peu, von speziellen Schutzmaßnahmen war kaum eine Spur zu sehen. Wenn jemand eine Maske im Gesicht trug, dann hatte sie oder er in der Regel ein Deutschland-Trikot übergestreift. Dem englischen Publikum schien es eher darum zu gehen, eine Party zu feiern, die Deutschen rauszuschmeißen, weiterzukommen. Egal, wie.

In der Kabine schwor Kapitän Kane die Mannschaft ein letztes Mal ein, hinterließ in knapp 30 Sekunden Gänsehaut bei seinen Mitspielern und ging dann voran. »Es war nur eine kleine Botschaft«, sollte er später sagen. »Die letzte Botschaft, eine kleine Erinnerung, die mir aus dem Herzen spricht. Das ist etwas, was ich gern tue und was derjenige, der an diesem Tag Kapitän ist, auch tun wird – es ist gut, eine Stimme zu hören, bevor wir hinausgehen.«

Was sich auf dem Platz bemerkbar machte.

Der englische Torwart Jordan Pickford hielt zweimal stark gegen die deutschen Angreifer Timo Werner und Kai Havertz, ehe Raheem Sterling in der 75. Minute zum 1:0 traf. Im Wembley Stadium wurden auch die letzten Hemmungen über Bord geworfen, und die englischen Zuschauer fielen sich gegenseitig um den Hals. Auch das dritte Turniertor der Three Lions kam also vom quirligen ManCity-Profi, der die Tür zum Viertelfinale öffnete.

Thomas Müller lief nach Zuspiel von Kai Havertz in der 81. Minute frei aufs englische Tor zu, doch schoss vorbei und erntete den Spott von zigtausend erleichterten Engländern. Genau fünf Minuten später war es so weit: Nach Flanke von Jack Grealish, dem Starspieler von Aston Villa, hielt Harry Kane den Kopf nach unten und bugsierte den Ball leicht gebückt ins Tor. Endlich! Der Kapitän schrie die

Freude heraus, warf sich auf den Boden und wurde begraben von seinen Mitspielern. Denn spätestens jetzt wussten sie: Das Viertelfinale wartete.

Kane hatte seiner hoffnungsvollen Prophezeiung Taten folgen lassen, wirkte jetzt, als es drauf ankam, wieder wie der Anführer und Torjäger, der die Premier-League-Saison mit 23 Treffern und 14 Vorlagen beendet hatte. Das Turnier nahm jetzt erst Fahrt auf, und Kane schien es auch zu tun.

»Als Stürmer verpasst man vielleicht ein paar Chancen«, erklärte er später, »aber ich glaube immer an mich selbst. Wembley so zu sehen, wie es war, und Teil der Feierlichkeiten zu sein, war einfach unglaublich. Das sind die Momente, die man nie vergisst.«

Vor versammelter Familie und Freunden hatte Kane seine Tor-Flaute bei diesem Turnier beendet, Wembley in Ekstase versetzt und nun die nächste Runde im Blick. »Wenn man sieht, wie die Fans umfallen und Wembley rockt und ›Sweet Caroline‹ singt, bekommt man einfach Gänsehaut. Wir wollen hier aber nicht aufhören, wir wollen dem Land so viel Freude wie möglich bereiten, und das beginnt am Samstag wieder.«

Doch vorher passierte noch etwas. In Nordlondon.

Mit Antonio Conte war sich Daniel Levy nicht einig geworden. Seit April suchte er inzwischen einen neuen Trainer für Tottenham, doch das Feld an möglichen Kandidaten schrumpfte zusehends.

Der neue Trainer sollte einer sein, der »unseren Wunsch, junge Spieler aus unserer Akademie zusammen mit erfahrenen Talenten aufblühen zu sehen, unterstützt«, erklärte Levy, völlig losgelöst von all dem Kane-Drama. Er hatte zunächst mal einen Trainer zu finden, danach konnte er sich um Manchester City kümmern.

Mourinho hatte Spuren hinterlassen, leider nicht im Trophäenschrank. Die direkte Art des Portugiesen, der offenbar zu viel verlangt hatte, sollte wieder ausgetauscht werden gegen einen Förderer, einen wie Mauricio Pochettino.

Der war damals, im Sommer 2014, ohne den ganz großen Druck aus Southampton nach Nordlondon gewechselt und hatte in Ruhe und ohne großes Budget sein Team aufbauen können, hatte Harry Kane zum Superstar geformt und ein aufregendes Gebilde um den Superstar herum kreiert.

Pochettino trainierte inzwischen das Starensemble von Paris Saint-Germain, hatte den Job im Januar 2021 von Thomas Tuchel übernommen und überraschend den Meistertitel an Lille verloren. Weil seine Frau und die Kinder nach wie vor in London lebten, tauchte Pochettino nicht selten in der englischen Hauptstadt auf. Und tatsächlich soll Levy auch vorgefühlt haben beim Ex-Coach, der angeblich nicht sehr glücklich war in Paris. Doch daraus wurde nichts.

Welchen Weg Levy eigentlich einschlagen wollte, hing offenbar nicht nur von seinen Vorstellungen, sondern auch den Verfügbarkeiten ab.

Ganz anders nämlich verhielt es sich mit der Option Antonio Conte. Der Italiener hatte Inter gerade den ersten Scudetto seit elf Jahren beschert, dann aber hingeschmissen, weil es ihm nicht passte, dass der Mailänder Klub trotz gewonnener Meisterschaft einen Sparplan einschlagen und das Tafelsilber verkaufen wollte. Conte hingegen, der mit dem FC Chelsea 2018 die Premier League gewonnen hatte, sah Inter erst am Anfang, sah Grund für weitere Investitionen, um auf dem gerade erlangten Erfolg aufzubauen. Stattdessen schmiss er hin.

Levy fragte nach und verhandelte mit Conte, doch es kam zu keiner Einigung. Wie auch? Hier saß ein Trainer, der bei einem der größten Klubs Europas aufgehört hatte, weil man ihm kein Geld für neue Spieler zur Verfügung gestellt hatte. Jetzt sollte er beim Tabellensiebten der Premier League anfangen, der sich ebenfalls einen Sparkurs auferlegt hatte. Der drohte, seinen Kapitän und Superstar an die deutlich bessere Konkurrenz zu verlieren. »Wir werden Geld ausgeben«, versicherte Daniel Levy zwar. »Aber unsere Pflicht ist es, den Verein zu schützen, auch wenn wir gewinnen wollen.«

Conte passte da nicht rein. Und kam auch nicht. Noch nicht jedenfalls.

Levys Suche reichte weit, führte über Andalusien, wo Julen Lopetegui den FC Sevilla nach dem Europa-League-Triumph 2020 erneut in die Champions League geführt hatte, bis in die ewige Stadt, wo Paulo Fonseca nach zwei Jahren als Trainer der AS Roma aufgehört hatte. Mit dem Portugiesen, der seine erfolgreichste Zeit in der Ukraine bei Shakhtar Donezk erlebt hatte, waren sich Levy und sein frisch installierter Sportdirektor Fabio Paratici angeblich schon einig, bis der Italiener Paratici mitbekam, was in der Toskana passierte.

Dort, bei AC Florenz, hatte Gennaro Gattuso nach nur 23 Tagen schon wieder hingeschmissen, weil offenbar getätigte Transferversprechen nicht eingehalten worden waren. Also warb Paratici um den einstigen Mittelfeld-Terrier von Milan, doch erfuhr umgehend heftigen Gegenwind aus London. Weil Gattuso in der Vergangenheit durch homophobe, sexistische und rassistische Äußerungen aufgefallen war, gingen Fans auf die Barrikaden und verhinderten eine Anstellung des Italieners, der mit Neapel ein Jahr zuvor die Coppa Italia gewonnen hatte.

Levy geriet allmählich unter Zeitdruck und entschied sich letztlich trotz Bedenken für den Portugiesen Nuno Espirito Santo, nachdem er sich mit seinem Sportdirektor nicht auf Fonseca einigen konnte. Santo hatte die Wolverhampton Wanderers zuvor in vier Jahren vom Zweitligisten zum gesicherten Erstligisten geformt.

Am 30. Juni, wenige Stunden nach Englands Sieg über Deutschland und 72 Tage nach der Entlassung von José Mourinho, stellten die Spurs »Nuno«, wie er in England nur genannt wurde, als neuen Coach vor. Und jeder, auch jeder Spieler, wusste, dass dieser Trainer bei Weitem nicht die erste und auch nicht die zweite und auch nicht die dritte oder vierte Wahl gewesen war. »Ich habe bereits über die Notwendigkeit gesprochen, zu unserer Kern-DNA zurückzukehren«, erklärte Levy in der Vereinsmitteilung. »Nämlich offensiven, unterhaltsamen Fußball zu spielen. Fabio und ich glauben, dass Nuno der Mann ist, der unsere talentierte Gruppe von Spielern aufnehmen kann, unsere jungen Spieler, die durchkommen, einbezieht und etwas Besonderes aufbauen kann.«

Allein der für einen Cheftrainer schmale Zweijahresvertrag sprach Bände über die fehlende Zuversicht, in Nuno wirklich eine langfristige Lösung gefunden zu haben. Eine vor allem, die auch Harry Kane zu einem Verbleib bei den Spurs bewegen konnte.

Der bereitete sich jedoch gerade auf eine Reise nach Rom vor.

Die Abendsonne verschwand allmählich hinter den Hunderten Bäumen, die das Stadio Olimpico umgaben. 11 880 Zuschauer durften dabei sein, als England erstmals bei dieser Europameisterschaft auswärts ranmusste und im Viertelfinale auf den Außenseiter Ukraine traf.

Wegen strenger Corona-Restriktionen für Reisende aus dem Vereinigten Königreich bestand das englische Quartier im römischen Olympiastadion zum Großteil aus Engländern, die im Ausland lebten. Aus Zürich waren sie mit dem Auto angereist, aus Bern oder Berlin. Hauptsache, sie bekamen ein Gefühl dafür, wie sich die Welt langsam wieder der Normalität näherte.

Und sie wurden belohnt für die langen Autofahrten oder die Flüge aus Dubai. 40 000 Fans hatten die Three Lions im Achtelfinale gegen Deutschland noch nach vorn gepeitscht, doch im 73 000 Plätze fassenden Stadio Olimpico blieb es verdächtig ruhig. Was die Mannschaft von Trainer Gareth Southgate nicht zu stören schien: Schon nach drei Minuten traf Harry Kane zum 1:0, unmittelbar nach der Pause köpfte Abwehrspieler Harry Maguire das 2:0. Und wiederum nur vier Minuten später besorgte Kane per Kopf das 3:0 zur Vorentscheidung. Der Kapitän spielte nach dem Knotenlöser gegen Deutschland wie befreit auf. Eigentlich genau so, wie er es gehofft oder vorhergesagt hatte. Er hatte sich das Beste wirklich für die entscheidende Phase aufgehoben. Und er war noch nicht fertig.

Mit einem 4:0 im Gepäck – Jordan Henderson vom FC Liverpool hatte mit seinem ersten Länderspieltreffer den Endstand besorgt – trat der englische Tross die Rückreise nach London an und wusste, dass ab jetzt nur noch Heimspiele warten würden: im Halbfinale gegen Dänemark und im möglichen Finale. Weil England Deutschland für die Bewerbung zur Ausrichtung der EM 2024 unterstützt hatte, hatte Deutschland dafür auf eine Bewerbung für ein Halbfinale oder Finale bei der gemischten EM 2021 verzichtet. So fanden die drei letzten Spiele dieses etwas anderen Turniers definitiv in London statt.

Die englische Brust konnte inzwischen breiter kaum sein. Nicht nur, dass Kane nun traf oder Sterling in Topform auflief. Noch dazu hatte diese Mannschaft kein einziges Gegentor kassiert. Auf Paul »Bear« Bryant, legendärer Football-Coach an der University of Alabama, geht das Sprichwort *»Offense wins games, defense wins championships«* zurück. »Der Angriff gewinnt Spiele, die Verteidigung gewinnt Meisterschaften.« Auf diese englische Mannschaft konnte das zutreffen. Sattelfest kam sie daher und stach, wie etwa im Härtest gegen Deutschland oder zum Auftakt gegen Vizeweltmeister Kroatien, in den entscheidenden Momenten zu.

Nach dem Aus im Halbfinale bei der WM 2018 gegen Kroatien und dem Aus im Halbfinale bei der Nations League 2019 gegen die Niederlande standen Southgate und England nun zum dritten Mal in Folge bei einem Turnier unten den letzten vier Teilnehmern. Und dieses Mal sollten endlich auch der vorletzte und letzte Schritt genommen werden.

Harry Kane freute sich derweil auf die Kopfschmerzen, die seinem Trainer bevorstanden. »Wir haben überall auf dem Spielfeld gute Möglichkeiten und einen großen Konkurrenzkampf um die Plätze«, sagte der Kapitän einen Tag vor dem Halbfinale gegen Dänemark, wieder in der dunkelblauen Nike-Trainingsjacke, wieder neben Trainer Southgate. Und wieder während der digitalen Presserunde.

Zumindest in der Hinsicht blieben die Vorgaben streng, alles andere wurde gelockert. Zumindest in England.

60 000 Zuschauern erlaubte die Regierung den Besuch der Partie im Wembley Stadium, also erneut 20 000 mehr als zwei Runden zuvor gegen Deutschland. Schon damals hatte SPD-Gesundheitsexperte Karl Lauterbach gepoltert: »Das Spiel hat noch mal gezeigt, wie eng die Fans stehen, wie oft sie sich umarmen und anschreien. Es haben sich sicherlich Hunderte infiziert, und diese infizieren jetzt wiederum Tausende. Die UEFA ist für den Tod von vielen Menschen verantwortlich.«

Was dem englischen Publikum fürs Erste völlig egal war. Sie wollten sehen, wie ihre Nationalmannschaft endlich wieder einen Titel gewann, wie aus ihrem beliebten Fußballsong »Three Lions (Football's coming home)« Realität wurde.

Und wenn es für Kane schon mit Tottenham nicht klappte und vermutlich auch nicht mehr klappen sollte, dann wenigstens mit der Nationalmannschaft. Hier spielten schließlich genug erfahrene Siegertypen von Manchester City oder Chelsea. Spieler, die gerade Meister oder Champions-League-Sieger geworden waren.

»Es wird viel geredet vor diesem Halbfinale«, blieb Kane nüchtern und fügte ganz diplomatisch an: »Es ist eine Chance für uns, einen Schritt weiterzugehen als 2018 in Russland. Es ist eine großartige Gelegenheit für uns, das zu erreichen.«

Mit Worten hielt sich der Kapitän zurück, stattdessen ging er mit Taten voran. Und Toren.

Nach 90 Minuten hatte es vor einem völlig elektrisierten Publikum in London 1:1 gestanden, bis Raheem Sterling in der Verlängerung im dänischen Strafraum zu Boden ging und einen zweifelhaften Elfmeter zugesprochen bekam.

Kane stellte sich am Elfmeterpunkt bereit, nahm drei Schritte Anlauf, hielt wie der Großteil der 60 000 Zuschauer den Atem an, pustete einmal durch und lief an. Dänemarks Torwart Kasper Schmeichel wehrte im aus seiner Sicht linken unteren Eck nach vorn ab, allerdings nicht weit genug. Kane schnappte sich den Rebound und traf beim zweiten Versuch.

Der Mann, der noch nie einen Titel gewonnen hatte, führte die Jubeltraube an, feierte das Tor und letztlich auch Englands ersten Einzug in ein EM-Endspiel.

Während am Hotspur Way die erste Vorbereitung unter Nuno Espirito Santo begann, kümmerte sich der Rest Englands um das bevorstehende Endspiel gegen Italien, das sich im Halbfinale im Elfmeterschießen gegen Spanien durchgesetzt hatte, also nervlich schon mal voll belastbar schien.

Ein regelrechtes Feuerwerk fand am 11. Juli im Wembley Stadium statt, wie sich das für ein Finale gehörte. Tanzeinlagen, Flugshows und Musik. Und dann auch Fußball.

England, nur inoffiziell der Gastgeber, ging erneut als Favorit ins Spiel und begann auch so. Keine 120 Sekunden waren gespielt, da traf Linksverteidiger Luke Shaw zum 1:0 und verwandelte England in ein Tollhaus. Kane grinste verdächtig verhalten, als Shaw in Richtung Eckfahne zum Jubeln abdrehte.

Ob er seinem Glück nicht traute? Oder sich einfach noch zurückhielt? Nie zuvor war er so nah dran an einem Titel, und dann auch noch mit der Nationalmannschaft. Im eigenen Land.

Die Realität holte den scheinbar verfluchten Kapitän schnell ein. Leonardo Bonucci, der mit Juventus öfter Meister geworden war, als Kane Profi-Jahre auf dem Buckel hatte, traf in der zweiten Hälfte zum Ausgleich. Nach 90 Minuten stand es 1:1, nach 120 Minuten ebenso. Und im Elfmeterschießen lief es dann wieder so, wie es aus englischer Sicht eigentlich immer lief. Marcus Rashford vergab, Jadon Sancho und zu guter Letzt Bukayo Saka verschossen auch.

Statt endlich etwas Silbernes in den Händen zu halten, musste Kane das tun, was er in seiner Karriere viel zu oft getan hatte. Dem Gegner gratulieren, ein verlorenes Finale kommentieren, vergebene

Chancen analysieren. »Elfmeterschießen sind der schlimmste Weg zu verlieren«, sagte er vor einer Werbebande, während im Hintergrund feiernde Italiener das Wembley Stadium übernommen hatten. »Es ist natürlich enttäuschend, aber wir müssen unseren Kopf hochhalten«, ergänzte Kane leise und blickte zu Boden. »Das tut jetzt weh, das wird natürlich lange wehtun. In einem Monat können wir vielleicht zurückschauen und stolz sein auf unsere Leistung, aber wir sind Fußballer, wir sind Gewinner. Wir wollen immer gewinnen.«

Nur wann wollte ihm das endlich gelingen?

Daniel Levy rührte sich nicht. Viel deutlicher konnte seine Antwort eigentlich nicht ausfallen. ManCity hatte 100 Millionen Pfund geboten für Harry Kane, war damit aber noch so weit entfernt von Levys Vorstellungen wie Kane von einem Titelgewinn.

160 Millionen Pfund sollten es mindestens sein, berichteten manche englischen Medien. Andere wiederum schrieben von 200 Millionen Pfund.

Wenn Neymar Paris Saint-Germain einst 222 Millionen Euro wert war oder Kylian Mbappé parallel zur gerade beendeten Europameisterschaft fest für 180 Millionen Euro von Monaco in die französische Hauptstadt wechselte, dann durfte Levy nach seiner Vorstellung auch eine Unsumme für seinen besten Spieler verlangen.

Natürlich hatte er ein Stadion abzubezahlen, einen Sparkurs vor der Brust. Aber wenn er jetzt den Kapitän verkaufte, nur um die klammen Kassen zu füllen, gestand er damit den großen Umbruch ein, und Tottenham würde im ligainternen Machtkampf sportlich weit zurückfallen.

ManCity musste sich also etwas anderes einfallen lassen.

Bei Borussia Dortmund hatte ein junger Norweger die Bundesliga erobert. Erling Haaland hatte die Saison wettbewerbsübergreifend mit 41 Toren in 41 Spielen beendet, zwei davon im gewonnenen DFB-Pokalfinale gegen RB Leipzig.

Haaland, dessen Vater Alf-Inge drei Jahre bei ManCity verteidigt hatte, war Dortmund schneller entwachsen als erwartet, doch stand aktuell noch nicht zum Verkauf. »Erling Haaland wird nächstes Jahr hier spielen«, stellte BVB-Boss Hans-Joachim Watzke Ende Juli im Dortmunder Trainingslager in Bad Ragaz klar und beendete damit jegliche Spekulationen.

ManCity durfte sich also weiterhin auf Kane konzentrieren und tat das auch. Der verbrachte seinen Urlaub gerade mit der Familie auf den Bahamas und versuchte dort, den Kopf frei zu bekommen nach all den Geschehnissen der vergangenen Wochen.

Mit Tottenham war das Saisonfinale in die Hose gegangen, das Endspiel im League Cup gegen ManCity. Er hatte seinen Wunsch nach einer Luftveränderung im Interview mit Gary Neville an die Öffentlichkeit getragen und anschließend die nächste, große Chance auf einen Titel mit der englischen Nationalmannschaft gegen Italien vergeben. Wie es nun weitergehen würde, mussten sein Bruder Charlie, Vater Pat, Daniel Levy und Manchester City klären. Für ihn stand Urlaub an.

Am 2. August, drei Wochen nach dem verlorenen Finale in Wembley, erwarteten die Spurs Kane nach dem Bahamas-Urlaub zurück am Trainingsgelände für einen Corona- und anschließenden Fitness-Test. Doch der inzwischen 28-Jährige tauchte nicht auf.

Wieder schlugen die Wellen hoch im Norden Londons. War das etwa der Anfang eines Streiks? Weigerte sich Kane, zu Tottenham zurückzukehren? Wollte er so erzwingen, dass Levy mit ManCity eine Einigung fand?

Kanes Lager, vermuteten die Medien, ging davon aus, zu Saisonende ein Gentleman's Agreement getroffen zu haben mit Levy. Demnach glaubten Kane und seine Berater, dass Tottenhams Klubpatron sich während der EM mit ManCity unterhalten und einen Transfer abwickeln würde. Da das nicht stattfand, so die Erzählung, blieb Kane dem Training vorerst fern.

Auch am nächsten Tag fehlte vom Vorzeigeprofi Kane jede Spur.

Zwölf Tage blieben Tottenham noch zum Saisonstart gegen, wie sollte es anders sein, ManCity.

Und während Kane anscheinend noch auf den Bahamas weilte, setzte die britische Regierung das Urlaubsdomizil auf die rote Liste der Länder, aus denen eine Einreise nach England eine Corona-Quarantäne nach sich zog. Wenn Kane also zurückkehrte nach London, würde er sich in eine fünftägige Selbstisolation begeben müssen, ehe er sich freitesten konnte. Selbst wenn er also am Mittwoch zurückkehrte, blieben ihm anschließend nur noch drei Tage bis zum Premier-League-Auftakt gegen seinen Wunschklub ManCity.

Die Kluboberen bei Tottenham reagierten verärgert, überlegten im Hintergrund, ob sie Kane eine Geldstrafe aufdrücken sollten, doch warteten erst mal klare Antworten ab.

Am 5. August tütete ManCity derweil einen neuen Rekordtransfer ein und überwies 120 Millionen Euro an Aston Villa, um Jack Grealish zu holen. Der Mann, der Kane gegen Deutschland sein erstes EM-Tor aufgelegt hatte.

Einen Tag später nahm Pep Guardiola in ManCitys virtueller Pressekonferenz vor dem Supercup gegen FA-Cup-Sieger Leicester City Platz und bestätigte, was ohnehin schon jeder wusste: Ja, ManCity wollte nach dem Rekorddeal für Grealish gern noch mehr Geld ausgeben und den eigenen Rekordtransfer mit Kane überbieten. Aber: »Wenn Tottenham nicht verhandeln will, ist die Sache erledigt. Wenn sie offen für Verhandlungen sind, denke ich, dass nicht nur ManCity, sondern viele Vereine auf der Welt versuchen wollen, ihn zu verpflichten. Wir sind da keine Ausnahme, aber es hängt von Tottenham ab.«

Mehrere Male klopften Guardiola und ManCity bei Levy an, doch der reagierte erst gar nicht. Auch er bekam natürlich mit, was Guardiola gerade öffentlich gesagt hatte. Doch Tottenhams Präsident war viel mehr damit beschäftigt, wie er mit der anderen Kane-Causa verfahren sollte. Gleichzeitig präsentierte er mit dem Copa-America-Sieger Cristian Romero den ersten, teuren Neuzugang des Sommers.

Der argentinische Innenverteidiger war nach einer starken Saison bei Atalanta zum besten Verteidiger der Serie A gewählt worden und kam nun auf Leihbasis mit einer Kaufpflicht in Höhe von 50 Millionen Euro.

Am Nachmittag desselben Tages meldete sich Kane erstmals seit dem verlorenen EM-Finale in den sozialen Medien, schrieb dort: »Es ist fast zehn Jahre her, dass ich mein Debüt bei den Spurs gegeben habe. In jedem dieser Jahre habt ihr – die Fans – mir eure volle Unterstützung und Liebe gezeigt. Deshalb tut es weh, einige der Kommentare zu lesen, die diese Woche verfasst wurden und meine Professionalität infrage stellen.«

Kein Spurs-Fan hatte gewusst, wo Kane steckte, geschweige denn, wie es mit ihm weiterging. Ob dieses jahrelang so vorbildliche Eigengewächs, das sich seinen Weg nach ganz oben bei den Spurs erarbeitet hatte, tatsächlich einen so drastischen Schritt einlegen würde, um einen Wechsel durchzudrücken. »Ich werde nicht auf die Einzelheiten der Situation eingehen, aber ich möchte klarstellen, dass ich mich nie weigern würde und auch nie geweigert habe zu trainieren«, erklärte Kane und kündigte seine Rückkehr für den nächsten Tag an. »Ich würde nichts tun, was meine Beziehung zu den Fans gefährden könnte, die mich während meiner Zeit im Verein so unermüdlich unterstützt haben. Das war schon immer so und ist auch heute noch so. Harry.«

Schön und gut, dachten sich einige Spurs-Fans, die Kane unbedingt glauben wollten. Aber warum hatte er sich erst jetzt gemeldet? Warum erst nach vier langen Tagen, die im Fußballkosmos einer Ewigkeit gleichkamen?

Am 7. August meldete sich Kane nach seinem Nicht-Streik wie tags zuvor angekündigt zurück und lernte mit Nuno Espirito Santo wieder mal einen neuen Trainer kennen.

Während Kane an der Rückkehr zur vollen Fitness arbeitete und der Rest des Kaders sich intensiv einstellte auf das schwerstmögliche

Auftaktspiel gegen Meister ManCity, veranlasste Daniel Levy ein Meeting mit der Familie Kane, um bohrende Fragen zu besprechen. Wie ging es weiter? ManCity, ja oder nein?

Levy hatte etwas ganz anderes im Sinn und versuchte stattdessen, Kane einen neuen Vertrag anzubieten. Was misslang.

2018, das wusste der Spieler spätestens jetzt, hatte er verfrüht einen Sechsjahresvertrag unterschrieben und trug jetzt die Konsequenzen. Noch mal würde er sich auf einen solchen Deal nicht einlassen.

Völlig ausgeschlossen schien nach wie vor zu sein, dass Levy sich in irgendeiner Form gesprächsbereit für einen Transfer zu Manchester City zeigte.

Am 15. August gastierte der Meister im Tottenham Hotspur Stadium, das erstmals wieder ausverkauft war. Eigentlich sollte dieses Spiel zeigen, warum Kane, der wegen rückständiger Fitness im Aufgebot fehlte, unbedingt zu ManCity wollte. Eigentlich sollte ManCity Tottenham wieder mal herspielen und gewinnen. Stattdessen setzten sich die Spurs trotz geringer Spielanteile mit 1:0 durch, und das Spiel zeigte viel eher, warum ManCity Kane brauchte. »Harry ist einer der besten Spieler der Welt, und wir können uns glücklich schätzen, dass wir ihn haben«, erklärte Nuno Espirito Santo nach seinem gelungenen Debüt als Tottenham-Trainer. »Er muss sich bereit machen und der Mannschaft helfen.«

Ein Wechsel wurde immer utopischer.

Gleich am Mittwoch darauf reisten die Spurs nach Portugal, um in der Conference-League-Qualifikation bei Pacos de Ferreira anzutreten. Kane blieb mit einigen anderen Stammspielern in London und bekam erneut die bittere Realität vor Augen geführt. Statt langsam der Auslosung für die Gruppenphase der Champions League entgegenzufiebern, durfte er sich im eigenen Wohnzimmer ansehen, wie seine Mannschaft vor rund 2000 Zuschauern in einem winzigen Stadion in Nordportugal mit 0:1 verlor und jetzt auch noch den drittklassigen Wettbewerb in Europa zu verpassen drohe. Zwei Jahre waren erst vergangen, seit dieser aufstrebende Klub im Champions-League-Endspiel gegen Liverpool knapp den Kürzeren gezogen hatte. Jetzt war er nicht mal mehr gut genug für die Conference League?

Wie tief, durfte Kane sich fragen, war sein Verein wirklich gesunken?

Am 22. August, drei Tage nach der Hinspielpleite in Portugal, kehrte Kane ins Spieltagsaufgebot zurück und feierte beim 1:0-Sieg in Wolverhampton in der 72. Minute sein Comeback. »*He'll be a Manc in the morning*«, sangen Wolves-Fans bei Kanes Einwechslung, um die mitgereisten Tottenham-Anhänger zu reizen. »Morgen früh wird er einer von ManCity sein.«

Doch sie lagen falsch.

Am 25. August endeten Monate der Spekulation plötzlich durch einen Tweet. Harry Kane postete ein Bild von sich bei Twitter, wie er im Trikot nach dem 1:0-Sieg in Wolverhampton klatschend zum Gästeblock geht. »Es war unglaublich, den Empfang der Spurs-Fans am Sonntag zu sehen und einige der Unterstützungsbotschaften zu lesen, die ich in den vergangenen Wochen erhalten habe«, schrieb er und: »Ich werde in diesem Sommer bei Tottenham bleiben und mich zu 100 Prozent darauf konzentrieren, der Mannschaft zum Erfolg zu verhelfen.«

Und vorbei war sie, die Zeit der Gerüchte und Wasserstandsmeldungen und Fragen und einsilbigen Antworten. Fast auf den Tag genau drei Monate nachdem er das Fass auf dem Golfplatz mit Gary Neville selbst aufgemacht hatte, schloss Kane es vorerst wieder.

Doch seine Botschaft war klar: Kane hatte nicht geschrieben, dass er blieb. Er hatte geschrieben, dass er »in diesem Sommer« blieb. Er hätte den Zusatz auch weglassen oder wenigstens »in dieser Saison« schreiben können, doch mit dieser Formulierung war klar, dass die Gerüchte und Wasserstandsmeldungen und Fragen und einsilbigen Antworten Richtung Januar zurückkehren würden, wenn das Winter-Transferfenster öffnete.

Tottenham drehte das 0:1 gegen Pacos de Ferreira und qualifizierte sich für die Gruppenphase der Conference League. Tottenham gewann außerdem auch Nunos drittes Premier-League-Spiel mit 1:0. Vielleicht, durfte Levy denken, hatte er ja doch den richtigen Trainer ausgewählt für einen Neustart bei Tottenham. Für einen Neustart mit Kane.

9

Würdelos

Das übliche Drama mit Conte

Spiele, Tore, Worte oder Taten werden im Fußballgeschäft schnell vergessen. Dass Harry Kane die englische Nationalmannschaft im Juli beinahe zum EM-Titel geführt hätte, spielte im August eine ebenso kleine Rolle wie sein vermeintliches Abschiedsinterview bei Gary Neville im Mai, seine vermeintliche Abschiedsrunde gegen Aston Villa oder die verspätete Rückkehr aus dem Urlaub.

Alles, was Tottenham-Fans im späten August 2021 noch interessierte, war die Tatsache, dass Harry Kane noch da war, unter welchen Umständen auch immer.

»Diesen Sommer« würde er bleiben, hatte Kane in den sozialen Netzwerken verkündet und den angedachten Wechsel zu Manchester City damit zumindest vorübergehend auf Eis gelegt.

Und gleich am nächsten Tag durfte er erfahren, was »seinen« Fans das bedeutete.

Nach dem 0:1 im Hinspiel der Conference-League-Playoffs hatte Tottenham gegen den portugiesischen Außenseiter Pacos de Ferreira etwas gutzumachen. Hugo Lloris, der etatmäßige Stammtorwart und Kapitän, bekam in diesem neu erfundenen europäischen Wettbewerb eine Pause, also brachte Kane die Spurs an diesem milden Donnerstagabend als Spielführer aufs Feld.

Gerade hatte der amtierende Torschützenkönig die Seitenwahl beendet und Tottenhams Wimpel an den gegnerischen Kapitän Marco Baixinho übergeben, als der Stadionsprecher die Aufstellung vorlas und bei der Nummer 10 ankam. Lauter Jubel entbrannte im nur zur Hälfte gefüllten Tottenham Hotspur Stadium. Und sofort war klar: Dass ihr Harry eigentlich nicht mehr hier sein wollte, spielte keine Rolle mehr. Hauptsache, er war noch da.

Und wie er das war: In seinem ersten Startelf-Einsatz der Saison traf Kane nach acht Minuten zum 1:0 und nach 33 Minuten zum 2:0. Auf den Rängen sangen die Spurs-Fans lautstark: »*Harry Kane, he's one of our own.*« Er ist einer von uns. Einer, der bei uns groß wurde. Einer, der zu uns gehört.

Kane lächelte die Sorgen der vergangenen Monate weg, jubelte zurückhaltend mit seinen Teamkollegen und durfte es sich nach 71 Minuten unter tosendem Applaus vorzeitig auf der Auswechselbank gemütlich machen.

Tottenham qualifizierte sich für die Gruppenphase der Conference League, Kane war noch da und der Start in die Premier-League-Saison mit zwei 1:0-Siegen sehr gelungen.

Alles schien gut.

Ein Ende der Corona-Pandemie war im August 2021 noch lange nicht in Sicht. In Deutschland eröffnete Meister Bayern München die neue Bundesliga-Saison vor knapp 23000 von 60000 möglichen Zuschauern in Mönchengladbach, empfing anschließend den 1. FC Köln vor 20000 Zuschauern, obwohl normalerweise 75000 in der Allianz-Arena Platz fanden.

Etwas lockerer gestaltete die englische Regierung die Rückkehr der Fans in die Stadien. Schon bei der Europameisterschaft hatten sich schwitzende Fans im fast voll besetzten Wembley Stadium in den Armen gelegen, warum also sollte sich anderthalb Monate später wieder etwas ändern? Obwohl die Inzidenzen im Sommer unnachgiebig in die Höhe schnellten.

Nur 5000 Plätze blieben unbesetzt, als Tottenham am 3. Spieltag der Saison, drei Tage nach dem 3:0 gegen Pacos de Ferreira, Aufsteiger Watford empfing und Harry Kane sein erstes Saisonspiel von

Beginn an machte. Wieder gewannen die Spurs mit 1:0 und grüßten von der Tabellenspitze, so wie zuletzt acht Monate zuvor unter José Mourinho.

Noch hielt sich die Euphorie im weiß-blauen Teil Nordlondons zurück, fast so, als hätte es Vorahnungen gegeben. Es war noch längst kein Feuerwerk, das die Spurs unter Trainer Nuno Espirito Santo entfachten.

Die erste Länderspiel-Unterbrechung der Saison schickte Harry Kane erstmals seit dem verlorenen EM-Finale gegen Italien zurück zum Kreis der Three Lions. Mit Briefen von Kindern und Fans wurden die Spieler im Nationalmannschaftsquartier in London empfangen, als Zeichen der Aufmunterung.

Die Qualifikation für die Weltmeisterschaft 2022 in Katar stand an und verschlug die Engländer zunächst nach Ungarn, bevor sie in London gegen Andorra antreten sollten.

Kane nutzte die Spurs-freie Zeit und sprach erstmals öffentlich über seinen gescheiterten Wechsel zu ManCity. »Ich weiß, dass es viel Lärm um mich gab, aber ich war ganz ruhig«, versicherte er im Gespräch mit »Talksport«. »Ich wusste, wie die Situation zwischen mir und dem Verein war, und das wird auch so bleiben.«

Ob er sich Sorgen mache, dass er seinen Ruf beschädigt habe, wurde Kane angesichts der öffentlich gewordenen Transferposse gefragt. »Nein, ich glaube nicht«, antwortete er. »Jeder, der in der Fußballbranche tätig ist, kennt sich aus, und ich bin mit der Situation gelassen umgegangen. Es war eine Sache zwischen mir und dem Verein. Wenn man die Wahrheit kennt und weiß, was los ist, hat man ein reines Gewissen.«

Kane war in dem Glauben auf die Bahamas in den Urlaub geflogen, ein »Gentleman's Agreement« mit Daniel Levy eingegangen zu sein und Tottenham verlassen zu dürfen. Deshalb hatte er sich in seinen Augen auch nichts zuschulden kommen lassen. »Lärm wird es immer geben«, sagte er. »In meiner gesamten Karriere gab es Höhen und Tiefen, von meiner Jugend bis heute, das gehört einfach dazu.«

Für ihn war es nun Zeit, nach vorn zu blicken und auf den gelungenen Saisonstart mit den Spurs aufzubauen. »Das Ziel war immer, mit Tottenham Silberware zu gewinnen, das war jedes Jahr so.«

Nur sollte das wie immer ein fast unmögliches Unterfangen werden.

Wer hoch steigt, kann tief fallen. Nuno Espirito Santo sollte das in London schnell erfahren.

Nachdem er mit den Spurs die ersten drei Ligaspiele mit 1:0 gewonnen hatte, verlor er im Anschluss die nächsten drei. Erst setzte es ein alarmierendes 0:3 beim kleinen Crystal Palace in Südlondon, dann ein 0:3 gegen das größere Chelsea aus Westlondon, dann ein 1:3 beim etwas kleiner gewordenen Nachbarn Arsenal, vier Meilen südlich des eigenen Stadions. Von Platz eins ging es im Handumdrehen auf Platz elf, einen hinter den FC Arsenal, der antizyklisch nach drei Niederlagen zum Start nun dreimal gewonnen hatte.

Harry Kane erholte sich kurz darauf zwar mit einem Dreierpack nach Einwechslung gegen den slowenischen Zwerg NS Mura, doch die Conference League lieferte nur schwachen Trost. Ein Team zu schlagen, das für gewöhnlich nicht in einem richtigen Stadion, sondern auf einem Sportplatz mit ein paar Tribünen spielte, entschädigte kaum für einen Rückschlag nach dem anderen in der Premier League, dem Wettbewerb, auf den es eigentlich ankam und in dem Kane, völlig untypisch, auch nach sieben Spieltagen noch ohne Tor und Vorlage dastand.

Unter Mourinho hatte Tottenham zu diesem Zeitpunkt ein Jahr zuvor nicht nur von Platz zwei gegrüßt, Kane hatte zudem bereits sechs Tore und sagenhafte acht Vorlagen geliefert.

Einen feinen Heber versenkte der 28-Jährige in der aktuellen Saison erst am 8. Spieltag beim neureichen Newcastle, bereitete zudem ein Tor für seinen kongenialen Partner Heung-Min Son vor. Doch nur zwei Wochen später war die Geschichte von Nuno Espirito Santo bei Tottenham bereits auserzählt.

Der Portugiese musste sich nach einem trostlosen 0:3 gegen Cristiano Ronaldos Manchester United verabschieden, der fünften Niederlage im zehnten Ligaspiel.

Während ManCity in der Champions League gegen die Lionel Messis, Kylian Mbappés und Neymars dieser Welt randurfte, saß Kane dienstags und mittwochs vor dem Fernseher und bereitete sich auf Conference-League-Spiele am Donnerstag gegen NS Mura, Stade Rennes und Vitesse Arnheim vor. Er hatte eine Umbruchssaison erahnt. Und er schien eine Umbruchssaison zu bekommen.

Ein Ass hatte Daniel Levy aber noch im Ärmel.

»Ich kann es kaum erwarten, mit der Arbeit zu beginnen«, sagte Antonio Conte einen Tag, nachdem Tottenham Nuno Espirito Santo entlassen hatte.

Der Mann, der im Sommer noch zu teuer und zu anspruchsvoll gewesen war, sollte Tottenham nun nicht nur retten, sondern auch nach oben führen. Irgendwie.

Antonio Conte war kein Trainertyp wie ein Feuerwehrmann. Keiner, der sich eine Notlage zunutze machte und einen Scherbenhaufen zusammenflickte. Sondern einer, der alles umkrempelte und sofort maximalen Erfolg hatte. Bis es zwangsläufig irgendwann zusammenbrach. Die einfache Conte-Formel lautete seit jeher: Titel, dann Trauma.

Mit Juventus war der einstige Abwehrspieler – an der Seite von Tottenhams jetzigem Sportdirektor Fabio Paratici – zwischen 2012 und 2014 dreimal Meister geworden, hatte eine strauchelnde italienische Nationalmannschaft bei der EM 2016 immerhin ins Viertelfinale geführt, in seiner ersten Saison beim FC Chelsea 2017 die Meisterschaft geholt und im Jahr darauf den FA Cup. Und war trotzdem wegen unüberbrückbarer Differenzen mit Klub und Spielern entlassen worden.

Und nachdem er Inter zurück an die Spitze Italiens geführt hatte, hatte er hingeschmissen, weil der Klub sparen und Spieler verkaufen musste.

Conte war kein Entwickler, er war ein Getriebener. Keiner, der junge Spieler langsam aufbaute, damit sie später mal viel Geld einbrachten, sondern einer, der Spieler für viel Geld kaufte, damit sie sofort Titel einbrachten.

Warum also ließ sich so einer im November 2021 doch auf Tottenham ein?

»Ich will der Mannschaft und den Fans die Leidenschaft, die Mentalität und die Entschlossenheit vermitteln, die mich als Spieler und als Trainer immer ausgezeichnet haben«, ließ er sich im Vereinsstatement zitieren.

Keine unwichtige Rolle dürfte sein kolportiertes Jahresgehalt von 15 Millionen Pfund gespielt haben. Außerdem bestand in der – wenn auch weniger lukrativen – Conference League eine vermeintlich einfache Chance auf einen Titel. Und, ganz ehrlich: Viel schlechter konnte es bei den Spurs auch nicht mehr laufen.

Daniel Levy, der in mittlerweile 21 Jahren Tottenham einen League Cup 2008 bejubeln durfte, hatte wieder mal einen anderen Weg eingeschlagen. Mauricio Pochettino sollte den Klub entwickeln und Titel gewinnen, hatte aber »nur« den Klub entwickelt. José Mourinho sollte Pochettinos Vorarbeit veredeln und Titel gewinnen, hatte aber »nur« jeden Spieler außer Harry Kane vernichtet. Nuno Espirito Santo wurde irgendwas zwischen Neuanfang und Notlösung. Und jetzt war dann doch Antonio Conte da, ein geborener Gewinner. Einer wie Mourinho.

Unter allen Premier-League-Trainern mit mindestens 50 Spielen hatte nur Pep Guardiola eine bessere Bilanz vorzuweisen als Conte.

»Jetzt, wo sich die Gelegenheit wieder bietet«, sagte der Italiener also, »habe ich mich entschieden, sie mit großer Überzeugung zu ergreifen.«

Die große Überzeugung hielt zwei Monate an.

Conte fand in Nordlondon, 55 Meilen entfernt von seinem alten Arbeitsplatz beim FC Chelsea, ein erschreckendes Bild vor. Ausgerechnet dieser notorisch zermürbende Trainer bekam eine Mannschaft vorgeführt, die in einem schwachen konditionellen Zustand gewesen sein soll. Sein Spiel jedoch, vorzugsweise im 3-4-3-System, erforderte maximale Hingabe, maximale Laufbereitschaft und Kampf. Das würde nicht gehen, wenn nicht jeder Spieler am körperlichen Limit arbeitete.

Der Start verlief dennoch vielversprechend, größtenteils zumindest. Die Conference League warf Tottenham im Grunde weg, die ständig aufgebotene B-Elf mit Jugend- und Ersatzspielern schaffte es nicht, sich in einer Gruppe mit Mura, Rennes und Arnheim für die K.o.-Phase zu qualifizieren. Und als es am letzten Gruppenspieltag gegen Rennes um alles ging, verhinderte ein Corona-Ausbruch im eigenen Team eine Teilnahme am Spiel. Die UEFA wertete das Spiel aufgrund der Kurzfristigkeit mit 3:0 für die Franzosen, Arnheim sprang auf Platz zwei, und Tottenham war ausgeschieden.

Die Chance auf einen Titel hatte sich zwar zerschlagen, doch hinter verschlossenen Türen zeigte sich Conte alles andere als unglücklich über das frühe Aus in der Conference League, ersparte es ihnen doch die zusätzlichen Belastungen von langen Auswärtsreisen und Spielen unter der Woche.

Zum Zeitpunkt des Ausscheidens hatten sich die Spurs durch zehn Punkte aus Contes ersten vier Ligaspielen bereits auf Platz fünf vorgearbeitet und standen nun zwei Zähler hinter West Ham United auf Champions-League-Rang vier. Die Conference League war es aus Contes Sicht nicht wert, unnötige Ressourcen im Kampf um die Rückkehr in die Königsklasse zu verschwenden. Nun konnte er sich voll und ganz auf die nationalen Wettbewerbe konzentrieren.

Doch erste Alarmzeichen folgten schnell.

Im Januar traf Tottenham im Halbfinale des League Cups auf Contes Ex-Klub Chelsea. Harry Kane war gerade dabei, seine Vorjahresform wiederzufinden, hatte in den drei abschließenden Ligaspielen des Jahres getroffen.

Thomas Tuchels Chelsea setzte sich souverän mit 2:0 durch, und Conte ließ erstmals Zweifel an seiner Mission aufkommen. »In der letzten Saison hat Chelsea die Champions League gewonnen, und das ist genug, um den Unterschied zwischen uns und ihnen zu erklären«, meinte der Trainer, der zu begreifen schien, was er hatte sausen lassen. Statt mit Inter in der Champions League anzutreten und erneut um die italienische Meisterschaft zu kämpfen, sollte er nun Tottenham irgendwie unter die ersten Vier der Tabelle führen. Titelträume erwiesen sich als Illusion. »Wir brauchen Zeit, sehr viel Zeit«, sagte er, »um die Situation wieder in den Griff zu bekommen. Das kann man nicht in nur sechs Monaten oder einem Jahr schaffen. Sie waren viel stärker als wir. Ich sehe keine Lösung in diesem Transferfenster. Es ist sehr klar, dass es im Moment eine große Lücke gibt. Wenn wir denken, dass wir nahe dran sind, sind wir nicht auf dem richtigen Weg.«

Da war es also, das Eingeständnis: Kane war schön und gut, und mit Heung-Min Son konnte man sicherlich auch sehr gut arbeiten. Aber was sonst war gegeben, um Tottenham vom Titeltrauma zu befreien?

Wenn er so viel Zeit brauchte, warum hatte Conte dann nur einen Eineinhalbjahresvertrag unterschrieben?

Wenn er keine Lösung in diesem Transferfenster sah, warum hatte er dann überhaupt bei Tottenham unterschrieben?

Wenn Tottenham nicht nah dran war, wofür arbeitete er denn dann?

Conte sollte Silberware liefern, sollte den titelhungrigen Kane fördern und am besten noch überreden, einen neuen Vertrag bei Tottenham zu unterschreiben. Wie aber sollte er seinen besten Spieler überzeugen, wenn er selbst schon nicht mehr sicher war, was die Zukunft hergab?

»Ich lebe gern in der Gegenwart und denke nicht viel über die Zukunft nach«, antwortete Conte Anfang Januar auf die Frage, ob er nach diesem Transferfenster oder im Sommer noch Tottenham-Trainer sein werde. Zu solchen Fragen hatten ihn seine Ausführungen nämlich schon geführt.

»Es ist wichtig, in der Gegenwart zu leben und zu versuchen, die Situation zu verbessern ... denn die Gegenwart ist jetzt, die Zukunft ist später. Und später könnte für uns zu spät sein. Wir müssen uns auf die Gegenwart konzentrieren. Dann werden wir sehen.«

Die Gegenwart hielt bereits die erste Krise parat.

Nachdem das winterliche Transferfenster sich geöffnet und Ende Januar wieder geschlossen hatte, Tottenham den Mittelfeldspieler Rodrigo Bentancur und den offensiven Außenspieler Dejan Kulusevski von Juventus verpflichtet und gleichzeitig mehrere Spieler abgegeben hatte, setzte es in der Liga drei Niederlagen in Folge. Wieder biss sich Tottenham an Tuchel und Chelsea die Zähne aus, hinzu kamen unerwartete Pleiten gegen Wolverhampton und Southampton.

Und Conte wunderte sich öffentlich darüber, wieso der Klub eigentlich entschieden hatte, im Januar die Spieler Giovani Lo Celso, Bryan Gil und Tanguy Ndombele zu verleihen. Für Lo Celso hatten die Spurs zuvor 32 Millionen Euro an Real Betis gezahlt, für Gil 25 Millionen Euro an den FC Sevilla und für Ndombele die Rekordsumme von 62 Millionen Euro an Olympique Lyon. Sie alle hatten ihre Ablösesummen (noch) nicht gerechtfertigt, hätten aber durchaus noch eingreifen können in einer eng getakteten Rückrunde. Das Kapitel Dele Alli schloss Tottenham hingegen gänzlich und gab das einstige Wunderkind ablösefrei an den FC Everton ab.

Inmitten der ersten Krise stand ausgerechnet das Wiedersehen mit Manchester City auf dem Programm. Erstmals spielte Kane wieder dort vor, wo er inzwischen eigentlich gern viel öfter gespielt hätte. Und die Vorzeichen konnten erneut kaum eindeutiger sein. Die einen hatten seit 16 Wochen kein Premier-League-Spiel verloren, die anderen drei in Folge. Die einen hatten alles außer Harry Kane, die anderen wenig, aber Harry Kane.

Doch anders als zu erwarten, gewannen die anderen. Wie schon am 1. Spieltag, damals ohne Harry Kane und mit Nuno Espirito Santo.

Harry Kane traf dieses Mal doppelt, einmal davon in der fünften Minute der Nachspielzeit zum 3:2-Siegtreffer, nachdem ManCitys Riyad Mahrez zuvor in der zweiten Minute der Nachspielzeit noch ausgeglichen hatte. Es waren seine Saisontore sechs und sieben, so wenige wie nie zuvor als Premier-League-Stammspieler zu diesem Zeitpunkt der Saison.

»Ein Sieg ist nicht genug, man darf nicht vergessen, dass wir nach drei Niederlagen hierherkommen«, sagte Trainer Conte nach dem Überraschungserfolg im Etihad Stadium zwar, schien sich ansonsten aber fast zu verlieren in einem seltenen Anflug von Überschwang. »Diese Gruppe von Spielern ist fantastisch. Ehrlich gesagt ist dies eine der besten Gruppen von Spielern, mit denen ich in meiner Karriere gearbeitet habe.«

Jene Spieler wohlgemerkt, die Wochen zuvor angeblich noch »sehr, sehr viel Zeit« brauchten, um auf seinem Niveau anzukommen.

Conte brachte sogar den FC Bayern als Beispiel vor, um die mentale Stärke seiner Spieler hervorzuheben. Die Münchner hatten gerade ihrerseits wieder mal eine mittelschwere Krise durchlebt, in der Bundesliga mit 2:4 in Bochum verloren und im Hinspiel des Champions-League-Achtelfinals in Salzburg etwas glücklich in der 90. Minute ein 1:1 erreicht. Danach reichte ein Sieg gegen den krassen Außenseiter Greuther Fürth für Conte, um festzustellen: »Ich habe gelesen, dass die Bayern-Spieler sehr, sehr wütend waren. Sie sagten: ›Nein, so können wir nicht weitermachen. Wir müssen stark sein.‹ Sie zeigen, dass sie das spüren. Die Situation muss anders sein, wenn man gewinnt und wenn man verliert. Wenn die Atmosphäre immer die gleiche ist, immer Freude und Jubel, dann wird es sehr schwierig, die richtige Mentalität zu entwickeln. Man muss leiden. Wenn man nicht leidet, bedeutet das, dass man seine Siegermentalität nicht verbessern will.«

Was seine Spurs jetzt anscheinend taten. Oder versuchten.

Auf einmal hatte es Tottenham wieder in der eigenen Hand, mit noch drei nachzuholenden Spielen vorbei an Manchester United auf Platz vier zu springen. Auf einmal waren drei Niederlagen in Serie wieder vergessen. Auf einmal hatte Conte seine Spieler also doch lieb.

Nach vier Monaten unter der Leitung des exzentrischen Italieners schien das ManCity-Spiel ein Wendepunkt zum Guten zu sein.

Tatsächlich mussten gerade einmal vier Tage vergehen, bis der grinsende Conte wieder dem stirnrunzelnden Skeptiker gewichen war. In fast schon typischer Manier hatten die Spurs einem beachtlichen Erfolg bei Tabellenführer ManCity ein trostloses 0:1 beim Vorletzten Burnley folgen lassen. »Niemand hat eine solche Situation verdient – der Verein, ich, die Spieler und die Fans«, schimpfte Conte hinterher leise in seinem gebrochenen Italo-Englisch und setzte zu einer bemerkenswerten Rede an. »Das ist die Realität. Ich bin gekommen, um zu versuchen, die Situation bei Tottenham zu verbessern, aber vielleicht bin ich in diesem Moment, ich weiß es nicht, nicht so gut, um die Situation zu verbessern. Es ist sehr frustrierend, denn ich weiß, dass wir hart arbeiten, viel arbeiten und versuchen, das Beste aus jedem einzelnen Spieler herauszuholen.« Nur gelingen wollte es eben nicht. »Ich versuche, alles zu tun, um die Situation zu ändern, aber die Situation ändert sich nicht. Jemand muss über das Rennen um den vierten Platz sprechen, und die Realität der letzten fünf Spiele ist, dass wir darauf achten müssen, nicht um die Abstiegszone zu kämpfen. Das ist die Wahrheit. Das ist die Realität.«

Aus ersten Alarmzeichen waren plötzlich Angstzustände geworden. Abstiegskampf statt Champions League?

Natürlich übertrieb es Conte in der Schärfe seiner Ausführungen, doch es war nicht sein erster Ausfall nach einer scheinbar unerklärlichen Niederlage, die inzwischen immer einfacher zu erklären war. Harry Kane traf nur selten, zu selten. Rotation blieb aufgrund fehlender Kadertiefe eher aus. Und wie schon unter Mourinho schien ein Großteil des Kaders nicht so richtig zu begreifen, was Conte eigentlich vorhatte. »Wenn eine solche Situation eintritt, ist vielleicht etwas nicht in Ordnung«, merkte Conte selbst und schrie leise: »Ich will meine Augen nicht verschließen, ich will Verantwortung übernehmen, wenn ich die Verantwortung habe. Ich bin offen, ich bin offen für jede Entscheidung, weil ich Tottenham helfen will. Vom ersten Tag an, als ich hier ankam, wollte ich Tottenham helfen. Ich wiederhole: Ich bin zu ehrlich, um die Augen zu verschließen und so weiterzumachen und auch mein Gehalt zu nehmen.«

Hatte der erfolgsverwöhnte Trainer etwa nach vier Monaten schon genug? Weil er erkannte, dass er mit Tottenham nicht sofort einen Titel gewinnen würde?

Aber was hatte er auch erwartet? Er wusste doch, dass er einen strauchelnden Tabellenelften übernommen hatte, der mit der Champions League so wenig zu tun hatte wie Millwall oder Middlesbrough.

Hinter den Kulissen blieben Daniel Levy und Fabio Paratici so gelassen, wie es eben ging. Gerade Paratici kannte Contes impulsive Ausbrüche aus gemeinsamen Turiner Jahren nur zu gut. Und auch dieses Mal sollte er sich schnell wieder beruhigen.

Auch im FA Cup, der letzten verbliebenen Titelchance, ging es viel eher als geplant zu Ende, nach einem 0:1 nach Verlängerung bei Zweitligist Middlesbrough, der zuvor schon Manchester United rausgeworfen hatte, war Schluss.

In der Liga hingegen lief es plötzlich erstaunlich gut. Von den letzten 14 Spielen der Saison gewannen die Spurs zehn, begünstigt durch zehn Tore und sechs Vorlagen von Lebensversicherung Kane, der aufgrund der herausragenden Saison seines Partners Heung-Min Son ausnahmsweise etwas weniger lebensversichernd sein musste.

Beide spielten auch drei Spieltage vor Schluss eine zentrale Rolle im ersten ausverkauften Nordlondon-Derby im neuen Stadion. Mit einem Sieg würden sich der FC Arsenal und Trainer Mikel Arteta Platz vier sichern, während die Spurs den Sieg brauchten, um noch eine Restchance auf die Champions League zu erhalten.

Son holte nach 20 Minuten einen Foulelfmeter raus, den Kane verwandelte, und provozierte kurz darauf die Gelb-Rote Karte für Arsenals Verteidiger Rob Holding. Noch vor der Pause erhöhte Kane auf 2:0, unmittelbar nach Wiederanpfiff besorgte Son den 3:0-Endstand.

Und weil Arsenal anschließend auch in Newcastle verlor, zog Tottenham durch Kanes goldenen Treffer zum 1:0-Sieg gegen Burnley vorbei auf Platz vier. Drei Monate nach Contes »Vielleicht bin ich nicht gut genug« im Anschluss an ein 0:1 in Burnley fehlte nun noch ein Sieg zur Rückkehr in die Champions League. Die Spurs erfüllten ihre Pflichtaufgabe am letzten Spieltag beim bereits abgestiegenen Norwich City, Kane traf einmal, legte Winter-Neuzugang Bentancur ein Tor auf und sah dann zu, wie Son sich durch seine Saisontreffer 22 und 23 die Torjägerkrone gemeinsam mit Liverpools Mohamed Salah aufsetzte.

Es hatte reichlich Nerven und wieder einen Trainerjob gekostet, doch Tottenham und Kane waren jetzt wieder da, wo sie sich selbst sahen. Und wo sie auch sein mussten, um vielleicht noch gemeinsam glücklich zu werden.

Verdächtig ruhig neigte sich der Sommer 2022 dem Ende entgegen. Harry Kane hatte zwar einen Anruf aus München erhalten, ansonsten aber nicht im Ansatz so sehr im Rampenlicht gestanden wie noch ein Jahr zuvor.

Mit der Rückkehr in die Königsklasse sah der Torjäger die Möglichkeiten gegeben, noch einen Anlauf im Trikot der Spurs zu wagen. Auch wenn er sich über Gespräche auf einen neuen Vertrag nicht einließ. Dafür hatte ihn der Frühsommer 2018 mit der Unterzeichnung des Sechsjahresvertrages zu sehr gehandicapt.

Conte ließ seine Mannschaft im Training leiden, um sie in eine Form zu bringen, die er als notwendig ansah, um in einer anspruchsvolleren Saison bestehen zu können. Schließlich stand jetzt wieder die Champions League auf dem Programm, idealerweise auch noch nach der Gruppenphase. Und zwischen November und Dezember sollte in Katar eine umstrittene Weltmeisterschaft ausgetragen werden. Also mussten seine Spieler fit sein. Fit wie noch nie.

Anfang Juli machten Bilder aus dem Trainingslager in Südkorea die Runde, wie ein Spurs-Spieler nach dem anderen, allen voran Kane und Nationalheld Son, nach einer über zweistündigen Einheit zusammenbrachen und nach Luft rangen. Angeblich 42-mal hatten sie zuvor das Spielfeld rauf und runter laufen müssen bei 30 Grad Celsius und einer unangenehm hohen Luftfeuchtigkeit, die schon ohne Tempoläufe Schweißausbrüche verursachte.

Die Quälerei zahlte sich aus. Tottenham begann die Saison stark, verlor bis Anfang Oktober nur eins von neun Pflichtspielen und wähnte sich in der Premier League schon wieder auf Kurs in Richtung Königsklasse. Conte hatte seine gewünschten Verstärkungen bekommen. Innenverteidiger Cristian Romero war nach einer starken Saison fest für 50 Millionen Euro von Atalanta verpflichtet worden, der Stürmer Richarlison für fast 60 Millionen Euro von Ligakonkurrent Everton gekommen. Mehr als 175 Millionen Euro investierte der sonst so kniepige Levy in seinen Champions-League-reifen Kader, glücklich wurde Conte deshalb aber immer noch nicht.

London verlor sich zunehmend in der spätherbstlichen Dunkelheit, dafür erstrahlten in der Wüste Katars die Lichter für eine Weltmeisterschaft, die es so noch nie gegeben hatte. Nicht nur die Vergabe an ein Land, das Menschenrechte mit Füßen trat, mutete merkwürdig an, sondern auch die Tatsache, dass in Katar im Sommer wegen der hohen Temperaturen natürlich kein Fußball gespielt werden konnte. Also fand das Turnier im Jahr 2022 nicht zwischen Juni und Juli, sondern zwischen November und Dezember statt. Das hieß für den europäischen Zuschauer daheim: Beim Public Viewing gab es Glühwein auf Weihnachtsmarkt statt Aperol oder ein kühles Bier in der gleißenden Sommersonne.

Harry Kane hatte sich passend für das größte Turnier im Weltfußball wieder in absolute Topform gebracht, in den ersten 15 Premier-League-Spielen zwölfmal getroffen und damit schon fast genauso oft wie in der gesamten Vorsaison. Auch in der Champions League war es gut gelaufen, obwohl Kane »nur« einen Treffer und eine Vorlage – beide gegen Eintracht Frankfurt – beisteuerte auf dem Weg zu Platz eins in der Vorrundengruppe.

Der amtierende WM-Torschützenkönig durfte ähnlich wie die englische Mannschaft mit breiter Brust ins Turnier gehen. Sie hatten vier Jahre zuvor in Russland nur knapp das Finale verpasst, drei Jahre später bei der Europameisterschaft Pech im Elfmeterschießen gegen Italien gehabt. Jetzt, nachdem sie dem großen Ziel immer näher gekommen waren, gingen Kane und Co. in Katar als Mitfavoriten ins Rennen.

Wie schon bei der Europameisterschaft blieb Kane auch in Katar ohne eigenen Treffer in der Gruppenphase, steuerte stattdessen drei Vorlagen zum souveränen Weiterkommen bei und ließ den eigenen Knoten beim 3:0-Achtelfinalsieg gegen Senegal endlich platzen.

Wieder schien sich der Kapitän für die heiße Phase der Höchstform zu nähern und bestätigte diese Vermutungen im Viertelfinale zunächst. Vom Elfmeterpunkt glich Kane die französische Führung aus und hätte es nach 83 Minuten erneut tun können, setzte seinen zweiten Strafstoß beim Stand von 1:2 aber in den Nachthimmel von Al-Khor und zog sich vor lauter Ungläubigkeit den Trikotkragen über den Unterkiefer, während Frankreichs Superstar Kylian Mbappé aus purer Schadenfreude lauthals lachte.

England war raus und Kane auch im dritten großen Turnier in Folge ohne Zählbares zurück nach London gereist.

Und dort ging es bald drunter und drüber.

An der Seitenlinie wechselte Conte zu Beginn des Jahres 2023 zwar die Outfits, trug mal einen Anzug, mal einen schicken Pullover oder einfach mal eine dicke Trainingsjacke und Cap auf dem Kopf. Das Verhalten jedoch blieb erstaunlich gleich.

Gingen seine Spurs in Führung, was immer seltener vorkam, ruderte er mit den Armen, rannte zu seinen Assistenztrainern und bildete eine Jubeltraube. Gerieten seine Spurs in Rückstand, was ziemlich oft passierte, ruderte er mit den Armen, rannte wütend in Richtung Bank und schimpfte, vornehmlich über seine Spieler.

Während der FC Arsenal unter Trainer Mikel Arteta von Sieg zu Sieg spazierte und die Liga anführte, verspielte Tottenham den Vorsprung auf den Nachbarn immer weiter und verlor den Anschluss an die Champions-League-Plätze.

In jener Königsklasse erreichte die Ära Conte im März 2023 ihren ersten von zwei einschneidenden Tiefpunkten. Nach einem 0:1 im Hinspiel bei AC Mailand und dem blamablen Pokalaus gegen Sheffield United brachten die Spurs vor einem anfangs euphorischen und letztlich bitter enttäuschten Publikum gar nichts zustande. Kein Feuer, keine Leidenschaft, keine Chancen, kein Tor.

Nicht nur brachte Conte inzwischen keinen Erfolg mehr, jetzt war der Fußball auch noch kaum anzuschauen. Seine Mannschaft präsentierte sich mit einer selbstzerstörerischen Trägheit, ließ keinerlei Ehrgeiz aufkommen, und Conte verlor sich mehr und mehr in seinem Frust. Frust über die fehlende Entwicklung, Frust über den fehlenden Erfolg, Frust über diese ausweglose Situation.

Genau ein Jahr nachdem er in Burnley überlegt hatte, vielleicht nicht der richtige Trainer zu sein, gab er sich nun keine Mühe mehr, diese Zweifel zu verbergen. Längst schien es nur noch eine Frage der Zeit zu sein, bis einer von beiden – Levy oder Conte – den Stecker zog.

Das persönliche Schicksal verlieh dem üblichen Drama zwar eine tragische Note – binnen weniger Monate verstarben Contes Freunde Sinisa Mihajlovic und Gianluca Vialli sowie Tottenhams Fitnesstrainer Gian Piero Ventrone –, trotzdem wusste im März 2023 auch Harry Kane, dass er spätestens im Sommer wieder einen neuen Trainer haben würde. Ob in London oder woanders. Die Champions League, sein angestrebter Wettbewerb, drohte Tottenham mal wieder zu entgleiten.

»Der Verein weiß sehr gut, was meine Vision ist«, sagte Conte nach dem Champions-League-Aus gegen Milan, ohne genauer darauf einzugehen, was denn seine Vision war.

In seinen rund 15 Monaten bei Tottenham hatte er stets den Eindruck vermittelt, dass dieser Spurs-Job unter seiner Würde war, dass er ihn eigentlich nie haben wollte.

Dass er seinen im Sommer auslaufenden Vertrag verlängern würde – wenn Tottenham das denn überhaupt wollte –, erschien zu diesem Zeitpunkt bereits so unrealistisch wie Kanes Träumerei von einem Titel mit Tottenham. »Am Ende der Saison werden wir uns treffen und dann eine Entscheidung fällen«, sagte er und spekulierte auf Italienisch über eine vorzeitige Entlassung. »Im Moment haben wir meiner Meinung nach keine solide Grundlage, um wettbewerbsfähig zu sein, zu kämpfen und zu gewinnen.« Wann denn dann? Wie viele Monate und Millionen brauchte er noch, um wenigstens »wettbewerbsfähig« zu sein?

Er jedenfalls, so viel war klar, trug aus seiner Sicht keinerlei Schuld am Ausscheiden. »Was die Geschichte angeht, sind diese beiden Vereine auf einem völlig anderen Niveau. Milan hat in der vergangenen Saison den Titel in der Serie A gewonnen, während wir uns wie durch ein Wunder vom neunten auf den vierten Platz vorgekämpft haben. Das ist also sicherlich ein Schritt nach vorn.«

Ein trostloses Unentschieden als Schritt nach vorn zu verkaufen, mit zwei Torabschlüssen in einem Spiel, das Tottenham gewinnen musste, darauf wäre wohl nicht mal José Mourinho gekommen.

Es dauerte noch genau zehn Tage, bis Conte sich bei Tottenham endgültig rausekelte.

Kane traf und traf und schoss sich – ausgerechnet gegen ManCity – mit seinem 267. Tor vorbei an Klubikone Jimmy Greaves zum neuen Rekordtorschützen der Spurs. Dennoch musste er mit ansehen, wie seine Ziele erneut zerbröselten. Wieder mal war er drauf und dran, eine Premier-League-Saison als bester Torschütze zu beenden, doch davon abgesehen ging alles den Bach runter. Spätestens am 18. März an der Südküste.

Beim Tabellenletzten Southampton köpfte Kane nach über einer Stunde zum 2:1 ein, der ehemalige Bundesliga-Profi Ivan Perisic erhöhte zehn Minuten später auf 3:1. Doch die Spurs, noch mit allen Chancen im Kampf um Platz vier, warfen den komfortablen Vorsprung gegen die schlechteste Abwehr der Liga tatsächlich noch weg, standen am Ende mit einem 3:3 und nur einem Zähler da.

Und Conte verlor die Nerven.

Vor einer bunten Werbewand setzte sich Conte mit verschränkten Armen aufs Podium des Presseraums in Southampton und ließ sich gar nicht erst auf Diskussionen ein, ob der Elfmeter, der in der Nachspielzeit zum Ausgleich geführt hatte, denn berechtigt gewesen sei oder nicht. »Wenn wir über den Elfmeter reden, ignorieren wir die anderen Situationen«, schimpfte er los und schaute jeden Reporter an, als würde er nur darauf warten, einen falschen Ton zu hören.

Eine Woche nachdem er die eigenen Anhänger noch wegen fehlender Geduld kritisiert und ein biederes 0:0 gegen Milan als »Schritt nach vorn« verkauft hatte, sprudelte nun alles raus. Der Frust, die Wut, das Böse in Antonio Conte.

»Für mich ist das inakzeptabel«, sagte Conte in seinem gebrochenen Englisch und schaute von links nach rechts, lauerte. »Wir sind kein Team. Wir sind elf Spieler, die auf den Platz gehen. Ich sehe egoistische Spieler. Ich sehe Spieler, die sich gegenseitig nicht helfen wollen und die nicht mit dem Herzen dabei sind. Vor heute habe ich es vorgezogen, diese Situation zu verstecken und zu versuchen zu sprechen, zu versuchen, den Geist zu verbessern, mit Worten. Denn wenn es um taktische oder technische Aspekte geht, ist das eine Situation. Das Wichtigste, wenn man eine starke Mannschaft werden will, wenn man konkurrenzfähig sein will, wenn man um den Sieg kämpfen will, ist der Wunsch, das Feuer, das man in den Augen, im Herzen haben muss, und das muss man in jedem Moment zeigen. In jedem Moment.«

Er biss sich dabei regelrecht auf die Zähne, um das Feuer, das er bei seinen Spielern nicht sah, zu veranschaulichen.

»Wenn ich diese Saison mit letzter vergleiche«, setzte er wieder an und zögerte. »Jetzt sind wir schlechter. Wenn wir das Feuer hätten, wären wir im FA Cup nicht rausgeflogen. Dann hätten wir heute gewonnen.«

Während sich Kane und Co. nebenan für den Rückflug nach London vorbereiteten, zerriss ihr Trainer sie öffentlich in der Luft. »Der Verein trägt die Verantwortung für den Transfermarkt, jeder Trainer, der hier war, trägt die Verantwortung. Und die Spieler? Die Spieler? Wo sind die Spieler? Ich sehe nur elf Spieler, die für sich selbst spielen.«

Conte wurde mit jeder Sekunde seiner insgesamt zehnminütigen Wutrede lauter und zog als Nächstes den Klub mit nach unten. Warum das gerade passiere, fragte ein Reporter, und Conte zögerte nicht. »Warum? Weil sie es hier gewohnt sind, sie sind daran gewöhnt.«

Pochettino, Mourinho, Conte. Keiner gewann.

»Bis jetzt habe ich versucht, die Situation zu verbergen, aber jetzt … Es sind noch zehn Spiele, und einige Leute denken, wir können kämpfen. Kämpfen wofür mit so einem Geist, dieser Einstellung, diesem Engagement?«

Tottenham, das ließ Conte lieber unausgesprochen, war so weit unter seiner Würde, dass er es kaum noch ertrug. Und Tottenham wechselte den Trainer.

10

Erbe

Die Nummer 9 beim FC Bayern

Ganz zufällig hatte er sich das Trikot nicht ausgesucht, das er an diesem Tag über dem weißen Langarm-Hemd trug, dazu die klassisch bayerische Lederhose. Mit Sonnenbrille und Meisterschale spazierte Robert Lewandowski zu »Madcons« und Ray Daltons Lied »Don't Worry« auf den Rathausbalkon am Marienplatz. Er grinste und ließ sich feiern, der zweifache Weltfußballer, der mit dem FC Bayern alles gewonnen hatte, was es zu gewinnen gab. Der fast alle Rekorde gebrochen hatte, die es zu brechen gab. Das rot-blau gestreifte Trikot, das Lewandowski präsentierte, hatte er in seiner ersten Saison getragen, ab dem Sommer 2014 unter der Leitung von Trainer Pep Guardiola, nun trug er es bei seiner letzten Meisterparty.

In seinem letzten Vertragsjahr hatte Borussia Dortmund seiner Torgarantie einen Wechsel zum FC Bayern trotz öffentlichen Drängens noch untersagt und damit auf eine Ablöse verzichtet. Erst ein Jahr später, nachdem Lewandowskis Vertrag beim BVB ausgelaufen und er mit 20 Toren erstmals Bundesliga-Torschützenkönig geworden war, heuerte der Pole im Beisein von Sportvorstand Matthias Sammer in München an. Einen Tag, nachdem Deutschland Brasilien bei der WM mit 7:1 erniedrigt hatte.

Er hatte ein bisschen Anlaufzeit benötigt, hatte im ersten Jahr beim FCB »nur« 25 Tore und 13 Assists in allen Wettbewerben beigesteuert, sich von da an aber stetig gesteigert und kein einziges Mal weniger als 40 Saisontore erzielt. Lewandowski wurde der offensive

Anker einer Achse, die die Bundesliga ein Jahrzehnt lang beherrschte und sich 2020 mit dem Champions-League-Sieg unter Hansi Flick auch Europas Thron zurückholte. Und als sich dieser Erfolgstrainer Flick im Sommer 2021 ein letztes Mal auf die Bayern-Bank setzte, brach Lewandowski in der letzten Minute des 5:2-Sieges gegen Augsburg den Urzeit-Rekord von Ikone Gerd Müller und erzielte sein 41. Ligator der Saison. Ein neuer Bestwert, obwohl er wegen einer Bänderverletzung vier Spiele verpasst hatte. Allein von Spieltag 11 bis Spieltag 26 hatte Lewandowski nur ein einziges Mal nicht getroffen, in dieser Spanne insgesamt 23 Tore erzielt. Drei davon gegen seine alte Liebe Dortmund.

Lewandowski, der seinen durchtrainierten Körper beim Torjubel gern präsentierte, war eine Maschine, die der FC Bayern nicht ersetzen wollte.

Und deshalb auch wegsah, als der inzwischen fast 34-jährige Torjäger am 14. Mai 2022 zu den Klängen von »Sweet Caroline« ein bisschen länger stehen blieb vor der Fankurve der mitgereisten Bayern-Fans. Die Münchner hatten die Saison gerade in Wolfsburg beendet, Lewandowski beim 2:2 sein 35. Tor erzielt und damit zum insgesamt siebten Mal die altehrwürdige Torjägerkanone des »kicker« erhalten.

Nun stand er wehmütig an der Eckfahne und klatschte, klopfte sich aufs FCB-Wappen und schaute traurig ins Leere. Er wusste, dass es wohl das letzte Mal sein würde; vielmehr hoffte er es. »Gut möglich, dass es mein letztes Spiel für den FC Bayern war«, sagte er dem polnischen Sender »Viaplay Sport Polska« später. »Ich kann es nicht hundertprozentig sagen, aber es könnte sein.« Seinen im Folgejahr 2023 auslaufenden Vertrag würde er definitiv nicht mehr verlängern.

Schon länger hatten sich Gerüchte um einen möglichen Wechsel Lewandowskis zum FC Barcelona gehalten. In Katalonien, hieß es, winkte dem Angreifer ein fürstlicher Dreijahresvertrag. Es winkten eine Vertragslänge und ein Gehaltsvolumen, das die Bayern nicht mehr mitgehen konnten und wollten.

Abgeben wollten sie ihre Tormaschine aber trotzdem nicht.

Angekommen auf dem Rathausbalkon, feierte und lachte Lewandowski nur einen Tag nach seinem »Abschiedsinterview« in Wolfsburg. Er knipste Selfies mit Thomas Müller oder sang mit Tausenden Fans die handelsüblichen Bayern-Hymnen, telefonierte zwischendurch oder hörte zu, wie Oliver Kahn der Bundesliga-Konkurrenz wenig Aussicht auf Titel in der nahen Zukunft machte.

Bis er selbst an der Reihe war und am Mikrofon von Stadionsprecher und Moderator Stephan Lehmann auftauchte. »Darf ich vorstellen?«, fragte Lehmann und zeigte auf seinen Nebenmann Lewandowski. »Der beste Stürmer der Welt. Siebenmal Torschützenkönig in den letzten Jahren, auch dieses Jahr wieder 35 Treffer. Sag mal, Robert, du Wahnsinniger. Wie machst du das?«

»Ich mache das, was ich am liebsten mache«, antwortete Lewandowski ins Mikrofon, mit seinem polnischen Akzent. »Wenn du es liebst, Tore zu schießen und zu gewinnen, dann machst du das gern.«

Er bedankte sich bei seinen Mitspielern für all die Vorlagen. Bedankte sich bei den Fans für all die Unterstützung. Und grinste übers ganze Gesicht, als ein Großteil der unten in der Sonne brutzelnden Anhänger mehrfach »Lewa bleib« rief.

»So jemanden lässt man nicht gehen«, ergriff Lehmann das Wort, schaute Lewandowski an und drehte sich dann wieder zum Publikum. »Nein, aber Freunde, mal ganz ehrlich, ganz ehrlich«, sagte er und hob die linke Hand, bat um Verständnis. »Egal, wie Robert sich entscheidet. Es ist vollkommen unberührt davon, was du in diesem Trikot in den vergangenen acht Jahren geleistet hast.« Jubel entbrannte, und Lehmann beschloss: »Dafür werden wir dir immer, immer dankbar sein.«

Wieder tätschelte Lewandowski mit einer Hand das Wappen, winkte den Fans zu.

Und bekam erst Stunden später mit, was ein paar Meter nebenan gerade gesagt wurde.

Oliver Kahn war nun seit genau einer Saison offiziell Vorstandsvorsitzender der Bayern, »CEO« nannte er das selbst meistens. In diesem Jahr hatte er die Verpflichtung von Leipzig-Trainer Julian Nagelsmann abgesegnet, die Transfers der Leipziger Marcel Sabitzer und Dayot Upamecano. Und er hatte mit ansehen müssen, wie David Alaba, Jérôme Boateng und Javi Martinez den Verein verlassen hatten.

Das alles war in einer Corona-gebeutelten Spielzeit gemündet, mit einem peinlichen Pokalaus in Mönchengladbach und einem Ausscheiden im Champions-League-Viertelfinale gegen Paris. Und nun wollte auch noch Lewandowski gehen. Den Bayern brach fast die gesamte Achse weg.

Also sagte Kahn an diesem Sonntag auf dem Rathausbalkon etwas, das er später relativieren würde.

Während Lewandowski und Co. noch schunkelten und mit den Fans feierten – es war immerhin die zehnte Meisterschaft in Folge –, schlich Kahn einen Balkon weiter nach links, etwas ins Abseits, und sprach dort live im TV mit dem Bayerischen Rundfunk, der den Großteil dieser Feierlichkeiten übertrug.

Kurz sprach Kahn über diesen erneuten Titelgewinn, über seine Kampfansage an die Konkurrenz. Und dann über Lewandowski. »Diesen Alarmismus kennen wir aus der Vergangenheit«, sagte er und bezog sich auf Lewandowskis öffentlich gemachten Wechselwunsch. »Das ist nichts, was uns Kopfzerbrechen bereitet. Wir haben dem Berater ein Angebot unterbreitet. Er hat dieses Angebot abgelehnt. Das ist sein gutes Recht. Fakt ist: Er hat einen Vertrag, diesen wird er erfüllen. Basta!«

Basta?

»Wir sind da sehr klar und konsequent, was das betrifft. Das ist hier so beim FC Bayern. Es gibt keinen Spieler, der über dem Verein steht.«

Basta!

Oder auch nicht.

Später würde es in manchen Medien heißen, dass Lewandowski genau wegen dieses einen Wortes »Basta« mit dem FC Bayern gebrochen habe. Für ihn gab es kein Zurück mehr.

Auch wenn Uli Hoeneß das gern anders gesehen hätte. »Zu diesem Thema ist alles gesagt worden«, meinte der Ehrenpräsident und Klubpatron am Rande der Meisterfeier, als sich eine Journalistenschar im Hinterhof des Rathauses um ihn versammelte.

Hoeneß hatte einen dieser Klartext-Tage, an denen ihn für gewöhnlich wenig bremste. Erst recht nicht, wenn die Bühne entsprechen groß ausfiel. »Was ich höre, und meine Meinung ist: Man gibt ihn nicht ab. Das Theater ist am 2. September vorbei, damit können wir gut leben.« Dann wäre das Transferfenster wieder zu, und Lewandowski würde – wie neun Jahre zuvor in Dortmund – in sein letztes Vertragsjahr gehen. »Ich habe Robert immer als Super-Profi kennengelernt. Er hat auch in Dortmund ein Jahr lang vorher gewusst, dass er zum FC Bayern geht und damals eine überragende Saison gespielt. Deshalb bin ich hundertprozentig sicher, dass Robert nächstes Jahr bei uns sehr gut spielen wird.«

Basta?

Eine finanzielle Schmerzensgrenze, das stellte Hoeneß sogleich klar, gebe es für die Bayern eigentlich nicht. »Das würde nur dann infrage kommen, wenn für das Geld ein Spieler zu haben wäre, der ihn ersetzen kann.« Doch »den sehe ich weit und breit nicht«. Lieber sollten Kahn und Co. zu ihrem Basta stehen, fand Hoeneß, und in diesem Jahr dann einen würdigen Nachfolger für Lewandowski finden. »Wenn man ein Jahr lang Zeit hat, seinen Nachfolger zu suchen, ist die Ausgangslage für den FC Bayern viel einfacher. Abgesehen davon ist nicht sicher, dass er in einem Jahr noch wegwill, wenn er jetzt bleibt. Mit 35 weiß er, was er am FC Bayern hat. Ich bin sehr zuversichtlich, dass wir mit Robert Lewandowski eine gute Saison haben werden. Klar ist auch: Es geht nur um Kohle, um sonst gar nichts.

Mit einem Abendessen am Tegernsee kann man das Problem nicht lösen.«

Also bei Hoeneß zu Hause, wo schon einige Probleme gelöst wurden.

Die Schlammschlacht jedenfalls, sie ging in einer Tour weiter. Nach der Abreise aus München zur polnischen Nationalmannschaft legte Lewandowski während einer Pressekonferenz nach und sagte: »Meine Geschichte mit Bayern ist vorbei. Nach allem, was in den letzten Monaten geschehen ist, kann ich mir eine weitere gute Zusammenarbeit nicht vorstellen. Mir ist klar, dass der Transfer die beste Lösung für beide Seiten ist.«

Kahn wiederum konterte kurz darauf, sagte Sport1: »Warum Robert diesen Weg gewählt hat, kann ich Ihnen nicht sagen. Solche Äußerungen in der Öffentlichkeit bringen keinen weiter. Robert wurde hier zweimal in Folge Weltfußballer – ich denke, er sollte wissen, was er am FC Bayern hat.«

Und dann durfte auch Präsident Herbert Hainer in der »Bild am Sonntag« noch ran, sagte: »Wir haben immer gesagt, dass Robert Lewandowski einen Vertrag bis zum 30. Juni 2023 beim FC Bayern hat. Und Vertrag ist Vertrag! Wo kommen wir denn da hin, wenn ein Spieler einen Vertrag vorzeitig beenden kann, während wir als Verein ihn bis zum letzten Tag der Laufzeit voll bezahlen müssten? Das ist eine Ungleichheit, die kann so nicht sein.«

Am 13. Juli, zwei Monate nach seiner Abschiedsrunde in Wolfsburg und dem Wappen-Klopfer am Marienplatz, war Lewandowski immer noch ein Spieler des FC Bayern. Auch wenn Kahn und Co. inzwischen mit dem FC Barcelona verhandelten.

Lewandowski stieg mit dem Rest der Mannschaft ins Training ein, begrüßte den als »Weltstar« vorgestellten Neuzugang Sadio Mané vom FC Liverpool und erledigte auch zwei Tage später, auf dem Media Day der DFL, seine Pflichten wie gewohnt. Wohl wissend, dass der Spuk bald ein Ende haben würde.

Am 16. Juli bestätigte Kahn in der »Bild«-Zeitung eine Einigung mit dem FC Barcelona und relativierte sein zwei Monate altes »Basta«: »Mit ›Basta‹«, ließ sich der CEO zitieren, »beendet man eine Diskussion. Und genau das wollte ich zum damaligen Zeitpunkt, denn wir hatten vor zwei Monaten weder ein Angebot für Robert noch Alternativen in Aussicht. Seitdem hat sich die Lage grundlegend geändert. Der FC Barcelona hat am Ende eine Summe geboten, bei der ein Verkauf für uns absolut sinnvoll ist. Außerdem haben wir zuletzt sehr erfolgreich auf dem Transfermarkt agiert und in Sadio Mané einen absoluten Weltklassespieler für die Offensive verpflichtet.«

Inzwischen konnten Kahn, Salihamidžić und Co. mit den 45 Millionen Euro, die Barcelona für den fast 34-jährigen Lewandowski bezahlte, »sehr gut leben«.

Dachten sie zumindest.

Lewandowski trainierte an jenem Samstag ein letztes Mal beim FC Bayern, hielt vor der Einheit eine kurze Rede und nutzte die rund 90 Minuten, um jeden seiner Mitspieler gebührend zu umarmen und Danke zu sagen für die letzten Monate und Jahre, für die Vorlagen und Feiern, für alle Titel und Freundschaften.

Drei Tage später, am 19. Juli, vermeldeten die Bayern »Lewys« Wechsel nach Barcelona als »perfekt«. Das Kapitel war abgeschlossen.

Das zweiterfolgreichste Kapitel einer so speziellen Geschichte, die ihren Anfang mit Stahlbauschlossern und Möbelhändlern nahm: In der Oberliga Süd kickte der FC Bayern Anfang der 1960er-Jahre, als das Stürmer-Talent Rainer Ohlhauser sich für die Offerte aus München entschied und vom SV Sandhausen in die bayerische Landeshauptstadt wechselte. Ohlhauser, damals 20, verhalf den Bayern zu guten Platzierungen, schoss zahlreiche Tore und arbeitete nebenbei als Stahlbauschlosser.

Weil der Lokalrivale TSV 1860 München die offiziell letzte Oberliga-Saison 1963 als Meister beendete, stieg er statt des Stadtrivalen in die neu gegründete Bundesliga auf, Ohlhauser und die Bayern verbrachten die Saison 1963/64 in der Regionalliga Süd. Mit Talenten wie Sepp Maier im Tor oder Franz Beckenbauer davor, formte der aus Köln geholte Trainer Zlatko »Tschik« Čajkovski dort eine Truppe, die den Anfang des großen FC Bayern markierte.

Ohlhauser, genannt »Oki«, erzielte in 71 Regionalliga-Spielen sagenhafte 75 Tore, allein 42 in der Saison 1964/65. Ein Rekord, der noch bis heute Bestand hat.

Ohlhauser war es auch, der am 2. Spieltag der Saison 1965/66 das erste Bundesliga-Tor in der Geschichte des FC Bayern schoss. Beim 2:0 gegen Eintracht Frankfurt traf Ohlhauser zum 1:0, ein gewisser 20-jähriger Gerd Müller blieb noch ohne Tor.

Die Bayern kamen schnell oben an, gewannen 1966 und 1967 den DFB-Pokal, im selben Jahr den Europapokal der Pokalsieger und 1969 sogar das Double aus Pokal und Meisterschaft.

Ohlhauser ließ sich im Laufe der Jahre mehr ins Mittelfeld fallen, machte im Sturm dadurch Platz für den langsam schlanker werdenden Müller, der 1964 für 4400 Mark zum FC Bayern gewechselt war und nebenbei noch eine Anstellung bei einem Münchner Möbelhändler erhalten hatte.

»Was soll ich mit dieses Junge, diese Figur, unmöglich«, hatte »Tschik« Čajkovski damals noch gefragt. »Was soll ich mit einem Gewichtheber?«

Doch aus »kleines, dickes Müller«, wie ihn Čajkovski zuvor bezeichnet hatte, wurde peu à peu der beste Stürmer der Welt.

Auf dem Weg zur ersten Meisterschaft traf er in 30 Spielen 30-mal, anschließend 38-mal in 33 Einsätzen und 1972, bevor er mit Deutschland Europameister wurde, sogar 40-mal. Eine Marke, die 49 Jahre lang unerreicht bleiben sollte. Bis Robert Lewandowski sie übertraf.

Ähnlich wie Lewandowski genau 49 Jahre später wollte auch Gerd Müller einst einen Wechsel zum FC Barcelona durchdrücken. Drei Millionen Mark hätten die Katalanen im Sommer 1973 für den nicht sehr großen, aber auch nicht mehr sehr dicken Stürmer bezahlt. Weil sich der Deutsche Fußball-Verband jedoch einschaltete und Müller mit einer Sperre für die Heim-WM im kommenden Jahr drohte, platzte der Wechsel.

Müller blieb und gewann stattdessen alles.

Mit Maier, Beckenbauer und Müller bildeten die Bayern eine Achse, die die Bundesliga und Europa auf Jahre beherrschte. Von 1974 bis 1976 gewannen die Münchner dreimal in Folge den Europapokal der Landesmeister, heute bekannt als Champions League. Müller traf nach Belieben, schoss Deutschland zwischendurch zum WM-Titel in München und verdiente sich den Spitznamen »Bomber der Nation«.

Erst gegen Ender der 1970er endete der große Rausch. Uli Hoeneß stieg nach seinem abrupten Karriereende 1979 zum Manager auf, und Müller verabschiedete sich nach unfassbaren 570 Toren in 613 Spielen nach Florida in die USA zu den Fort Lauderdale Strikers. Die Bundesliga-Bestenliste der Torschützen führt »kleines, dickes Müller« mit 365 Toren heute noch an. Vor Robert Lewandowski.

Im Schatten des »Bombers« hatte sich bei den Bayern bereits Karl-Heinz Rummenigge aufgetan. Der eher schmächtige Stürmer, der als 18-Jähriger aus seiner Heimat Lippstadt zum FCB gewechselt war und dafür eine Lehre zum Bankkaufmann abgebrochen hatte, hatte es – wie einst Müller – auch nicht leicht am Anfang. »Das wird nie einer«, sagte ein gewisser Beckenbauer nach Rummenigges Verpflichtung.

Doch ausnahmsweise irrte der »Kaiser«.

»Rotbäckchen« Rummenigge, der sich zu Beginn seiner Zeit ein Zimmer mit Uli Hoeneß geteilt hatte, übernahm das Zepter nach den Abgängen von Maier, Beckenbauer und Müller. Vorerst dümpelten die Bayern jedoch im Mittelfeld der Bundesliga rum, wurden 1977 Siebter und 1978 Zwölfter.

Erst zwei Jahre später, als Rummenigge sich nach 26 Treffern seine erste Torjägerkanone holte, feierten die Bayern ihren fünften

Bundesliga-Titel. Rummenigge, mit der Rückennummer 11, wurde Deutschlands Fußballer des Jahres und gewann den Ballon d'Or, damals noch die Auszeichnung für Europas Fußballer des Jahres. Das Prozedere wiederholte sich im Jahr darauf, dieses Mal hatte Rummenigge 29 Bundesliga-Tore erzielt.

1982 kratzten die Bayern zum ersten Mal seit 1976 wieder an Europas Thron, verloren das Finale im Europapokal der Landesmeister aber mit 0:1 gegen Aston Villa. Ausgerechnet Rummenigge, der zeitweise als bester Spieler der Welt gehandelt wurde, hatte zahlreiche Chancen ausgelassen.

Zwei Jahre später sicherte er sich ein drittes und letztes Mal die Torjägerkanone und verschaffte seinem einstigen Zimmergenossen Hoeneß anschließend weniger schlaflose Nächte.

Die Bayern hatten damals um die sieben Millionen Mark Schulden, »und dann kam der Pellegrini durch die Tür und hat für Karl-Heinz elf bezahlt«, wie sich Hoeneß mal im Interview mit RTL erinnerte.

Ernesto Pellegrini hatte Inter Mailand damals gerade übernommen und gleich mal ein Ausrufezeichen setzen wollen. Also legte er elf Millionen Mark auf den Tisch, holte Rummenigge nach Norditalien und bescherte Hoeneß genug Geld, um alle Schulden auf einen Schlag zu tilgen und sogleich das berühmte Festgeldkonto zu eröffnen.

Nie zuvor hatte ein Fußballverein so viel Geld für einen Spieler bezahlt, bis die SSC Neapel kam und im selben Sommer 24 Millionen Mark für Diego Maradona an den FC Barcelona überwies.

Die Bayern investierten einen kleinen Betrag der Rummenigge-Ablöse, dem Vernehmen nach 2,4 Millionen Mark, um den Mittelfeldspieler Lothar Matthäus von Borussia Mönchengladbach zu verpflichten. Und eine Million für den Stürmer Roland Wohlfarth vom MSV Duisburg.

Jener Wohlfarth war es, der eigentlich als Reservist gekommen war und in nahezu jeder Transferphase wieder einen neuen Stürmer vor die Nase gesetzt bekam, sich dann aber doch immer wieder durchsetzte. Ob es der Engländer Mark Hughes war, der Schotte Alan McInally oder der Kolumbianer Adolfo Valencia. »Das waren ja in meiner Zeit bestimmt zehn Stürmer, die da geholt wurden«, erinnerte sich Wohlfarth mal im »Tagesspiegel«. »Ich musste mich alle halbe Jahre einem neuen Konkurrenzkampf stellen. Aber am Ende habe ich immer wieder gespielt, weil ich immer meine Leistung gezeigt habe, und die Fans standen hinter mir. Zu Beginn jeder Saison hatten die Neuen noch einen Bonus, aber spätestens nach drei Wochen wurde die Fankurve unruhig und hat nach mir gerufen. Dann habe ich meine zweite Luft bekommen und meine Tore gemacht. So war das jedes Mal, spätestens nach vier Wochen hatte ich meinen Stammplatz wieder. Und die Neuen hatten das Nachsehen.«

Das Pokalfinale 1986 gegen den VfB Stuttgart entschied Wohlfarth mit drei Treffern zum 5:2-Sieg. Als sich der 1. FC Köln und die Bayern im Frühsommer 1989 einen erbitterten Meisterschaftskampf lieferten, FC-Trainer Christoph Daum Bayern-Coach Jupp Heynckes öffentlich attackierte und Uli Hoeneß deshalb im »Sportstudio« völlig ausflippte, war es Wohlfarth, der die Bayern mit einem Dreierpack zum 3:1-Sieg in Köln schoss. Und damit zur Vorentscheidung in der Meisterschaft.

Wohlfarth war nie der große Star, aber oft genug der Held. Und er rangiert auch heute noch auf Platz fünf der ewigen Torschützenliste der Bayern, hinter Müller, Lewandowski, Rummenigge und Thomas Müller.

In den späten 1990er-Jahren übernahm Giovane Elber in München das rote Trikot mit der Nummer 9. Mit dem Brasilianer, oft an der Seite von Carsten Jancker, spielten sich die Bayern wieder ganz oben in Europa fest. Verloren zunächst auf dramatische Art und Weise das Champions-League-Finale 1999 gegen Manchester United, als Elber wegen einer Knieverletzung fehlte. Und gewannen zwei Jahre später in Mailand gegen Valencia zum ersten Mal den Nachfolgewettbewerb des Europapokals der Landesmeister.

2013 dann zum zweiten Mal, weil dem Vollstrecker Mario Gomez das Pressingmonster Mario Mandzukic vor die Nase gesetzt wurde. Mandzukic, ein aus Wolfsburg verpflichteter Kroate, flog zwar unter dem Radar, war jedoch maßgeblich beteiligt am ersten Triple-Sieg der Klubgeschichte unter Trainer Jupp Heynckes.

Der schlaksige, aber brachiale Arbeiter Mandzukic ebnete seinen genialen Flügelspielern Franck Ribéry und Arjen Robben die Wege und erzielte noch dazu das wichtige 1:0 im Champions-League-Finale gegen Borussia Dortmund.

Gomez, einst als *der* kommende deutsche Nationalstürmer vom VfB Stuttgart verpflichtet, gab später selbst zu, dass Mandzukic der Mannschaft in der Phase mehr gegeben habe als er.

Unter Heynckes-Nachfolger Pep Guardiola hatte der Kroate trotzdem einen schweren Stand und verschwand, wenige Tage nachdem die Bayern Robert Lewandowski offiziell als Neuzugang präsentiert hatten, für rund 20 Millionen Euro zu Atletico Madrid.

Lewandowski durfte anschließend acht Jahre lang die Erinnerungen an viele Bayern-Stürmer verblassen lassen, ehe er selbst Platz machte. Nach all dem Theater und Hin und Her.

Sadio Mané, der für ihn gekommene »Weltklassespieler«, konnte die Fußstapfen nicht ausfüllen.

Das sollte ab August 2023 ein gewisser Harry Kane angehen.

11

Schallmauern

Die Rekorde gegen ausgerechnet und ausgerechnet

Antonio Conte lag im Bett; zunächst in London, später in seiner Heimat Süditalien.

Der Tottenham-Trainer hatte Anfang Februar über starke Bauchschmerzen geklagt und sich im Anschluss die entzündete Gallenblase operativ entfernen lassen.

Kurz zuvor hatten sich die Spurs mit dem Italiener an der Seitenlinie noch im FA Cup beim Zweitligisten Preston North End durchgesetzt und das Achtelfinale erreicht.

Als Nächstes wartete in der Liga Manchester City, der amtierende Meister und erneute Titelanwärter, der in der Tabelle fünf Punkte hinter Spitzenreiter Arsenal lag, obwohl er bereits ein Spiel mehr bestritten hatte.

Conte fehlte bei diesem Spiel, weil die eigene Gesundheit – nach dem Verlust dreier enger Freunde binnen weniger Monate – Priorität hatte. So leitete sein Assistent Cristian Stellini an diesem Sonntagabend die Geschicke der Spurs. Contes Landsmann hatte mit Unterbrechungen bereits seit 2010 – damals noch beim italienischen Zweitligisten Siena – mit Conte zusammengearbeitet und wusste daher, was sein Chef im wohl kniffligsten Heimspiel der Saison erwartete. Zumal die Spurs zwei Wochen zuvor erst das Nachholspiel aus der Hinrunde im Etihad Stadium in Manchester trotz 2:0-Führung 2:4 verloren hatten. Noch war für Harry Kane und Co. alles drin im Kampf um Platz vier, der zur Teilnahme an der Champions League berechtigte. Zudem bestand die Chance auf einen Titel im FA Cup.

Und für Kane persönlich ging es noch um etwas mehr.

Mit seinem Treffer zum 1:0-Sieg beim FC Fulham war Tottenhams Toptorjäger eine Woche zuvor mit Klubikone James »Jimmy« Greaves gleichgezogen und hatte seinen 266. Treffer für die Spurs bejubeln dürfen.

Greaves, einer der besten englischen Stürmer aller Zeiten, hatte zwischen 1961 und 1970 in schöner Regelmäßigkeit für Tottenham getroffen und war dabei, anders als Kane, nicht ganz leer ausgegangen. Mit ihm hatten die Spurs immerhin zweimal den FA Cup und einmal den Europapokal der Pokalsieger gewonnen.

Titel, die Kane nach wie vor fehlten.

»Ich bin bereit für die nächste Chance«, hatte er am Spielfeldrand des Craven Cottage vom FC Fulham versichert. »Das wird ein Moment, auf den ich mich sehr freue.« Es ging längst nicht mehr darum, *ob* Kane Greaves überholt, sondern *wann*.

Und was konnte es für einen besseren Zeitpunkt geben, als im eigenen, glänzend neuen Stadion? Ein Stadion, das er durch all seine Tore mitfinanziert hat. Vor den eigenen Fans, die ihn haben groß werden sehen, ausgerechnet gegen Manchester City, den Klub, zu dem er vor anderthalb Jahren eigentlich wechseln wollte, gegen City-Trainer Pep Guardiola, der sich stattdessen nun Erling Haaland gekauft hatte, bestand nun die Chance, Greaves zu überholen.

ManCity, das war das Gute aus Spurs-Sicht, hatte im neuen Tottenham Hotspur Stadium bislang alle vier Duelle verloren und dabei kein einziges Tor erzielt. ManCity jedoch, das war das nicht so Gute aus Spurs-Sicht, hatte seiner alles überragenden Mannschaft auch noch eine richtige Nummer 9 verpasst. Haaland, der bullige Norweger mit dem kindlichen Gesicht, stand schon Anfang Februar, vor dem Aufeinandertreffen mit Kane, bei 25 Treffern und hatte dafür gerade einmal 19 Spiele gebraucht. In der angeblich besten Liga der

Welt traf dieser 21-Jährige also noch öfter als in der Bundesliga für Borussia Dortmund gegen Bayern, Bochum oder Berlin.

Kane seinerseits stand bei 16 Treffern in 21 Einsätzen und brauchte damit nur noch ein Tor, um seine Vorjahresmarke einzustellen.

In blauer Bomberjacke, zugezogen bis zum Kragen, spazierte Kane zielsicher in sein »Wohnzimmer«, den schwarzen Rucksack auf dem Rücken und die Kulturtasche in der linken Hand. Dieser Sonntag, das wusste er, könnte ihm gehören. Könnte sich für immer einbrennen in sein Gedächtnis. Und natürlich, das würde er später sogar zugeben, hatte er sich insgeheim längst vorgestellt, wie es denn wohl sein würde, wenn es endlich so weit war. Wenn er Jimmy Greaves hinter sich gelassen hatte.

Bei all dem Trubel um Kanes Person hatte Tottenham hier ohne seinen Cheftrainer Antonio Conte einen Auftrag zu erfüllen, die Chance auf Platz vier am Leben zu halten.

Während die Sonne immer tiefer sank und die letzten Strahlen aus dem Oberrang des Stadions verschwanden, stand Kane bereit. Hinter Kapitän Hugo Lloris spazierte er in weißer Trainingsjacke hinaus in sein Stadion. Und los ging es.

Ganze sieben Minuten und 29 Sekunden dauerte es, bis Kane gegen das spielstarke ManCity zum ersten Mal den Ball berührte, dabei jedoch im Abseits stand. Tottenham agierte zurückhaltend, ließ Guardiolas Passmaschine laufen und lauerte. Lauerte auf genau diesen Fehler, der Rodri in der 15. Minute passierte. Der so ballsichere Sechser des Meisters wartete vorm eigenen Strafraum lange und leistete sich, bedrängt von Rodrigo Bentancur, einen unsauberen Ball auf den gerade 18-jährigen Rico Lewis, der von Pierre-Emil Höjbjerg überrumpelt wurde. Tottenhams Balleroberer ging energisch und vorausschauend dazwischen, fing den Pass ab, ging drei Schritte mit dem Ball und spitzelte diesen im Fallen rechts rüber auf Harry Kane, der mit dem ersten Kontakt abschloss und ManCitys Torhüter Ederson auf dem falschen Fuß erwischte. Hoppelnd ging der Aufsetzer ins

Netz. »*He's done it!*«, schrie der Kommentator oben auf der Tribüne, während das Stadion explodierte. »*There's the record! And he's got it against the champions!*«

Vergessen waren das Abschiedsinterview, die Ehrenrunde, das Zurückhalten und der Wechselwunsch. Hier war Harry Kane, Tottenhams Eigengewächs. Und er hatte seinen Rekord für die Ewigkeit.

Auf den Tribünen sprangen sich die Fans in die Arme, auf dem Feld taten es ihnen die Spieler gleich. Pure Freude strahlte Kane aus, während er jubelnd abdrehte und seinen üblichen Luftsprung vollzog. Und als sich die Traube von Mitspielern gerade auflöste, schaute er sofort nach oben in Richtung Familienloge. Dort saßen Frau Kate, die drei Kinder, Mama, Papa, Bruder und Freunde. »Yeah«, schrie er in den Londoner Abendhimmel.

Yeah, es war vollbracht.

Auf den zwei XXL-Bildschirmen im Stadion leuchtete in Großbuchstaben »*Harry Kane Tottenham Hotspur All-Time Record Goalscorer*« auf, anschließend ein Zeitraffer seines Jubels über all die Jahre im Spurs-Trikot, daneben in Goldschrift untereinander die Zahlen 2, 6 und 7. Der mehr als 50 Jahre alte 266-Tore-Rekord von Jimmy Greaves war gebrochen.

»*He's one of our own*«, sangen knapp 60 000 Tottenham-Fans, wiederholten den Satz und zogen das »*own*« immer lauter in die Länge. »*Harry Kane, he's one of our own!*« Harry Kane, einer von uns.

Acht Jahre und zehn Monate, nachdem er an einem Montagabend gegen Sunderland erstmals in einem Premier-League-Spiel für Tottenham beginnen durfte, hatte er nun einen Allzeitrekord gebrochen und gleichzeitig sein 200. Ligator erzielt. Mehr waren bis dato nur Newcastle-Ikone Alan Shearer (260) und ManUniteds Rekordtorschützen Wayne Rooney (208) gelungen. Rooney sollte seinen zweiten Platz jedoch schon bald verlieren.

ManCity rannte weiter an, doch kam kaum zu großen Chancen. Erling Haaland, der jüngere Harry Kane, blieb vollkommen blass und ohne nennenswerten Torabschluss. Und City letztlich ohne Fortune, auch weil ausgerechnet Kane mit einer Grätsche gegen seinen alten Kumpel Kyle Walker die letzte Aktion vor dem Abpfiff gelang. Wieder ging der Meister im Tottenham Hotspur Stadium leer aus, wieder war er ohne Treffer geblieben.

Tottenham feierte sich und Kane, feierte den Traum von der erneuten Champions-League-Qualifikation. Und das Kuriose: Ein paar Meilen weiter feierte der Erzrivale Arsenal mit, denn der hatte seinen Vorsprung an der Tabellenspitze behalten.

Lediglich der Gästeblock leerte sich nach Abpfiff schnell, ansonsten wollte noch keiner gehen. Auf dem Platz stand Kane bereit für ein Interview ins Stadion-Mikrofon, doch die Mannschaft stürmte zur Feier des Tages noch mal auf ihn. »Es gab keinen besseren Ort als hier vor diesen fantastischen Fans«, sagte Kane mit als Erstes und erntete erneut den lauten Beifall von den Fans, die die nächste Frage gleich unterbrachen und wieder lauthals sangen: *»He's one of our oooown!«*

Es wirkte fast wie eine Titelzeremonie, die die Spurs auf ihrem Rasen abhielten. Und vielleicht brauchten sie das auch mal, wenn es ihnen sonst schon nicht glücken sollte. Dieses Stadion war schließlich erbaut worden, um Triumphe zu feiern. Und wenn es dann erst mal »nur« Kanes Torrekord und kein Meistertitel oder Pokalerfolg war, dann war das auch okay. Kane hatte schließlich all die Jahre seine Knochen hingehalten, war trotz Blessuren zu früh zurückgekehrt, um inmitten der Sparsamkeit voranzugehen und Tottenham doch irgendwie in die Champions League zu schießen.

Nur die wenigsten Fußballer, die sich als »einer der Größten« bezeichnen lassen durften, hatten in ihrer Karriere keinen Titel gewonnen. Schmälerte das Kanes Leistungen? Oder war es nicht genau andersrum? Musste man Kane nicht eher dafür bewundern, dass er trotz der sechsten und siebten Plätze und der Finalniederlagen immer wieder Torschützenkönig wurde oder dann traf, wenn es sonst niemand konnte?

Drei Minuten lang war er auf dem Rasen interviewt worden, dann schnappte sich Kane kurzerhand selbst das Mikrofon und richtete den Blick ins weite Rund, dankte seiner Familie und seinen Freunden, dankte den Fans und versprach: »Wir haben in dieser Saison noch viel vor. Lasst uns schauen, wohin das führt.«

Sein Weg führte von Interviewstation zu Interviewstation. »Es ist surreal, ein magisches Gefühl«, sagte Kane zum Beispiel und kam aus dem Grinsen gar nicht mehr heraus. »Es wurde so viel darüber gesprochen.« Darüber, diesen Uraltrekord zu brechen. »Ich wollte es so schnell wie möglich schaffen. Es gegen eines der besten Teams der Welt zu schaffen ist ein besonderes Gefühl.« Gegen das Team, das er mal so sehr mochte, dass er ein Teil davon sein wollte. »Ich hätte mir nicht mehr wünschen können. Jimmy war einer der besten Stürmer, die je gespielt haben, und in seiner Gesellschaft erwähnt zu werden, ist unglaublich. Ihn zu übertreffen ist ein wahr gewordener Traum.«

In der Kabine angekommen, warteten weitere Umarmungen auf den Strahlemann, ehe ihm ein Telefon überreicht wurde. »Harry«, sagte Antonio Conte und war über Lautsprecher zu hören. »Wie geht's Ihnen, Boss, alles okay?«, fragte Kane, setzte sich auf seinen Platz, beugte den Oberkörper nach vorn und hielt das Handy vor sich, damit auch jeder mithören konnte. »Gut, gut, gut«, krächzte Conte und klang nach seiner Operation entsprechend angeschlagen. »Du machst mich stolz, huh?«, sagte der Italiener, das Lächeln hörbar, und bedankte sich. »Ich bin sehr, sehr glücklich.«

Vielleicht, durfte Conte hoffen, führte er Tottenham ja doch wieder auf Platz vier. Vielleicht neigte sich diese ausweglos erscheinende Beziehung doch noch nicht ihrem Ende entgegen.

Vielleicht aber doch.

»Gruppenbild«, hallte es aus der Kabinentür, und die Mannschaft versammelte sich um ihren Goldjungen, um den Toptorjäger und neuen Rekordtorschützen. Und jubelte noch ein letztes Mal.

Die Freude über diesen besonderen Tag würde schneller als erwartet verfliegen.

Bitter musste das Trikot schmecken, in das Harry Kane in Katar biss.

Er sah sie später immer wieder, die Bilder. Er würde sie noch lange sehen, vielleicht auch für immer. »Ich werde mich wahrscheinlich für den Rest meines Lebens daran erinnern, aber das ist ein Teil des Spiels«, sagte Kane nur wenige Wochen, nachdem ihm das Schicksal wieder in die Quere gekommen war.

Im Al-Bayt Stadium in Al-Khor hatten englische Fans gestanden, sie hatten gezittert und gebetet, als Kane Anlauf nahm, um gegen Frankreich zum zweiten Mal zum Elfmeter anzusetzen. Um zum zweiten Mal auszugleichen. Um dieses WM-Viertelfinale mindestens in die Verlängerung zu bringen. Um Frankreich dann zu besiegen und endlich wieder Weltmeister zu werden. Zum ersten Mal seit 1966.

Doch Kane, einer der sichersten Elfmeterschützen der Welt, traf dieses Mal nicht. Er setzte seinen Versuch über das Tor, verfolgt vom Fluch des Titellosen. Aus Fassungslosigkeit riss er sich das Trikot über den Unterkiefer, biss mit beiden Zahnreihen aufeinander und schaute wie jemand, der gerade Millionen englische Fußballfans enttäuscht hatte. Der genau wusste, dass zu Hause wohl Tränen vergossen würden. Dass Wut entbrannte. Dass der Hass, den fanatische Fans nach dem verlorenen EM-Finale an den Elfmeter-Fehlschützen Bukayo Saka, Marcus Rashford und Jadon Sancho ausgelassen hatten, dieses Mal wohl ihn erwischen würde.

Er, der Kapitän, hatte die Verantwortung übernommen. Und er hatte sie vergeben, die große Chance.

Kylian Mbappé, der Frankreich anschließend ins Finale und dort mit drei Toren ins Elfmeterschießen gegen den späteren Weltmeister Argentinien beförderte, lachte lauthals. Vermutlich deshalb, weil er mit vielem gerechnet hatte, aber nicht mit einem vergebenen Elfmeter von Harry Kane. Es war ein Lachen der Erleichterung, ein Mix aus Schadenfreude und Begeisterung.

Hätte Kane getroffen, hätte … wer weiß das schon? Er hätte jedenfalls sein 54. Länderspieltor im Trikot der Three Lions bejubeln dürfen und hätte Rekordtorschütze Wayne Rooney vom Thron gestoßen. Hätte. Hat er aber nicht.

»Keine Sorgen« machte sich Antonio Conte zwei Wochen später, nach Kanes Verfassung gefragt, als dieser schon wieder zurückgekehrt war und bereitstand für das Duell beim Stadtrivalen FC Brentford. Boxing Day statt WM-Kater stand auf dem Plan für den Fehlschützen, dem natürlich alle Schlagzeilen gehörten.

Er stand kurz davor, Jimmy Greaves' Allzeitrekord zu brechen und neuer Rekordtorschütze in Tottenhams Geschichte zu werden. Und ihm fehlte vor den im März anstehenden EM-Qualifikationsspielen in Italien und gegen die Ukraine nur noch ein Tor, um Wayne Rooney zu überholen.

Doch all die Rekorde waren für den Moment zweitrangig. In Brentford, am zweiten Weihnachtstag, stand Kanes Rückkehr ganz im Zeichen des WM-Ausscheidens. Er war jetzt vorübergehend das Gesicht der englischen Erfolglosigkeit. Er war der Schuldige.

Die einen äußerten ihr Mitleid über die tränengefüllten Augen des sonst so kühl wirkenden Torjägers. Die anderen projizierten ihren Frust auf Englands Nummer 9. So wie ein paar Brentford-Fans – an Weihnachten: »Du hast dein Land im Stich gelassen«, sang eine Gruppe der heimischen Anhänger gleich zu Beginn des Spiels und erntete heftige Buhrufe aus dem Gästebereich. »Ivan Toney hätte den getroffen«, riefen sie hinterher. Sie bezogen sich auf ihren Toptorjäger, der nicht in den WM-Kader berufen worden war und parallel 262 vorgeworfene Verstöße gegen die Wettregeln der Football Association an der Backe hatte.

»Harry ist für uns der wichtigste Spieler«, hatte Conte vor dem Spiel erklärt und Kane den Rücken gestärkt. »Er ist ein Weltklasse-

Stürmer, der alle Rekorde bricht, und ich erwarte, dass er das auch weiterhin tut. Er ist ein wichtiger Bezugspunkt für mich, für die Spieler, das Personal und die Fans. Er hatte eine gute Zeit zum Ausruhen und ist stark zurückgekommen. Er ist bereit, in der zweiten Saisonhälfte wieder zu spielen.«

Tottenham schien weniger bereit zu sein, lag zur Pause 0:2 zurück. Wie so oft in Contes zweitem Jahr brauchte es diesen Rückstand offenbar, um anschließend hochzufahren. Kane antwortete den spottenden Brentford-Fans auf seine Weise, erzielte mit einem sehenswerten Kopfballtor den Anschluss und ebnete damit den Weg für das 2:2-Unentschieden.

»Nachdem es passiert war, wollte ich einfach so schnell wie möglich wieder spielen und es aus meinem Kopf bekommen. Das ist etwas, womit man umgehen muss«, sollte Kane später sagen. »Es ist nie leicht, so etwas durchzumachen, aber es ist Teil des Fußballs, Teil der Höhen und Tiefen in unserem Sport. Ich hatte danach eine kleine Auszeit, um nachzudenken, und das hat mich noch hungriger gemacht, zurückzukommen und erfolgreich zu sein.«

Daran bestanden schon früh im Jahr 2023 keine Zweifel. Tottenham taumelte, doch Kane traf einfach weiter. Traf so oft, dass er Mitte März bereits bei 21 Ligatoren stand. So viele hatte er seit fünf Jahren nicht zu diesem Zeitpunkt der Saison erzielt.

Genau rechtzeitig hatte Kane das WM-Trauma weitestgehend abgeschüttelt, denn jetzt wartete die erste Rückkehr zur Nationalmannschaft. Und das ausgerechnet in Italien, Englands Finalgegner bei der EM 2021. Das EM-Drama vor dem WM-Drama 2022.

Das Wiedersehen mit der Squadra Azzurra hatte es seit dem verlorenen Finale in London bereits zweimal gegeben. In der Nations League waren die Engländer jedoch nicht über ein 0:0 und ein 0:1 hinausgekommen.

Jetzt stand in Neapel der erste Spieltag der Qualifikation für die Europameisterschaft 2024 in Deutschland an.

In Italien hatte eine englische Nationalmannschaft seit 1961 nicht mehr gewonnen. Damals, vor 62 000 Zuschauern im Stadio Olimpico in Rom, hatte, ganz genau, Jimmy Greaves kurz vor Schluss den 3:2-Siegtreffer für England erzielt.

Jetzt war es an Kane und Co., die Misere zu beenden und den Grundstein für die EM-Qualifikation zu legen.

»Das ist eins der schwierigsten Spiele im Weltfußball«, sagte England-Trainer Gareth Southgate in den Katakomben des Stadio Diego Armando Maradona. »Wir haben hier keine gute Bilanz. Heute Abend bietet sich die Chance, das geradezurücken.«

Seiner Mannschaft war kein WM-Kater anzumerken, sie wirkte gut gelaunt und bereit für eine neue Aufgabe. Bereit, Katar hinter sich zu lassen. Mit einem Red Bull in der Hand machte sich ManCitys Offensivspieler Jack Grealish neben Kane auf den Weg Richtung Rasen und hätte dabei keinen gelasseneren Eindruck machen können.

Und so spielte England auch.

In der 13. Minute stand Arsenals Flügelspieler Saka an der Eckfahne bereit, während sich Kapitän Kane und Mittelfeldspieler Declan Rice im Zentrum berieten. Sakas Hereingabe landete am hinteren Fünfmetereck bei Kane, der den Ball annahm und volley abzog. Der vom Italiener Giovanni Di Lorenzo abgeblockte Schuss landete vor den Füßen von Rice, der ebenfalls direkt abschloss und zum 1:0 traf. Kane gratulierte dem auf Knien rutschenden West-Ham-Spieler als Erster, schwor seine Kollegen im Kreis noch mal ein und bekam kurz darauf selbst die Gelegenheit zu treffen.

Wieder landete kurz vor der Pause eine lange Saka-Ecke am hinteren Fünfmetereck bei Kane, dieses Mal jedoch kam der Italiener Di Lorenzo zuerst an den Ball – mit der Hand. Kane rannte sofort gestikulierend in Richtung Schiedsrichter und sollte, nachdem sich der Serbe Srdjan Jovanovic die Szene noch mal in der sogenannten Review Area angesehen hatte, recht bekommen.

Es gab den Handelfmeter für England. Und damit die große

Chance für Kane, die Weichen klar auf Auswärtssieg zu stellen, die 62-jährige Durststrecke englischer Nationalteams in Italien zu beenden, die Chance, zumindest ein bisschen Abbitte zu leisten für den vergebenen Elfmeter im WM-Viertelfinale gegen Frankreich, und die Chance, Wayne Rooney als Rekordtorschützen der englischen Nationalmannschaft abzulösen.

Inmitten des italienischen Pfeifkonzerts nahm Kane sieben Schritte Anlauf, hörte den Anpfiff des Schiedsrichters, atmete zweimal kräftig aus, lief an. Und traf.

Leise ertönte aus den Ecken des Stadio Diego Armando Maradona der Jubel der mitgereisten Engländer. Die Freude und Erleichterung waren Kane ins Gesicht geschrieben. Sofort riss er sich das England-Wappen von der Brust Richtung Mund, nachdem er wie immer den hinter einem Tape versteckten Ehering geküsst hatte, und küsste demonstrativ auch das Logo seines Landes. Schrie so laut »*Yes*«, dass es vielleicht auch noch bis ins Al-Bayt Stadium in Al-Khor zu hören war. Und dann noch mal und noch mal, während die Kollegen angerannt kamen und mitfeierten.

47 Tage hatte Harry Kane gebraucht, um Jimmy Greaves und Wayne Rooney hinter sich zu lassen und nicht nur im Klub, sondern auch in der Nationalmannschaft der erfolgreichste Torschütze aller Zeiten zu werden. Der, der als Kind gern Torhüter sein wollte, der ein bisschen Zehner und ein bisschen Neuner war und dann nichts so richtig, der sich gegen alle Zweifel behauptete, der als »One-Season-Wonder« bezeichnet wurde.

Das größte One-Season-Wonder aller Zeiten.

Die Traube löste sich auf, und Kane schaute noch einmal zurück, suchte die Kamera und fand sie. Grinste und ballte die Fäuste. Jubelte. Und küsste noch mal das England-Wappen.

Damit sich auch keiner mehr fragen musste, wie viel ihm das bedeutete.

In Washington D.C. hatte Wayne Rooney gerade zu Mittag ge-

gessen, ehe er sich wieder der Vorbereitung für das Heimspiel gegen New England Revolution widmete. Der Trainer von DC United, mit vier Punkten aus vier Spielen in die Saison der us-amerikanischen Major League Soccer gestartet, sah am Fernseher, wie Harry Kane in Neapel zum Elfmeter antrat und damit seinen Rekord brach.

Rooney griff gleich zum Handy, öffnete Twitter, postete das Jubelfoto seines ehemaligen Teamkollegen Kane und gratulierte. »Ich wusste, dass es nicht lange dauern würde, aber das war schnell«, schrieb die ManUnited-Ikone und setzte einen tränenlachenden Smiley dahinter. »Ein großartiger Mann, ein unglaublicher Torjäger und eine englische Legende. Gratulation, Harry!«

Kane schickte den Gruß gleich zurück, sprach noch auf dem Feld, nach dem 2:1-Sieg, über seinen nächsten Meilenstein und grinste genauso breit, wie er es 47 Tage zuvor gegen ManCity getan hatte. »Ich war auf dem Platz, als Wayne den Rekord gebrochen hat«, meinte Kane und erinnerte sich zurück an den 8. September 2015. Im EM-Qualifikationsspiel hatte Kane als Joker das 1:0 gegen die Schweiz erzielt, Rooney kurz vor Schluss per Elfmeter das 2:0 und damit sein 50. Tor im Trikot der Nationalmannschaft. Eins mehr, als Sir Bobby Charlton gelungen war.

»Ich weiß, was ihm das bedeutet hat und wie stolz ich war«, sagte Kane nun, diesmal stolz auf sich selbst. »Als ich ihm den Schuh für den Rekord überreichte, sagte er, dass er ihn mir eines Tages zurückgeben würde. Er ist ein besonderer Mann und eine englische Legende.«

So wie er selbst.

12

Flugverspätung

Der Wechsel zum FC Bayern

Ganz langsam und bedächtig kam Uli Hoeneß heranspaziert. Das weiße Hemd mit Button-down-Kragen in der Hose, die beige, etwas faltige Cap mit dunkelblauer »GAP«-Aufschrift auf dem Kopf. Und das Gesicht etwas rötlich vom heißen Sommertag am Tegernsee.

»Was gibt's?«, fragte er, als er sich vor die acht wartenden Journalisten positionierte, die Hände in den Hosentaschen versteckte und wieder mal einen bemerkenswerten Auftritt hinlegte.

In Rottach-Egern, nicht mal eine Stunde entfernt vom eigenen Vereinsgelände, hatten die Bayern ihr erstes Quartier für die Sommervorbereitung unter Trainer Thomas Tuchel bezogen. Bei 35 Grad versammelten sich Joshua Kimmich und Co. am Samstagnachmittag zur ersten Einheit am Sportplatz Birkenmoos, beobachtet und angefeuert von etwas mehr als 2000 Fans.

Sadio Mané, der vermeintliche Toptransfer des Vorjahres, war noch mit dabei. Min-Jae Kim, der kommende Abwehrschrank, auf dem Weg von Südkorea nach München und dann nach Rottach-Egern. Am Kader wurde gebastelt, musste gebastelt werden. Und als die Spieler nach einer schweißtreibenden Einheit ausliefen und sich mit Stiften für einen anstehenden Autogramm-Marathon bewaffneten, schlich Tuchel vom Rasen und in das direkt daneben aufgebaute Festzelt, das die Bayern für »Indoor«-Fitness-Übungen verwendeten. Hier konnten sich die Profis auf Fahrrädern aufwärmen, auf Matten die Muskeln dehnen oder ein paar Gewichte heben.

Direkt davor stand Uli Hoeneß, der die 90-minütige Einheit genau verfolgt und viele Hände geschüttelt hatte. Als Tuchel den Ehrenpräsidenten ins Auge fasste, grinste er herzlich und umarmte Hoeneß. Beide plauschten ein bisschen, vielleicht darüber, wie optimistisch der eine und wie optimistisch der andere war, dass dieser Harry Kane tatsächlich beim FC Bayern landete.

Nachdem das Gespräch beendet war und die Spieler nach und nach die zwei bereitstehenden Mannschaftsbusse bestiegen, die sie wieder ins rund zehn Minuten entfernte Teamhotel brachten, ging Pressesprecher Dieter Nickles auf Hoeneß zu, redete auf ihn ein und bat den Klubpatron, den wartenden Journalisten kurz Rede und Antwort zu stehen.

Vor dem Training hatte Trainer Tuchel zwar ausführlich darüber gesprochen, was in der Vorsaison alles schiefgelaufen war, was alles besser werden musste und was für Spieler er dafür brauchte. Eine Nummer 9 zum Beispiel.

Nach dem Training war es jedoch üblich, dass einer der Protagonisten sich wenigstens kurz Zeit nahm und über die ersten Eindrücke sinnierte. Doch weil bei den Spielern, die gerade gesund waren, etliche heikle Fragen involviert gewesen wären und Tuchel bereits etwas gesagt hatte, fiel die Wahl auf Hoeneß, der einwilligte und die 20 Meter vom Zelt Richtung Ausgang langsam antrat.

»Was gibt's?«, fragte er also und konnte sich ein Schmunzeln selbst nicht verkneifen.

Seine Vorfreude sei groß, berichtete Hoeneß, »weil ich glaube, dass wir eine gute Mannschaft kriegen«. Eine gute Mannschaft mit Harry Kane? Wieder ein Grinsen. »Das können Sie ja von mir bitte nicht erwarten.« Eine Wasserstandsmeldung meinte er, einen Zwischenstand im Transferpoker. »Jetzt haben wir endlich den Verein dicht, da fangen wir nicht gleich am ersten Tag wieder an, ihn undicht zu machen, ja?«

Die Maulwürfe, erzählte Hoeneß damit zwischen den Zeilen,

waren weg oder mundtot gemacht. Ob er den kürzlich entlassenen Sportvorstand Hasan Salihamidžić dazuzählte? Oder den kürzlich entlassenen Vorstandschef Oliver Kahn?

Er selbst wollte jetzt jedenfalls nichts preisgeben und brauchte dann ungefähr sieben Minuten, um beinahe alles preiszugeben.

Hoeneß hatte über Tuchel gesprochen und den Wunsch, mal wieder drei, vier Jahre mit einem Trainer zusammenzuarbeiten. Ein Zeichen von Schwäche sei das schließlich, immer wieder den Trainer auszutauschen. Er hatte über Manuel Neuer und den Stand nach dessen Skiunfall gesprochen, hatte die Suche nach einem Sechser abgetan und auf Konrad Laimer verwiesen, den ablösefreien Neuzugang aus Leipzig.

Und als dann der Name Daniel Levy fiel, da rutschten Hoeneß' Mundwinkel wieder leicht nach oben. Es war ein letzter Versuch der Reporter, dem eigentlich so redseligen Hoeneß vielleicht doch noch etwas zu Harry Kane zu entlocken. Mit Erfolg.

Als Levy, der Chairman der Tottenham Hotspur, ins Gespräch kam, da fiel Hoeneß als Erstes ein Lob ein. »Er ist ja clever«, sagte er über den Mann, der Kane zwei Jahre zuvor bereits den angestrebten Wechsel zu Manchester City verbaut hatte. »Er nennt ja keine Zahl.«

Also eine Ablösesumme, die die Bayern an Tottenham zahlen müssten, um Kane nach München zu holen. »Wir müssen ihn erst mal so weit bringen, eine Zahl zu nennen. Er spielt natürlich auf Zeit, er ist ein ausgebuffter Super-Profi, ich schätze den sehr. Aber ich glaube, auf der anderen Seite sind auch Leute, die das nicht erst seit gestern machen.«

Hoeneß selbst zum Beispiel, dazu Aufsichtsratskollege Karl-Heinz-Rummenigge oder CEO Jan-Christian Dreesen, die beide im regelmäßigen Austausch mit Kane und dessen Bruder Charlie standen. »Bis jetzt ist es so, dass Harry in allen Gesprächen ganz klar signalisiert hat, dass seine Entscheidung steht. Und wenn die bleibt, dann kriegen wir ihn. Dann wird Tottenham einknicken müssen. Weil so ein Verein auf 80 Millionen, 90 Millionen … das gibt es nicht.«

Tottenham, das spielte den Bayern in die Karten, hatte sich als Achter nicht fürs internationale Geschäft qualifiziert. Kane, meinte Hoeneß, »hat ja jetzt noch mal die Möglichkeit, zu einem Topklub in Europa zu kommen. Was uns allen gefällt, dass er und auch seine Berater – sein Vater und der Bruder – immer ganz klar zu dem gestanden haben – bis jetzt –, was sie zugesagt haben. Wenn das so bleibt, ist das okay.«

Damit hatte Hoeneß dann tatsächlich genug gesagt.

Und der Optimismus sollte sich auszahlen.

Er war noch kein Rekordtorjäger der englischen Nationalmannschaft und auch noch kein Rekordtorjäger der Tottenham Hotspur, als Harry Kane das erste Mal den Namen Hasan Salihamidžić hörte.

Salihamidžić, von 2017 bis 2020 Sportdirektor und seitdem Sportvorstand des FC Bayern, lotete die Optionen aus für die Nachfolge von Robert Lewandowski, der zum FC Barcelona gewechselt war. Eine von diesen Optionen war Kane, doch der signalisierte seinerseits, dass er in London gerade wieder ganz happy war.

Unter Antonio Conte hatten sich die Spurs auch dank eines Doppelpacks von Kane ausgerechnet im Nordlondon-Derby am FC Arsenal vorbeigeschoben und doch noch einen Champions-League-Platz erreicht. Kane war fit wie nie und zufrieden mit der harten und fordernden Gangart des italienischen Trainers, der einzig und allein aufs Gewinnen aus war. Ganz nach dem Geschmack von Kane.

Die Bayern mussten also warten.

Und in London lief alles wie immer.

Kane schoss seine Tore, wurde Rekordtorjäger der englischen Nationalmannschaft, wurde Rekordtorjäger in Tottenhams 141-jähriger Klubgeschichte und sah mit an, wie sein Klub wieder mal nur um einen Europapokal-Platz kämpfte statt um Titel.

Zwei Tage, nachdem der FC Bayern Julian Nagelsmann im März

2023 entlassen hatte, wurde Antonio Conte bei Tottenham gefeuert. Die Spurs hatten sich, nachdem Conte auf der Pressekonferenz nach dem 3:3 bei Kellerkind Southampton alles und jeden im Klub zerlegt hatte, mit möglichen Nachfolgern beschäftigt, unter anderem mit Thomas Tuchel.

Doch der wurde über Nacht Trainer in München.

»Natürlich wünsche ich Antonio alles Gute«, sagte Kane ein paar Wochen später, nach einem 2:1 gegen Brighton, dem einzigen Sieg unter Contes Nachfolger, dem einstigen Assistenten Cristian Stellini. »Ich hatte ein großartiges Verhältnis zu ihm«, also zu Conte, »und es war einfach unglücklich, dass es aus dem einen oder anderen Grund nicht funktioniert hat.« Genauso unglücklich wie unter José Mourinho. »Ich wünsche ihm«, also Conte, »viel Glück bei seinem nächsten Abenteuer. In der Zwischenzeit werden wir mit Cristian, Ryan und dem Team weiterkämpfen und versuchen, das zu erreichen, was wir uns vorgenommen haben.«

Sie versuchten es vielleicht, doch sie schafften es nicht.

Stellini war seinen Job als Interimscoach nach nur vier Spielen und einem 1:6 in Newcastle schon wieder los. Also sprang Ryan Mason, Kanes alter Teamkollege, wie schon nach Mourinhos Aus ein, konnte das sinkende Schiff aber nur schwer über Wasser halten. Er gewann von sechs Partien zwei, eine davon am letzten Spieltag. Doch das 4:1 in Leeds, bei dem Kane einen Doppelpack erzielte und sein Trefferkonto auf 30 erhöhte, damit wieder Torschützenkönig wurde, änderte nichts mehr am achten Tabellenplatz. Dem schlechtesten Abschneiden seit 14 Jahren.

Vierter waren die Spurs gewesen, als Conte sich rausgeekelt hatte. Sie lagen auf Champions-League-Kurs. Stattdessen ging der Italiener von Bord und alle Europacup-Hoffnungen dahin.

Kane wusste, dass die Zeit gekommen war, »Goodbye« zu sagen. Auf Wiedersehen, denn er musste weitersehen. Er wusste, dass es mit seinem Verein wohl nie was werden würde mit dem großen Wurf.

Zum Glück waren Hasan Salihamidžić und Thomas Tuchel bereits in London aufgetaucht und hatten Kane einen Besuch abgestattet, hatten versucht, ihn mit einem Jahr Verspätung doch für den FC Bayern zu gewinnen. Und dieses Mal mit deutlich besseren Karten.

Conte war weg, Champions-League-Fußball außer Reichweite und ein Titel sowieso. Tottenham versank im Chaos, benötigte wieder mal einen Neustart. Einen Neustart, den Kane schon zwei Jahre zuvor nicht mitgehen und stattdessen zu Manchester City wechseln wollte.

Nur hieß das Manchester City der Träume dieses Mal eben FC Bayern.

Also gab der FC Bayern Gas. Mit einem großen Aber.

Kane von einem Wechsel zu überzeugen war das eine. Daniel Levy schmackhaft zu machen, seinen besten Spieler und Kapitän nach all den Jahren ziehen zu lassen, das andere. Er hatte so hart um Kane gekämpft, hatte dem unendlichen Geldfluss Manchester Citys widerstanden und Kanes Verlangen nach einer neuen Herausforderung. Er hatte ihm neue Verträge gegeben und ihn immer reicher gemacht, doch zum ersten Mal in all diesen Jahren saß Levy nicht mehr am längeren Hebel.

Sondern in einer Zwickmühle.

Anders als vor zwei Jahren, als Kane am Golfplatz mit Gary Neville offen von einem Wechsel geträumt hatte, sprach die vertragliche Situation dieses Mal für ihn. Ein Jahr verblieb noch von seinem 2018 (fatalerweise) unterzeichneten Sechsjahresvertrag, Levy hatte also jetzt ein letztes Mal die Chance, sein Eigengewächs Kane zu versilbern oder ihn im Sommer 2024 notfalls ablösefrei ziehen zu lassen. Oder aber er überzeugte Kane ein weiteres Mal von einer Vertragsverlängerung bei Tottenham.

Was aussichtslos erschien.

Was Levy aber dennoch versuchte.

Erste Angebote aus München über angeblich 70 Millionen Euro

plus Boni hatte Levy bereits abgelehnt, als er einen letzten Vorstoß auf die Partei Kane wagte und seinem Topstar einen neuen Vertrag anbot. Nicht nur zu verbesserten Bezügen, sondern zu gigantischen. Von einer Gehaltsverdopplung war die Rede, also von einem Wochensalär von 400 000 Pfund.

Nur ging es Kane nicht ums Geld, sondern ums Gewinnen, um die neue Herausforderung, um das Verlassen der Komfortzone.

Daran änderte auch der neue Trainer nichts.

Wie Uli Hoeneß so ist, hatte er auch zu Harry Kane eine klare Meinung gehabt, bevor er diese Meinung wieder änderte. »Ich halte den Transfer für völlig gaga«, hatte der Ehrenpräsident noch im März als Talkgast bei einer Veranstaltung der »Abendzeitung« in München gesagt. Damals war vom Interesse der Münchner berichtet worden, mehr noch nicht. »Letztes Jahr hat Tottenham 160 Millionen Euro abgelehnt von Manchester City. Meinen Sie, der ist dieses Jahr billiger? Harry Kane ist ein super Spieler, gar keine Frage. Aber das ist Geld, das zahle ich nicht!«

Musste er streng genommen auch nicht, mit dem operativen Geschäft hatte Hoeneß schließlich nichts mehr zu tun. Allerdings gehörte er dem Aufsichtsrat an, der Transfers ab einer Größenordnung von 25 Millionen Euro im Gesamtvolumen absegnen musste.

Vier Monate, einen Trainer- und zwei Vorstandswechsel später legte Hoeneß seinen Auftritt am Tegernsee hin (»Dann wird Tottenham einknicken müssen!«), weil er seine Ansicht wieder geändert und sehr wohl gesehen hatte, wie dringlich die Bayern eine Nummer 9 von Weltklasse-Format brauchten. Außer Kane und Lewandowski blieb wohl nur noch Erling Haaland übrig, doch der hatte gerade erst mit Manchester City die Premier League, den FA Cup und die Champions League gewonnen und war natürlich nicht zu bekommen.

Also einigte sich der neu gegründete »Ausschuss Sport«, bestehend aus Hoeneß, Ex-Vorstandschef Karl-Heinz Rummenigge, Vorstandschef Jan-Christian Dreesen, Präsident Herbert Hainer, Trainer

Thomas Tuchel, dem technischen Direktor Marco Neppe und Finanzvorstand Michael Diederich, darauf, bei Harry Kane alles in die Waagschale zu werfen und den Rekordtorjäger der englischen Nationalmannschaft nach München zu lotsen.

Sie wagten einen neuen Vorstoß und fragten in London nach, ob 80 Millionen Euro plus Boni genug wären.

Waren es nicht.

Bei Tottenham schlug währenddessen ein Australier auf. Exakt 72 Tage hatte es wie schon nach José Mourinhos Aus gedauert, um einen geeigneten Nachfolger für Antonio Conte vorzustellen.

Ange Postecoglou war in zwei Jahren mit Celtic Glasgow zweimal schottischer Meister geworden und sagte nun, am 10. Juli, wie »begeistert« er sei, neuer Tottenham-Trainer zu sein. Ein Wort, das Conte nicht ein einziges Mal verwendet hatte.

30 Minuten sprach Postecoglou an jenem Montag bei seiner ersten Pressekonferenz und nahm mehrmals, typisch australisch, das Wort *»mate«* in den Mund, grinste und hinterließ einen sympathischen Eindruck. Genau so, wie er es bei Kane vorhatte, der zwei Tage später aus dem Urlaub zurückkehren und gleich mal beim neuen Trainer vorstellig werden sollte.

»Es wird kein Gespräch sein, bei dem wir aus dem Raum gehen und uns einig sind«, erzählte Postecoglou und stützte den Kopf auf dem rechten Arm ab, möglichst lässig und entspannt. »Was ich will, ist, mich Harry vorzustellen und ihm meine Vision des Fußballvereins zu erläutern. Und ich möchte von ihm wissen, was der Verein seiner Meinung nach tun muss, um erfolgreich zu sein, und dann auf den Trainingsplatz gehen und versuchen, das umzusetzen.«

Am 12. Juli kehrte Kane wie vereinbart zurück, setzte sich mit Postecoglou zusammen und erklärte dem Trainer ganz offen, dass er gern gehen würde, wenn sich die Vereine einig würden. Und dass er am liebsten Klarheit vor dem Premier-League-Start der Spurs am 13. August hätte.

Es spielte keine Rolle mehr, was für eine Vision Postecoglou Kane präsentierte. Wie er sich all das bei Tottenham vorstellte und wie es wieder besser werden könnte. Kane hatte seine Entscheidung getroffen, und an der gab es nichts zu rütteln.

Bayern und Tottenham sollten sich auf einen Wechsel verständigen. Und wenn das nicht klappte, würde er eben noch ein Jahr bleiben und dann nach dem Vertragsende 2024 ablösefrei gehen.

Am 13. Juli flog Bayerns CEO Jan-Christian Dreesen nach London und traf sich in einem Londoner Hotel mit Daniel Levy zum Frühstück, um über den Kane-Deal zu sprechen. Es soll nicht um einen Preis gegangen sein, nicht um die Ablösesumme. Eher um das gegenseitige Annähern und ein Gefühl füreinander. Eine Basis, um weiter zu verhandeln. Wie könnte ein möglicher Deal aussehen?

Ernsthafte Rivalen, das kam den Bayern zugute, gab es nicht im Kampf um Kane. Manchester United hatte zwar großes Interesse, mit einem Premier-League-Kontrahenten würde Levy aber nur im äußersten Notfall sprechen. Real Madrid hätte zwar einen Nachfolger für Kapitän Karim Benzema gebrauchen können, hatte aber bereits mehr als 100 Millionen Euro für das Dortmunder Juwel Jude Bellingham ausgegeben und Kylian Mbappé im Auge, dessen Vertrag bei Paris Saint-Germain im Sommer 2024 auslaufen würde.

Einen Tag später hob der gesamte Tottenham-Tross mit Kane an Bord für eine mehrtägige Vorbereitungstour nach Australien ab, von Perth sollte es später weitergehen nach Bangkok und Singapur.

Während sich die Spurs in der Luft befanden, ging Hoeneß am Tegernsee zur kleinen Journalistenschar, fragte »Was gibt's?« und packte alles über Kane aus, nachdem er eigentlich vorgehabt hatte, den Verein »nicht gleich wieder undicht« zu machen.

Nicht nur beim FC Bayern, besonders bei Tottenham-Boss Levy stieß Hoeneß' Vorstoß auf Unverständnis und Kopfschütteln. Auf der anderen Seite hatte ein Bayern-Verantwortlicher, in welcher Funktion auch immer, nun öffentlich mehr oder weniger zugegeben, für

Kane tief in die Tasche greifen zu wollen. Was Levy wiederum in die Karten spielte.

»Dass wir großes Interesse an ihm haben, ist bekannt«, sagte CEO Dreesen am 17. Juli über Kane, während neben ihm im Teamhotel in Rottach-Egern die beiden ablösefreien Neuzugänge Raphael Guerreiro und Konrad Laimer vorgestellt wurden. »Und was Uli Hoeneß gesagt hat, ist alles richtig. Aber wir halten es am besten mit dem Trainer, der gesagt hat: Das Gras wächst nicht schneller, wenn man daran zieht.«

Geduld würden die Bayern also walten lassen und nicht noch einmal öffentlich vorpreschen.

Das übernahm stattdessen ein »Journalist«.

Die Spurs waren bereits in Bangkok angekommen, hatten mit Harry Kane das erste Testspiel in Perth 2:3 gegen den Premier-League-Kontrahenten West Ham United verloren, als ein Reporter der »Bild«-Zeitung am 22. Juli auf einer Pressekonferenz Platz nahm und sich meldete. »Weil ich Deutscher bin, bin ich vorbereitet auf die nächsten Tage«, sagte er auf Englisch und erntete ein paar Augenbrauen-Zucker von Postecoglou. Der Reporter hielt das neue weiß-rote Trikot der Bayern hoch und präsentierte Postecoglou die Rückseite, auf der die Nummer 9 und der Name »Kane« prangten. Die asiatischen Reporter, vor ihm sitzend und teilweise sogar in Tottenham-Trikots gekleidet, drehten sich um und grinsten. Anders als Postecoglou, der eine versteinerte Miene behielt. »Wie wird das wohl aussehen? Ziemlich gut, oder?«, fragte der Reporter und erhoffte sich so sehnlichst eine Schlagzeilen-produzierende Antwort von Postecoglou. »Ich weiß nicht, wovon Sie reden«, sagte der stattdessen, bevor Pressesprecher Anthony Marshall dazwischengrätschte und um die nächste Frage bat.

Doch bevor das Mikrofon weitergereicht wurde, ergriff Postecoglou noch mal das Wort und grinste so schief wie nur möglich. »Danke«, sagte er und schob sarkastische Fragen hinterher. »Haben

Sie trotzdem gut darüber gelacht? Haben Sie bekommen, was Sie wollten?«

»Vielleicht«, antwortete der deutsche Reporter triumphierend.

»Vielleicht?«, entgegnete Postecoglou und lächelte so schief wie der Bösewicht im Film. »Okay, sehr gut. Sie sind einen langen Weg dafür hergekommen, danke.«

Aber er bedankte sich nicht wirklich.

Noch am selben Abend erhielt der »Bild«-Reporter die Nachricht von Pressesprecher Marshall: *Akkreditierung entzogen, bitte nicht mehr wiederkommen!*

Und während die »Bild«-Zeitung diese eigens produzierte Pannenshow stolz präsentierte, weil sie genau das bekommen hatte, was sie wollte – Klicks –, flog Kanes Frau Katie von London nach München und schaute sich in der bayerischen Landeshauptstadt sicherheitshalber schon mal ein paar Häuser an.

Neue Entwicklungen gab es im Transferpoker zwar keine, außer dass sich jetzt schon Journalisten lächerlich machten, optimistisch blieb die Partei Kane aber dennoch, dass der Wechsel am Ende klappen würde.

Noch in Bangkok erneuerte Kane gegenüber Postecoglou und weiteren Spurs-Verantwortlichen sein Vorhaben, zum FC Bayern wechseln zu wollen.

Thomas Tuchel hinterließ in München währenddessen in jeder möglichen Sekunde seinen ausdrücklichen Wunsch, Harry Kane verpflichten zu wollen. Auch wenn er sich gleichzeitig unbedingt noch einen defensiven Mittelfeldspieler dazu wünschte.

Am 24. Juli hob der FC Bayern zu seiner Vorbereitungstour nach Asien ab in Richtung Tokio, CEO Dreesen und der technische Direktor blieben in München. Bereit für weitere Verhandlungen, während Tuchel sich in der schwülen Hitze Japans um das bestehende Aufgebot kümmerte.

Eine Woche später machten sich Dreesen und Neppe erneut auf

den Weg nach London, um die Gespräche mit Levy unter sechs Augen fortzusetzen.

Tottenhams Verhandlungsführer blieb stur, setzte das Preisschild für Kane im neunstelligen Bereich an. So viel Geld hatte noch kein Bundesligist für einen Spieler ausgegeben, auch wenn der FC Bayern allein vom eigenen Selbstverständnis natürlich kein gewöhnlicher Bundesligist war.

Er hatte sich in Person von Hoeneß zwar stets dagegen gewehrt, jemals 100 Millionen Euro oder mehr für einen Neuzugang auszugeben, doch die Zeiten hatten sich längst geändert. Oder kannte Hoeneß wohl einen gewissen Moises Caicedo, der drauf und dran war, für mehr als 100 Millionen Euro von Brighton & Hove Albion zum FC Chelsea zu wechseln? Oder Enzo Fernandez, der ein halbes Jahr zuvor für mehr als 120 Millionen Euro von Benfica zum FC Chelsea gewechselt war?

Auch ein drittes Bayern-Angebot lehnte Levy jedenfalls ab. Und Tuchel wartete weiter. Kane wartete weiter. Beide standen im regelmäßigen WhatsApp-Austausch, doch zueinander fanden sie noch nicht.

Kane wollte ein ähnliches Desaster mit dauerhafter Unruhe, wie vor zwei Jahren bei seinem angestrebten Wechsel zu Manchester City, unbedingt vermeiden. Keine Unruhe reinbringen, während Ange Postecoglou einen Neustart nach all dem Chaos bei Tottenham anstrebte.

Zurück in London, hatten die Spurs den ukrainischen Topklub Schachtar Donezk am 6. August zum Testspiel ins Tottenham Hotspur Stadium eingeladen und mit 20000 verkauften Tickets kalkuliert. Stattdessen wurden sie mehr als 50000 Eintrittskarten los, die Fans in der Erwartung oder Befürchtung, dass sie »ihren Harry« ein letztes Mal sehen könnten.

Eine Woche verblieb noch bis zum Saisonstart in England, den Bayern lief also die Zeit davon. Kane, der frühzeitig Klarheit forderte, ließ sich vom Treiben im Hintergrund nicht beirren, machte, was er immer machte, traf viermal beim 5:1-Sieg gegen Donezk und verabschiedete sich in der 80. Minute unter stehenden Ovationen Richtung Auswechselbank.

War es das gewesen? Der letzte Auftritt im lilienweißen Tottenham-Trikot? Ein letztes Hurra?

Im Münchner Süden bestritten die Bayern tags darauf ihr letztes Vorbereitungsspiel in Unterhaching, schlugen die AS Monaco auch ohne echte Nummer 9 mit 4:2 und sahen sich einigermaßen gerüstet für den anstehenden Supercup gegen Pokalsieger Leipzig.

Nur das Puzzleteil Kane fehlte noch, und allmählich stieg die Nervosität. Aus London erhielten die Verantwortlichen um CEO Dreesen und Trainer Tuchel das schleichende Gefühl, dass Kane sich vielleicht doch noch einmal umentscheiden würde.

Die Spurs hatten seinen Nationalmannschaftskumpel James Maddison aus Leicester verpflichtet, einen filigranen Spielmacher und Top-Vorbereiter. Einer, von dem Kane profitieren könnte. Außerdem kam der Noch-Kapitän bestens zurecht mit dem neuen Trainer Postecoglou.

Ob er sich das alles wieder überlegen und doch einen Rückzieher machen würde? Würde er doch in der Komfortzone bleiben und den Torrekord der Premier League von Newcastle-Ikone Alan Shearer jagen?

Die Ungewissheit hielt drei Tage, dann vermeldete »The Athletic« in England: »Tottenham nimmt Angebot von Bayern München für Harry Kane an; Stürmer muss über Transfer entscheiden.«

Nach all den Jahren des Wegdrückens und Ablehnens hatte Daniel Levy nun endlich ein Angebot für Harry Kane angenommen. Ungern zwar, aber er hatte es angenommen. Jetzt würde doch nicht ausgerechnet der Spieler, der zum zweiten Mal vehement auf einen Transfer gedrängt hatte, kalte Füße kriegen?

»Katastrophensommer«, titelte die überregionale Tageszeitung

»taz« am Freitag, den 11. August. Ein jubelnder Harry Kane im England-Jersey, der sich aus Freude mit beiden Händen das eigene Trikot von der Brust zu reißen schien, zierte das Cover, dazu der große Schriftzug: »Harry-Kane-Warnung in Bayern«. Und ein kleiner Teaser daneben: »Mehr als 100 Millionen Euro für einen Stürmerstar: Der Wirbel um den teuersten Transfer der deutschen Fußballgeschichte treibt den Irrsinn auf die Spitze – wenn er wirklich kommt«.

Wenn er wirklich kommt.

Doch jetzt kam er wirklich.

Levy hatte Bayerns Angebot angenommen, Kane sowieso längst. Jetzt hatte er auch letzte Zweifel beiseitegeschoben und brach an jenem Freitagmorgen zum Flughafen Stansted auf. Bereit, London hinter sich zu lassen und ein neues Abenteuer zu starten. Ein neues Kapitel aufzuschlagen. Eine neue Heimat zu finden. Eine neue Liga zu erobern. Einen Titel zu gewinnen.

Doch die Starterlaubnis verzögerte sich. Und verzögerte sich. Bis sich herausstellte, warum.

Kurzerhand hatte Tottenham-Boss Levy noch Extra-Forderungen gestellt und die Bayern damit auf die Palme gebracht. An kleinen Details sollte es nicht mehr scheitern, Dreesen und Co. wollten aber auch nicht alles mit sich machen lassen.

Kane drehte wieder um, hielt sich unweit des Flughafens in Essex bei Verwandten auf und wartete.

Währenddessen gab Thomas Tuchel sich an der Säbener Straße, bei der Pressekonferenz vor dem ersten Pflichtspiel der Saison alle Mühe, nicht zu viel preiszugeben. Und nicht zu breit zu grinsen.

»Wir arbeiten mit Hochdruck daran, das kann ich auf jeden Fall bestätigen, und das ist auch kein Geheimnis mehr«, sagte der Trainer des FC Bayern zum Status quo bei Kane. »Aber es gibt, Stand jetzt, keine Einigung. Und wenn es keine Einigung gibt, äußert sich der Trainer nicht dazu, weil es nicht sein Spieler ist.«

Ob Kane, wenn denn dann alles final über die Bühne ging, schon tags darauf beim Supercup gegen Leipzig mitspielen könnte? »Ganz schön viel Konjunktiv«, bremste Tuchel und lächelte wieder. »Es sind alle Möglichkeiten offen, aber zunächst ist das Allerentscheidendste, dass es unser Spieler ist. Und das ist er im Moment nicht.«

Doch das würde er bald sein, und die Vorfreude konnte Tuchel kaum verstecken.

Ziemlich genau eine Stunde später schritt Ange Postecoglou im Trainingsshirt zur Pressekonferenz vor seinem ersten Premier-League-Spiel und legte wieder den Kopf in die linke Hand, den Ellbogen auf dem Tisch abgestützt.

»Haben Sie eine Ahnung, was die erste Frage sein könnte?«, fragte ihn der Reporter, der damit die erste Frage gestellt hatte.

»No idea, mate«, antwortete Postecoglou betont lässig in seinem australischen Dialekt und lobte die vielen Anwesenden, lockerte die angespannte Stimmung mit einem Gag: »Letzte Woche mussten wir die Veranstaltung absagen, weil sich niemand dafür interessiert hat, was ich zu sagen hatte. Es geht offensichtlich nicht um mich.«

Sein Debüt beim FC Brentford spielte schon eine Rolle, aber eben nur eine untergeordnete. Jeder wusste, dass Kane in der Nähe des Flughafens weilte und auf die Starterlaubnis in Richtung München wartete.

»Ich muss zugeben, dass ich keinen detaillierten Bericht über die ganze Sache habe«, berichtete Postecoglou. »Aber soweit ich weiß, ist die Sache so weit fortgeschritten, dass es so aussieht, als würde es passieren. Das sind alle Informationen, die ich im Moment habe. Aus dieser Perspektive gibt uns das zumindest etwas Klarheit, es sei denn, es passiert etwas Unvorhergesehenes.«

Was konnte schon Unvorhergesehenes passieren? Würde Levy Kane wirklich erneut die Chance auf die persönliche Weiterentwicklung verbauen? Den Weg zu einem größeren Verein versperren? Auf rund 100 Millionen Euro verzichten?

Oder spielte Tottenhams Chairman auf Zeit, weil er Kanes Debüt am Samstag verhindern wollte? Wie würde es wohl aussehen für ihn, wenn Kane Tottenham nach all den Jahren der Titellosigkeit verließ und gleich am allerersten Tag beim FC Bayern seinen ersten Titel gewann?

Man konnte das Levy oder Tottenham unmöglich vorwerfen, doch natürlich würde es auf Levy und Tottenham zurückfallen. Sie wären die Lachnummer und Kane vom Fluch befreit.

Abertausende Menschen aktualisierten minütlich auf der »Flightradar24«-Seite den Flug D-CAWO, der eigentlich für 8.45 Uhr von London-Stansted nach Oberpfaffenhofen angesetzt war, dann auf 13.15 Uhr geschoben und mittags sogar vorübergehend gecancelt wurde. Panik hatte sich unter den wieder und wieder klickenden Bayern-Fans breitgemacht, doch jetzt, um 16.30 Uhr, tauchte der Flug wieder auf, sollte laut neuestem Plan um 16.50 Uhr deutscher Zeit in der englischen Hauptstadt abheben und um 18.25 Uhr unweit der bayerischen Landeshauptstadt landen.

Auch dieser Flug verspätete sich noch einmal, ein letztes Mal. Weil Kane im Londoner Verkehr feststeckte, sollte die Privatmaschine, eine Cessna 560XL Citation XLS+, nun eine Stunde später abheben.

Und um 17.41 Uhr war es tatsächlich so weit. 31 156 gespannte Fans verfolgten, wie Kane in London abhob und sich auf den Weg zum FC Bayern machte. Seine hochschwangere Frau Katie sowie die Berater mit an Bord.

Liveticker ließen kein Update aus, berichteten sogar, wann Kane und Co. sich wo befanden, wann sie Frankreich passierten und wann sie über deutschem Boden flogen. Um 19.07 Uhr setzte die Cessna in Oberpfaffenhofen auf.

Es hatte Hollywood-artige Züge, so minutiös wurde jeder Schritt des neuen Superstars getrackt.

Im blauen Poloshirt und mit Sonnenbrille quetschte sich Kane durch den kleinen Ausgang des Flugzeugs, stieg die Treppen herunter und umarmte erste Bayern-Funktionäre.

Ein erster Austausch – »*How are you doing guys? All good? You're okay? Good?*« –, ein paar Fotos vorm Besteigen des roten Audis mit dem ausgestreckten Daumen und dem breitesten Lächeln, und weiter ging die Reise.

Nächster Halt: das Krankenhaus »Barmherzige Brüder« im Münchner Stadtteil Nymphenburg.

Kamerateams und Fotografen, Fans und Fanatiker hatten sich vor der Einfahrt der Tiefgarage versammelt, schrien »*Welcome to Munich*«. Kane grinste und bedankte sich, fast etwas beeindruckt von all dem Trubel.

Beim Arzt angekommen, wechselte Kane die kurze, weiße Hose und das Poloshirt gegen die schwarzen Bayern-Klamotten, mit einem Touch Lila und Grün. »Wie sieht das aus?«, fragte er seine Entourage und lächelte. »Gut?«

Er ließ sich Blut abnehmen, Untersuchungen über sich ergehen, alles durchchecken. So, wie das vor jedem Transfer passierte. Doch das konnte er nicht wissen, es war schließlich sein erster.

Und die Reise ging weiter.

Nächster Halt: Säbener Straße.

Die Dunkelheit hatte inzwischen eingesetzt, der sommerlichen Hitze tat das jedoch keinen Abbruch. Dem Wahnsinn erst recht nicht.

Hunderte Fans harrten am Vereinsgelände des FC Bayern aus und betätigten ihre Handylampe, als der rote Audi in Richtung Tiefgarage einbog, und Kane, nun wieder im Polo, erneut brav winkte.

»Er ist da«, strahlte Jan-Christian Dreesen, im weißen Hemd mit offenem Kragen, als er Kane im ersten Stock im Büro empfing und den teuersten Einkauf der Klubgeschichte umarmte. »Unglaublich«, sagte er auf Englisch. »Fantastisch, ich bin Jan. Schön, dich kennenzulernen. Perfekt, super.« Dreesen ballte die Fäuste wie beim Torjubel und wiederholte noch mal: »Fantastisch.«

Die Begeisterung kannte keine Grenzen.

Sie hatten es geschafft, sie hatten Harry Kane bekommen. Sie hatten den Kapitän der englischen Nationalmannschaft aus England geholt. Aus der Premier League, der angeblich besten Liga der Welt.

Kane ließ sich auch vom Teamarzt des FC Bayern noch mal untersuchen, schlüpfte für ein MRT wieder in die Trainingskleider und tauschte diese dann gegen einen dunkelblauen Anzug ein, dazu ein hellblaues Hemd. Er schritt in den fensterlosen Keller, in dem bereits alles für ein großes Fotoshooting vorbereitet war.

Angefangen mit einem Foto an der Seite von Dreesen, hielten beide das weiß-rote Bayern-Trikot mit der Rückseite zur Kamera, darauf aufgedruckt der Name Kane und die Zahl 2027. So lange hatte der Toptorjäger gerade in München unterschrieben.

Es folgten die obligatorischen Interviews fürs Vereins-TV, Fotos mit allen drei Trikots für die Saison und der Nummer 9 auf dem Rücken. Der Nummer, die seit dem Abgang von Robert Lewandowski keiner mehr getragen hatte beim FC Bayern.

»Hey, Harry«, rief Dreesen aus dem Nebenraum zu Kane, der sich das Trikot gerade so übergestreift hatte, dass die Frisur möglichst unberührt blieb. »Perfekt«, fand Dreesen das Bild, das die neue Nummer 9 abgab. *»Looks good?«*, versicherte Kane sich und hob wieder grinsend den linken Daumen. »Wie fühlst du dich?«, fragte ihn der Fotograf, bevor er den Auslöser betätigte. Kane schaute an sich hinunter, auf die Schultern und sagte: *»I love it. I love it.«*

Der Samstag war bereits angebrochen, als Kane das Fotostudio wieder verließ und im Anzug in die warme Nacht spazierte, zu seiner linken Seite der verdunkelte Trainingsplatz, rechts die Büroräume.

Der erste Teil war geschafft. Die Starterlaubnis, der Flug nach München, die Landung in München. Die Untersuchungen, Unterschriften und Bilder.

Viel Zeit zur Erholung blieb dem nun offiziell teuersten Bundesliga-Spieler aller Zeiten jedoch nicht.

Denn der Samstag sollte noch ein bisschen verrückter werden.

13

Service

Die Vorstellung beim FC Bayern

Erste Schweißperlen auf der Stirn zeichneten sich schon vor dem Gang auf den Trainingsplatz ab. Harry Kane hatte wenigstens etwas länger schlafen können als in der Nacht von Freitag auf Samstag und stapfte nun an der Seite von Co-Trainer Arno Michels raus zum Spielersatztraining am Sonntagvormittag, wenige Stunden nach der 0:3-Pleite im Supercup gegen RB Leipzig.

Wie im Flug waren die ersten 24 bis 30 Stunden in Deutschland vergangen, von der Landung zum Medizincheck, vom Fotoshooting zur Vertragsunterschrift mitten in der Nacht, vom Kennenlernen und Training am Samstagmorgen zum ersten Pflichtspiel am Samstagabend, vom riesigen Getöse und Geschrei zum Pflichtspieldebüt im Bayern-Trikot, vom Jubel zum Frust nach einer weiteren vergebenen Titelchance, der ersten in München.

Zeit zum Ausruhen blieb dem Bundesliga-Rekordtransfer kaum, schon nach dem Training würde es Schlag auf Schlag weitergehen mit der Fahrt zur Allianz-Arena und der offiziellen Vorstellung als Bayern-Spieler. Dutzende Journalisten würden im Auditorium auf den roten Sesseln warten, bewaffnet mit Kameras und Headsets für die Übersetzer.

Die Sonne war an diesem Sonntagmorgen noch etwas unnachgiebiger als am Samstag, von Wolken dieses Mal keine Spur, es war brütend heiß in München.

Während jene Spieler, die am Abend zuvor gegen Leipzig länger als eine Hälfte gespielt hatten, im Leistungszentrum auf Fahrrädern und Massagebänken regenerierten, versammelten sich die Aus- und Einwechselspieler auf dem bewässerten Rasen für eine nicht allzu anstrengende Einheit.

Noch vor wenigen Stunden hatte Thomas Tuchel seine Mannschaft mal wieder öffentlich in die Pfanne gehauen, hatte geschimpft und gewütet nach dem bitteren Rückschlag so früh in der Saison, hatte sich entschuldigt bei Harry Kane für den Rest der Truppe. »Er denkt wahrscheinlich, wir haben vier Wochen nicht trainiert«, hatte er gemeint und hätte genauso gut sagen können: *Sorry, Harry, dass die anderen nicht so gut sind wie du. Ich schlage mich schon seit vier Monaten mit denen rum …*

Jetzt saß Tuchel auf einem Derbystar-Ball und schaute, das Gesicht unter der weißen Adidas-Cap versteckt, dabei zu, wie Kane mit Thomas Müller flachste, den Ball hochhielt und dann mit dem Training loslegte.

Zeit zum Durchschnaufen blieb dem zweiterfolgreichsten Torschützen der abgelaufenen Premier-League-Saison nicht, nach dem Mittagessen in der Vereinskantine wartete der rote Audi schon wieder in der Tiefgarage. Von der Säbener Straße ging die rund halbstündige Fahrt los in Richtung Norden, über den Ring auf die A9, raus an der Abfahrt Fröttmaning-Süd und rein in die Tiefen der Allianz-Arena. Dort, wo am Vorabend der Mannschaftsbus gehalten hatte, stieg Kane jetzt aus dem Audi, den verpackten Anzug in der einen und die Kulturtasche in der anderen Hand.

Während Kane durch die Katakomben flitzte, sich ins hellblaue Hemd und den dunkelblauen Anzug warf, holten sich die wartenden Reporter im vorderen Teil des Presseraums Fish & Chips ab, fein nach britischer Art in einer Papiertüte und mit Remoulade serviert. Die Klimaanlage gab ihr Bestes, wenigstens die Innenräume der Arena ein wenig abzukühlen, draußen warb die Mittagssonne dagegen eher für Eis und Kaltgetränke als für frittierten Fisch und salzige Pommes.

Vor dem Spiegel inspizierte sich Kane ein letztes Mal, stets beobachtet von der Entourage um Bruder Charlie und Frau Kate, ließ sich vom Social-Media-Team des FC Bayern das Firmenhandy überreichen und richtete via Instagram eine Botschaft an alle Fans der Münchner: »Heute ist der Pressekonferenztag«, sprach Kane ins Handy und grinste. »Meine erste Pressekonferenz als Spieler von Bayern München, ich freue mich drauf!«

CEO Jan-Christian Dreesen schlich sich in die Kabine, begrüßte Kane mit einem Handschlag und horchte mal nach, ob der teuerste Einkauf der Klubgeschichte denn auch gut geschlafen habe. Ja, versicherte Kane und wirkte ein wenig unsicher in seiner Haltung, strich sich übers Jackett. Fast wie in Spanien, scherzte der Stürmer angesichts der Temperaturen. »30 Grad«, lächelte Dreesen mit Fistelstimme und erhob gleich den Zeigefinger. »Das ist nicht jeden Tag so.«

Begleitet von Kameras und Familie sowie Pressesprecher Dieter Nickles ging das Duo los in Richtung Pressesaal.

Auf den leuchtend roten Sesseln hatten sich mehrere Dutzend Journalisten bereits versammelt, hinter ihnen, ganz oben über der letzten Reihe zahlreiche Kameras. Um 13 Uhr sollten Kanes erste offizielle Worte als Bayern-Profi in die Welt gesendet werden.

14 Monate waren erst vergangen, seit der Aufschrei an Ort und Stelle fast genauso groß gewesen war. Damals, im Juni 2022, hatten sich neben Pressesprecher Nickles nicht nur CEO Oliver Kahn und Neuzugang Sadio Mané gesetzt, auch Präsident Herbert Hainer sowie Sportvorstand Hasan Salihamidžić ließen es sich nicht nehmen, den feierlich angekündigten »Weltstar« Mané zu präsentieren. Trainer Julian Nagelsmann verfolgte die Pressekonferenz als Zuschauer aus der zweiten Reihe.

Mané, damals für 32 Millionen Euro vom FC Liverpool gekommen, war inzwischen schon wieder weg, genau wie CEO Kahn, Sportvorstand Salihamidžić und Trainer Nagelsmann.

Dreesen, Kahns Nachfolger, hatte sich die ähnlich pompös angekündigte Vorstellung des Senegalesen vielleicht noch mal angeschaut, um Fettnäpfchen wie damals zu vermeiden. Auch wenn in diesem August 2023 keiner wirklich daran zweifelte, dass Kanes Einfluss auf den FC Bayern größer ausfallen würde als der von Mané.

Der damals 30-jährige Offensivspieler, mit Liverpool einst Champions-League-Sieger und Premier-League-Champion, hatte im Bayern-Trikot insgesamt zwölf Tore erzielt, mindestens doppelt so oft im Abseits gestanden und seinem Mitspieler Leroy Sané nach dem Champions-League-Spiel bei Manchester City eine blutige Lippe verpasst. Die Bayern konnten ihren »Weltstar« anschließend gar nicht schnell genug loswerden und hatten ihn Anfang August für 30 Millionen Euro an den saudi-arabischen Klub Al-Nassr verkauft.

Mané war Salihamidžićs letzter Strohhalm gewesen, hatte dem in die Kritik geratenen Sportvorstand noch mal übereilte Lorbeeren beschert und sogar eine Vertragsverlängerung. Doch der mögliche Nachfolger von Robert Lewandowski wurde Mané nicht mal im Ansatz.

Diese Rolle durfte fortan Harry Kane übernehmen.

Als die Türklinke nach unten gedrückt wurde, schnellten die Kameras in die Höhe, die Blitzlichter zuckten.

Nickles betrat den Raum als Erster, hinter ihm Kane, Dreesen und Kanes Gefolge.

Kane nahm Platz zwischen Nickles und Dreesen. Leicht irritiert schaute er nach oben und bekam sofort verbale Hilfe von Nebenmann Dreesen: »Das Licht blendet immer«, versicherte er und schien die Anspannung bei seinem nickenden Rekordeinkauf ein wenig zu lösen.

Beide lächelten bemüht, bis Pressesprecher Nickles endlich das Wort ergriff. »Ja«, begann er ähnlich wie 14 Monate zuvor neben Sadio Mané. »Ein herzliches Willkommen Ihnen allen hier in der Allianz-Arena von München und überall natürlich. Der FC Bayern freut sich sehr, heute Harry Kane als Neuzugang vorzustellen.«

»Harry«, sagte Nickles dann und blickte nach links. »*Welcome and service*«, frohlockte er und hatte sich sogleich versprochen. »Servus«, korrigierte sich Nickles, doch Kane, der ohne Headset sowieso noch nichts verstehen konnte, stimmte ins »Service« mit ein. Die englische Variante der bayerischen Begrüßung.

»Wie geht es dir? Und wie war der Tag gestern?« Kane fasste seine ersten Eindrücke zusammen, und Nickles nahm dann den CEO mit ins Boot, siezte »Herr[n] Dreesen«, der den »Transfer maßgeblich in die Wege geleitet« und »umgesetzt« habe. Dreesen führte aus: »Es war ein längerer Prozess. Wir haben alle von vornherein gewusst, dass wir Geduld brauchen. Wenn man das Positive an diesem langen Prozess nimmt: Er hat nicht bis zum 1. September gedauert, wir sind immerhin am 11. August zum Ende gekommen. Ich freue mich sehr, dass Harry jetzt bei uns ist.«

Kane und Dreesen grinsten sich an, und Nickles eröffnete die Fragerunde für die wartenden Journalisten. Warum er Tottenham nach insgesamt 19 Jahren verlassen hatte, fragte einer. Was seine Ziele wären, ein anderer. Und Kanes Antwort fiel in beiden Fällen gleich aus: Er wollte Titel gewinnen, wollte die Champions League gewinnen, wollte Großes erreichen, die Komfortzone verlassen.

»Das war ein Transfer, der für uns sehr ungewöhnlich ist«, versicherte Dreesen. »Auch bei der Größenordnung, auf die ich nicht näher eingehen will. Wir sind stolz. Harry hätte sicher auch andere Klubs wählen können. Das zeigt, dass Harry uns Titel zutraut. Und es zeigt, dass die Bundesliga immer noch attraktiv ist, Weltklasse-Spieler anzuziehen. Ich würde mir wünschen, dass andere unserem Beispiel folgen.«

Das konnte er sich vielleicht wünschen, passieren würde es eher nicht. Als könnten Borussia Dortmund, RB Leipzig oder Bayer Leverkusen eben einen Nationalmannschaftskapitän aus dem Ärmel schütteln für 100 Millionen Euro. Den englischen Nationalmannschaftskapitän wohlgemerkt, nicht den estnischen.

100 Millionen Euro, schob Dreesen später hinterher, seien jetzt nicht das »*new normal*« beim FC Bayern, der neue Standard also. Er schloss weitere große Transfers jedoch für die Zukunft nicht aus. »Die DNA unseres Klubs war immer, groß zu investieren, wenn wir davon überzeugt waren.«

80 Millionen Euro hatten die Bayern einmal für den Verteidiger Lucas Hernandez von Atletico Madrid bezahlt, 67 Millionen Euro für den Verteidiger Matthijs de Ligt von Juventus, gerade erst 50 Millionen Euro für den Verteidiger Min-Jae Kim aus Neapel oder auch 49 Millionen Euro für Leroy Sané von Manchester City. »Ich glaube, ich kann ganz gut einschätzen, dass es ein angemessener Betrag war, den wir ausgegeben haben«, sagte Dreesen also und beschwichtigte: »Es wird ein Ausnahmetransfer bleiben.«

Ein Ausnahmetransfer für einen Ausnahmespieler.

Kane sprach im Verlauf der fast 40-minütigen Fragerunde viel über seine Ambitionen und Träume, über ein mögliches Champions-League-Finale im Juni 2024 in seiner Geburtsstadt London. Über seine Kinder, die das ganze Getöse gerade noch gar nicht verstehen konnten und wahrscheinlich dachten, sie wären im Urlaub. »Ich werde es ihnen bald genauer erklären«, versprach Kane grinsend. »Die werden hier alles aufsaugen.« Und, so versprach er, genau wie er möglichst schnell Deutsch lernen.

Natürlich sprach Kane auch über den riesigen Hype, den es so in Deutschland noch nicht gegeben hatte. Schließlich hatten 68 000 Menschen bei »Flightradar« seinen Flug von London-Stansted nach Oberpfaffenhofen verfolgt. »Ich wusste gar nicht, dass das geht«, meinte Kane nun. »Aber es gehört wohl dazu, ist Teil der Erfahrung. Ich habe das alles noch nicht realisiert. Hoffentlich kann ich das alles zurückzahlen.«

Etwas Ähnliches hatte Kane zuletzt nur als Fan erlebt, 2003, als sein Idol David Beckham kurzerhand von Manchester United an Real Madrid verkauft wurde, war Kane noch nicht mal zehn, doch eine Lektion nahm er von diesem Wechsel mit: »Ich wollte meine Karriere nicht beenden, ohne dass ich neue Kulturen und Ligen kennengelernt habe. Das war schon Teil meiner Entscheidung.«

Beckham, der wie Kane einst die Chingford Foundation School nördlich von London besucht hatte, »hat bei Real gespielt und hat jede Sekunde geliebt dort. Das hat ihm geholfen, noch besser zu werden.« Warum sollte es ihm in München also nicht genauso gehen? »Ich erhoffe es mir zumindest.«

»Vielen Dank so weit«, schloss Pressesprecher Nickles um Viertel vor zwei die Fragerunde und überreichte Kane vom Tisch das Trikot mit der Nummer 9 für ein kurzes Fotoshooting.

Und dann war der Hauptteil des nächsten stressigen Arbeitstages auch schon geschafft.

»*Went well*«, meinte Dreesen und hielt Kane die Hand zum Einschlagen hin. »*Very good*«, bestätigte dieser gleich zweimal. »*Very good!*«

Zurück in der Kabine, in der die Taktiktafel vom Vorabend noch aufgebaut war, sammelte Kane die Familie ein und machte gleich weiter. Mit Sohn Louis Harry auf dem Arm, Tochter Ivy Jane zwischen beiden Eltern und Tochter Vivienne bei der hochschwangeren Mama Kate an der linken Hand, schlenderte das Quintett die Treppenstufen der Katakomben hinunter, begleitet von der Champions-League-Hymne, und positionierte sich auf dem Rasen der Arena für ein erstes Foto.

Parallel pfiff Schiedsrichter Robert Jones in Westlondon das Premier-League-Spiel zwischen Brentford und Tottenham an. Jene Begegnung, die es zuletzt gegeben hatte, als Kane erstmals nach seinem Elfmeter-Fehlschuss bei der WM in Katar gegen Frankreich wieder für Tottenham aufgelaufen und von Brentford-Fans verhöhnt worden war.

Er hatte allen Beteiligten am Rekorddeal, sowohl Daniel Levy in London als auch Jan-Christian Dreesen in München, mitgeteilt, dass sie sich möglichst vor dem ersten Ligaspieltag in England einigen sollten. In Deutschland begann die Liga erst eine Woche später.

Weil das gelungen war, durfte Kane nun auf dem Handy verfolgen, wie seine Ex-Kollegen nun ohne ihn in Führung gingen, dann im Handumdrehen 1:2 hinten lagen und noch vor der Pause den 2:2-Endstand erzielten. James Maddison, frisch verpflichtet von Absteiger Leicester City, hatte sich gleich Kanes Rückennummer 10 geschnappt und mit zwei Torvorlagen geglänzt.

Kanes Gegenwart dagegen hieß München, hieß Fotoshooting, hieß Hemd und Sakko und 30 Grad. Und die Gegenwart hieß Ligastart in Bremen, Wiedergutmachung für den verlorenen Supercup und Titeljagd.

Ein »*big smile*« forderte er von der ganzen Familie, die sich nun auf dem Rasen für ein Gruppenbild versammelt hatte. Mama Kim, Papa Patrick, Bruder Charlie, die Schwiegereltern und viele mehr.

Nachdem er mit seinen Kindern selbst noch etwas gekickt und den wenigen anwesenden Fans ein paar Autogramm- und Fotowünsche erfüllt hatte, schnappte sich Kane noch einmal das Diensthandy der Bayern und richtete eine letzte Botschaft für dieses Wochenende nach außen: »*Time to get to work now*«, sagte er und schien es kaum erwarten zu können, endlich den Anzug gegen ein T-Shirt wechseln zu können. »*Time to train hard and get ready for the game on Friday. Let's go!*«

Erst jetzt begann für Kane der Alltag.

14

Spielmacher

Das Bundesliga-Debüt in Bremen

Pep Guardiola kannte es aus Barcelona gar nicht anders, also brachte er seine Gewohnheiten mit nach München. Wenige Monate, nachdem der katalanische Trainer im Sommer 2013 seinen Dienst beim FC Bayern angetreten hatte, ließ er am Haupttrainingsplatz an der Säbener Straße einen hohen Zaun installieren mit verschließbaren, blickdichten Vorhängen.

In seinen vier Jahren bei Barça hatte Guardiola stets seine Ruhe gehabt beim Training, Fans waren nämlich nicht zugelassen. Die Gewohnheit in Deutschland, gelegentlich bei öffentlichen Einheiten ein paar Hundert oder gar Tausend Schaulustige um den Platz stehen zu haben, war dem peniblen Perfektionisten ein Dorn im Auge. Doch selbst nicht öffentliches Training bedeutete in München nicht, dass die Mannschaft und ihr Trainer wirklich unter sich waren.

Um die Geschäftsstelle des FC Bayern herum führt der Fußgängerweg an den Trainingsplätzen vorbei und einen kleinen, circa drei Meter hohen Anstieg hinauf. Dort, am Rand eines kleinen Waldes, kreuzen sich zumeist Fahrradfahrer und Jogger. Und ganz oben verhindert ein großer, grüner Gitterzaun, dass jeder das Bayern-Gelände betreten kann, wie er möchte. Fotografen und Journalisten harren hier an zwei, drei Spots für gewöhnlich aus und beobachten aus 50 Meter Entfernung, wie sich die Bayern-Profis auf dem Platz vor ihnen warmlaufen, erste Passübungen absolvieren und anschließend Richtung Geschäftsstelle auf den Hauptplatz wandern. Wer hier ein Fernglas mitbrachte, konnte üblicherweise bis ins kleinste Detail beobachten, was sich die FCB-Trainer vor Pflichtspielen so überlegten.

Guardiola änderte das im Herbst 2013. Zwar ermöglichte auch der damalige zweifache Champions-League-Sieger beim Anschwitzen einen Blick auf seine Profis, zog dann jedoch weiter auf den Hauptplatz, dem er Zaun und Vorhänge hatte verpassen lassen. Die Sicherheitsmitarbeiter betätigten daraufhin ein paar Knöpfe, der Vorhang fuhr aus. Und Guardiola hatte seine Spieler ganz für sich.

Im Stile des Katalanen hatte Julian Nagelsmann im Sommer 2022 noch einmal nachgelegt, auch dem zweiten Hauptplatz vor den Büros einen Zaun inklusive Vorhang verpasst und dadurch für noch mehr Exklusivität gesorgt.

Öffentliche Einheiten bekamen Fans des FC Bayern inzwischen ohnehin immer seltener, fast kaum noch geboten, mittlerweile aber konnten sie sich auch den Gang auf den ominösen Hügel eigentlich sparen. Wer am Zaun verweilte, bekam für fünf bis zehn Minuten noch das Aufwärmen mit, danach jedoch gar nichts mehr.

Im August 2023 hatten die Sommerferien in Bayern gerade begonnen und der FCB den Supercup gegen Leipzig verloren, als Harry Kane in seine erste, richtige Woche als Bayern-Spieler startete. Der Stürmer, schon jetzt versehen mit einer Startelf-Garantie von Trainer Thomas Tuchel, tauschte das Trainingsshirt zu Wochenbeginn gegen ein Tanktop, die Sonne kam im Hochsommer weiter ihrem Dienst nach.

Auf einem der Nebenplätze ließ Tuchel seine Mannschaft warm werden, ließ sie sprinten und auch ein bisschen Spaß haben. Oben auf dem Hügel, quasi am Zaun klebend, standen Hunderte Fans und beobachteten die Geschehnisse: Eltern mit ihren Kindern, Jugendliche mit extraweiten Baggy-Jeans und Sonnenbrillen, Fotografen und Journalisten. Sie alle schauten genau hin, wie Kane sich in die Bayern-Mannschaft ein- und zurechtfand. Oder, wie es Tuchel unmittelbar nach dem Supercup gesagt hatte, wie die Mannschaft mit Kane zurechtkam.

Er hatte einen Vorgeschmack bekommen auf den Trubel um seine Person, auf den enormen Hype und die noch enormeren Erwartungen.

Und die Bayern gaben sich wenig Mühe, diese zu dämpfen.

Während Kane im Tanktop trainierte, schwitzte und sich Schritt für Schritt einfand, bekamen Touristen und Einwohner am Sendlinger Tor mitten in München gleich die nächste Dröhnung Kane-Mania verpasst. Am späten Montagnachmittag, als Kane noch seinen ersten freien Tag genoss, hängte eine kleine Crew am Filmtheater Sendlinger Tor sieben meterhohe Leinwände auf und rückte diese zu einem übergroßen Plakat über dem Eingang zusammen.

Zu sehen war darauf links Kanes Kopf, der aus einem weißen Hemd mit schwarzer Fliege ragte, außerdem trug er ein schwarzes Jackett.

Etwas weiter rechts und oben stand in Großbuchstaben geschrieben: *»FC Bayern presents«*, darunter in vierfacher Größe: *»KANE«*. Und darunter wieder kleiner: *»August 2023 in Munich«*.

Als hätte es noch mehr Aufmerksamkeit gebraucht, versprach der FC Bayern mit Harry Kane nun eine filmreife Vorführung.

Doch er versprach nicht zu viel.

Nach dem Rückschlag im Supercup stand der Saisonstart der Bayern unter besonderer Beobachtung. Mehrere Fehltritte am Stück durfte sich der deutsche Branchenprimus schließlich nicht und eigentlich nie erlauben, dafür war er ja der deutsche Branchenprimus. Der große FC Bayern, der Abo-Meister der Bundesliga, der gelegentliche Champions-League-Sieger.

Der Druck war da, und auf Kane lastete ein besonderes Augenmerk. Wie würde sich der teuerste Bundesliga-Spieler einfinden im teuersten Kader der Bundesliga? Wie viel hatte die erste richtige Trainingswoche an der Säbener Straße gebracht? Wie würden die neuen

Mitspieler zurechtkommen mit der veränderten Situation? Jetzt, wo sie wieder einen klaren Zielspieler in der Spitze hatten. Einer, der im Optimalfall genau da stand, wo die Flanken der Flügelspieler landeten, der im Sechzehner lauerte, wenn sich Jamal Musiala oder Leroy Sané durch das Mittelfeld des Gegners dribbelten, der auf Anspiele wartete und seine Mitspieler wieder in Szene setzte.

Was Kane den Bayern brachte, hatten Sané und Co. zuvor mit Robert Lewandowski erlebt. Dieser alle Rekorde brechende Pole hatte es wie kaum ein Stürmer verstanden, den Ball mit dem Rücken zum Tor festzumachen und dann entweder die Mitspieler zu suchen oder sich selbst um den Abwehrspieler zu drehen und zu treffen.

Kane konnte das auch, doch der Engländer offerierte noch mehr Möglichkeiten. »Natürlich werde ich Tore schießen«, hatte Kane am Sonntag zuvor bei seiner Vorstellung versprochen. »Aber ich werde auch nicht panisch, wenn ich mal nicht treffe.« Denn sein Spiel bot eine weitere Perspektive. »Mein Spiel ist mehr als nur Tore schießen.«

In Jugendzeiten hatte Kane im Nachwuchs der Spurs teilweise als Zehner agiert, dadurch eine bessere Passqualität entwickelt und diese auf die Profiebene übertragen. Schon bei Tottenham war Kane nicht nur der Stürmer gewesen, der richtig stand und Chancen verwertete. Kane war auch derjenige, der Chancen kreierte. Oftmals neigte Tottenhams Nummer 10 dazu, sich ins Mittelfeld fallen zu lassen, sogar tief bis in die eigene Hälfte, um den Ball einzufordern und zu verteilen. Das konnten einfache Abspiele auf den Nebenmann sein, genauso gut aber auch sehenswerte Seitenverlagerungen von links nach rechts.

Kane war ein spielmachender Stürmer. Und sollte das auch bei Bayern sein.

Die 61. Bundesliga-Saison stand vor der Tür, und für die Bayern begann sie wie eigentlich immer am Freitagabend. Seit 2002 trug der amtierende deutsche Meister das Eröffnungsspiel aus, zum 16. Mal waren dies nun die Münchner. Sie hatten den Auftakt noch nie verloren, von 15 Spielen sogar zwölf gewonnen.

Wie in den vergangenen beiden Spielzeiten begann die Saison auch dieses Mal wieder auswärts. 2021 hatte Julian Nagelsmann bei seinem Einstand auf der Bayern-Bank ein zittriges 1:1 in Mönchengladbach gesehen, ein Jahr später ein fulminantes 6:1 in Frankfurt gefeiert.

In diesem August ging die Reise an die Weser. In Bremen hatten die Bayern die letzten 14 Spiele allesamt gewonnen, ohnehin seit 2008 nicht mehr gegen den einstigen Meisterschaftskonkurrenten verloren, und natürlich waren sie auch dieses Mal der klare Favorit gegen eine Bremer Mannschaft, die nach wie vor nicht wusste, ob und wie lange ihr Toptorjäger Niclas Füllkrug noch bleiben würde. Der Nationalspieler hatte sich im DFB-Dress in den Fokus gespielt und war Werder entwachsen, noch hatte sich aber kein Abnehmer gefunden.

Doch auch der FC Bayern war schon vor dem 1. Spieltag angeschlagen. Thomas Tuchel hatte seine Mannschaft nicht nur öffentlich kritisiert, auch hinter den Kulissen hatte er seine Zweifel geäußert. Von der teilweise guten Vorbereitung mit ansprechenden Testspielen war gegen Leipzig, als es immerhin um einen Titel ging, nichts mehr zu sehen gewesen. Wieder hatte seine Mannschaft hinten einfachste Gegentore verursacht und vorn reihenweise Chancen versiebt. Wieder mal hatte sie Blackouts offenbart wie in den ersten Monaten unter Tuchel, als die Meisterschaft fast verloren gegangen wäre.

Im weißen Trainingsshirt und mit weißer Adidas-Cap hatte es sich der Trainer auf dem Podium des Presseraums am Vereinsgelände bequem gemacht und trug trotz des Rückschlags gute Laune nach außen.

Fast eine halbe Stunde lang sprach Tuchel am Vortag des Eröffnungsspiels, wurde befragt zur Situation des wechselwilligen Abwehrspielers Benjamin Pavard, zur Situation des unzufriedenen Mittelfeldtalents Ryan Gravenberch, zur Situation des Sechsers oder Nicht-Sechsers Joshua Kimmich und zum Gesundheitszustand des jetzt wieder fitten Thomas Müller. Und auch kurz zum kommenden Gegner Werder Bremen.

Doch im Fokus standen besonders zwei Themen: Tuchels Wutrede nach dem Leipzig-Debakel und Harry Kane.

Was die eigenen scharfen Worte betraf, wirkte der Trainer beinahe etwas überrascht. »Ich habe mitbekommen, dass das hart gewirkt hat«, sagte Tuchel und verteidigte sich: »Ich fand, dass ich sehr offen und ehrlich beschrieben habe, wie meine Gefühlslage ist. Meine Enttäuschung war sehr groß. Wer mich kennt und mich begleitet, weiß, dass das am nächsten Tag und mit ein bisschen Abstand immer inhaltlich weitergehen wird, immer.«

Doch frische Emotionen bleiben frische Emotionen, und frische Emotionen müssen manchmal raus. »Da wurde viel raus gemacht. Ich war extrem unzufrieden, das war dann eher authentisch als alles andere. Aber klar: Vielleicht war es nicht der diplomatischste Weg an dem Abend. Wenn ich versucht hätte, es diplomatisch zu verkaufen, hätten sich die Leute vielleicht gefragt, ob ich beim richtigen Spiel war. Und ob ich noch weiß, wie das letzte Heimspiel davor ausgegangen ist.«

Das hatten die Bayern ja auch gegen Leipzig gespielt und auch verloren und dadurch eigentlich einen Spieltag vor Schluss die Meisterschaft hergeschenkt. Wäre Borussia Dortmund nicht am letzten Spieltag gegen Mainz noch ausgerutscht.

»In der Summe ist das für unseren Anspruch immer noch …«, setzte Tuchel an und suchte vergeblich nach dem richtigen Adjektiv. »Ich nehme das persönlich«, fasste er es stattdessen lieber zusammen. »Ich kann das fast nicht aushalten.« Wenn seine Mannschaft ein Spiel verliert, was zu diesem Zeitpunkt immerhin schon fünfmal vorgekommen war. Eine schlechtere Bilanz als Bayern-Trainer hatte bis dato nur Sören Lerby in der Saison 1991/92 vorzuweisen, und der war seinen Job nach nur fünf Monaten schon wieder los gewesen.

Tuchel wusste sehr wohl, dass er in der anstehenden Saison liefern musste. Die wilden ersten Monate im Job konnte er auf schwierige Umstände schieben, schließlich hatte er eine verunsicherte und vogelwilde Mannschaft übernommen, war mit dieser umgehend im Pokal-Viertelfinale und dann auch im Champions-League-Viertelfinale gescheitert, aber wenigstens noch auf den letzten Drücker Meister geworden.

Jetzt aber hatte er eine komplette Vorbereitung Zeit gehabt, dem Team seinen Stempel aufzudrücken. Seine Ideen zu implementieren. Er hatte seinen Wunschspieler Harry Kane bekommen und mit Min-Jae Kim den besten Verteidiger der vergangenen Serie-A-Saison. Der gewünschte defensive Mittelfeldspieler fehlte zwar noch, doch auch jetzt war dieser Kader in der Lage, die Bundesliga nach Belieben zu dominieren.

»Die Entwicklung kann bei allen stattfinden, auch beim Trainer, das ist klar«, sagte Tuchel also. Nur Angst, versprach der Trainer ob seines Ausbruchs lächelnd, brauche sicherlich keiner seiner Spieler vor ihm zu haben.

Ganz besonders Harry Kane nicht.

Wie schon bei dessen Vorstellung hatten sich auch vor der Bundesliga-Premiere wieder englische Kollegen eingefunden, um Tuchel nach ihrem Nationalmannschaftskapitän zu fragen.

»Wenn heute nichts mehr passiert, wird er morgen starten«, verriet der Trainer, allerdings hatte er so viel ja auch schon in einer seiner Wutreden nach Leipzig gesagt.

Kane, das hatte dieses Spiel ja nicht zuletzt gezeigt, wurde dringend benötigt mit seiner außerordentlichen Abschlussqualität. Ob er sich Sorgen mache, dass der Kane-Effekt schon verpufft sei, wenn die Bayern auch in Bremen patzen würden, wurde Tuchel noch gefragt und holte zur nächsten Eloge aus: »Nein, der Kane-Effekt wirkt auf so vielen Ebenen, die Ihnen gar nicht bekannt sein können. Auf dem Platz, wie bescheiden er trainiert, wie fleißig er trainiert, wie er am Tag nach der Niederlage als Erstes auf dem Trainingsplatz steht und mit den Reservisten trainiert. Er ist derjenige, der da vorangeht.«

Ein perfekter Sommerabend erwartete die Bayern in Bremen, direkt an der Weser. Zahlreiche Münchner trugen ihre frisch erworbenen Harry-Kane-Trikots, als sie sich zu Fuß über den Osterdeich auf den Weg zu einem der idyllischsten Stadien in Deutschland machten. Im Hintergrund ragte die Flutlichtanlage des Weserstadions schon von Weitem hervor. Die Sonne verschwand allmählich hinter der Fassade, verpasste der schimmernden Weser aber noch ein leichtes Orange.

In zwei roten Mannschaftsbussen fuhr der Bayern-Tross am Stadion vor. Kane stieg mit schwarzen In-Ear-Kopfhörern aus, schaute sich mit großen Augen um und betrat nach einer kurzen Besprechung in der Kabine zum ersten Mal einen Bundesliga-Rasen, begleitet von einem leichten Pfeifkonzert.

In knallblauen Fußballschuhen lief er klatschend durch die eigene Hälfte in Richtung Gästeblock und hatte auch damit wieder eine besondere Wahl getroffen.

Erst am Vortag hatte der US-amerikanische Schuhproduzent Skechers feierlich einen »lebenslangen Vertrag« mit Kane vermeldet. Der teuerste Bundesliga-Spieler aller Zeiten hatte sich, so verkündete es das Unternehmen in seiner Mitteilung, gleich drei einschneidende Wechsel in diesem August ausgesucht: ein neues Zuhause, einen neuen Arbeitgeber und jetzt ein neues Schuhwerk. »Er wird bei den ersten Fußballschuhen der Performance-Marke, die im September in Großbritannien und Europa auf den Markt kommen, an vorderster Front stehen und als Markenbotschafter in einer Multiplattform-Marketingkampagne auftreten.«

Wochenlang hatte Kane bereits in einer »maskierten« Version der Reihe gespielt, jetzt präsentierte er der Öffentlichkeit passend zum Bundesliga-Einstand erstmals offiziell einen Fußballschuh von Skechers. Was er zu diesem Zeitpunkt wahrscheinlich nicht wusste, und was auch für das US-Unternehmen mit einem Jahresumsatz von mehr als acht Milliarden Dollar wohl eher eine untergeordnete Rolle spielte: Dass sich der neue Superstar der Bayern ausgerechnet einen Schuh in der Farbe des ungeliebten Stadtrivalen 1860 München ausgesucht hatte, kam nicht in jeder Ecke Münchens gut an.

Jetzt stand er jedenfalls bereit, natürlich in der Startelf, und pushte seine neuen Teamkollegen beim Aufwärmen noch mal, klatschte mit ihnen ab und umarmte sie, lachte mit ihnen. Der Spaß sollte bei allem Ernst der Lage schließlich nicht zu kurz kommen.

Auf fünf Positionen hatte Thomas Tuchel nach dem 0:3 gegen Leipzig umgebaut, brachte hinten rechts Noussair Mazraoui für Benjamin Pavard, den es bald darauf zu Inter Mailand zog. In der Innenverteidung spielte der 50 Millionen Euro teure Min-Jae Kim anstelle des im Jahr zuvor fast 70 Millionen Euro teuren Matthijs de Ligt. Vor der Abwehr agierte Leon Goretzka überraschend neben Joshua Kimmich, obwohl Tuchel in jedem Vorbereitungsspiel sowie im Supercup dem Neuzugang Konrad Laimer den Vorzug gegeben hatte. Kingsley Coman durfte auf der offensiven Außenbahn ran, Serge Gnabry saß dafür auf der Bank. Gleiches galt für den Teenager Mathys Tel, der gegen Leipzig gute Chancen ausgelassen hatte und nun gezeigt bekommen sollte, wie es besser ging. Für ihn begann Harry Kane.

Und wie der begann.

Sieben Sekunden dauerte es, bis Kane nach all den üblichen Eröffnungszeremonien, den Pyroshows und dem Anpfiff ein erstes Kopfballduell gewann. Sofort suchten seine neuen Mitspieler die Nummer 9, sofort signalisierte er ihnen: *Ich bin immer da, spielt mich einfach an.*

Leroy Sané hörte da genau hin.

Aufgerückte Bremer wurden schon nach drei Minuten von spielfreudigen Bayern überrumpelt. Am Mittelkreis fiel der Ball zu Sané, der ihn aus der Luft gleich abtropfen ließ zu Kane. Der benötigte ebenfalls nur einen Kontakt, spielte den Ball über die Mittellinie in den Lauf des durchstartenden Sané, dem kein Bremer mehr folgen konnte. Aus zwölf Metern schob der deutsche Nationalspieler den Ball flach vorbei an Werder-Torwart Jiri Pavlenka, und 30 Meter weiter hinten reagierte der mitgetrabte Kane mit einem Grinsen. Er hatte sich gar nicht die Mühe gemacht, im Vollsprint hinterherzulaufen und auf eine Torchance zu lauern, und hatte stattdessen Sané vertraut.

193 Sekunden hatte es gedauert, und schon hatte Kane seinen ersten Scorerpunkt in der Bundesliga verbucht.

Von Beginn an wirkte der Neuzugang voll integriert im Spiel der Münchner, verteilte Kommandos, ließ sich wie üblich fallen und glänzte auch im eigenen Sechzehner als erster Verteidiger. Gleich zweimal köpfte Kane in der ersten Hälfte einen Bremer Freistoß aus der Gefahrenzone.

In permanenter Manndeckung folgten die Bremer Verteidiger dem Neuen aus London, doch zu packen bekamen sie ihn selten, foulten ihn stattdessen. Auf den Außenbahnen der Bayern dagegen taten sich Kingsley Coman oder der vorgerückte Alphonso Davies wie üblich schwer, maßgerechte Flanken zu servieren.

Nach dem Seitenwechsel brannte es im Block der Bayern-Fans, die mehrere Leuchtfackeln angezündet hatten und dem Spielfeld damit für wenige Minuten eine Nebelschwade verpassten. Im diesigen Durcheinander waren es nun die Bremer, die erkannten, dass der Meister schnell taumelte, wenn man ihn einmal in die Bredouille brachte. Doch was die Bayern gegen Leipzig fabriziert hatten, machten jetzt die Bremer: Sie nutzten ihre Chancen nicht.

Auf der anderen Seite des Spielfeldes war es immer wieder Kane, der als Initiator seine Mitspieler in Szene setzte. So auch in der 58. Minute, als der Franzose Coman nach Zuspiel des Kanadiers Davies aus 15 Metern zwar nur den Pfosten traf, das Spielgeschehen damit aber wieder zugunsten der Gäste drehte.

Weil sich Werders Kapitän Marco Friedl nach etwas mehr als einer Stunde voll und ganz auf den umtriebigen Sané konzentrierte, hatte Kane nach Zuspiel von Interimskapitän Kimmich auf einmal viel Platz vor sich, zog halbrechts vor dem Sechzehner flach ab und zwang Pavlenka im Bremer Tor zur Abwehraktion.

Die erste halbwegs gute Chance hatte der neue Superstar also nicht genutzt, ein zweites Mal sollte ihm das nicht passieren.

In der 74. Minute trieb Davies den Ball über die linke Seite, bog ein bisschen ins Zentrum und überspielte erneut aufgerückte Gastgeber mit einem einfachen Flachpass in die Schnittstelle auf Kane, der 25 Meter zentral vor dem Tor plötzlich freie Bahn hatte, den Ball mit dem ersten Kontakt mitnahm und mit dem zweiten flach abschloss. Pavlenka hatte auf einen Schlenzer in die lange Ecke spekuliert, Kane stattdessen auf die kurze gezielt und getroffen.

Er küsste den Ehering, streckte die Arme aus, lief am Tor vorbei und klatschte mit Sané ab. Das erste Tor im Bayern-Trikot, der zweite Scorerpunkt im ersten Spiel. Den Druck, der vor diesem Spiel besonders auf ihm gelastet hatte, hatte Kane einfach abgeschüttelt.

Thomas Tuchel, der vor sechs Tagen noch knatschiger kaum hätte schauen können, strahlte nun über das ganze Gesicht, klatschte in die Hände und wirkte erleichtert. Er konnte nur hoffen, dass dieser 100-Millionen-Mann da vorn drin die anderen Schwachstellen seiner Mannschaft auch in Zukunft einfach kaschieren würde.

Zehn Minuten nach seinem Debüt-Tor ging es für Kane nicht mehr weiter. Er saß auf dem Boden, fasste sich an die ausgestreckten Beine und winkte das ärztliche Personal heran. Krämpfe plagten den Stürmer, der seinen Dienst getan hatte. Tuchel reagierte, brachte gleich drei Neue und unter anderem den Jungspund Tel für den Routinier Kane. Der ging gemächlich vom Feld und grinste, als er Tuchel an der Seitenlinie sah. *War nicht so schlecht, huh?*, schien er zu fragen. Während es sich Kane auf der Bank bequem machte, sah er zu, wie Leroy Sané nach einem schönen Spielzug und auf Vorlage des eingewechselten Thomas Müller das 3:0 erzielte. Wie der junge

Tel kurz vor Schluss aus spitzem Winkel sogar noch wuchtig zum 4:0 traf.

Und spätestens jetzt war der Frust über die Supercup-Pleite vorübergehend verflogen.

33 Ballkontakte hatte Kane bei seinem Einstand im deutschen Oberhaus verzeichnet, hatte 74 Prozent seiner Pässe an den Mitspieler gebracht, sechsmal abgezogen und zwei Kopfballduelle gewonnen. Und, viel entscheidender: Er hatte das 1:0 vorbereitet und das 2:0 selbst erzielt.

»Ein bisschen nervös« sei er gewesen, wie Kane später am Spielfeldrand zugab. »Aber sobald man auf dem Platz steht, greift der Instinkt wieder.«

Trainer Tuchel bezeichnete das Debüt seines neuen Lieblings als »absolut top«. Dem Mann, dem schon vor dem Spiel alle Schlagzeilen gehört hatten, gehörten sie auch danach. »Ich glaube«, sagte zum Beispiel Joshua Kimmich, »dass unsere anderen Offensivspieler sehr von ihm profitieren werden, weil er jetzt kein Stürmer ist, der nur abnimmt und vollstreckt, sondern schon auch einer ist, der die anderen in Szene setzt, wie wir das auch bei Leroy gesehen haben.«

Ein spielmachender Stürmer eben.

Nach dem Interview-Marathon griff Kane in den fast schon verwaisten Katakomben des Weserstadions zum Handy, hielt es hoch vor sich und nahm ein kurzes Video auf, bei dem er sich selbst filmte, die Haare noch leicht nass nach hinten gestrichen. »Ein großartiger Start in die neue Saison«, sagte er und grinste. »Ein 4:0-Sieg, ein Tor, ein Assist – besser hätte man es sich nicht wünschen können«, sagte er und schloss mit: »Spannende Zeiten liegen vor uns, lasst uns so weitermachen.«

Er machte so weiter.

Legte aber noch einen Zwischenstopp in London ein.

15

Deadline

Die ersten Wochen in Deutschland

Der eine Wagen glänzte in einem dunklen Lila, der andere in klassischem Schwarz und dann wieder einer in einem helleren Grau. Nur eins hatten sie alle gemeinsam: Teuer waren sie. Und bis ins letzte Detail konfiguriert von ihren prominenten Besitzern.

In Ingolstadt warteten auf dem Hof von Automobilhersteller Audi um die 20 Autos, alle nagelneu und bereit zur Abholung. Wie in jedem Jahr bekamen die Spieler des FC Bayern ihre neuen Dienstwagen vom Sponsor und Anteilseigner Audi überreicht.

Im August 2023, bei drückenden Temperaturen, durften jedoch erstmals wieder Fans teilhaben an der feierlichen Übergabe. Um die 100 Zuschauer, bestehend aus Mitarbeitern und deren Kindern, versammelten sich am Mittwochnachmittag, also fünf Tage nach dem gelungenen Bundesliga-Auftakt in Bremen, um den abgetrennten Bereich. Die Ferien in Bayern waren schließlich in vollem Gange.

Inmitten der überschaubaren Menschenmenge parkten auf der »Audi Piazza« die »vollelektrischen Premiumfahrzeuge« in ihren unterschiedlichen Farben und Formen. Unterhalb der ikonischen vier Ringe stand auf jedem der Nummernschilder schwarz auf weiß der Name des zukünftigen Fahrers.

Leon Goretzka zum Beispiel hatte sich für einen Audi RS e-tron GT in Lila entschieden, Min-Jae Kim, frischer Familienvater, fuhr zukünftig mit einem schwarzen Audi Q8 Sportback e-tron quattro durch München. Und auch Harry Kane hatte sich mit einem schwarzen Audi Q8 e-tron quattro für eine komfortable Variante entschieden. Denn der hatte inzwischen fünf Personen zu transportieren. Ab und zu zumindest.

Turbulent war es losgegangen, das Abenteuer beim FC Bayern. Und turbulent ging es weiter. Nach dem Bundesliga-Debüt in Bremen und dem nächsten Interview-Marathon in den Katakomben des Weserstadions blieb Harry Kane wieder mal wenig Zeit zur Erholung.

Noch in der Nacht auf Samstag, wenige Stunden nach dem 4:0-Sieg, brach der Bayern-Tross von Bremen nach Kaltern in Südtirol auf. Am Samstag stand dort das traditionelle »Traumspiel« in seiner zwölften Auflage auf dem Programm, dieses Mal gegen die »Weinbeisser Kaltern«. Eine Mannschaft, gespickt mit Fanclubmitgliedern des FCB, die sich den Traum von einem Duell mit ihren Stars erfüllen durfte.

Traumhaftes Wetter erwartete die Münchner an der Bezirkssportanlage, umringt vom grünen Gebirge. 6400 Zuschauer durften mit ansehen, wie die Spieler des FC Bayern den Andrang gekonnt weglächelten, für Thomas Müller und Co. gehörte das Erfüllen von Fan-Träumen ohnehin schon zur Routine wie das Heben der Meisterschale.

Nur Harry Kane wirkte ein bisschen überrascht von all dem Trubel der ersten Tage. Der Engländer, der solche Benefizspiele aus England höchstens von internationalen PR-Reisen kannte, grinste, nickte und nahm erst mal zwischen Trainer Thomas Tuchel und Co-Trainer Anthony Barry auf der Bank Platz, diskutierte mit ihnen die ersten Eindrücke.

Auf dem Platz strengte sich eine Mannschaft, die am Vortag in Bremen nur wenige oder gar keine Minuten gesammelt hatte, mal mehr und mal weniger an. Benjamin Pavard erzielte gegen tapfer kämpfende Amateurkicker das 1:0 und schaute, als hätte man ihm gerade einen Zahn gezogen. Der französische Verteidiger gab sich inzwischen keinerlei Mühe mehr zu verbergen, dass er nicht mehr beim FC Bayern sein, sondern zu Inter Mailand wechseln wollte.

Während der Trinkpausen in der sengenden Hitze Südtirols stellte er sich provokant fernab der Kollegen auf, rastete im Zweikampf mit einem Gegenspieler aus und legte einen Auftritt hin, der keine Fragen offenließ. »Die Tatsache, dass er zu Inter drängt, ist sehr wichtig«, erklärte Inter-Manager Giuseppe Marotta fast parallel dazu bei Sky Italia. »Bayern muss jedoch zuerst einen anderen finden, um Pavard zu uns zu lassen.«

Und das war das Problem. Während sich die Verantwortlichen für den Königstransfer von Harry Kane weiterhin auf die Schultern klopfen durften, ergaben sich an anderen Ecken des Kaders große Baustellen. Thomas Tuchel brachte nach wie vor gefragt und ungefragt seinen Wunsch nach einem defensiven Mittelfeldspieler zum Ausdruck. Einer, bei dem das »defensiv« in der Berufsbeschreibung großgeschrieben wurde. Viel größer jedenfalls als bei Joshua Kimmich oder Leon Goretzka oder Konrad Laimer oder Ryan Gravenberch.

Einen Kandidaten hatte Tuchel längst gefunden, wieder in London, und diese Geschichte würde in wenigen Tagen ihre ganz eigenen Schlagzeilen produzieren.

Pavards akuter Wechselwunsch sorgte jedenfalls für Nöte auf der rechten Abwehrseite. Der gelernte Innenverteidiger wollte auch beim FC Bayern diese Position bekleiden, durfte dort jedoch vornehmlich auf der rechten Abwehrseite ran. Für die Innenverteidigung, die mit Matthijs de Ligt und Dayot Upamecano schon viel Geld verschlungen hatte, war jetzt auch noch Min-Jae Kim für 50 Millionen Euro gekommen. Die drei, in der Summe rund 160 Millionen Euro teuer, genossen gegenüber Pavard den Vorzug.

Wenn der jetzt aber wegwollte, würde rechts hinten ein Vakuum entstehen. Dort stand Trainer Tuchel mit Noussair Mazraoui nur ein weiterer gelernter Rechtsverteidiger zur Verfügung. Die Mittelfeldspieler Kimmich und Laimer hatten sich dort auch schon öfter ausprobiert, würden dann aber im Mittelfeld fehlen.

Josip Stanišić, selbst ausgebildet und seit 2017 im Verein, stand kurz vor einer Leihe zu Ligakonkurrent Bayer Leverkusen.

Und dann blieb immer noch die Frage, wer Manuel Neuer vertrat, solange sich die etatmäßige Nummer eins weiterhin von ihrem Skiunfall erholte. Sollte es einer sein, der wie Yann Sommer ein halbes Jahr zuvor mit dem Anspruch auf einen Stammplatz kam? Oder ein Ladenhüter, der mit Backup Sven Ulreich um Minuten konkurrierte? Oder ein Talent, das langsam herangeführt werden und Ulreich im Notfall ersetzen konnte, bis Neuer zurückkam?

Der Kader wurde dünner, und die Probleme wurden größer.

Harry Kane holte sich derweil einen Sonderapplaus ab, als er beim Stand von 5:1 für die Bayern in der 75. Minute gegen die »Weinbeisser« eingewechselt wurde und ein bisschen von links nach rechts trabte. Mehr Einsatz zeigte der Angreifer eher nach Abpfiff, als Zuschauer den Rasen stürmten und um Fotos und Autogramme baten. Kane grinste geduldig und kam jedem Wunsch so gut es eben ging nach.

Er hatte auch dieses Mal keine Zeit zu verlieren.

Von Südtirol ging seine Reise weiter nach London, zurück in die alte Heimat und zurück zu Ehefrau Kate, die mit Kind Nummer vier inzwischen in den Wehen lag.

Am Sonntag erblickte Sohn Henry in der englischen Hauptstadt das Licht der Welt und beruhigte die Nerven englischer Fußballfans. Manche hatten sich vorab lautstark gefragt, ob Kanes zweiter Sohn vielleicht in München geboren würde und damit in Zukunft theoretisch auch für die deutsche Nationalmannschaft auflaufen könnte. Diese Option war nun vorerst vom Tisch.

Kane blieb bis Mittwoch bei seiner Familie und schnappte sich dann einen Sonderflieger, der ihn am Mittag von London direkt zum Flughafen Ingolstadt-Manching brachte. Dort holten Bayern-Mitarbeiter ihren wertvollsten Profi ab und setzten ihn direkt an der Audi-Zentrale bei seinen Mitspielern ab.

Nach und nach wurden Kane und Co. von Stephan Lehmann, dem Stadionsprecher der Bayern, aus dem Gebäude nach draußen gerufen und stellten sich in zwei Reihen vor eine vier Meter hohe schwarze Werbewand, gesprenkelt mit Audi- und FC-Bayern-Logos. Erst dann begleitete je ein Mitarbeiter einen Bayern-Profi zu seinem neuen Dienstwagen, erhielt noch ein paar Unterschriften und Fotos. Ehe Serge Gnabry, Sven Ulreich und Kane selbst den wenigen Reportern kurz Rede und Antwort standen.

»Ich werde mich langsam daran gewöhnen, dass das Lenkrad auf der anderen Seite ist«, scherzte Kane im lockeren Trainingsoutfit der Bayern und ergänzte mit einem Augenzwinkern: »Bisher hatte ich noch keinen Crash, das ist doch positiv.«

Das Debüt hatte Kane überstanden, eine Vorstellungspressekonferenz, die erste Trainingswoche, das erste Bundesliga-Spiel, das »Traumspiel« in Südtirol, die Rückkehr nach England, die Rückkehr nach Deutschland und den Termin für das neue Dienstauto.

Fehlte nur noch das erste, richtige Heimspiel.

Jetzt wartete der FC Augsburg in der Liga, und Kane war von Anfang an dabei.

Gegen den kleinen Nachbarn, der mit einem wilden 4:4 gegen Mönchengladbach in die Saison gestartet war, hatte der Rekordmeister in den vergangenen Jahren so seine Problemchen gehabt, allerdings fast ausschließlich auswärts.

Und auch dieses Mal ließ er wenig anbrennen. Ein Eigentor, provoziert vom wieder gut aufspielenden Leroy Sané, brachte die Bayern im Münchner Regen auf Kurs. Wenig später legte sich Harry Kane den Ball zurecht. Aufgrund eines Handspiels des Ex-Münchners Niklas Dorsch hatte Schiedsrichter Daniel Siebert nach einem Gang in die Review Area auf den Elfmeterpunkt gezeigt. Kane übernahm die Verantwortung und hob den Ball mit Wucht in die Tormitte, während Augsburgs Torhüter Finn Dahmen auf die linke Ecke spekuliert hatte. Kane küsste den versteckten Ehering, setzte seinen üblichen

Jubelsprung an, schrie ein »*Yes*« beim Blick auf die Tribüne heraus und empfing die mitfeiernden Teamkollegen mit offenen Armen.

Erstes Tor im ersten Heimspiel, zweites Tor im zweiten Bundesliga-Spiel. Der teuerste Bundesliga-Spieler aller Zeiten fing früh an, die Ablösesumme abzuarbeiten.

Und er machte gleich weiter.

Nach einem Doppelpass mit Kingsley Coman war Außenverteidiger Alphonso Davies in der 69. Minute durchgebrochen auf der linken Seite, bediente Kane flach am Fünfer, und der Torjäger chippte den Ball mit dem ersten Kontakt über den herauslaufenden Keeper Dahmen, dem nur ein verdutzter Blick blieb.

»Er liebt das Spiel, er liebt das Training«, lobte Trainer Tuchel seinen Liebling nach dem 3:1-Sieg wieder mal überschwänglich. »Er ist jeden Tag als Erster auf dem Platz. Er macht jede einzelne Übung auf den Punkt und ist sich für nichts zu schade.« Und das Beste: »Er macht das, für was wir ihn gekauft haben: die Bälle reinschießen.«

Zwei Spieltage hatte Kane gebraucht, um leise Zweifler zu überzeugen. Nicht nur, weil er traf, sondern vor allem mit der Art und Weise, wie er auf das Spiel der Bayern einwirkte. Der stürmende Spielmacher setzte seine Mitspieler in Szene, öffnete Räume für sie, verwertete ihre Vorlagen. Und er machte sie zielstrebiger, seriöser, ganz einfach erwachsener. Kane war gekommen, um diese hochtalentierte Truppe unter Tuchel aufs nächste Level zu hieven. Um die Champions League zu gewinnen und nebenbei zum zwölften Mal in Folge die deutsche Meisterschaft. Und um endlich den persönlichen Fluch des Titellosen zu beenden.

Die nächsten Tage halfen bei diesem Unterfangen nur bedingt.

Josip Stanišić war inzwischen weg, genau wie Benjamin Pavard. Der eine wurde ausgeliehen zu Bayer Leverkusen, der andere hatte seinen Willen bekommen und spielte jetzt in Mailand bei Inter.

Und die Bayern standen ohne Ersatz und ohne zwei potenzielle Rechtsverteidiger da. »Das sieht nicht ganz glücklich aus«, gab

Trainer Thomas Tuchel am 1. September zu, einen Tag vor dem 3. Spieltag in Mönchengladbach und wenige Stunden vor dem Ende des Transferfensters.

Obwohl Pavards Wechselwunsch schon Wochen zuvor an die Öffentlichkeit gekommen war, beharrte Tuchel darauf, dass der Verteidiger ihn bis zuletzt nicht persönlich informiert habe, nachdem die Bayern Stanišić bereits hatten ziehen lassen. »Das ist jetzt schon eine große Lücke, die da klafft und die wir jetzt in einer sehr kurzen Zeit versuchen aufzufüllen.« Es war nicht die einzige.

Während sich die Mannschaft für das Spiel in Mönchengladbach auf den Abflug nach Düsseldorf vorbereitete, telefonierte sich der ominöse »Ausschuss Sport« im Hintergrund die Ohren wund. Das siebenköpfige Gremium hatte sich am Mittwoch zuvor in einer Sondersitzung darauf geeinigt, Tuchels Wunsch nach einem defensiven Mittelfeldspieler doch noch nachzukommen. Auch wenn nicht jedes Mitglied von dieser Idee überzeugt war.

Schon im Trainingslager am Tegernsee im Juli hatte sich Klubpatron Hoeneß öffentlich gegen einen neuen Sechser ausgesprochen. »Die Frage auf der Sechs stellt sich mir gar nicht, weil Laimer ein Transfer ist, an dem wir sehr, sehr viel Spaß haben werden.«

Jetzt aber sollte doch ein Neuer her, und wieder einer aus London. João Palhinha, ein 28-jähriger Portugiese, hatte in der Premier League beim FC Fulham überzeugt, vor allem als resoluter Abräumer und, wie sich Tuchel das wünschte, klar defensiv denkender Anker. 14 Gelbe Karten hatte Palhinha in seiner Debütsaison in Westlondon kassiert und unter anderem Harry Kane in den direkten Duellen mit Tottenham spüren lassen, was da auf gegnerische Abwehrreihen zukam.

Der FC Bayern war letztlich bereit, die angeblich aufgerufenen rund 60 Millionen Euro an den FC Fulham zu überweisen, doch es fiel ihm reichlich spät ein.

Schon bevor Tuchel in seiner wöchentlichen Vor-Spiel-Pressekonferenz über Benjamin Pavard, Josip Stanišić und ganz kurz sogar über João Palhinha sprach, war der Portugiese am Flughafen in Oberpfaffenhofen gelandet und gerade dabei, den ersten Teil des Medizinchecks im Krankenhaus »Barmherzige Brüder« zu absolvieren.

Gleichzeitig gestatteten die Bayern ihrem ständig nörgelnden Mittelfeldtalent Gravenberch, im Umkehrschluss nach England zu fliegen und schließlich für 40 Millionen Euro zum FC Liverpool zu wechseln.

Während nebenbei immer noch nach einem Ersatz für Pavard oder Stanišić gesucht wurde.

Am späten Nachmittag hob der Bayern-Tross in Richtung Düsseldorf ab, und Tuchel bestieg das Flugzeug in dem festen Glauben, eine Stunde später endlich seinen neuen defensiven Mittelfeldspieler zu haben.

Der FC Fulham wiederum begab sich schnellstmöglich auf die Suche nach einem neuen Mittelfeldspieler, er musste João Palhinha ja irgendwie ersetzen. Angefragte Kandidaten sagten ab, während die Deadline in Deutschland immer näher rückte. Bis 18 Uhr blieb dem FC Bayern Zeit, den Deal mit Fulham unter Dach und Fach zu bringen. Palhinha schlich bereits mit seinem beflockten Trikot durch die Bürogänge an der Säbener Straße, posierte für Vorstellungsfotos und bereitete sich auf den nächsten, ganz großen Schritt in seiner Karriere vor. Der Junge, der erst mit 25 seinen großen Durchbruch bei Kindheitsklub Sporting in Lissabon gefeiert hatte, stand plötzlich kurz davor, mit Harry Kane, Thomas Müller, Leroy Sané oder Manuel Neuer beim FC Bayern um Titel in der Bundesliga und in der Champions League zu spielen.

Die Zeit rannte, und die Bayern bekamen immer mehr Wind von ihrer misslichen Lage. Während Tuchel, Kane und Co. in der Luft schwebten, wurde den Verantwortlichen in München allmählich bewusst, dass Fulham bis 18 Uhr keinen Ersatz finden würde.

Die letzten Minuten liefen davon. Und Palhinha durfte wieder umdrehen.

Gut zwölf Stunden hatte sein Intermezzo auf deutschem Boden gedauert, es hatte Umarmungen und Fotoshootings und Unterschriften beinhaltet. Doch es gab kein Happy End.

Weil parallel auch die Suche nach einem Verteidiger, der einerseits innen, aber vornehmlich rechts verteidigen konnte, ins Leere lief, standen die Bayern um 18.01 Uhr am Freitagabend mit leeren Händen da.

Sie hatten Harry Kane verpflichtet, hatten Min-Jae Kim bekommen und mit Raphael Guerreiro und Konrad Laimer zwei sinnvolle, ablösefreie Ergänzungen für den Kader, doch sie hatten keinen defensiven Mittelfeldspieler mehr bekommen und keinen Rechtsverteidiger.

Und sie hatten kurz vor knapp einen Mittelfeldspieler und zwei Rechtsverteidiger abgegeben. Ersatzlos.

»Ich wusste, wie gern der Spieler zu uns wollte, und ich weiß, was dieser Spieler uns gegeben hätte«, sagte Tuchel ziemlich genau 24 Stunden später am Spielfeldrand des Stadions in Mönchengladbach. Dass er keinen Verteidiger mehr bekommen hatte, war das eine. Dass er João Palhinha, den er so gern vor die Abwehr gestellt hätte und ihm das auch gesagt hatte, unverrichteter Dinge wieder nach Lissabon schicken musste, setzte dem Deadline-Day-Desaster die Krone auf.

»Wir haben große Qualität im Kader«, versicherte Tuchel. »Wir hätten gern noch mehr Qualität hinzugefügt, aber das hat nicht geklappt. Jetzt gilt es, dem Kader zu vertrauen.«

Überzeugt wirkte der Trainer dabei keineswegs, im Gegenteil. »Wir sind dünner geworden«, stellte er abschließend fest und dürfte vorab schon mal durchgezählt haben, ganz so herausfordernd war das ja nicht mehr. Gerade mal 18 Feldspieler mit Profi-Erfahrung waren dem Trainer in einem Kader verblieben, der nicht nur jede Woche ein Bundesliga-Spiel zu gewinnen hatte, sondern bis zur Winterpause auch noch sechsmal in der Champions League sowie möglicherweise dreimal im DFB-Pokal antreten musste. »Es ist ein guter Kader, aber auf manchen Positionen … ein bisschen mutig.«

Mutig also. Der Trainer des FC Bayern fand seinen eigenen Kader mutig. Oder, um es deutlicher zu sagen: nicht ausreichend.

Die Klubbosse reagierten missbilligend auf Tuchels öffentliche, nicht sehr gut versteckte Kritik. Viel schlimmer fiel für alle Beteiligten dennoch der Blick in den Spiegel aus.

Der FC Bayern, so sagte es Uli Hoeneß der »Süddeutschen Zeitung«, war mal ein Klub, der über den sogenannten »Deadline Day« gelacht hat. Der sich köstlich amüsierte, während die Konkurrenz Panikkäufe in letzter Minute tätigte, um auf einen missglückten Saisonstart oder auf Verletzungen zu reagieren.

Inzwischen war der FC Bayern zum wiederholten Male auf den letzten Drücker tätig geworden, und jetzt klappten nicht mal mehr Panikkäufe.

»Von Ausnahmefällen abgesehen«, sagte Hoeneß also, »sollten wir in Zukunft am letzten Transfertag nicht mehr mitten im Geschehen sein.«

Dafür brauchte es nicht nur mehr Weitsicht bei der Kaderplanung, es brauchte vor allem wieder mehr Durchblick in der hauseigenen Politik. Mussten wirklich sieben Köpfe zusammensitzen, um einen Transfer zu besprechen? Reichten der Trainer, der Vorstandsvorsitzende und der Sportdirektor nicht aus, um neue Spieler zu kaufen und alte Spieler zu verkaufen?

Die einen hatten dieses Mal zu vehement einen neuen Sechser gefordert, während die anderen sich lange gesträubt hatten. Herausgekommen war ein denkwürdiges Debakel. Der Deadline Day war zum Desaster Day geworden.

Ein kleiner Lichtblick blieb den Bayern noch, auch wenn ausgerechnet der Trainer damit wenig anfangen konnte. Weil sie João

Palhinha nicht bekommen, Ryan Gravenberch und Benjamin Pavard aber trotzdem für insgesamt 70 Millionen Euro verkauft hatten, beendete der deutsche Branchenprimus einen wilden Transfersommer mit einem Überschuss von rund 15 Millionen Euro. Und das trotz der Einkäufe von Harry Kane und Min-Jae Kim für insgesamt 150 Millionen Euro.

Lucas Hernandez war zu Paris Saint-Germain gewechselt, Sadio Mané nach Saudi-Arabien. Marcel Sabitzer spielte inzwischen für Borussia Dortmund und Yann Sommer gemeinsam mit Pavard in Mailand.

So durfte Tuchel immerhin davon ausgehen, dass im winterlichen Transferfenster, das in vier Monaten schon wieder öffnete, genug Geld vorhanden sein würde, um aufzurüsten. Bis dahin musste seine Mannschaft nur halbwegs unfallfrei den Herbst und Winter überstehen.

Doch das gelang ihr nicht.

Am 16. September begann in München das Oktoberfest. Doch vorher stand dem FC Bayern noch der erste Härtetest der Saison bevor.

In Mönchengladbach, nach Tuchels Kader-ist-dünn-Rede, rettete Joker Mathys Tel die Münchner kurz vor Schluss mit dem Siegtreffer zum 2:1. Harry Kane war im dritten Anlauf erstmals ohne Torbeteiligung geblieben, holte das im Anschluss aber bei der Nationalmannschaft nach. Beim EM-Qualifikationsspiel gegen die Ukraine im Ausweichstadion im polnischen Breslau bereitete der englische Kapitän den Treffer zum 1:1-Endstand von Rechtsverteidiger Kyle Walker vor. Im Freundschaftsspiel gegen den Nachbar aus Schottland in Glasgow besiegelte er Englands Sieg mit dem Tor zum finalen 3:1.

Zurück in München stand das Topspiel der Bayern gegen Bayer Leverkusen auf dem Programm.

Beide Mannschaften waren unbeschadet in die Saison gestartet, hatten von neun zu vergebenden Punkten neun geholt, wobei die Leverkusener die Tabelle wegen des um einen Treffer besseren Torverhältnisses vor den Münchnern anführten.

Passend zur »Wiesn« präsentierte der FCB am Freitagmorgen, dem Tag des Topspiels, sein alljährliches Oktoberfest-Trikot, das dieses Mal grün ausfiel. Eine »frische Farbe« hatten die Bayern ihren Fans anbieten wollen, als »Reminiszenz an den Begriff ›Wiesn‹«. Mit einem Bergblumen-Muster und dem Vereinsemblem der Gründungsurkunde auf der Brust fiel das Trikot ohnehin speziell aus, der Preis von glatten 100 Euro rundete das extravagante Gesamtpaket ab.

Harry Kane hatte, wie er das fast immer machte, genau richtig gestanden nach etwas mehr als sechs Minuten und eine unfreiwillig vom Leverkusener Verteidiger Edmond Tapsoba verlängerte Ecke am zweiten Pfosten eingeköpft. Es war die frühe Belohnung für eine druckvolle Auftaktphase der Bayern, die einer Art Machtdemonstration gleichkam. Leverkusen wirkte überfordert gegen früh pressende Münchner, die teilweise mit beiden Sechsern, Joshua Kimmich und Leon Goretzka, vorn drauf gingen, um Bayer den Ball wieder zu klauen.

Xabi Alonso, der Leverkusener Trainer und ehemalige Bayern-Spieler, reagierte rechtzeitig, stellte von einer Dreier- auf eine Viererkette um und verhalf seiner verunsicherten Mannschaft so zu mehr Stabilität. Der Linksverteidiger Alejandro Grimaldo traf in der 24. Minute so sehenswert durch ein Freistoßtor, dass selbst der Münchner Leroy Sané nicht umhinkam, eine anerkennende Donnerwetter-Handgeste zu vollführen.

Das Momentum kippte kurzzeitig. Leverkusen drückte aufs zweite Tor, ehe sich das Spiel in Hälfte zwei völlig offen gestaltete. Erst vergab Kane eine Topchance zur erneuten Bayern-Führung, dann traf der flinke Spielmacher Florian Wirtz auf der Gegenseite nur den Pfosten.

Wieder brachte Tuchel den jungen Mathys Tel ins Spiel, und dieses Mal wagte es der Trainer sogar, seinen Immerspieler Kane fünf Minuten vor Schluss auszuwechseln. Obwohl es nur 1:1 stand.

Doch der Schachzug schien aufzugehen. In der 86. Minute bereitete Tel, der schon in Gladbach zum Matchwinner avanciert war, mit einem feinen Dribbling das 2:1 von Leon Goretzka vor. Kane sprintete von der Bank los und sprang dem jubelnden Torschützen in die Arme. Nur hielt die Freude über den vermeintlichen Siegtreffer nicht bis zum Schluss.

Die Nachspielzeit war fast schon abgelaufen, als Linksverteidiger Alphonso Davies den Leverkusener Offensivspieler Jonas Hofmann im eigenen Strafraum zu Fall brachte. Schiedsrichter Daniel Schlager brauchte ein paar Augenblicke, schritt dann jedoch zur Seitenlinie an den Bildschirm, schaute sich die Szene in Absprache mit seinen Assistenten in Köln an und entschied inmitten der lautstarken Pfiffe vom Münchner Anhang auf Elfmeter für Leverkusen.

Exequiel Palacios schritt voran, überwand Sven Ulreich im Bayern-Tor und feierte mit dem gesamten Leverkusener Tross vor dem Gästeblock.

Die Punkte wurden geteilt.

Doch das Wundenlecken begann schnell beim FCB.

16

Anschnallen

Die Wiesn und die Plastiktüte

Während die ersten hunderttausend Besucher das Oktoberfest auf der Theresienwiese stürmten, saß Harry Kane schon wieder im Bauch der Allianz-Arena auf dem Podium, wo er sich fünfeinhalb Wochen zuvor offiziell vorgestellt hatte.

Nach dem Topspiel in der Bundesliga stand nun das Topspiel in der Champions League auf dem Programm. Zum Auftakt der Gruppenphase gastierte Manchester United in München. Jenes Manchester United, das dem FC Bayern im Finale der Königsklasse 1999 eine der schmerzhaftesten Niederlagen der Klubgeschichte zugefügt hatte. Bis zur 90. Minute hatten die Bayern im ausverkauften Camp Nou in Barcelona geführt, ehe Teddy Sheringham und Ole Gunnar Solskjaer das Spiel noch vor Ablauf der regulären Spielzeit gedreht und die Münchner ins Tal der Tränen gestürzt hatten.

Pflichtbewusst warnte Kane seine neuen Kollegen und verwies bei ManUnited, das in der Liga drei der ersten fünf Saisonspiele verloren hatte, auf die Konterstärke. Er selbst hatte in 19 Duellen mit den Red Devils »nur« fünf Tore erzielt und sechs Siege erlebt, aber jetzt spielte er bei einem Team, das in der Champions-League-Gruppenphase seit fast drei Jahren keinen einzigen Punkt mehr abgegeben hatte.

Nur der ganz große Wurf, der war dreimal hintereinander ausgeblieben.

»Es gibt einen Grund, warum Bayern mich geholt hat«, sagte Kane also selbstbewusst und natürlich auf Englisch. Zwar nahm er fleißig Deutschunterricht, noch reichte es zumindest öffentlich jedoch nur für ein »Servus«, das weiterhin eher wie »Service« klang. »Bayern will wieder die Champions League gewinnen, und ich will alles dafür geben, das zu erreichen. Ich habe das Gefühl, dass ich dem Team helfen kann. Darum bin ich hier, ich will auf dem höchsten Level spielen und dem Team helfen. Aber zuerst müssen wir uns für die K.-o.-Phase qualifizieren.«

Diese Mission begann gegen ManUnited durchaus vielversprechend.

Nach einer etwas nervösen Anfangsphase half Gäste-Torwart Andre Onana den Bayern, weil er einen äußerst haltbaren Abschluss von Leroy Sané nicht hielt. Harry Kane hatte den Ball zuvor abgelegt und damit auch im ersten Champions-League-Spiel für die Bayern seinen ersten Scorerpunkt gesammelt.

Die schmeichelhafte Führung verhalf den Bayern zu mehr Souveränität, Serge Gnabry erhöhte nur vier Minuten nach Sanés Treffer nach einem klasse Dribbling von Jamal Musiala.

Der Anschlusstreffer, der Rasmus Højlund nach dem Seitenwechsel in der 49. Minute gelang, brachte die Bayern nicht wirklich ins Wanken, stattdessen durfte Kane jetzt selbst ran. Weil Christian Eriksen, Kanes langjähriger Torvorbereiter bei Tottenham, den Ball im eigenen Strafraum an die Hand bekommen hatte, durfte der Elfmeterschütze vom Dienst wieder ran und traf unhaltbar für Onana wuchtig ins linke untere Eck.

Es entwickelte sich ein wildes Spiel, das die Bayern eigentlich im Griff hatten, in dem ManUnited aber immer wieder rankam. Erst verkürzte Casemiro in der 88. Minute auf 2:3 aus Sicht der Engländer, dann stellte Bayerns Super-Joker Mathys Tel den Zwei-Tore-Vorsprung in der zweiten Minute der Nachspielzeit wieder her. Der Schlusspunkt gehörte trotzdem United, weil der defensive Mittelfeldspieler Casemiro noch mal im Strafraum auftauchte und noch mal traf. Mehr Zeit blieb jedoch nicht, und die Bayern durften auch in der Königsklasse einen gelungenen Start verbuchen.

In einem Monat würde Kane wieder zur Nationalmannschaft reisen, um gegen den Dauerrivalen Italien das Ticket für die Europameisterschaft in Deutschland zu lösen. Bis dahin erwarteten ihn allerdings noch jede Menge Abenteuer in Deutschland. Die Bundesliga ging natürlich weiter, der Oktoberfest-Besuch mit der Mannschaft stand bevor. Im Pokal wartete das verspätete Erstrundenspiel in Münster, dann das nächste Topspiel in der Liga bei Supercup-Sieger Leipzig. Und dann wieder Champions League in Kopenhagen.

Das Gute aus Kanes Sicht: Wenn jemand alle Absurditäten eines prall gefüllten Terminkalenders kannte, dann einer, der das vergangene Jahrzehnt in der Premier League verbracht hatte. Wo Weihnachten auf dem Fußballplatz gefeiert wird und Neujahr genauso, während nebenan im Londoner »Alexandra Palace« die Darts-WM läuft und drei verschiedene Pay-TV-Sender sieben unterschiedliche Pokalwettbewerbe präsentieren. In etwa zumindest.

Die Liga-Routine bescherte den Münchnern am 5. Spieltag ein Heimspiel gegen Bochum, bevor Mannschaft und Trainerteam zusammen die Wiesn besuchten.

Der VfL war nach einem heftigen 0:5 zum Auftakt in Stuttgart dreimal ungeschlagen geblieben, allerdings auch dreimal ohne Sieg. Gegen Dortmund, in Augsburg und gegen Frankfurt hatte Bochum jeweils Unentschieden gespielt. Und jetzt ging es zum großen FC Bayern, der von den vergangenen vier direkten Duellen gleich zwei mit 7:0 gewonnen hatte.

Thomas Tuchel nahm nach dem aufreibenden 4:3 gegen ManUnited ein paar Wechsel vor, brachte zum Beispiel Eric Maxim Choupo-Moting neben Kane im Sturm. Der Engländer spielte, das hatte Tuchel schließlich schon vor dem 1. Spieltag bekräftigt, immer.

Und auch dieses Mal wieder herausragend.

Hilflose Bochumer ergaben sich im bewölkten und doch warmen

München früh ihrem Schicksal. Choupo-Moting traf nach drei Minuten zur Führung, Kane in der zwölften Minute zum 2:0, Abwehrspieler Matthijs de Ligt nach einer Ecke zum 3:0 und Leroy Sané nach perfekter Vorarbeit von Kane zur 4:0-Pausenführung. Die aus Bochumer Sicht noch schmeichelhaft ausfiel.

Es war ein länger nicht gesehener Klassenunterschied in der Allianz-Arena. Wieder durfte Kane nach einem Handspiel der Bochumer vom Elfmeterpunkt ran, wieder traf er sicher. Und nachdem Joker Mathys Tel auf Zuspiel von Kane das sechste Tor besorgt hatte, setzte der Mann des Spiels höchstselbst den Schlusspunkt zum 7:0.

Ergab unterm Strich drei Tore und zwei Assists in einer Partie, insgesamt stand Kane nach fünf Spieltagen nun bereits bei sieben Treffern und drei Vorlagen. Das war weder im Bayern-Trikot bis dato einem Spieler gelungen noch in der 60 Jahre andauernden Bundesliga-Geschichte überhaupt irgendwem.

Mit einem Jahr Verspätung hatten die Bayern ihren Nachfolger für Robert Lewandowski gefunden, so viel stand jetzt schon fest. »Das Schöne ist, dass Harry das macht, was er schon seit Ewigkeiten macht«, freute sich Trainer Tuchel. »Er trifft, er hat Assists, er spielt schnörkellos, er zeigt Persönlichkeit und übernimmt Verantwortung.« Und trotzdem trat der Trainer auf die Bremse und sagte tatsächlich: »Er kann noch besser spielen. Ganz sicher.«

Ganz sicher?

Sogar Kane sah bei sich selbst noch Luft nach oben. Die Frage, die sich die nationale und internationale Konkurrenz zu diesem Zeitpunkt stellen durfte, war: Wie viel Luft denn? Was würde da noch auf sie zukommen?

Natürlich war die Saison noch jung und die Gegner außer Leverkusen keine Härtefälle, doch aus Sicht des Nicht-Münchners mutete es schon etwas erschreckend an, wie schnell Kane beim FC Bayern Fuß fasste.

Fehlte nur noch der erste Auftritt in Lederhosen.

Amüsieren wollte er sich, sagte Kane einen Tag vor dem ersten Oktoberfest-Besuch seines Lebens. »Wir genießen das als Team, aber nicht zu sehr. Wir müssen am Dienstag wieder im Pokal spielen.«

Wer auch vor dem Vergnügen schon an die weitere Arbeit dachte, der machte entweder alles falsch oder sehr viel richtig. Gemessen an Kanes Quote konnte beim Engländer nur Letztgenanntes die Antwort sein.

Nach dem 7:0 gegen Bochum und vor dem Pokalspiel in Münster trat der gesamte FCB-Tross an einem sonnigen September-Sonntag die Reise zur Theresienwiese an.

»Ich weiß nicht genau, was mich erwartet«, hatte Kane noch am Samstag gelächelt, »aber nach dem Ergebnis heute wird es sicher sehr relaxed zugehen.«

Thomas Tuchel stand ebenfalls vor seinem ersten Wiesn-Besuch als Bayern-Trainer. Der inzwischen 50-Jährige kam allerdings nicht aus London, sondern aus dem bayerisch-schwäbischen Krumbach und war derlei Volksfeste von Kindesbeinen an gewohnt. »Wenn ich in die Lederhose muss, dann muss er auch rein«, sagte er grinsend über Kane. »Und er hat zumindest ein paar Wadeln, die ihn wärmer halten.« Was bayerisch war und »muskulöse Beine« bedeuten sollte. »Die habe ich nicht. Da kommt er morgen nicht drum rum.«

Nach den Ergebnissen des erfolgreichen Saisonstarts freute sich Tuchel auf einen »schönen Besuch« mit »leckerem Essen«. Ausgelassen durfte es sich der Tabellenführer mal kurzzeitig gut gehen lassen, immerhin war er durch die sieben Tore gegen Bochum wieder vorbeigezogen an Kontrahent Bayer Leverkusen.

Ein Jahr zuvor hatte die Welt des FC Bayern noch etwas anders ausgesehen.

Die von Julian Nagelsmann trainierten Münchner hatten zum Saisonstart den Supercup mit 5:3 in Leipzig gewonnen, anschließend Eintracht Frankfurt am 1. Liga-Spieltag sechs Ohrfeigen verpasst. Und die Bundesliga schaute verängstigt auf diesen etwas umgekrempelten FCB. Ohne Robert Lewandowski, aber mit Sadio Mané und einer ständig rochierenden und offensichtlich unberechenbaren Offensive. Die jedoch ziemlich schnell ausgerechnet wurde. Die Spieltage vier bis sechs bescherten den Bayern seinerzeit drei Unentschieden am Stück. Und am 7. Spieltag, einen Tag vor dem standesgemäßen Oktoberfest-Auftritt des Rekordmeisters, setzte es beim kleinen Nachbarn aus Augsburg ein 0:1. Vier Spiele in Folge ohne Sieg ergaben Platz fünf im Tableau.

Schon wenige Minuten nach dem Tiefschlag hatte Nagelsmann im kleinen Presseraum der Augsburger WWK-Arena ein schauriges Bild abgegeben. Das Bild eines beleidigten Kindes, das vor lauter Frust die Hälfte des Gesichts im zugeschnürten Jackenkragen verbarg, einsilbig und gereizt auf Reporter-Fragen antwortete.

Fehlte Lewandowski etwa doch? Hatte sich der FCB in der Kaderplanung verzockt, weil er keinen richtigen Stürmer als Ersatz geholt hatte? »Was macht ihr jetzt«, blaffte Nagelsmann, »wenn ich sage: ›Ja‹? Und was macht ihr, wenn ich jetzt sage: ›Nein‹? Wir haben die klassische Neun mit Choupo auf der Bank und später eingewechselt, eine andere klassische Neun haben wir nicht. Ist doch jetzt egal, was ich antworte. Wenn ich jetzt sage: ›Nein‹, sagt ihr, ›Oh, er erkennt das Problem nicht.‹ Wenn ich sage: ›Ja‹, dann schreiben alle: ›Oh ja, er vermisst Lewandowski.‹ Ist doch wurscht, was ich antworte.«

Selbst einen Tag später konnte sich der nach Sören Lerby und Reinhard Saftig drittjüngste Bayern-Trainer der Geschichte nicht aufraffen, um den Fotoapparaten im Schickimicki-Festzelt »Käfer« auf dem Oktoberfest ein Lächeln zu präsentieren. Während Sportvorstand Hasan Salihamidžić und Vorstandschef Oliver Kahn immerhin den Schein wahrten, hatte Nagelsmann sichtlich zu knabbern am missglückten Start in die Spielzeit.

Ein Jahr später stapfte Thomas Tuchel mit einem Hut und schmalem Lächeln aus dem Mannschaftsbus des FC Bayern, als dieser um kurz nach 13 Uhr die Theresienwiese mitten in München erreichte.

Auf diesem 42 Hektar großen Platz, vollgestellt mit 14 großen Festzelten, etlichen Karussells, Essens- und Getränkeständen, tobten sich jährlich zwischen drei und sechs Millionen Besucher aus. Die einen mehr, die anderen etwas weniger angetrunken von den rund sechs Millionen ausgeschenkten Litern Bier.

Dunkelgraue Socken, eine hellbraune Lederhose und ein weißes Hemd hatten Spieler und Verantwortliche des FC Bayern unisono verpasst bekommen, dazu eine graue Trachtenweste mit gleichfarbigem Janker darüber. Manche Spieler brachten ihre Frauen oder Freundinnen mit, manche ihre Kinder. Und manche, eigentlich nur Leon Goretzka, trugen gegen die blendende Sonne bei angenehmen 17 Grad eine Sonnenbrille.

Harry Kane kam alleine, schließlich hatte sich Frau Kate um drei kleine Kinder sowie den gerade einmal einen Monat alten Sohn Henry zu kümmern.

»Harry«, riefen die Fans, die sich unweit des Eingangs vom Käfer-Zelt hinter einem roten Absperrband versammelt hatten. Gleiches galt für eine Handvoll Journalisten, die natürlich einen ersten Eindruck bekommen wollten vom Großstadtkind aus London, das in der Großstadt München plötzlich in Lederhose auf einem Volksfest auftauchte.

Kane lächelte die Rufe weg und bekam frei nach Festordnung schleunigst eine volle Maß Bier in die linke Hand gedrückt. Kurz schaute er rüber in die blitzenden Kameras, posierte für zwei Bilder, reckte den frei gebliebenen Daumen in die Höhe und nahm dann Kurs Richtung Treppe, die zum oberen Eingang für die Bayern-Spieler führte.

Im Gedränge der Stufen wirkte der Superstar noch immer peinlich berührt vom ungewöhnlichen Aufzug, schaute verwundert rüber zu Co-Trainer und Landsmann Anthony Barry. *Was machen wir hier eigentlich?*, schien der eine den anderen zu fragen.

Oben angekommen, wartete gleich das nächste Blitzlichtgewitter.

Hinter dem Balkongeländer ragte vor der im römischen Stil errichteten Ruhmeshalle die Bavaria-Statue hervor. Diese 18 Meter hohe, als Schutzpatronin Bayerns empfundene Bronzefigur stand neben dem sitzenden Löwen auf einer Empore und zierte wie immer den malerischen Hintergrund für all die Bilder, die der FC Bayern an diesem Sonntag knipsen ließ.

Manuel Neuer und Jamal Musiala bekamen gerade ihre Maßkrüge zentimetergenau geradegerückt, als der noch verletzte Kapitän Kane erblickte und heranwinkte. Aus dem Bierkrug des Angreifers hatte sich bereits ein bisschen Schaum verabschiedet, also reichte eine Bedienung ihm eine frische Maß fürs Foto. Das Trio lächelte professionell unter dem Logo von Biersponsor Paulaner sowie dem Bayern-Wappen und zog dann weiter.

Kane grüßte von oben noch einmal die unten rufenden Fans und durfte nach etlichen Minuten des Zähnezeigens endlich das Festzelt betreten.

Thomas Müller durfte dem vereinseigenen TV-Format noch ein kurzes Interview geben und meinte in seinem bayerischen Slang, dass »wir heute mit einem ganz lockeren Grinsen am Wiesn-Tisch sitzen und den Moment genießen« können. Der FC Bayern war ja wieder Tabellenführer. »Auch wenn wir natürlich übermorgen wieder spielen. Deswegen mit gemäßigtem Gas, aber trotzdem dürfen wir ein bisserl auch Spaß ham!«

Ein »bisserl Spaß« bedeute zwar Hendl und Haxn essen, also Hähnchen und Schwein. Aufgrund des straffen Terminkalenders ging der Griff dafür aber eher zur alkoholfreien Maß Bier.

Während es sich die Mannschaft auf ihren Plätzen gemütlich machte und Kane noch mal eine Maß und eine Riesenbrezn in die Kamera hielt, erschien Ehrenpräsident Uli Hoeneß leicht verspätet vor den Treppen des Eingangs. Er trug, anders als Mannschaft und Trainerteam, ein blaukariertes Hemd mit Button-down-Kragen, darüber einen braunen Janker mit grünem Kragen.

Im Vorjahr, nach dem 0:1 in Augsburg, hatte der Klubpatron lieber geschwiegen, dieses Mal blieb er kurz bei den wartenden Reportern stehen und lobte seine Mannschaft für den »Vollgas«-Auftritt gegen Bochum, »von der ersten bis zur letzten Minute«. Nach fünf Minuten habe er gesehen: »Die Mannschaft will unbedingt ein schönes Oktoberfest haben. Wenn man so gut spielt, dann kann man auch feiern.«

Doch die Pflicht rief im Handumdrehen.

Ein Trainingstag blieb Tuchel und seiner Mannschaft nach der Wiesn-Gaudi zur Vorbereitung auf das Pokalspiel in Münster.

Weil Bayern und Leipzig am Wochenende vor dem ersten Spieltag, als das restliche Teilnehmerfeld seine Erstrunden-Partien im DFB-Pokal ausgetragen hatte, im Supercup aufeinandergetroffen waren, mussten beide Teams zu diesem späteren Zeitpunkt nachziehen. Die Bayern am Dienstag in Münster, Leipzig am Mittwoch in Wiesbaden. Die Bayern gegen den Drittligisten Preußen, Leipzig gegen den Zweitligisten SV Wehen.

Tuchel, daraus machte der Trainer am Montag kein Geheimnis, würde ein bisschen rotieren, Spielern aus der zweiten Reihe eine Chance geben, sich zu zeigen. Auch wenn er es nicht übertreiben wollte. »Ich habe jetzt gerade nicht so große Lust«, sagte der Trainer, »nur das kleinste Signal irgendwie in die Gruppe zu geben, dass irgendjemand zu Hause bleiben kann, weil's nicht so wichtig ist, oder weil es wichtig ist, aber nicht so schwer. Weiß ich nicht, ob das das richtige Signal wäre.«

Auch wenn der Gegner nur in der dritten Liga spielte und dort nur einen Zähler vor einem Abstiegsplatz rangierte, hatte jeder Bayern-Profi den Auftritt in Westfalen gefälligst ernst zu nehmen.

Kane durfte pausieren, machte es sich in Münster auf der Bank bequem und überließ Choupo-Moting den Vortritt. Youngster Tel, der sich durch etliche starke Jokereinsätze empfohlen hatte, durfte auf dem linken Flügel ran. Und zwischen den Pfosten stand erstmals

Daniel Peretz. Den 23-jährigen Israeli hatten die Bayern letztlich als Reaktion auf Manuel Neuers Abwesenheit verpflichtet und sich damit für die Mittelvariante entschieden.

Peretz war ein Torhüter, der sofort spielen konnte. Der aber noch jung war, erst mal Backup Sven Ulreich herausforderte und sich geräuschlos einordnen würde, wenn Neuer dann endlich zurückkam. Und viel fehlte dem fünfmaligen Welttorhüter nicht mehr.

Kane-Ersatz Choupo-Moting erzielte bei überforderten Münsteranern in der Anfangsphase das 1:0, der defensive Mittelfeldspieler Konrad Laimer das 2:0. Und der früh für den am Arm verletzten Serge Gnabry eingewechselte Frans Krätzig machte mit seinem ersten Profi-Tor bereits vor der Pause alles klar. So klar, dass Tuchel darauf verzichten konnte, Kane an diesem Abend unnötig in Gefahr zu bringen.

Der 100-Millionen-Mann durfte sich eine Pause gönnen und sich auf das Topspiel am Wochenende in Leipzig vorbereiten, während die Kollegen die Pflichtaufgabe souverän lösten und am Ende dank eines Treffers von Tel mit 4:0 gewannen.

Haken dran, und weiter ging es in der Liga.

In Leipzig gerieten die Bayern wie schon beim Topspiel gegen Leverkusen deutlich mehr in die Bredouille und lagen zur Pause, obwohl Jamal Musiala nach genialem Steckpass von Kane früh hätte treffen müssen, zur Pause mit 0:2 zurück.

Die Wende brachte Kane, der erst vom Elfmeterpunkt verkürzte und dann den Ausgleich von Leroy Sané einleitete, indem er eine Leipziger Ecke per Kopf geklärt und damit den Weg zum Tor geebnet hatte.

Weil Leverkusen Stunden zuvor souverän in Mainz gewonnen hatte, übernahm Bayer wieder die Tabellenführung. Die Bayern rutschten sogar auf Rang drei, weil der VfB Stuttgart die Liga aufmischte und als Beinahe-Absteiger aus der Vorsaison plötzlich von Sieg zu Sieg eilte. Selbst Borussia Dortmund, das gewiss nicht glänzte, rangierte punktgleich hinter dem FCB auf Platz vier.

Wiedergutmachung stand in Kopenhagen auf dem Programm, doch im engen und lauten Stadion des dänischen Rekordmeisters taten sich die Bayern wieder schwer, kassierten nach einer torlosen ersten Hälfte in Durchgang zwei sogar das 0:1. Erst eine geniale Einzelleistung von Spielmacher Musiala brachte den Ausgleich, ehe wieder mal Joker Tel zur Stelle war und das Spiel nach feiner Vorarbeit von Kane und vor allem Thomas Müller gänzlich drehte.

Was erste Alarmzeichen einer strauchelnden und wenig sattelfesten Mannschaft waren, verstanden die Bayern als Mutmacher. In der vergangenen Saison, sagte zum Beispiel der sensationell haltende Sven Ulreich, »hätten wir so ein Spiel komplett aus der Hand gegeben, das 0:2 bekommen und wären so ein bisschen ohne Verstand nach vorn gerannt«.

Er hatte gut reden, hatte er doch mit einer Neuer-ähnlichen Parade tief in der Nachspielzeit den Ausgleich verhindert.

So aber stand unterm Strich der zweite Sieg im zweiten Gruppenspiel der Champions League, insgesamt die 36. Gruppenpartie in Serie ohne Niederlage.

Wie dieser Erfolg zustande gekommen war, interessierte erst mal weniger.

Das sollte erst später wieder auf den Tisch kommen.

Die Blätter fielen langsam von den Bäumen, als Kane sich im England-Trikot von der ersten »handfesten Krise« als Bayern-Profi erholte. Zwei Spiele hintereinander war er für die Münchner ohne Torerfolg geblieben, so konnte es natürlich nicht weitergehen.

In der EM-Qualifikation sicherte der Kapitän seiner Mannschaft mit zwei Toren zum 3:1-Sieg gegen Italien das Ticket fürs Turnier in Deutschland.

Zurück in München, erholte er sich in Mainz auch von der Vereinsflaute, traf beim 3:1-Sieg in Mainz und später auch im Hexenkessel von Istanbul.

Bei ohrenbetäubendem Lärm in Istanbul hatten sich die Bayern wie schon in Kopenhagen extrem schwergetan, aber wieder gewonnen. Weil Kane das 2:1 selbst erzielt und das 3:1 von Musiala vorbereitet hatte.

Und auf eine gewisse Weise hatten die Bayern ja auch deswegen so viel Geld wie noch nie für einen Spieler ausgegeben. Damit er Spiele für sie entschied, die andere nicht entscheiden konnten.

Wie vier Tage später.

Ausnahmsweise redeten in München nach dem Champions-League-Spiel in Istanbul und vor dem Bundesliga-Alltag gegen Darmstadt mal nur ganz wenige Menschen von Harry Kane.

Natürlich hatte er in acht Bundesliga-Spielen neun Tore erzielt und vier vorbereitet, in drei Champions-League-Spielen zwei Tore erzielt und zwei vorbereitet.

Aber jetzt war Manuel Neuer wieder da.

Elf Monate zuvor hatte sich der Torhüter nach dem deutschen Vorrunden-Aus bei der WM in Katar beim Skifahren den Unterschenkel gebrochen, anschließend eine lange Reha-Phase mit Rückschlägen verkraftet. Und jetzt, 331 Tage später, stand er vor seinem Comeback im Tor des FC Bayern.

»Er freut sich drauf, wir freuen uns drauf«, sagte Thomas Tuchel einen Tag vor der Partie gegen Aufsteiger Darmstadt 98 und klang dabei wie ein stolzer Vater. Sven Ulreich hatte seinen Job als Vertreter von Neuer herausragend gelöst, den Bayern wichtige Punkte festgehalten und sich stets zurückhaltend präsentiert. Neuer war schließlich nicht nur sein Torwart-Kollege, die beiden waren auch befreundet.

Dass ein fitter Neuer einen fitten Ulreich sofort verdrängte, stand vor allem beim Trainer gar nicht zur Debatte. »Was ich im Training wahrnehme, ist ein komplett neues Level an Torwartspiel. Das jeden Tag zu sehen ist sehr beeindruckend. So macht Manu einfach jeden Abwehrspieler und seine Torwartkollegen stärker. Das ist eine eigene Liga. Ich hoffe, dass er das jetzt als Geschenk sieht für seine harte Arbeit, das ist ihm wirklich nicht in den Schoß gefallen.«

Und so empfing das Publikum in der Allianz-Arena seinen Kapitän am Samstagnachmittag um kurz vor 15 Uhr auch. Nicht ganz so laut, wie Kane an jenem Supercup-Abend im August, aber zumindest annähernd so frenetisch.

Fast ein Jahr lang hatten sie ihre Nummer eins nicht mehr in Aktion gesehen.

Und jetzt ging es gleich drunter und drüber. Keine vier Minuten waren absolviert, da bekam Kimmich den Ball mit dem Blick zum eigenen Tor von Torwart Neuer zugespielt, vertändelte ihn gegen den Darmstädter Marwin Mehlem und riss diesen vor dem Strafraum zu Boden. Schiedsrichter Petersen entschied, obwohl der zurückgeeilte Kane protestierte, zu Recht auf Rot für Kimmich, den Bayern schien damit fast eine ganze Partie in Unterzahl bevorzustehen.

Doch in der 19. Minute war es Darmstadts Klaus Gjasula, der sich gegen Konrad Laimer nur noch mit einer Notbremse zu helfen wusste. Schiedsrichter Petersen, der zunächst auf Gelb und Elfmeter entschieden hatte, zeigte Gjasula nach dem Gang in die Review Area Rot, und statt Elfmeter gab es Freistoß für die Bayern.

Zehn gegen zehn hieß es fortan also, doch plötzlich traute sich der Aufsteiger wieder in die Münchner Hälfte. Erst entschärfte Neuer einen Abschluss von Tim Skarke aus spitzem Winkel, dann klärte der Kapitän mit all seiner Coolness gegen den frei auf ihn zugelaufenen Mehlem. Als hätte er keine 331 Tage gefehlt.

Dieses Spiel, das allein wegen Neuers Rückkehr schon so besonders werden sollte, wurde auf dem Rasen immer absurder.

Fünf Minuten vor der Pause brachte Darmstadts Verteidiger Matej Maglica Kane vor dem Strafraum zu Fall, und weil auch er der letzte Mann war, zückte Pedersen zum dritten Mal die Rote Karte. So viele Platzverweise in einer ersten Hälfte hatte es in der Bundesliga-Historie noch nicht gegeben.

Das 0:0 retteten neun Darmstädter in die Halbzeit, doch dann fielen sie wie ein Kartenhaus auseinander.

Kane köpfte nach Wiederanpfiff trotz starker Bedrängnis im Fallen zum 1:0 ein und brach damit den Widerstand des Aufsteigers. Sané legte das 2:0 nach, Musiala auf Zuspiel von Kane das 3:0 und wieder Sané das 4:0.

Und dann wurde es magisch.

Thomas Tuchel wechselte zweimal, schenkte Eigengewächs Frans Krätzig das Bundesliga-Debüt und brachte Thomas Müller für Kingsley Coman.

Der Routinier war es, der nach einem Darmstädter Ballverlust am Münchner Strafraum Kane am Mittelkreis anspielte und sich dann anschnallen durfte.

Kane ließ Müllers Zuspiel mit dem linken Fuß abtropfen, schaute einmal hoch und zog aus der eigenen Hälfte ansatzlos ab. Vier Sekunden lang flog der bunte Derbystar-Ball durch die Luft der Allianz-Arena, während das Publikum den Atem anhielt und langsam aufstand, um dann die Arme in die Höhe zu reißen.

Der Ball war genau mittig hinter Marcel Schuhen im Tor der Gäste gelandet. Aus mehr als 50 Metern hatte Kane sein elftes Saisontor erzielt und nahm das zur Kenntnis, als hätte er gerade einen Querpass im Training verwertet und nicht etwa einen Moment für jeden Jahresrückblick erschaffen. *Was denn?*, schien er zu fragen, als die Mitspieler angerannt kamen. *Solche Sachen mache ich halt.*

Der Jubel über Tor Nummer fünf hielt zwei Minuten, dann erzielte Müller bereits Tor Nummer sechs. Musiala später Tor Nummer sieben. Und Kane Tor Nummer acht.

Ein »schöner Hattrick« sei das gewesen, sagte Kane später und trug zwei durchsichtige Plastiktüten in seinen Händen. Links die Fußballschuhe, rechts einen der Spielbälle.

»Ganz sicher« werde der einen Platz in seinem Zuhause finden, doch erst musste Kane ein Zuhause finden. Noch lebte er im Hotel »Mandarin Oriental«, mitten in der Stadt und unweit des berühmten Hofbräuhauses.

Nach den Dreierpacks gegen Bochum und Darmstadt musste er inzwischen zwei Spielbälle in seiner Suite verstauen. Und ein dritter sollte zeitnah hinzukommen.

Doch vorher platzte der erste Traum.

17

Fluch

Der erste Schock und der Klassiker

Im schwarzen T-Shirt stand Harry Kane über den Dächern Münchens, lehnte mit dem unteren Rücken am silbernen Geländer des Balkons und schaute bewusst an der Kamera vorbei. Im Hintergrund ragten die zwei 98 Meter hohen Türme der Frauenkirche am Marienplatz empor, doch von der Kulisse bekam Kane wenig mit.

Der Torjäger des FC Bayern zeigte sich selbst in einem Video, auf dem er seine eigens kreierte Marke »Our Pure Planet« präsentierte. Eine nachhaltige Audiomarke, die sich auf die Fahne schrieb, »plastikfreie Elektronik« herzustellen, »bei der umweltfreundliche Materialien und deren Umweltauswirkungen im Vordergrund stehen«.

Kane trug, während er die Hände vor dem Bauch zusammenfaltete, ein Exemplar der Over-Ear-Kopfhörer, ganz in Schwarz gehalten. Zeigte im weiteren Verlauf aber auch die In-Ear-Minikopfhörer.

»*We're live*«, schrieb er am Veröffentlichungstag dazu, dem 31. Oktober. Halloween.

Gruselig wurde es jedoch erst tags darauf.

Einen kleinen Witz hatte sich Pressesprecher Dieter Nickles zurechtgelegt, während Thomas Tuchel noch dabei war, sich auf seinen Platz zu setzen.

»Kurz mal das Wetter checken«, sagte Nickles, tippte auf sein Handy und erntete einen Schmunzler seines Nebenmannes.

Als in Fernsehsendungen, Streams und Highlight-Sendungen am Sonntag noch Wiederholungen liefen von Harry Kanes 55-Meter-Tor beim 8:0 gegen Darmstadt, leerte sich über dem Saarland ein ganzer Ozean. Im strömenden Regen und bei scheußlichen Platz-Bedingungen war die Drittliga-Partie zwischen dem 1. FC Saarbrücken zwar angepfiffen worden, jedoch nur für eine Halbzeit. Nach der Pause waren beide Mannschaften in der Kabine geblieben, so schlimm stand es um den Platz im kürzlich zuvor erst umgebauten Ludwigsparkstadions.

Dieser traditionsreiche Fußballort hatte einst 50 000 Zuschauern Platz geboten, war seit 2016 modernisiert worden und hatte ursprünglich rund 16 Millionen Euro kosten sollen. Weil ein Baustopp den nächsten jagte, musste die Stadt Saarbrücken, also die Eigentümerin, irgendwann 48 Millionen Euro berappen. Für ein Stadion, das einerseits nur Drittligafußball und dazu nur noch 16 000 Zuschauern Platz bot.

Gespart wurde lediglich an einer Stelle: dem Rasen. Für weitere 200 000 Euro hätte eine Rohr-Drainage installiert werden können, um Regenwasser richtig abzuleiten. Sie wurde aber nicht installiert, und so häuften sich im regenreichen Saarland seitdem die Spielabsagen.

Was nun beim FC Bayern für Fragezeichen sorgte.

Am Sonntag war Saarbrückens Regenschlacht gegen Dresden abgesagt worden. Und nur drei Tage später sollte an Ort und Stelle das Zweitrundenspiel im DFB-Pokal gegen den FC Bayern stattfinden?

»Wir gehen mal davon aus, dass gespielt wird«, meinte Trainer Tuchel am Dienstagmittag, nachdem der erste Wetter-Witz abgehakt war. »Falls eine Absage kommt, kann es sein, dass uns diese noch vorm Abflug erreicht.« Also am Mittwochvormittag.

Platzbegehungen hatte es bereits gegeben, eine finale am Mittwochmorgen sollte Aufschluss liefern, doch die Wetterprognosen unterstützten Tuchels Zuversicht.

Nicht ganz so zuversichtlich blickte der Bayern-Trainer weiterhin auf seinen Kader. Leon Goretzka hatte mit seinem Mittelhandbruch zwar wieder trainiert, bei ihm galt jedoch wie bei vielen anderen absolute Vorsicht. Jamal Musiala und Noussair Mazraoui kränkelten nach dem Darmstadt-Spiel, für Dayot Upamecano und Raphael Guerreiro kam die Pokalpartie nach Oberschenkelverletzungen zu früh. Und Kingsley Coman war am Samstag umgeknickt.

Fuhr der Rekordpokalsieger, der den Pokal seit 2020 nicht mehr gewonnen hatte, also im Schongang zum Tabellen-15. der 3. Liga? »Letztendlich ist es ein Spagat«, erklärte Tuchel. »Wir wollen niemandem das Gefühl geben, dass Samstag wichtiger ist als morgen.« Am Samstag stand schließlich das Topspiel, der »Klassiker«, bei Borussia Dortmund auf dem Programm. »Morgen ist ein K.-o.-Spiel, wir können nichts reparieren. Deshalb ist das ein sehr wichtiges Spiel. Und wenn wir nach Berlin wollen«, also ins Finale, »sind morgen 100 Prozent zu erledigen.«

Und Harry Kane? Der 100-Millionen-Stürmer hatte bis hier gespielt wie ein 100-Millionen-Stürmer, hatte in zwölf Spielen vierzehnmal getroffen und dazu sieben Vorlagen gegeben. War nun, da es nur gegen einen Drittligisten ging, mal die Zeit, Youngster Mathys Tel vorn ranzulassen und Kane eine Pause zu gönnen? »Gerade Harry ist eigentlich derjenige, der es gewohnt ist, viel zu spielen, durchzuspielen«, meinte Tuchel. »Der sich darüber auch eine Matchfitness holt. Der grundsätzlich auch ökonomisch spielen kann und ökonomisch spielt und viel spielen kann. Deshalb … die Entscheidung ist noch gar nicht gefallen, um ganz ehrlich zu sein. Wir haben jetzt noch mal Training, und dann muss ich mit ein paar Spielern sprechen, die zuletzt sehr viel gespielt haben, wie sie sich fühlen.«

Gespielt werden konnte jedenfalls im Drainage-losen Ludwigsparkstadion, allerdings ohne Kane, der nur auf der Bank saß. »Harry hat ein bisschen Hamstrings gefühlt«, gab Tuchel am Spielfeldrand zu Protokoll und klärte auf, was genau mit »Hamstrings« gemeint war: »Die Oberschenkelrückseite war verspannt, deshalb wollten wir kein Risiko eingehen.«

In der Bundesliga, gegen Dortmund oder Darmstadt, hätte Kane vermutlich spielen können. Aber gegen einen Drittligisten konnte man seiner Lebensversicherung vorübergehend mal etwas Luft zum Atmen gönnen.

Etwas bunt kam Tuchels Aufstellung daher, in einem 4-1-4-1-System mit dem noch unerfahrenen Linksverteidiger Frans Krätzig als Achter. Dazu spielte der schon jahrelang nicht berücksichtigte Bouna Sarr rechts hinten, Tel links vorn und Eric Maxim Choupo-Moting als Kane-Ersatz im Sturm.

Für die Bayern ging es los, wie nicht anders zu erwarten, als Thomas Müller nach einer Viertelstunde aus 20 Metern perfekt platziert ins linke untere Eck traf und so jubelte, wie ein zweifacher Champions-League-Gewinner eben über ein Tor beim 15. der 3. Liga jubelte. Lässig klatschte er mit seinen Kollegen ab, ging zum Spielfeldrand und schüttelte Trainer Tuchel die Hand, beide lachten.

Später hätte man Müller oder Tuchel fragen können, was es mit dieser Art der Zuneigung auf sich hatte, nur spielte das später keine Rolle mehr.

Nicht mal zehn Minuten danach nahm das Unheil seinen Lauf, als sich Matthijs de Ligt das rechte Knie verdrehte und Tuchel bangend die Hände über dem Kopf zusammenschlug. In vier Tagen musste seine Mannschaft in Dortmund bestehen, und nach jetzigem Stand blieb ihm mit Min-Jae Kim nur noch ein gesunder Innenverteidiger übrig.

De Ligt würde es definitiv nicht schaffen. Upamecano kurierte eine Muskelverletzung im Oberschenkel aus und wäre ein großes Fragezeichen. Und Benjamin Pavard spielte längst in Mailand, Josip Stanišić in Leverkusen.

Tuchel wechselte den defensiven Mittelfeldspieler Konrad Laimer ein und beorderte den defensiven Mittelfeldspieler Joshua Kimmich eine Reihe weiter nach hinten in die Innenverteidigung.

Saarbrücken fand sich nach anfänglicher Nervosität besser zurecht auf dem eigenen tiefen Geläuf, erspielte sich Chancen und nutzte die größte vor der Pause durch Patrick Sontheimer, weil Youngster Krätzig im Aufbau gepatzt und Kim nicht mehr rechtzeitig geklärt hatte.

Die Bayern spielten fahrig und größtenteils planlos. Tuchel wechselte nach einer Stunde dreifach, nahm Krätzig, Sarr und Leroy Sané vom Feld und brachte Serge Gnabry, Jamal Musiala und Kingsley Coman. Vor allem der Franzose sorgte für ein wenig Wirbel, kam zu Abschlüssen und leitete ein paar Szenen ein. Müller zum Beispiel hätte kurz vor Schluss treffen können, doch immer wieder warf sich der 21-jährige Saarbrücker Torwart Tim Schreiber dazwischen.

Und wer die Tore vorn nicht macht …

Die sechsminütige Nachspielzeit war schon fast abgelaufen, als der eingewechselte Tim Civeja auf der rechten Außenbahn zu viel Platz hatte, einen Flachpass durch den Münchner Sechzehner spielte und Marcel Gaus aus dem Hintergrund angelaufen kam. Und traf. Und das Drainage-lose Ludwigsparkstadion in ein Tollhaus verwandelte.

Harry Kane stand am Seitenrand, im Aufwärmleibchen, und traute seinen Augen nicht. Hier stand er, trotz »Hamstrings« bereit für einen Einsatz in der Verlängerung, um die Total-Blamage abzuwenden. Und jetzt war es zu spät. Der nächste Titel dahin.

Erst das Supercup-Desaster beim Debüt, jetzt die Pokalsaison futsch, Aus beim Tabellen-15. der 3. Liga. 23 Jahre lang hatten die Bayern keine Partie gegen ein Team unterhalb der beiden Bundesligen verloren, damals noch in Magdeburg.

Doch diese Bayern schienen langsam ein Gefühl dafür zu entwickeln, wie man sich ein paar Negativrekorde schnappte. Und wie man von einem Unfall in den nächsten geriet.

»Wir haben alles versucht und mit dem letzten Torschuss dann eine ganz bittere Pille gekriegt«, sagte Thomas Tuchel am Mikrofon der ARD, während Saarbrücker Fans hinter ihm den Platz gestürmt hatten und abgeschirmt werden mussten. »Da gibt's jetzt hundert Erklärungen oder vielleicht auch keine. Fühlt sich heute ein bisschen komisch an.« Komisch und vertraut zugleich. 2021 das Zweitrunden-Aus in Kiel, 2022 ein 0:5 in Mönchengladbach und im Frühjahr 2023 das 1:2 im Viertelfinale gegen Freiburg. In Tuchels zweitem Spiel als Bayern-Trainer.

Ein kleiner Teil des Bayern-Kaders stellte sich den wütenden Anhängern, Routinier Müller ging gleich ins Gespräch. »Den Fans«, erklärte er kurz darauf, »geht es logischerweise wie so oft gar nicht so ums Ergebnis, ums Spiel. Denn im Fußball kann man auch mal ein Spiel verlieren. Was aber überhaupt nicht geht, ist, dass nur drei, vier Spieler am Ende von sich aus verstehen, den Support auch zu respektieren. Die Jungs fahren hier unter der Woche Hunderte Kilometer zum Auswärtsspiel hoch, unterstützen uns – und da ist es das Mindeste, dass man versteht, etwas zurückzugeben.«

Viele Bayern-Profis hatten sich schnell aus dem Staub gemacht, erniedrigt von einem Drittligisten, der von elf Ligaspielen gerade mal drei gewonnen hatte.

Drei Tage blieben den Bayern noch, um sich auf Dortmund vorzubereiten und die Schmach von Saarbrücken zu vergessen.

Währenddessen leckte sich der Boulevard in England die Finger und machte groß auf mit dem zermürbten Kane. »Der Harry-Kane-Fluch ist echt«, schrieb der »Daily Star«. »Bayern München erleidet schweren Rückschlag dank eines Treffers in der 96. Minute.« Und selbst bis nach Spanien hatte es der große, strauchelnde FC Bayern geschafft. Und vor allem sein Stürmer. Den »Fluch von Kane« erkannte auch die »Marca«: »Er ging zu Bayern, um Titel zu gewinnen, und hat bereits zwei verloren … in 15 Spielen!!!«

Zwei von vier möglichen Titeln waren weg, zwei blieben noch. In der Liga und in der Champions League.

Innenverteidiger de Ligt hatte in Saarbrücken einen Teilriss des Innenbandes im rechten Kniegelenk erlitten und würde nicht nur das Spitzenspiel in Dortmund verpassen.

Fragezeichen ergaben sich für einen ohnehin schon frustrierten Trainer also links und rechts. Konnte oder wollte Tuchel das Risiko mit einem ohnehin verletzungsanfälligen Upamecano in der Startelf eingehen? Wie bereit war Goretzka mit dicker Handbandage? Und wer sollte sonst den rotgesperrten Kimmich ersetzen?

»Wir müssen schlau sein und groß abwägen«, sagte Tuchel am Tag vor dem Spiel in seinem alten Wohnzimmer. Zwei Jahre lang hatte er den BVB trainiert, den DFB-Pokal gewonnen und die Guardiola-Bayern ans Limit getrieben. Jetzt kehrte er erstmals für ein Bundesliga-Spiel zurück nach Dortmund.

Unpassender konnte der Zeitpunkt eigentlich nicht sein.

»Wir wollten nach Berlin, wir wollten den Pokal gewinnen«, sagte Tuchel, natürlich gezeichnet von Saarbrücken. »Unser Ziel war eindeutig und eindeutig formuliert. Das müssen wir sehr früh in der Saison abhaken und dann einfach auch mal verdauen.«

Berichte las er nicht, bekam also vom ganzen Donner über München wenig mit, wusste aber trotzdem: »Es ist schwierig, kritische Stimmen jetzt zu widerlegen. Das müssen wir aushalten, vorbeigehen lassen und zusammenstehen, weitermachen.«

Seine Mannschaft, versicherte er, habe gut reagiert, anständig. »Niemand hat rumgeschrien, niemand hat den anderen beschuldigt. Weil dafür keine Not besteht. Natürlich spricht eine Niederlage im Pokal gegen das Grundgesetz des FC Bayern München und tut brutal weh.«

Aber jetzt stand wieder Liga auf dem Programm.

Und wo, wenn nicht beim Erzrivalen in Dortmund, könnte man eine solche Blamage besser vergessen machen?

Neun der letzten zehn Spiele hatten die Bayern gegen Borussia gewonnen, Dortmund dagegen war seit 25 Heimspielen unbesiegt.

Auch wenn eines dieser Heimspiele jenes 2:2 gegen Mainz am letzten Spieltag der Vorsaison war. Das Unentschieden, das die Bayern dank Musialas Last-Minute-Tor in Köln doch noch vorbeiziehen ließ.

Der BVB war aktuell Vierter, hatte zwei Punkte weniger als die Bayern und vier weniger als Tabellenführer Leverkusen.

Wobei die tabellarische Situation nicht immer die vorderste Rolle spielte in solch einem prestigeträchtigen Duell.

Aufatmen hieß es beim FC Bayern, als sich der Dortmunder Signal-Iduna-Park mit seinen 81 365 Plätzen langsam füllte. Mazraoui war gesund, also konnte der Marokkaner rechts verteidigen und Laimer im Mittelfeld auflaufen, neben Goretzka, der mit Schiene spielen würde. Und selbst Upamecano konnte zumindest halbwegs schmerzfrei in der Startelf stehen.

Alternativen standen Tuchel zwar kaum noch bereit, doch von einer Startelf wie dieser in Dortmund konnten viele Topvereine in Europa nur träumen.

Und einen besseren Start hätten sich die Bayern nicht erträumen können. In der vierten Minute flog eine scharf getretene Ecke von Leroy Sané durch den Dortmunder Strafraum, und aus drei Metern köpfte Upamecano zur Führung ein. Ausgerechnet Upamecano, natürlich.

Der Franzose rutschte auf Knien zur Eckfahne, sofort umarmt vom ersten Gratulanten Kane.

Und die Bayern machten einfach weiter. Aus der eigenen Hälfte kombinierten sich Sané und Goretzka mit Tempo heraus, der Mittelfeldspieler bediente im Strafraum wieder den Flügelspieler, und Sané legte quer für Kane, der nur noch einschieben musste. 2:0 nach nicht mal neun Minuten.

Stille beherrschte den Großteil dieses sonst so imposanten Stadions, Ungläubigkeit beim BVB. In ihrer Ecke feierte der hauptsächlich in Rot gekleidete Gästeblock, stimmte früh zu Schmähgesängen in Richtung der berüchtigten Dortmunder Südtribüne an.

Auf dem Platz näherten sich die Bayern der Perfektion. Sie erdrückten den BVB mit einer Intensität, die Tuchel so gern öfter gesehen hätte, zum Beispiel vier Tage zuvor in Saarbrücken.

Kane kam seiner Rolle als Vollstrecker und Spielgestalter in einem nach, ließ sich immer wieder tief fallen, initiierte Angriffe aus der eigenen Hälfte, verlagerte das Spielgeschehen und setzte seine Mitspieler in Szene.

So auch unmittelbar nach der Pause, als eine desolate Dortmunder Abwehr schon wieder die Orientierung verloren hatte und Kane den perfekten Schnittstellenpass spielte in den Lauf von Musiala, der jedoch zu lange zögerte und an BVB-Torwart Gregor Kobel scheiterte.

Kurzzeitig erwachten die Gastgeber, Urgestein Marco Reus fand seinen Meister mit der besten Chance jedoch in Manuel Neuer, der so spielte, als wäre er nie weggewesen. Als hätte er sich nicht vor elf Monaten das Bein so schlimm gebrochen, dass erst mal unklar war, ob er überhaupt je zurückkommen würde.

Die Stimmung wechselte zwischen Ernüchterung und Hoffnung, ein-, zweimal ließ der BVB durchblicken, vielleicht einen Comeback-Versuch zu wagen. Dadurch wiederum ergaben sich riesige Konterräume für die Bayern, die sie teilweise fahrlässig ausspielten.

Erst in der 72. Minute machte Kane den Deckel drauf, nachdem er von Rechtsaußen Coman im Sechzehner bedient worden war, den Ball einmal angenommen und Kobel mit dem zweiten Kontakt aus sieben Metern verladen hatte. Sofort rannte der Engländer in die Arme seiner sich aufwärmenden Mitspieler, zuvorderst Thomas Müller, dann Krätzig, Sarr und Tel. Zu guter Letzt rannte auch Fitnesstrainer Prof. Dr. Holger Broich im Leibchen herbei und streichelte Kane den Hinterkopf.

Der wiederum hatte noch gar nicht genug, legte nach energischer Vorarbeit des eingewechselten Youngsters Aleksandar Pavlovic auch noch das 4:0 nach und zeigte jedem im Stadion mit einer Hand, wie viele Tore er in diesem sogenannten Klassiker gerade erzielt hatte.

Auf der Ersatzbank platzte die Erleichterung aus Thomas Tuchel heraus, der sogar aufs Spielfeld rannte, in die Knie ging und demonstrativ vehement jubelte.

Dortmunder Zuschauer waren längst dabei, das Stadion zu verlassen. Bundestrainer Julian Nagelsmann zeigte auf der Tribüne keine Emotionen, ließ sich nach außen nichts anmerken. Ob er wohl dachte: *Wenn ich doch bei Bayern nur so einen Stürmer gehabt hätte?*

Bei 15 Saisontoren stand Kane nun nach zehn Spieltagen, in der gesamten Vorsaison hatten dem Jetzt-Dortmunder Niclas Füllkrug und dem Ex-Leipziger Christopher Nkunku 16 Treffer zum Titel des Torschützenkönigs gereicht.

20 Scorerpunkte – Kane hatte auch fünf Vorlagen zu verbuchen – waren zu diesem Zeitpunkt ebenfalls noch keinem Bundesliga-Profi gelungen. Der ehemalige Dortmunder Erling Haaland hatte 2019 immerhin 13 geschafft, genau wie der damalige Bremer Diego in der Saison 2006/07.

Wie schon gegen Darmstadt, verließ Kane nun auch das Dortmunder Stadion mit einer weißen Plastiktüte, darin der von den Teamkollegen unterschriebene Spielball. Sein dritter Dreierpack-Ball nach nicht mal drei Monaten in Deutschland. »Dafür haben wir ihn gekauft«, scherzte Leon Goretzka vorm Ausgang des Signal-Iduna-Parks, wobei es eigentlich kein Scherz war. Dieses Ausmaß an Toren hatte zwar keiner erwarten können, doch im Grunde war Kane ja genau dafür gekommen: um die Topspiele zu entscheiden.

Noch auf dem Spielfeld hatte Müller sich Kane lachend genähert und typisch Müller-ketzerisch gefragt: »Dein Hotelzimmer wird langsam kleiner und kleiner, oder?«

Kane, den Spielball unterm rechten Arm eingeklemmt, hatte gegrinst und genickt.

Zwar bezog er eine äußerst komfortable Suite im »Mandarin Oriental Hotel«, doch ein ausgeschmücktes Regal für all die Bälle – wie man es sich im Eigenheim vielleicht einrichten würde – fehlte natürlich.

Noch.

Neue Büros entstehen in Sichtweite, dazu ein paar Apartments,

Geschäfte und ein Restaurant. Die XXL-Baustelle kratzt ein wenig am Ambiente, aushalten müssen es die Betreiber und Mitarbeiter des Mandarin Oriental Hotels in der Münchner Innenstadt aber noch bis 2026. Erst dann werden die Mauern und Kräne direkt vor dem Eingang verschwunden sein.

Harry Kane störte sich daran nur bedingt, als er im August 2023 in die Bavaria-Suite des Fünf-Sterne-Hotels zog. Vier Rechts- und zwei Linkskurven sind es fußläufig vom Haupteingang zum Marienplatz, so zentral ist das Gebäude mit der antiken Putzfassade gelegen. Vier große Fahnenmasten zieren den Haupteingang, überragt wird der Anblick jedoch vom Turm, der vorn aus dem Dach herausragt.

In diesem Turm befinden sich auf verschiedenen Stockwerken mehrere Suiten, eine davon die Bavaria-Suite, in der Kane für etwas weniger als die veranschlagten 4000 Euro pro Nacht wohnte.

75 Quadratmeter hatte er dort für sich. Ein Bad mit zwei Waschbecken, einer Badewanne und begehbarer Dusche mit Blick auf die Dächer der Stadt. Dazu ein Wohnzimmer mit Sofa, Sessel, und Möbeln im Neo-Biedermeier-Stil, Kunstwerke aus einer königlich-bayrischen Porzellanmanufaktur und Flachbildfernseher. Und ein Schlafzimmer mit einem zwei mal zwei Meter großen Kingsize-Bett, Flachbildfernseher und fünf Fenstern für das perfekte Panorama.

Also ja: Es war genug Platz vorhanden für all die Spielbälle, die Kane nach nur drei Monaten mit »nach Hause« gebracht hatte.

Der Speck und die Bohnen, die es ab und zu zum Frühstück gab, schienen zu helfen. Besonders aber das Sushi und Sashimi, das sich Kane fast jeden Abend im hauseigenen japanischen Restaurant bestellte. War er allein, aß er in seiner Suite. Besuchte ihn die Familie, fand das Dinner im Restaurant statt.

Und wenn er nicht gerade Rekorde auf dem Fußballplatz brach, vertrieb er sich die Zeit mit dem Ex-Münchner Claudio Pizarro auf dem Golfplatz Straßlach-Dingharting, südlich von München. Oder er ging ins »Museum Lichtspiele«, das älteste Kino Münchens, und schaute »Oppenheimer« im Original.

Kane fühlte sich fast wie zu Hause und spielte noch besser als zu Hause. Er hatte sich zwar mit 30 Saisontoren aus der Premier League verabschiedet, doch wenn er in der Bundesliga nur annähernd so weitermachte, wie er angefangen hatte, würde er diese Marke noch im Frühjahr erreichen.

Achtung, Spoiler: Er machte so weiter.

Auf zwei Dreierpacks in der Liga ließ Kane gegen Galatasaray einen Doppelpack zum 2:1-Sieg folgen und erhielt zum ersten Mal in seiner Karriere die Man-of-the-match-Trophäe der UEFA. Ein kleiner silberner Champions-League-Ball, den Kane freudig seinen Mitspielern präsentierte.

Auf den Doppelpack gegen Gala folgte ein Doppelpack in der Liga gegen Heidenheim beim 4:2-Sieg, und der »kicker« wählte Kane zum dritten Mal in Folge zum Spieler des Spieltags. Seit der Einführung zur Saison 1971/72 war dies zuvor lediglich dem Leverkusener Leihspieler Toni Kroos in der Spielzeit 2009/10 und Kanes Vorgänger Robert Lewandowski 2020/21 gelungen.

Auch am nächsten Spieltag, beim 1:0-Sieg in Köln, avancierte Kane mit dem Tor des Tages zum Matchwinner, ging anschließend aber gleich dreimal leer aus. Erst trennten sich die bereits fürs Achtelfinale qualifizierten Bayern 0:0 von Kopenhagen, gingen dann mit 1:5 in Frankfurt unter und erholten sich mit einem 1:0-Sieg zum Abschluss der Gruppenphase bei Manchester United. Den Siegtreffer von Kingsley Coman hatte Kane immerhin vorbereitet. »Wir haben in diesem Jahr gute Chancen«, meinte der Toptorjäger später über die Aussichten der Bayern auf einen Triumph in der Königsklasse.

Auch in der Liga erholten sich die Bayern vom Rückschlag in Frankfurt und gewannen dank des nächsten Doppelpacks von Kane mit 3:0 gegen den Verfolger Stuttgart, blieben so auf einen Zähler an Tabellenführer Leverkusen dran. Magere 14 Ligaspiele hatte Kane für seine ersten 20 Tore gebraucht, auch das bedeutete einen neuen Rekord, von dem Uwe Seeler und Erling Haaland seinerzeit nur träumen konnten.

Mit einem Traumtor aus mehr als 20 Metern verabschiedete sich Kane anschließend beim 2:1-Sieg in Wolfsburg in die erste Winterpause seiner Karriere. In der durchgetakteten Premier League, in der auch an den heiligen Feiertagen Fußball gespielt wird, hatte er die Gelegenheit im vergangenen Jahrzehnt kein einziges Mal gehabt. »Ich kann es kaum erwarten, um ehrlich zu sein«, sagte er grinsend in den Katakomben des Wolfsburger Stadions. »Ich werde meinen Kumpels in England ein paar Bilder von mir am Strand schicken, wenn sie spielen, das wird lustig.«

Genauso lustig, wie eigentlich das gesamte Jahr für ihn gewesen war. Mit 52 Toren für Klubs und Land beendete Kane 2023, hatte damit genauso viele Treffer erzielt wie Kylian Mbappé und sogar zwei mehr als Erling Haaland.

Und zur Feier des Tages stand nun auch noch der Auszug aus dem »Mandarin Oriental Hotel« an. »Ein großes Dankeschön« richtete Kane an Heiligabend bei Instagram »an die Mitarbeiter des Hotels, die dafür gesorgt haben, dass ich mich seit meinem Umzug nach München wie zu Hause gefühlt habe.«

Mit Frau Kate und den vier Kindern flog Kane nun in die Karibik, um zum ersten Mal nach rund zehn Jahren Profifußball die Akkus mitten in der Saison wieder aufzuladen.

Danach dann durfte er endlich seine eigene Villa südlich von München in Baierbrunn beziehen und weiter auf Rekordjagd gehen. Das neue Jahr hatte es in sich.

18

Lehrstunde

Der Untergang in Leverkusen

Der Weg war eher matschig als glamourös, aber das störte die sechs zumindest angetrunkenen Leverkusen-Fans nicht, die sich an diesem grauen und regnerischen Karnevals-Samstag in Schale geworfen hatten. »Wir würden nie zum FC Bayern München geh'n«, sang der eine, der sich als grüner Dinosaurier verkleidet hatte, so laut, dass er sich beinahe an der Mischung aus Dosenbier und Zigarette verschluckt hätte. Zwei seiner Kumpels – der eine im Topgun-Overall, der andere irgendwas zwischen Krümelmonster und Papa Schlumpf – stiegen mit ein in die Anti-Bayern-Gesänge, die in Leverkusen gerade besonders angesagt waren. Dass die einst bestimmt mal weißen Sneaker längst braun vom kaum begehbaren Pfad waren, der vorbei an Trinkhallen und Bussen zur BayArena führte, schien niemanden sonderlich zu stören.

Viele Meter blieben dem Sextett nicht mehr zum Stadion, das zwei Stunden vor Anpfiff bereits das Flutlicht aus dem Innenraum nach außen warf und bereit wirkte für das Topspiel zwischen Bayer Leverkusen und dem FC Bayern, auf das sich ganz Fußball-Deutschland seit Wochen freute.

Die Ticket-Nachfrage nach diesem Duell zwischen Tabellenführer Leverkusen und Titelverteidiger Bayern, der zwei Punkte aufzuholen hatte, war riesig gewesen. Leverkusen, von Bayerns ehemaligem Mittelfeld-Strategen Xabi Alonso trainiert, war auch Anfang Februar noch ohne eine einzige Saisonniederlage.

An der Säbener Straße in München hatte Trainer Thomas Tuchel gleich zu Wochenbeginn dieses Topspiels wenig Mühe, sich und seine Mannschaft zu verstecken, um bloß niemanden wissen zu lassen, was er möglicherweise austüftelte. Hinter großen, verschließbaren Vorhängen konnten die Bayern dort auf den zwei Hauptplätzen trainieren, ohne dass pfiffige Reporter oder gegnerische Spione etwas davon mitbekamen. Einzig die Akustik ließ die eine oder andere Vermutung zu. Ohne lautstarke Kommandos kann schließlich selbst der deutsche Serienmeister nicht trainieren.

Unruhig war es beim FC Bayern nach nur wenigen Wochen im neuen Jahr schon wieder geworden, und daran war einzig der FC Bayern selbst schuld.

Während Leverkusen unter Alonso einen Fußball spielte, wie ihn die Bundesliga zuletzt bei Pep Guardiolas Bayern zwischen 2013 und 2016 bestaunen durfte, und selbst ein Fast-Absteiger aus dem Vorjahr wie der VfB Stuttgart den deutschen Pokalsieger RB Leipzig in alle Einzelteile zerlegte, verkrampften die Bayern nicht selten gegen Mannschaften, bei denen sich Spieler in jüngerer Vergangenheit noch absichtlich Gelbsperren abgeholt hatten, um einem Spiel gegen den Rekordmeister zu entgehen. Werder Bremen zum Beispiel hatte in den zurückliegenden Spielzeiten mal 1:6 in München verloren, mal 0:5 oder 0:6, hatte selbst zu Hause zwischendurch sieben Gegentore vom großen FC Bayern kassiert. 16 Jahre lang hatte Bayerns einstiger Meisterschaftskonkurrent kein einziges Spiel in München gewonnen, bis er diese wackligen Tuchel-Bayern im Januar 2024 kalt erwischte und an einem Sonntagnachmittag mit 1:0 besiegte, ohne sich ein Bein auszureißen. Dabei hatten sowohl Bremens bester Torjäger Marvin Ducksch als auch Strippenzieher Leonardo Bittencourt die Partie tatsächlich wegen einer Gelbsperre verpasst.

Und weg waren sie wieder, die angebliche gute Laune und Leichtigkeit, die Tuchel nur drei Tage zuvor in Quinta do Lago noch ausgerufen hatte. Dort, an der Südküste Portugals, hatten sich die Bayern zwischen Golf- und Surfkursen unter Palmen und Pinien für vier Tage in ein Wohlfühltrainingslager verabschiedet, wohlgemerkt zwischen zwei Ligaspielen gegen Hoffenheim und eben Bremen. Bei 18 Grad und Sonne wollten sie den eisigen Temperaturen in München vorübergehend entkommen, Schnee gegen Schweiß eintauschen, Inhalte und Abläufe einstudieren und vor allem als Team näher zusammenrücken. Und das sah auch recht vielversprechend aus, zumindest von außen.

Handschuhe und Mützen, die an der Säbener Straße im Januar so normal geworden waren wie bunte Fußballschuhe, waren in München geblieben, stattdessen blickten Harry Kane, Manuel Neuer und Co. am Morgen den Sonnenstrahlen entgegen, die ihnen das Anschwitzen auf den nach draußen gestellten Fahrrädern erleichterten. Nach und nach trafen die Bayern-Profis in ihren roten Klamotten am Trainingscampus ein, der eine per Shuttle vom fünf Minuten entfernten Fünf-Sterne-Teamhotel, der andere mit Fahrrad und Helm, manche sogar mit dem extra nach Portugal gebrachten Teambus. Trainieren ließ Tuchel seine Mannschaft lange, manchmal auch zweimal am Tag, doch die Laune blieb gut. Das Trainerteam vertrieb sich die freie Zeit nach den Einheiten mit Padel-Tennis auf der Anlage, Neuer und Co. veranstalteten an einem freien Nachmittag sogar ein Turnier unter den Spielern, während Harry Kane mit Thomas Müller, Sven Ulreich, Konrad Laimer und seinem gerade erst aus Tottenham verpflichteten Kumpel Eric Dier auf dem Golfplatz das Tempo vorgab.

Dier, der zehn Jahre lang mit Kane bei Tottenham gespielt hatte, hatten die Bayern gewissermaßen als finanzierbaren Kompromiss nach München geholt. Der Engländer, immerhin schon 30, hatte bei den Spurs unter Trainer Ange Postecoglu eigentlich gar keine Rolle mehr gespielt, war nur auf vier Kurzeinsätze gekommen und daher kein teures Investment. Am liebsten wäre Sportdirektor Christoph Freund und Trainer Tuchel zwar der Uruguayer Ronald Araujo vom FC Barcelona gewesen, doch den ließ Trainer Xavi für keinen Preis ziehen. Deshalb Dier, die wesentlich günstigere Soforthilfe, die aufgrund zahlreicher Verletzungsprobleme im Kader auch gleich gebraucht wurde.

Ein überschwängliches Fazit zog Tuchel nach vier Tagen zwischen den Golfanlagen von Quinta do Lago in der Nähe von Faro, als ihm vorm Abreisetag die Sonne in den Nacken schien. »Ich liebe einfach Trainingslager«, sagte der Trainer, »weil sie dir die Möglichkeit geben, nach diesen guten Trainingseinheiten zusammenzubleiben.« Keiner fuhr danach in seine Villa nach Grünwald oder Bogenhausen, wollte Tuchel damit sagen. Alle schlenderten stattdessen zurück zum Teamhotel, aßen zusammen und sprachen vielleicht auch miteinander. »Die Energie, die eigentlich im Training entsteht, bleibt dann in der Gruppe. Das merkt man uns auch an, wenn man auf sehr hohem Niveau trainiert.«

Vor allem der letzte Satz sollte Tuchel in den folgenden Tagen mehrmals auf die Füße fallen.

Zurück in München, blieben den Bayern vor dem Heimspiel gegen den Lieblingsgegner Bremen zwei Trainingstage, jetzt natürlich wieder bei 20 Grad weniger. Die Einheiten, das wurde Tuchel nicht müde zu betonen, seien herausragend gewesen. Zu sehen war davon auf dem Platz fast nichts. Aus Protest gegen die Investoren-Zulassung in der DFL boykottierte Bayerns Südkurve wie alle anderen Ultra-Gruppierungen in Deutschland in den ersten zwölf Minuten den Support. Und wenn vom Herzstück der Fanszene nichts ausging, zog der Rest auch nicht nach. Die Stille, die mancher Profi vermutlich noch zu gut kannte aus tristen Corona- und Geisterspielzeiten, schien sich wie eine Bleiweste um die in weißen Trikots und roten Hosen gekleideten Bayern-Profis zu legen. Je ruhiger es im Stadion blieb, desto mühsamer schien das eigene Spiel. Ohne Spielwitz, ohne Leichtigkeit, ohne Ideen.

Und Tuchel, nun endgültig wieder angekommen im deutschen Winter, blickte nach dem trostlosen 0:1 fast so ideenlos drein, wie seine Spieler gespielt hatten. Seine Mannschaft, schimpfte er, habe so gespielt, als habe sie zehn Punkte Vorsprung an der Tabellenspitze, dabei hatte Bayer Leverkusen am Tag zuvor in Leipzig schon wieder spektakulär vorgelegt und den Vorsprung auf den FC Bayern auf sieben Punkte erhöht. Aber war das Training nicht vorher noch herausragend gewesen? Hätte sich das gegen einen so klaren Außenseiter nicht aufs Spielfeld übertragen müssen? »Ich habe keine Lust mehr, immer zu sagen, dass wir gut trainieren«, sagte Tuchel. »Das glaubt mir ja niemand mehr, wenn wir so spielen.«

Ein paar Meter weiter, in den Katakomben, machten sich die Spieler des FC Bayern ähnlich frustriert auf den Weg in Richtung Ausgang der Allianz-Arena. Wortlos stapften sie an den wartenden Journalisten vorbei. Dabei waren es ja auch jene Reporter, die sich genauso bohrend die Fragen nach dem großen Ganzen stellten, nach dem, was hier eigentlich gerade passierte in München. In München wurde es ohnehin nie ruhig und selten langweilig, für Friede-Freude-Eierkuchen-Stimmung müssten schon zwölf überzeugende Siege in Serie sorgen. Jetzt aber spielte der FC Bayern, der Immer-Meister der deutschen Bundesliga, so unbayrisch, wie man es für lange Zeit nicht gekannt hatte, obwohl er punktetechnisch gut abschnitt. Und allmählich, das las sich unschwer aus den Gesichtern der Müllers und Neuers ab, schienen auch bei den Spielern die Unruhe und Unzufriedenheit zu steigen. Lag es am Trainer? War Tuchel doch nicht der passende Nachfolger von Julian Nagelsmann? Hätte Nagelsmann, der stattdessen nun deutscher Nationaltrainer war, mehr Zeit bekommen müssen? Oder lag es an den Spielern? Waren diese hochgelobten Mittzwanziger wie Joshua Kimmich, Leon Goretzka oder Serge Gnabry doch nicht die Antwort? Wie aber hatte es diese Generation dann nur dreieinhalb Jahre zuvor geschafft, in Lissabon die Champions League zu gewinnen und mit Hansi Flick jeden einzelnen Titel abzuräumen?

Die gute Laune jedenfalls, sie war in Portugal geblieben. Jetzt, im kalten Deutschland, wirkte alles wieder ernster, verkopfter und, vielleicht war das die vorübergehend schlimmste Erkenntnis: Diesen so hochbegabten und hochbezahlten Fußballspielern schien das Fußballspielen nun wirklich wie ein lästiger Nine-to-five-Job vorzukommen. Fast so, als säßen manche von ihnen freitags beim Kartenspielen zusammen, und dann würde einer sagen: »Boah … morgen auswärts in Augsburg, gar keinen Bock.«

Auswärts in Augsburg ging es dann aber weiter für Tuchels Bayern, also fast. Erst war Union Berlin zu Gast in München, und später, nachdem sie 0:1 verloren hatten, ärgerten sich die Spieler des 1. FC Union fürchterlich, als sie im Teamhotel zusammensaßen. Da war mehr drin gewesen, sagten sie unisono. Dieser FC Bayern war verwundbar, stellten sie fest. Immerhin konnten die Bayern mit dem Ergebnis gegen Union zumindest ein kleines bisschen Schadensbegrenzung betreiben nach der Heimniederlage gegen Bremen drei Tage zuvor. Eine Heimniederlage, die übrigens nicht mal der CEO des FC Bayern, Jan-Christian Dreesen, später schöngeredet, stattdessen lieber über »70 Minuten langweiligen Fußball« geschimpft hatte. Friede, Freude … Von wegen.

Weiter also in Augsburg. Dort, keine hundert Kilometer von München entfernt, hatte sich Julian Nagelsmann an einem tristen Vor-Wiesn-Tag 2022 bereits in seinem Jackenkragen vergraben, weil seine Bayern zum zweiten Mal hintereinander bei diesem unangenehmen, kleinen Nachbarn verloren hatten. Mit Ruhm bekleckerten sich die Bayern auch dieses Mal nicht, immerhin gewannen sie das Spiel mit 3:2. Aber auch das wäre kein standesgemäßer Bayern-Tag im Jahre 2021, 2022, 2023 oder 2024 gewesen, wenn nicht noch irgendetwas eher Ungutes hinzugekommen wäre, ein kleines Störgeräusch. Oder eben eine Verletzung, wie es sie zu Beginn dieser Rückrunde nahezu hagelte.

Erst setzte es gegen Union Berlin einen ungewollten Hattrick, weil sich Dayot Upamecano am Oberschenkel verletzte, später noch Konrad Laimer an der Wade und zu guter Letzt Joshua Kimmich an der

Schulter. Alle drei fehlten daraufhin in Augsburg, und als Youngster Aleksandar Pavlovic, einer der nicht so vielen Lichtblicke in diesem strauchelnden Ensemble, beim FCA zum erlösenden 1:0 traf, fiel der Augsburger Phillip Tietz seinem Gegenspieler Kingsley Coman so unglücklich aufs Bein, dass der einen Innenbandriss davontrug.

Der Arbeitssieg in Augsburg konnte schnell als solcher verbucht werden. *Immerhin*, dachten wohl viele, sprachen es aber nicht aus, *stimmen die Ergebnisse noch. So lange müssen wir uns keine Sorgen machen.* In Wahrheit hatten auch optimistischste Verantwortliche des FC Bayern erkannt, dass eine Weiterentwicklung unter Tuchel nicht wirklich erkennbar war.

Mit Biegen und Brechen drehten die Bayern eine Woche später gegen Gladbach einen Rückstand in einen 3:1-Sieg, doch selbst dieser Erfolg hielt noch einen Beigeschmack parat: Alphonso Davies, der nicht mehr unumstrittene Flitzer auf der linken Abwehrseite, hatte sich vor Schluss das Knie verdreht und nicht weiterspielen können. »Ich habe keine Worte, wenn das jetzt schon wieder passiert«, sagte der Trainer später besorgt auf der Pressekonferenz, vielleicht mit einer falschen Portion Resthoffnung. Denn auch Davies erholte sich nicht so schnell, musste aufgrund einer Innenbandzerrung mehrere Wochen aussetzen. Verletzungsmeldungen publizierte der FC Bayern auf seiner Webseite zu diesem Zeitpunkt öfter als die handelsüblichen Schon-wieder-gewonnen-Nachberichte oder Weiter-immer-weiter-PR-Parolen.

Die Woche der Wahrheit stand bevor, und für dieses alles überstrahlende Topspiel in Leverkusen hatte sich Tuchel etwas überlegt. Am Mittwoch verbarrikadierten sich die Bayern wie gewohnt hinter ihren ausfahrbaren Schutzmauern an der Säbener Straße. Gemeinsam mit seinem Trainerteam hatte Thomas Tuchel den Tabellenführer Leverkusen analysiert und gesehen, wie dessen 3-4-3-System zum Erfolg führte. Hinten die spielstarke Dreierkette um Abwehrchef Jonathan Tah, auf der linken »Schiene«, wie man das inzwischen nannte, Alejandro Grimaldo, dessen linker Fuß den Bayern schon im Hinspiel beim 2:2 einen Streich per Freistoßtor gespielt hatte. Auf rechts der pfeilschnelle Jeremie Frimpong und im Zentrum die geballte Fußballhoheit mit dem Anführer Granit Xhaka, dem Zehner Florian Wirtz und dem Stoßstürmer Patrick Schick. Leverkusen, das war das Problem für Tuchel, hatte viele Wege zum Erfolg. Das bekamen die Bayern in jener Woche der Wahrheit bereits am Dienstag vor Augen geführt, als Bayer im Pokal-Viertelfinale den mutig aufspielenden VfB Stuttgart in der 90. Minute besiegte. Diese Leverkusener Mannschaft hatte unter Xabi Alonso überhaupt nichts mehr zu tun mit jenen Akteuren, die einst für ihre ständigen zweiten Plätze und Finalniederlagen als »Vizekusen« abgestempelt wurden. Irgendwie fand diese Truppe immer einen Weg zum Erfolg, ob in der Nachspielzeit oder durch donnernde Dominanz.

Im Training am Mittwoch, das immerhin wieder mit den zuletzt angeschlagenen Upamecano und Kimmich stattfinden konnte, stellte Tuchel seiner Mannschaft daher gleich seinen abgeänderten Matchplan für den Kracher am Samstag vor. Er wollte das Leverkusener System spiegeln, also ebenfalls und erstmals mit einer defensiven Fünferkette auflaufen. Rechtsverteidiger Noussair Mazraoui war bereits vom Afrika-Cup zurückgekehrt, und der für 30 Millionen Euro im Januar geholte Rechtsverteidiger Sacha Boey sollte die linke Außenbahn übernehmen. Eine Position, die er in seiner jungen Laufbahn erst einmal zuvor gespielt hatte. Und in der hintersten Dreierkette würden Tuchel Matthijs de Ligt, der gegen Gladbach den 3:1-Endstand erzielt hatte, Dier und Upamecano zur Verfügung stehen, wenn der Franzose denn rechtzeitig fit würde. Min-Jae Kim machte sich derweil aus Katar auf den Weg zurück nach München, nachdem er mit der südkoreanischen Nationalmannschaft im Halbfinale der Asien-Meisterschaft überraschend an Jordanien gescheitert war. Er sollte, wenn alle Gesundheitswerte stimmten, am Donnerstag wieder trainieren und dann ebenfalls zur Verfügung stehen in Leverkusen.

Sorgen bereitete dagegen das Knie von Manuel Neuer. Der Kapitän verpasste die ersten Trainingseinheiten der Woche, da er wegen leichter Schmerzen sicherheitshalber kürzertrat. Neuer, der nach seinem Skiunfall vermutlich besser auf seinen Körper hören konnte als jeder Teamkollege, hielt sich in den Innenräumen so gut es ging fit. Auch bei ihm blieb wie bei Kimmich, Upamecano und Kim noch ein Fragezeichen. Tuchel musste währenddessen alle Eventualitäten einplanen und gleichzeitig versuchen, seinen veränderten Ansatz einzustudieren.

Dabei war er doch derjenige gewesen, der, nachdem er Mainz 05, Borussia Dortmund und die Bundesliga verlassen hatte, im Starensemble von Paris Saint-Germain und später in London zu der Erkenntnis gekommen war, dass man in großen Spielen lieber nicht zu viel verändern, lieber bei sich bleiben sollte. Als er mit dem FC Chelsea 2021 im Finale der Champions League stand, da meinte Tuchel, dass so ein Endspiel »grundsätzlich nicht der Moment« sei, um zu experimentieren, umzuplanen oder irgendwas kaputtzudenken. »Es ist ein Spiel für die Spieler, nicht für die Trainer.« Wer also über ein solches Aufgebot verfügte wie Tuchel damals in Paris mit Neymar oder Kylian Mbappé und dann bei Chelsea mit Kai Havertz oder N'golo Kanté, der sollte bloß nicht auf abenteuerliche Ideen kommen. Pep Guardiola, den Tuchel seit jeher bewunderte und in diesem Champions-League-Finale in Porto besiegen sollte, war genau das immer wieder passiert, erst als Bayern-Coach und dann als Trainer von Manchester City. In den Halbfinals oder Finals hatte der Katalane stets geglaubt, ein bisschen schlauer sein zu müssen als sonst – und damit die eigene Mannschaft aus dem Konzept gebracht. Die Champions League, sagte Tuchel damals im Mai 2021, würden eher die Mannschaft gewinnen, »die auf hohem Niveau ihr Zeug gemacht haben, und das leuchtet ja auch ein: unter Stress genau das zu machen, womit man sich wohl und sicher fühlt. Wenn so viele Variablen im Spiel sind und so viel Qualität drinsteckt, ist es der Schlüssel, bei sich selbst zu bleiben.«

Warum also jetzt, im Februar 2024 in Leverkusen, alles ändern, wenn so viele Variablen im Spiel waren und doch eigentlich so viel Qualität drinsteckte in der Mannschaft des FC Bayern?

Nach und nach waren am Samstagnachmittag immer mehr kostümierte Fans im Dunstkreis der BayArena zu sehen. Sie pilgerten in Richtung der Stadioneingänge und warfen nur zu gern bissige Kommentare oder Liedstrophen entgegen, wenn ihnen Menschen in Trikots des FC Bayern begegneten.

Der Himmel blieb bedeckt, immerhin der Regen hatte fürs Erste aufgehört. Im Stadion dagegen setzte sich anderthalb Stunden vor Spielbeginn das große Rätselraten der letzten Tage fort: Wie würden Xabi Alonso und Thomas Tuchel aufstellen? Wie würde der eine auf den anderen reagieren? Würde überhaupt einer auf den anderen reagieren? Oder waren beide nicht eigentlich selbstbewusst genug, um bei sich zu bleiben? Um »ihr Zeug zu machen«?

Im Pressebereich des Stadions tummelten sich die angereisten Reporter aus Westdeutschland, Süddeutschland oder England, die bei Nudeln, Würstchen oder Kuchen darüber debattierten, was gleich wohl passieren würde in diesem aufsehenerregenden Topspiel. Und als eine Stunde vor Spielbeginn die Push-Nachrichten auf den Handys aufleuchteten, nahm das Philosophieren kein Ende mehr. Leverkusen spielte ohne Jeremie Frimpong? Dafür mit Bayern-Leihgabe Josip Stanišić? Viererkette statt Fünferkette? Und Tuchel verzichtete auf Joshua Kimmich und bot stattdessen gleich fünf nominelle Abwehrspieler auf? Hatte er also tatsächlich eine Fünferkette ausgewählt und damit auf Alonso reagiert? Hatten beide Trainer jetzt à la Guardiola ein bisschen zu weit gedacht?

Am Spielfeldrand stand Thomas Tuchel eine halbe Stunde vor Anpfiff beim Sky-Interview und grinste in einer Tour, weil er natürlich nicht verraten wollte, was er sich bei seiner Personalauswahl gedacht hatte und wer jetzt genau wo auflaufen würde. Im Presseraum versammelten sich zahlreiche Reporter um die Fernseher und bekamen wenig zu hören. Stattdessen hob Tuchel lieber die Bedeutung der Partie hervor und dass die Bayern nach Leverkusen gefahren wären, »um den Spieß« umzudrehen. »Samstag, 18.30 Uhr, Hosen runter und Karten auf den Tisch. Wir wollen eine Statement-Leistung«, sagte der Trainer der Bayern hoffnungsvoll und justierte währenddessen die schwarze Adidas-Cap auf seinem Kopf.

Ein Statement setzten erst mal beide Fanlager, die die in diesen Wochen gängigen Investoren-Proteste fortsetzten und den Anpfiff durch aufs Spielfeld geworfene Süßigkeiten um acht Minuten verzögerten. Um 18.38 Uhr ging an diesem Karnevals-Samstag also ein Spiel los, das Spuren hinterlassen sollte. Auf beiden Seiten.

Im Fußballjargon spricht man zumeist von einer »Abtastphase«, in der beide Mannschaften sich zunächst anschauen, was die andere macht, und lieber kein Risiko eingehen. Ähnlich sah das auch in Leverkusen aus, bis sich die Bayern mal wieder selbst im Weg standen. Dayot Upamecano und Leon Goretzka zeigten Leroy Sané in der 18. Minute noch an, dass er bitte an die Außenlinie spurten sollte, um einen Leverkusener Einwurf zuzustellen, doch der zweitbeste Bayern-Torjäger nach Harry Kane reagierte erst gar nicht und dann viel zu langsam, bis es schon zu spät war. Robert Andrich hatte den Ball druckvoll quergespielt durch die Beine von Upamecano, durch den Strafraum der Bayern. Und am zweiten Pfosten, dort, wo der als Linksverteidiger aufgebotene Neuzugang Sacha Boey eigentlich stehen sollte, stand stattdessen der von den Bayern verschmähte Josip Stanišić, traf zum 1:0 und verkniff sich aus Respekt vor seinem eigentlichen Arbeitgeber den Torjubel.

Während sich die Leverkusener aufeinanderwarfen und diese so wichtige Führung feierten, war der Schuldige auf Bayern-Seite schnell gefunden. Wütend stapfte Goretzka in Richtung Sané, machte eine abfällige Armbewegung und erhielt gleich eine zurück, auch Upamecano erhob den Finger. Keine 20 Minuten waren absolviert, und schon nahmen sich diese Bayern wieder selbst aus dem Spiel.

Es sollte so zittrig weitergehen. Vorne blieben Sané, Kane und Jamal Musiala auftragslos, dahinter zogen Goretzka und Nebenmann Aleksandar Pavlovic wieder und wieder den Kürzeren gegen das Leverkusener Zentrum um Granit Xhaka, Torvorbereiter Andrich und Florian Wirtz. »Deutscher Meister wird nur der FCB«, hatten die Bayern-Fans im Gästeblock vor Anpfiff noch gesungen, inzwischen war es dort deutlich ruhiger geworden.

Die Bayern hatten noch Glück, dass Bayer im sogenannten letzten Drittel des Spielfelds, also da, wo es für gewöhnlich gefährlich wird, inkonsequent blieb und zahlreiche gute Gelegenheiten ausließ, aus diesem 1:0 schon ein komfortableres 2:0, vielleicht sogar ein 3:0 zu machen. Tuchel, da waren sich alle Beobachter auf der Tribüne einig, hatte sich gewaltig verzockt, Alonso dagegen wieder mal die richtigen Schlüsse gezogen. Spätestens in der Halbzeit würde der Bayern-Trainer reagieren und umstellen müssen. Aushilfslinksverteidiger Boey war so überfordert, dass er einem fast leidtun konnte.

Aber nichts da, Tuchel beließ es auch nach dem Seitenwechsel zunächst bei jener Elf, die in Durchgang eins gar nichts zustande gebracht hatte. Die Quittung erhielt er nach nicht einmal fünf Minuten in Abschnitt zwei, als sich Leverkusens linke Seite um Alejandro Grimaldo und Nathan Tella gemütlich durch die auffallend passive Bayern-Abwehr kombinierte und der Spanier Grimaldo Manuel Neuer den Ball aus spitzem Winkel um die Ohren jagte. Kopfschüttelnd und wütend reagierte die Führungsetage der Bayern um Präsident Herbert Hainer auf der Tribüne, während Tuchel auf der Bank zur Wasserflasche griff, murmelte und dann überlegte. Was nun? Gab es noch einen Ausweg? Hatte seine sowieso schon unsouverän und unsicher auftretende Bayern-Mannschaft ein Ass im Ärmel?

Eine Stunde dauerte es, bis der Trainer reagierte, Upamecano und Pavlovic vom Feld nahm und dafür Kimmich und den Ur-Bayer Thomas Müller brachte. Etwas mehr Konzept und Klarheit zeigten sich ab diesem Moment, wirklich zielstrebiger wurde der Vortrag jedoch nicht. Harry Kane, der gekauft wurde, um solche Topspiele zu entscheiden, hing in der Luft, blieb ohne nennenswerten Abschluss. Musiala, der in derart wichtigen Partien viel zu selten auftrumpfte, verzettelte sich erneut zu oft. Und Sané rannte von links nach rechts und von rechts nach links, verlor dabei aber immer wieder den Ball und blieb entnervt stehen. Schnell war in der langsam anbrechenden Schlussphase klar, dass hier nichts mehr anbrennen würde für Bayer, das auf fünf Punkte davonziehen würde an der Tabellenspitze. Das Statement, das sich Thomas Tuchel vor Spielbeginn gewünscht hatte, setzte aus seiner Sicht die falsche Mannschaft.

Die Nachspielzeit war bereits angebrochen, als Manuel Neuer im Tor der Bayern ein Hauch falscher Ehrgeiz überkam. Der Keeper rannte bei einer Bayern-Ecke mit nach vorn, um eine Überzahl zu schaffen und vielleicht das 2:1 zu erzielen. Zeit für den Ausgleich wäre seiner Mannschaft danach aber ohnehin kaum geblieben. Es passte zu diesem Abend, dass den Bayern die eigene Ecke um die Ohren flog, der eingewechselte Frimpong stattdessen einen Bogen schlug und den Ball aus mehr als 30 Metern ins leere Tor der Münchner bugsierte. Die Ekstase kannte keine Grenzen mehr aufseiten der Leverkusener, die sich am Spielfeldrand in die Arme fielen und jubelten.

Vorbei war das Topspiel, das nicht wirklich eines war. Vorbei war fürs Erste der Kräftevergleich an der Tabellenspitze. Und vorbei schien die Fähigkeit dieser Bayern-Mannschaft, sich noch einmal aufzubäumen. Sich zu erholen von diesem heftigen Rückschlag.

Auf der einen Seite versammelten sich Spieler und Fans vor der Leverkusener Kurve, das ganze Stadion sang Xabi Alonsos Namen. Der Trainer klatschte, bedankte sich artig, und als der Leverkusener Kapitän Lukas Hradecky seinen Trainer zur Fankurve zitierte, drehte dieser sich um und winkte seinen ganzen Trainerstab zu sich.

Ganz anders sah die Gemütslage bei Thomas Müller aus, der sich als einer der wenigen Bayern-Spieler in der Lage sah, nach dieser Lehrstunde im TV zu sprechen. »Ich bin angefressen«, schrie der wieder mal nur eingewechselte Routinier ins Mikrofon von Sky und wurde immer lauter. Woran es denn gelegen habe, fragte der Reporter. Und was genau dieser Bayern-Mannschaft gerade abging. »Was mir fehlt, ist – und deswegen sage ich es auch öffentlich – ist diese … von uns Spielern, dass wir … im Training zeigen wir deutlich bessere Ansätze, weil wir da mutig sind, weil wir frei Fußball spielen. Und da fehlen mir – jetzt können wir Oliver Kahn zitieren – teilweise die Eier und diese Freiheit.« Rumms.

Fußballspielen, wollte Müller damit sagen, konnte diese Mannschaft zwar schon; aber eben nur dann, wenn es nicht um alles ging. Wenn es um alles ging, setzte bei dieser Mannschaft der Kopf aus oder Kopf ein, je nach Sicht der Dinge. Keine Spur von spielerischer Leichtigkeit, keine Spur von Automatismen und Abläufen, keine Spur von Spaß. »Wir haben eine Verkopftheit in unserem Spiel, vor allem mit Ball«, analysierte Müller. »Wenn du Leverkusen siehst: Da ist doch nicht jeder Schachzug geplant. Wenn der Grimaldo Rechtsaußen auftaucht, obwohl er Linksverteidiger ist. Die zocken einfach, die spielen Fußball, die suchen Lösungen, da bietet sich einer an, wenn er merkt: ›Oh, der Raum ist zu‹, dann zieht er sich zwei Meter auf. Das machen wir auch, aber nicht in dem Spiel, wenn der Druck da ist. Und das erwarte ich von unserer Mannschaft und von dem FC Bayern immer. Dass wir Spieler, die auf dem Platz stehen … man darf den Druck spüren, aber das muss einem Energie geben.«

Eine halbe Stunde später hatte sich Müller zwar beruhigt, in den Katakomben der BayArena dafür nichts mehr zu sagen außer »Scheiß-Spiel«, während er Richtung Ausgang schlenderte. Joshua Kimmich stellte sich kurz den wartenden Reportern, guckte etwas entgeistert, wollte aber nicht mit dem Finger auf irgendwen zeigen. Gleiches galt für Sportdirektor Christoph Freund oder CEO Jan-Christian Dreesen, die beide die Meisterschaft nicht abschenken wollten und Thomas Tuchel eine vorübergehende Jobgarantie aussprachen. Diese sollte in den kommenden Tagen auf die Probe gestellt werden.

19

Diskrepanzen

Die Reise nach Rom

Die Mittagssonne reflektierte im türkis glitzernden Wasser des Trevi-Brunnens. 30 Jahre lang war dieses Meisterwerk im 18. Jahrhundert mitten in Rom erbaut worden, von oben herab schauen die beigen, meterhohen Meeresgestalten aus Travertin und Marmor herab aufs Wasser, das jeden Tag gefüllt wird mit kleinen kupfer- oder goldfarbenen Münzen von hoffnungsvollen Träumern, die dem Geldstück beim Wurf ins Wasser einen unausgesprochenen Wunsch mit auf den Weg geben.

Einen besseren Tag hätten sich jene Fußballfans nicht wünschen können, die für das Achtelfinale in der Champions League zwischen Lazio Rom und dem FC Bayern den Weg in die italienische Hauptstadt gefunden hatten. Ein strahlend blauer Himmel begrüßte die Anhänger aus Deutschland mitten im Februar bei angenehmen 17 Grad. Ideales Wetter eigentlich, um das 0:3-Debakel von Leverkusen vier Tage zuvor vergessen zu machen und im Hinspiel in Rom den Grundstein zu legen für die nächste Runde in der Königsklasse, diesem Wettbewerb, der die Münchner Gemütslage seit jeher entscheidend bestimmte. Meister war der FC Bayern seit 2012 sowieso immer geworden. Aber wen interessierte das noch wirklich, wenn auf dem Münchner Rathausbalkon wieder mal die silberne Schale in die Höhe gestemmt und irgendwelche Wir-sind-die-Besten-Lieder zusammen gesungen wurden.

Ein weiterer Meistertitel in der Vitrine löste beim FC Bayern nach

Jahren der Routine naturgegeben nicht mehr so viel Freude aus wie ein Erfolg in der Champions League, dem größten Wettbewerb im europäischen Fußball. Die Bayern wussten das, sie hatten den berühmten, silbernen Henkelpott schließlich schon mehrfach mit nach München nehmen dürfen, zuletzt 2013 aus London nach einem Finalsieg gegen Borussia Dortmund und 2020 aus Lissabon, als der FCB das Corona-bedingte K.-o.-Turnier im Endspiel gegen Paris Saint-Germain und Trainer Thomas Tuchel für sich entschieden hatte.

Seitdem war der Wurm drin. Dreimal in Folge waren die Bayern im Viertelfinale ausgeschieden. Erst mit Hansi Flick gegen Paris, dann mit Julian Nagelsmann peinlicherweise gegen den krassen Außenseiter Villarreal und im Vorjahr mit Thomas Tuchel gegen den späteren Sieger Manchester City.

Im April 2023, als Tuchel den Job gerade erst von Nagelsmann übernommen und schon das Viertelfinal-Aus im Pokal gegen den SC Freiburg zu verantworten hatte, hatten sich die Bayern im Hinspiel im strömenden Regen von Manchester noch ganz passabel verkauft, aufgrund mangelnder Chancenverwertung und individueller Aussetzer in der Abwehr aber doch deutlich mit 0:3 verloren. Tuchel, der dieses Mal den Kürzeren gezogen hatte gegen Pep Guardiola, störte das damals – zumindest nach außen hin – wenig, er meinte unmittelbar nach Schlusspfiff sogar, dass er sich »schockverliebt« habe in diese Bayern-Mannschaft, mit der er idealerweise das Triple hätte holen wollen, jetzt aber schon im zweiten Wettbewerb die Segel de facto streichen musste. »Es hat Spaß gemacht zu coachen«, sagte Tuchel und weigerte sich, »die Leistung schlechtzureden. Ich habe bis zur 70. Minute eine sehr gute Leistung gesehen, ich bin hochzufrieden.« Derlei überschwängliche Analysen würde Tuchel in den kommenden Monaten zwar hin und wieder mal liefern, der Ton jedoch sollte sich entscheidend ändern.

In der Theorie hatte diese Aufgabe beim FC Bayern sehr reizvoll geklungen, Tuchel selbst sprach, nachdem er in einer Art Nacht-und-

Nebel-Aktion neuer Trainer wurde, bei seiner Vorstellung neben den Vorständen Oliver Kahn und Hasan Salihamidžić von »einem der talentiertesten Kader Europas«, mit dem man »um jeden Titel spielen« könne.

Die Wahrheit, das musste er schnell feststellen, sah anders aus. Diese Bayern-Mannschaft glich an der Oberfläche zwar noch ein bisschen der, die drei Jahre zuvor in Lissabon Europas Thron erklommen hatte. Manuel Neuer und Alphonso Davies waren zum Beispiel noch da, genau wie Joshua Kimmich, Leon Goretzka, Serge Gnabry und Thomas Müller oder Kingsley Coman. Ganz entscheidende Figuren waren jedoch nicht mehr da, allen voran das Innenverteidiger-Duo David Alaba und Jérôme Boateng, davor der Mittelfeldstratege Thiago und ganz vorn natürlich der Weltklasse-Stürmer Robert Lewandowski. Eine ganze Achse war den Bayern über die Jahre weggebrochen, Führungspersönlichkeiten, die keiner wirklich ersetzen konnte.

Und jetzt war Tuchel mit den Bayern hier in Rom gelandet in dem Wissen, dass jeder Misserfolg sein letzter sein könnte; in der Hoffnung, dieses langsam sinkende Schiff über Wasser zu halten.

Im Pokal war wieder mal frühzeitig Schluss gewesen nach dem peinlichen Zweitrunden-Aus bei Drittligist Saarbrücken, in der Liga trennten die Bayern nach der Lehrstunde in Leverkusen fünf Punkte vom Tabellenführer. Und in der Champions League wartete jetzt der Tabellenachte der Serie A in Italien, der bis dato nahezu jedes dritte Saisonspiel verloren hatte. Ein Aufbaugegner zur rechten Zeit also?

»Wir unterschätzen auf gar keinen Fall irgendwelche Mannschaften«, versicherte Manuel Neuer am Vorabend des Spiels, und wirklich infrage stellte das niemand. Nicht etwa, weil es bei den Bayern selbst bescheiden genug lief, sondern weil sie ja inzwischen oft genug gestolpert waren gegen »irgendwelche Mannschaften«, deren Siegchancen vor Spielbeginn vermutlich bei zwei bis zehn Prozent gelegen hatten. Holstein Kiel, Saarbrücken, Villarreal und wie sie alle hießen.

Als Thomas Müller am Samstag zuvor nach dem 0:3 in Leverkusen seine lautstarke Wir-zocken-nicht-Brandrede gehalten und die Verkopftheit seiner Mannschaft angeprangert hatte, bekam Tuchel davon laut eigener Aussage nichts mit, er war nach Abpfiff zur Sicherheit direkt offline gegangen und bis Dienstagabend in Rom, als er im Teamhotel die Pressekonferenz abhielt, offline geblieben. »Ich habe ein paar Zitate mitbekommen und bin darauf angesprochen worden«, erklärte der Trainer, ausnahmsweise im schicken schwarzen Pullover gekleidet statt im schwarz-lila-grünen Trainingsanzug, während er an seinen Kopfhörern rumfummelte. »Das trifft es schon«, gab er zu. »Es ist auch nicht verkehrt, das so zu äußern. Wenn das einer darf, dann ist das natürlich Thomas.« Der Namensvetter und Ur-Bayer, der beim FC Bayern alles erlebt hat; titellose Saisons und Saisons mit allen Titeln; überstrenge und lockere Trainer; Weltklasse-Mitspieler und zweitklassige Mitspieler. Doch selbst für den, der schon mehr als 600-mal im Bayern-Trikot gespielt hatte, war diese Situation eine neue. Er sah vor seinen Augen, wie sich die 2012, nach der letzten titellosen Saison, geformte Generation allmählich ihrem Ende näherte. Wie die 2020 aufgekeimte Generation, die immerhin einmal alles gewann, doch nicht all die Versprechen erfüllte, die in sie gelegt worden waren. Und die nun bereits auf die 30 Jahre zuging.

Welcher Vorwurf war dem Trainer in dieser Hinsicht zu machen? Seine Aufgabe war es, im Training auf die Mannschaft einzuwirken, sie ideal auf den kommenden Gegner vorzubereiten. Und wenn man sich im Kreise der Mannschaft umhörte, dann gelang dem Trainer das eigentlich ganz gut. Der eine oder andere hätte sich von Tuchel, der seinen Durchbruch beim 1. FSV Mainz 05 als »Taktik-Nerd« mit sieben verschiedenen Aufstellungen innerhalb eines Spiels gefeiert hatte, mehr Inhalt gewünscht, noch mehr Anschauungsmaterial. Doch dieser Trainer hatte nach zwei erfolgreichen, aber anstrengenden Jahren bei Borussia Dortmund, die allein wegen Pep Guardiolas Über-Bayern »nur« mit einem Pokalsieg und nicht mit einer Meisterschaft vergoldet worden waren, in Paris und London gelernt, die großen Spieler auch mal große Spieler sein zu lassen. Bei Ausnahmefußballern wie Neymar oder Kylian Mbappé spielten Details vielleicht eine Rolle, doch aus dem Nerd Tuchel war bei PSG und Chelsea auch ein Pragmatiker geworden.

Die Aufmerksamkeitsspanne eines Menschen ist ohnehin begrenzt. Die eines professionellen Fußballers, der nur raus auf den Platz und spielen will, manchmal noch ein bisschen mehr. Julian Nagelsmann hatte in seiner Zeit in München dazu geneigt, besonders lange Videositzungen abzuhalten, kleinste Details wieder und wieder zu besprechen. Nagelsmann, ein eher schnellerer Sprecher, holte damit nicht jeden Spieler ab, besonders die französische Fraktion um Lucas Hernandez, Dayot Upamecano oder Kingsley Coman hatte teilweise Probleme, dem Trainer zu folgen. Nagelsmanns Assistent, Dino Toppmöller, hatte also zumeist das Vergnügen, das Gesagte noch mal auf Französisch zu wiederholen. Und je länger Nagelsmanns Analysen dauerten, desto komplizierter wurde die Umsetzung. Robert Lewandowski beispielsweise hörte schon frühzeitig nur noch halb zu und konnte Nagelsmann nicht den gleichen Respekt entgegenbringen wie beispielsweise einem Guardiola oder Jupp Heynckes. »Habe ich letzte Saison 41 Tore geschossen oder du?«, soll der zweimalige FIFA-Weltfußballer Nagelsmann einmal angeblafft haben, als dieser versucht hatte, ihm zu erklären, wie er bei gegnerischem Ballbesitz richtig anzulaufen habe. Dass Nagelsmann selbst kein großer Fußballer war und als Trainer in Hoffenheim und Leipzig zuvor noch nichts gewonnen hatte, kostete ihn beim FC Bayern Ansehen innerhalb der Mannschaft.

Tuchel, dem es als Spieler ähnlich ergangen war, der aber immerhin französischer Meister und Champions-League-Sieger als Trainer geworden war, erkannte sehr wohl, dass das vor ihm sitzende Personal ein wenig überfordert schien mit all den Anweisungen und Formationen, die Nagelsmann einstudieren lassen wollte. Also besann sich der Weltklubtrainer des Jahres 2021 auf die Basics, auf einfachste Passübungen und Ballstafetten. Was hier und da aber auch wieder Argwohn auslöste. Wie sollte man es 25 bis 30 hochbezahlten Fußballern auch gleichzeitig rechtmachen?

Die Stimmung sei gut, hieß es immer wieder, Schwierigkeiten taten sich jedoch allzu oft auf. Manuel Neuer, der Kapitän, war in Tuchels erstem Halbjahr mit individueller Reha-Arbeit nach seinem Skiunfall beschäftigt. Thomas Müller, der Vize-Kapitän, spielte keine Hauptrolle mehr und nur selten von Anfang an. Joshua Kimmich und Leon Goretzka, die designierten Kapitäne der Zukunft, waren längst in der Zukunft angekommen und mussten anerkennen, dass sie den höchsten Ansprüchen momentan nicht gerecht wurden. Mit Alaba, Boateng, Thiago und Lewandowski, besonders mit Franck Ribéry und Arjen Robben, hatte der FC Bayern nicht nur schwer zu ersetzende Weltklassespieler verloren, sondern auch Anker und Anführer der Mannschaft. Alaba zum Beispiel sorgte in der Kabine für Stimmung, machte Musik oder schweißte das Team zusammen. Ribéry schlug seinem kongenialen Partner Robben in der Halbzeitpause eines Champions-League-Halbfinals gegen Real Madrid zwar einst mit der Faust ins Gesicht, danach wurden beide von Uli Hoeneß und Karl-Heinz Rummenigge jedoch zum Rapport bestellt und nicht eher gehen gelassen, bis die Angelegenheit ein für alle Mal geklärt war.

Auch da, ganz oben, ging den Bayern Führung verloren. Wo einst Hoeneß und Rummenigge für Ordnung gesorgt und zur Not Reporter bloßgestellt hatten, um die Mannschaft zu schützen, verloren sich Rummenigges Nachfolger, Oliver Kahn, und der Sportvorstand, Hasan Salihamidžić, in ihrer ausbaufähigen Rhetorik und arbeiteten sowieso eher neben- als miteinander. Mitarbeiter wunderten sich nicht selten, was Kahn eigentlich den ganzen Tag so trieb und wie viele »Berater« er inzwischen in den Verein gelotst hatte.

Als Thomas Tuchel an jenem verregneten April-Abend in Manchester noch schockverliebt in seine Mannschaft war und in der

Trainerkabine eine erste Aufarbeitung mit seinen Assistenten betrieb, schlug einer aus seiner Mannschaft, Sadio Mané, einem anderen, Leroy Sané, ins Gesicht und hinterließ eine blutige Lippe. Mané, versicherte Tuchel zwei Tage später, habe sich »wie ein Mann« vor der Mannschaft entschuldigt, aber es sprach Bände, dass auch ein solcher Vorfall schon 24 Stunden später wieder seinen Weg an die Öffentlichkeit gefunden hatte. Es wäre ja schön, sagte Tuchel damals schmunzelnd, wenn »etwas, das in der Kabine passiert, einfach mal in der Kabine bleibt«. Wunschdenken war ja auch Denken.

Der Trainer selbst trug gewiss seinen Anteil an einem eher professionellen als freundschaftlichen Miteinander an der Säbener Straße. Einzelgespräche, monierte mancher Spieler, bekäme man eher beim Papst als mit Tuchel. Goretzka beispielsweise soll Tuchel wenige Wochen vor dem Saisonfinale in Köln um eine Unterhaltung unter vier Augen gebeten haben, war jedoch abgeblitzt. »Im Urlaub können wir das machen«, habe Tuchel ihm geantwortet. »Vielleicht.« Doch zum Gespräch kam es nie.

Und jetzt, hier im sonnigen Rom, drohte das Fass langsam überzulaufen.

Ein Scheitern im Champions-League-Achtelfinale an einem gewiss nicht hochklassigen Gegner wie Lazio wäre nicht verzeihbar – nicht für Tuchel und nicht für die Mannschaft.

Tuchel selbst hatte in den zurückliegenden Monaten oft betont, dass das Erreichen des Viertelfinals für den FC Bayern stets eine Pflichtaufgabe zu sein hatte. Denn die Rechnung war einfach: Ein Verein mit solchen Ansprüchen, solchen großverdienenden Topspielern, muss seine Vierer-Gruppe als Erster abschließen, hat dadurch als gesetztes Team in Topf eins den etwas leichteren Weg, im Achtelfinale gegen einen Gruppenzweiten und damit tendenziell leichteren Gegner anzutreten. Und erst danach, ab dem Viertelfinale, gehöre dann Glück dazu, erklärte Tuchel. Inter Mailand beispielsweise hatte es in der Vorsaison ins Champions-League-Finale geschafft, auf dem

Weg dorthin jedoch »nur« den FC Porto, Benfica Lissabon und den Stadtrivalen Milan ausschalten müssen. Manchester City dagegen, Inters Endspielgegner, hatte sich gegen RB Leipzig, den FC Bayern und den Rekordchampion Real Madrid durchgesetzt. Umgemünzt auf die Bayern hätte das also bedeutet: PSG im Achtelfinale, ManCity im Viertelfinale und Madrid im Halbfinale, also der schwerstmögliche Weg. Doch der war bekanntermaßen im Viertelfinale beendet gewesen.

Auch in dieser Saison war der FCB wieder mal über seine Gruppe hinweggefegt, hatte Manchester United, Galatasaray und den FC Kopenhagen locker hinter sich gelassen und zum sechsten Mal in Folge eine Vorrundengruppe als Erster beendet. »Wir haben die Gruppenphase bravourös bestanden und gezeigt, dass wir zu Recht einer der großen Klubs sind, die Ambitionen auf den Sieg in der Champions League haben«, sagte CEO Jan-Christian Dreesen im Dezember beim Bankett im Teamhotel, nachdem seine Mannschaft das letzte Gruppenspiel mit 1:0 bei ManUnited gewonnen hatte. »Das wollen wir in der nächsten Phase beweisen.« Es war ein vorsichtiger Appell an das Trainerteam und die Mannschaft, verschärft hätte Dreesen auch sagen können: *Seht zu, dass wir es endlich wieder weiter schaffen als nur bis ins Viertelfinale! Die Gruppenphase bringt zwar auch ein paar Milliönchen, aber wir müssen mehr erreichen!*

Rom bedeutete den Anfang dieser idealerweise längeren Reise. Dort, im Stadio Olimpico, wo Andreas Brehme Deutschland 1990 zum Weltmeister gegen Argentinien geschossen hatte, besann sich Tuchel wieder auf sein altes Mantra, das er gegen Leverkusen noch ignoriert hatte: unter Stress das machen, womit man sich wohl- und sicher fühlt.

Bedeutete beim FC Bayern: zurück zur Viererkette, zurück zum 4-2-3-1-System und zurück zu Joshua Kimmich und Thomas Müller in der Startelf.

Fast 60 000 Zuschauer erwarteten die Bayern im römischen Olympia-Stadion, das größtenteils in Hellblau gekleidet war und in einer kleinen Ecke rot schimmerte. Allzu dramatisch schien die Lage ja auch noch nicht zu sein, als dass den Anhängern in irgendeiner Art und Weise die Lust auf ein Champions-League-Spiel in Rom vergangen wäre. Ihr Support war ungebrochen, und für 45 Minuten schien das auch auf dem Rasen anzukommen, wo zehn schwarz-lila-grün gekleidete Bayern-Profis sichtlich bemüht waren, die Schmach aus Leverkusen wenigstens vorübergehend vergessen zu machen. Am Wochenende, wenn es nach Bochum ging, würde ihnen der Liga-Alltag schon wieder vor Augen geführt werden.

Genau 100 Sekunden waren gespielt, da hatte Kimmich schon das 1:0 auf dem Fuß, verzog aus 16 Metern jedoch deutlich.

Etwas mehr als sechs Minuten waren rum, da hatte der zuletzt durchhängende Kane das 1:0 auf dem Fuß, verzog aus sechs Metern jedoch ebenfalls deutlich.

31 Minuten waren rum, da hatte Leroy Sané nach feiner Freistoß-Variante das 1:0 auf dem Fuß, verzog aus 20 Metern jedoch ganz knapp.

Und als fast 40 Minuten rum waren, da zeigten die Bayern, wie gut sie zwischendurch auch Fußball spielen können, doch nach ansehnlicher Kombination über Sané, Leon Goretzka und Thomas Müller verzog Jamal Musiala aus sieben Metern. Und während der schlaksige Mittelfeldregisseur am Boden lag und vermutlich »verdammt noch mal« dachte, rissen sowohl Sané als auch Goretzka und Müller sowie der mit vorgeeilte Linksverteidiger Raphael Guerreiro aus Frust die Arme in die Luft und fassten sich an den Kopf. Viel besser hätte man das Dilemma beim FC Bayern gar nicht in ein Bild packen können. »Was passiert hier nur?«, schienen sie zu fragen.

Eine Antwort bekamen sie nicht. Und eine Antwort lieferten sie auch nicht mehr.

»Bei einem Champions-League-Auswärtsspiel bei Lazio Rom in einer Halbzeit so viele klare Dinger zu bekommen, dann musst du die Dinger halt auch machen«, sollte Müller später sagen und dabei deutlich gefasster bleiben als noch in Leverkusen. Fast schon trotzig reagierte der Routinier, der eine gute Reaktion bei seiner Mannschaft ausgemacht hatte. Aber eine zu kurze.

Nach dem Pausenpfiff war die aufkeimende Spielfreude wie weggeblasen, stattdessen kehrten Nervosität, Ratlosigkeit und vor allem abenteuerlichste Aussetzer ins Münchner Spiel zurück. »Es war ja fast schon Slapstick, wie wir uns von einem Fehler in den anderen gebracht haben«, meinte Müller und beschrieb es damit noch wohlwollend.

Wieder mal rückte Dayot Upamecano in den Vordergrund, dieser sehr talentierte Abwehrspieler aus Frankreich, den die Bayern 2021 für 42,5 Millionen Euro von RB Leipzig verpflichtet hatten. Über die Jahre hatte Upamecano immer wieder aufblitzen lassen, wieso die Bayern eine solche Ablöse gezahlt hatten. Er hatte allerdings fast genauso oft gezeigt, dass es für das oberste Regal, wie sich die Bayern das erträumt hatten, vielleicht nicht reichte. Muskelverletzungen bremsten den Nationalspieler beinahe genauso oft wie eigene Unaufmerksamkeiten wie beispielsweise in den beiden Viertelfinal-Spielen im Jahr davor gegen Manchester City. Sowohl im Hin- als auch im Rückspiel hatte Upamecano entscheidend gepatzt. Wenn dieser sehr wohl begabte Abwehrspieler früh einen Fehler machte, so schien es, verlor er den Kopf und neigte zu vielen weiteren Aussetzern auch innerhalb eines Spiels.

In Rom verlor Upamecano schon zwei Minuten nach Wiederanpfiff völlig ohne Not den Ball gegen den Lazio-Mittelfeldspieler Luis Alberto, woraufhin der Däne Gustav Isaksen frei vor Manuel Neuer auftauchte und aus ungünstigem Winkel am Schlussmann scheiterte. Thomas Tuchel ging währenddessen »viral«, wie man das heute sagt, weil er sich am Spielfeldrand kaum beruhigen konnte und in einer Tour mit der eigenen Mannschaft schimpfte. Das Bild, wie er sich wieder auf die Trainerbank setzte, den Kopf in den Händen vergraben, druckten englische Zeitungen am Donnerstagmorgen sogar ab. Längst hatten Spieler Angst, obwohl sie es öffentlich natürlich nie aussprachen, den Trainer mit Ballverlusten oder zu riskanten Pässen weiter zu verärgern, wohl wissend, dass er seine Wut in der Kabine nicht zurückhalten würde; oder an der Seitenlinie.

Dass Tuchel seinen Frust derart öffentlich zur Schau stellte, durfte durchaus bemängelt werden, unbestritten regte er sich jedoch keineswegs zu Unrecht auf. Wieder und wieder produzierte seine verunsicherte Mannschaft Fehler, die eher einem Team im unteren Tabellenkeller zuzuordnen wären und nicht dem Tabellenzweiten der Bundesliga, der elf Mal in Folge deutscher Meister wurde. Aber *haste Sch***e am Fuß, haste Sch***e am Fuß …* Tempo, Ideen, Lösungen – nichts davon war im Spiel der Bayern noch zu sehen. Lazio beschränkte sich auf defensive Stabilität, stand typisch italienisch sicher, wartete ab und wurde belohnt.

Völlig ohne Not vertändelten die Bayern den Ball nach 65 Minuten in der Vorwärtsbewegung, woraufhin Lazio konterte. Und der Konter war eigentlich so schlecht ausgespielt über den Kapitän Ciro Immobile, dass keine Gefahr hätte entstehen dürfen. Auftritt Upamecano, der versuchte, einen Isaksen-Abschluss im Strafraum zu blocken, dabei aber so rücksichtslos zu Werke ging, dass er den Gegner mit offener Sohle am Schienbein traf, einen Elfmeter verursachte und zu Recht die Rote Karte sah. Immobile, der einstige Dortmund-Flop, bedankte sich, schickte Neuer ins falsche Eck und versetzte das Stadio Olimpico mit dem Tor zum 1:0 in pure Ekstase.

Eine Reaktion zeigten die Bayern nicht mehr, verzettelten sich stattdessen weiterhin in eigenen Patzern. Harry Kane blieb zum zweiten Mal in Folge völlig blass, setzte einen Freistoß kurz vor Schluss symbolisch in die Mauer. Die Winterpause, die erste seiner Karriere, schien den Engländer wie auch seine Kollegen aus dem Tritt gebracht zu haben.

Über die im Olympia-Stadion übliche Tartanbahn schlich die Bayern-Mannschaft nach Schlusspfiff mit hängenden Köpfen in Richtung Gästeblock, um sich für die Unterstützung zu bedanken. Und um sich zu entschuldigen für diese letzten 45 Minuten. Manuel Neuer, der als Kapitän hätte vorangehen können oder müssen, hielt sich ähnlich bedeckt im Hintergrund wie Joshua Kimmich, der auf dem Platz eigentlich gern vorangehen würde. Stattdessen war es wieder mal Thomas Müller, der neben seinen entgeistert dreinschauenden Kollegen ein »auf geht's« und »pack ma's« rausließ.

»Ich bin überzeugt, dass wir das noch drehen in München«, sagte der Sportdirektor Christoph Freund wenig später in den Katakomben des Olimpico und klang dabei überhaupt nicht überzeugend, eher ernüchtert und enttäuscht. Enttäuscht ob der zweiten fragwürdigen Leistung der Bayern in Folge, da half auch eine ganz gute Hälfte gegen einen mittelklassigen Serie-A-Klub nicht, um eine immer zerfahrenere Situation zu beruhigen.

»Ich weiß nicht, wieso wir nach der Halbzeit so den Faden verloren haben«, sagte Thomas Tuchel auf dem Rasen des leerer werdenden Stadions ganz sachlich und doch sichtlich erschöpft. Die Ratlosigkeit war glaubhaft: Bei Weitem nicht zum ersten Mal hatte Tuchel im Anschluss an eine Niederlage oder ein vermeidbares Unentschieden mit »weiß ich nicht« oder »keine Ahnung« auf die Reporterfragen nach dem Warum geantwortet. Er fand schlicht keine Erklärungen mehr.

In der Summe war ein 0:1 in einem Hinspiel der K.-o.-Runde verschmerzbar, das hatte es ja selbst unter Pep Guardiola mal gegeben. Damals, 2015 in Porto, hatten die Bayern in Portugal 1:3 verloren und doch wenig Zweifel daran gelassen, diese Paarung noch zu drehen. Im Rückspiel sechs Tage später hatten sie den portugiesischen Topverein in der Allianz-Arena an die Wand gespielt und schon zur Pause 5:0 geführt.

Dieses Mal bekamen die Bayern drei Wochen Zeit, um über das so wichtige Rückspiel gegen Lazio nachzudenken. Bis dahin durften sie in der Liga auf keinen Fall weitere Punkte liegen lassen in Bochum, gegen Leipzig und in Freiburg.

Taten sie aber. Und das hatte Folgen.

20

Einvernehmlich

Das Aus von Thomas Tuchel

Drei Tage waren vergangen seit jenem verregneten Sonntagabend in Bochum, der eine nicht mehr zu rettende Beziehung endgültig beendete. Aber nicht sofort, denn sofort klappte das nicht.

Um 16.05 Uhr fuhr er davon am Mittwoch, im schwarzen Audi Q8 e-tron, heraus aus der Tiefgarage, über den Bürgersteig und rechts die Säbener Straße hinunter. Thomas Tuchel saß in voller, weißer Trainingsmontur und mit schwarzer Mütze hinterm Steuer, der Trainer des FC Bayern hatte einen ungewöhnlichen Mittwoch hinter sich gebracht. Aber was war in diesem Februar eigentlich noch normal?

Immerhin durfte sich Tuchel noch Bayern-Trainer nennen. Bayern-Trainer auf Raten.

Fünf Tage nach Bochum: Für 12.30 Uhr hatte der Verein am Freitag zur üblichen Pressekonferenz vor dem nächsten Bundesligaspiel gegen RB Leipzig eingeladen.

Ein bisschen versteckt liegt der Medienraum des FC Bayern an der Säbener Straße, eine kleine Metalltreppe geht es dort hinauf in einen fensterlosen Raum. Vor dem Mini-Podium mit einer LED-Sponsorenwand sind für gewöhnlich drei Reihen mit sieben gepolsterten Stühlen aufgebaut, dahinter wieder eine leicht erhöhte Ebene für Kamerateams. Normalerweise ist das Aufkommen für eine Spieltags-Pressekonferenz mit dem Trainer überschaubar, auch wenn es der FC Bayern ist. Von 21 Plätzen sind in der Regel zehn bis zwölf besetzt, dazu zwei bis drei Kameras.

An diesem Freitag war das anders. Schon um kurz nach zwölf Uhr waren dicke Winterjacken über zahlreiche Stühle gehängt worden, um den eigenen Platz zu sichern und noch mal rauszukommen an die frische Luft. Man durfte ja davon ausgehen, dass es vielleicht etwas stickiger wurde in den nächsten 20 bis 30 Minuten.

Jeder Reporter, der erst ab 12.15 Uhr eintrudelte, konnte sich ein verwundertes »Wow« nicht verkneifen, sobald er den langsam wärmer werdenden Raum betrat. Und als um genau 12.30 Uhr Thomas Tuchel gemeinsam mit Pressesprecher Dieter Nickles eintrat, staunten beide nicht schlecht. »Ist irgendwas los?«, fragte Nickles lächelnd, während er vorn an der ersten Reihe vorbeiging und das Podium betrat. Tuchel grinste nur und rutschte auf seinen Stuhl.

Natürlich war irgendwas los. Drei Tage waren es noch bis Bochum.

Zur Mittagszeit setzte der Flieger aus Rom am Donnerstag wieder in München auf, an Bord zwei Dutzend Bayern-Profis, die sicherheitshalber die Köpfe hängen ließen und nicht viel mehr preisgaben von ihrer Gefühlswelt.

Das 0:1 bei Lazio hinterließ ähnliche Spuren wie zuvor das 0:3 in Leverkusen. Zwei Pflichtspielniederlagen in Folge ohne eigenen Treffer hatte es beim FC Bayern letztmals im Frühling 2015 gegeben. Damals allerdings hatten die Bayern unter Pep Guardiola schon längst als deutscher Meister festgestanden und vor dem Champions-League-Halbfinale in Barcelona, das 0:3 verloren ging, die Spur verlassen, weil Guardiola die Liga nach dem früh gewonnenen Titel für beendet erklärt hatte. Seiner Mannschaft hatte daraufhin die Ernsthaftigkeit gefehlt, vor allem aber der Rhythmus vor dem so wichtigen Spiel in Guardiolas ehemaligem Zuhause, dem Camp Nou.

Solche Probleme hätte Thomas Tuchel im Februar 2024 ganz gern gehabt, er lief stattdessen in der Liga enteilenden Leverkusenern hinterher und drohte nun auch noch ein ähnlich peinliches Aus in der Königsklasse verantworten zu müssen, wie Julian Nagelsmann zwei Jahre zuvor gegen Villarreal.

»Er kämpft mit der Situation«, hatte Sportdirektor Christoph Freund in Rom über seinen engen Vertrauten Tuchel gesagt. Doch Tuchel schien den Kampf langsam zu verlieren. Wenig deutete in München auf ein Aufbäumen des deutschen Rekordmeisters hin, der sich aus einer immer schneller drehenden Negativspirale kaum befreien konnte. Viel klarer hätte das Spiel im Stadio Olimpico darauf doch schließlich kaum hinweisen können: ein guter Beginn, versiebte Chancen, eine Halbzeitpause, ein unerklärlicher Bruch im Spiel, noch unerklärlichere Fehler, wieder mal ein plump verschuldeter Elfmeter, kein Weg zurück – und die nächste Pleite.

Irgendetwas musste Tuchel nach der Rückkehr aus Rom ändern, es konnte ja nicht einfach so weitergehen. Also überlegte sich sein Trainerteam zumindest eine kleine Anpassung und brach aus der üblichen Trainingsroutine aus. Statt den Kader nach einem Pflichtspiel wie gewohnt in zwei Gruppen aufzuteilen, um die Belastung zu steuern, trainierte dieses Mal das gesamte Team zusammen in München. Auch die Inhalte wurden angepasst, Tuchel legte mehr Wert auf Spielfreude und Erfolgserlebnisse als auf taktische Abläufe, die normalerweise in einem Abschlusstraining besprochen wurden.

Die Mannschaft sollte raus aus ihrem alltäglichen Trott, sie sollte irgendwie inmitten dieser chaotischen Krise den Spaß wiederfinden und den Kopf freikriegen. Nur sagte sich das natürlich immer leichter, als es dann auch wirklich umgesetzt werden konnte.

Sacha Boey, der 30 Millionen Euro teure Winter-Neuzugang aus Istanbul, mischte beim Abschlusstraining übrigens nicht mehr mit. Der junge Franzose hatte sich wie so viele seiner neuen Teamkollegen vor ihm einen Muskelfaserriss im Oberschenkel zugezogen.

Als liefe sportlich nicht ohnehin schon vieles gegen sie, brachen den Bayern tatsächlich jede Woche weitere Spieler weg. Boey, so viel sei verraten, war noch nicht der letzte.

Tuchel wirkte längst gezeichnet von dieser Misere, nun auch gesundheitlich. Mit nasaler Stimme schleppte sich der Trainer am

Samstagvormittag, 30 Stunden vor dem Anpfiff in Bochum, zur Pressekonferenz und lächelte einmal, als er den überschaubar gefüllten Raum betrat. Das Lächeln hielt jedoch nur kurz an. Als wäre ihm wieder eingefallen, dass das ja gar nicht so viel Spaß machte, nach zwei Niederlagen hintereinander über ein Sonntagabendspiel in Bochum zu sprechen. Fast so, als hätte er auf einem Tisch ein schönes Buch entdeckt, nur um dann wieder zu begreifen, dass er sich im Wartezimmer beim Zahnarzt befand.

Von einer »gedrückten Stimmung« und einer »sehr schlechten Woche« sprach Tuchel und wägte vor jeder Antwort ab, ob er auf eine Frage schmunzelnd, kritisch oder irgendwie neutral reagieren sollte. Die üblichen Kratzer am Dreitagebart kaschierten die Anspannung nur unzureichend, natürlich wusste auch Tuchel längst, was die Stunde geschlagen hatte.

Über den VfL Bochum waren die Bayern in der Hinrunde, passend zum Oktoberfest-Beginn, noch hinweggefegt, hatten dem hilflosen Außenseiter sieben Tore eingeschenkt, allein Harry Kane traf dreimal und bereitete zwei weitere Treffer vor. Selbst in Bochum hatte der Meister in der Vorsaison 7:0 gewonnen, dazwischen noch einmal 3:0. Von zu viel Zuversicht hielt sich Tuchel trotzdem lieber fern, wagte keine Kampfansagen und hielt den Ball lieber flach. »Ich erwarte keinen Kantersieg«, sagte er zurückhaltend.

Woher sollte er die Angriffslust auch nehmen? Zweimal hatte seine Mannschaft nun kein Tor geschossen, und was unter normalen Umständen ein gewöhnlicher Aufgalopp bei einem Team aus der unteren Tabellenhälfte gewesen wäre, verkam nun zu einem unausgesprochenen Endspiel.

Hinter den Kulissen versicherten die Verantwortlichen um CEO Jan-Christian Dreesen oder Präsident Herbert Hainer, dass Tuchel auch im Falle einer dritten Niederlage hintereinander Bayern-Trainer bleiben würde.

Nichtsdestotrotz mussten derlei Informationen immer mit Vorsicht behandelt werden, schließlich können sich die Umstände binnen weniger Momente ändern. Und Bochum sollte solche Momente liefern.

»Spielt mal mit mehr Vertrauen«, hätte Tuchel seiner Mannschaft gern gesagt, konnte er aber nicht. »Es gibt kein Patentrezept, das einfach locker zu sagen. Es gilt jetzt in allererster Linie, sich da rauszuziehen und daraus auch Kraft zu schöpfen und es als Herausforderung zu sehen«, als Herausforderung, in der Liga die Unbesiegbaren aus Leverkusen noch einzufangen, sich in der Champions League nicht schon wieder zu blamieren und am Ende den Job zu behalten.

Im Notfall, das wusste Tuchel aus eigener Erfahrung in Paris oder London, war der Trainer schneller austauschbar als die Spieler. So funktionierte das Geschäft Fußball.

Tief im Westen Deutschlands passte das Wetter zur Gemütslage des FC Bayern. Kalt und windig und so gerade noch hell war es in Bochum, als ein ganz in Rot gekleideter Leon Goretzka aus den Katakomben des Ruhrstadions hinaufstieg. Auf diesem Rasen war er einst zum Profifußballer geworden, von hier aus war er, der in Bochum geboren wurde, weitergezogen über Schalke 04 zum großen FC Bayern.

Jetzt schaute er sich einmal um, steckte die Hände in die Taschen seiner Trainingshose und stellte sich neben Eric Dier, Joshua Kimmich und Jamal Musiala, der sich in einer dicken Winterjacke versteckte. Eine erste Platzbegehung, bevor es losging.

Leverkusen hatte am Vortag wieder mal vorgelegt, mit 2:1 in Heidenheim gewonnen und den Vorsprung an der Tabellenspitze vorübergehend auf acht Punkte ausgebaut. Einen Acht-Punkte-Rückstand nach 22 Spielen hatte noch keine Mannschaft in sechs Jahrzehnten Bundesliga-Historie aufgeholt, verlieren durften die Bayern also auf gar keinen Fall.

Umgeben von hellbraunen Holzbänken und Holzschränken schwor Tuchel seine Spieler in der Kabine ein letztes Mal ein, und tatsächlich schienen sie davon etwas mitgenommen zu haben. Zum ersten Mal seit einer gefühlten Ewigkeit, die in Wahrheit nicht wirklich eine Ewigkeit war, kombinierten sich die Bayern im Bochumer Nieselregen zu ansehnlichen Chancen. Es brauchte zwar wieder ein paar Anläufe, doch nach einer Viertelstunde donnerte Jamal Musiala den Ball aus spitzem Winkel so kräftig ins Netz, dass die Regentropfen nach oben schossen und dann herabprasselten auf den machtlos wirkenden Bochumer Torwart Manuel Riemann.

Das mit dem Toreschießen klappte also doch noch. So konnte es doch weitergehen. Oder?

Nur fünf Minuten, nachdem er seine Mannschaft in Führung gebracht hatte, spielte Musiala fast von der Mittellinie einen perfekten Pass mit dem Außenrist in die Füße des frei auf Riemann zulaufenden Harry Kane. Der hatte in dieser Saison schon so viele einfache und gar nicht einfache Tore geschossen, dass er eine solche Chance niemals auslassen würde. Er hatte sogar die Wahl, hätte 17 Meter vor dem Tor auch noch querlegen können auf den nicht weniger frei stehenden Thomas Müller. Aber ein Vollblutstürmer wie er hatte nicht mehr als 200 Tore in der Premier League erzielt, um frei vor dem Tor Zweifel aufkommen zu lassen.

Doch spurlos waren die letzten Spiele nicht vorbeigegangen am Über-Stürmer, der vor dem Jahreswechsel so viele Rekorde aufgestellt hatte, dass vorherige Rekordhalter sich langsam schon daran gewöhnt hatten, ein Smartphone in die Hand gedrückt zu bekommen, die Selfie-Funktion einzuschalten und ein Grußvideo nach München zu schicken. *Jaja, danke fürs Rekordklauen, ganz toll gemacht, Harry. Weiter so!*

Weiter so, aber anders. Denn ganz so leicht von der Hand ging dem Toptorjäger der Bundesliga sein Handwerk nicht mehr. Begeistert hatte er bis vor wenigen Wochen mit seinen intelligenten Bewegungen und seinem Spielverständnis, mit seiner Passqualität und Übersicht, ganz zu schweigen von all den Toren. Wenn Kane auf den Flügel auswich, schien das schon so zu passen. Jetzt aber fragte man sich, warum er denn schon wieder links oder rechts an der Seitenlinie auftauchte und nicht im Strafraum, wo ein Mittelstürmer hingehört.

Gegen Hoffenheim, zum Jahresauftakt, hatte er in der Nachspielzeit noch getroffen. Gegen Union, im Nachholspiel, nur den Pfosten, dafür in Augsburg aber wieder das Tor, gegen Gladbach folgte ein weiteres, dieses Mal half der gegnerische Torwart gewaltig mit. Aber es war das wichtige 2:1 in einer Phase, in der wenig zusammengelaufen war für die Bayern. Also wen interessierte da schon, wie das Tor zustande gekommen war?

Das Alles-oder-nichts-Spiel in Leverkusen hatte bekanntlich auch für Kane nichts bereitgehalten, in Rom war ebenfalls wenig zusammengelaufen. Und jetzt, in Bochum, stand er frei vor dem Tor, hatte die Gelegenheit auf dem Fuß, das 2:0 zu erzielen; für Ruhe zu sorgen; Selbstvertrauen zu tanken; die Brust wieder breiter werden zu lassen. Einfach auch mal wieder zu zeigen: *Wir sind Bayern, wir gewinnen in Bochum, und wir gewinnen deutlich in Bochum.*

Kane schoss über das Tor, sehr weit sogar, so weit, dass sich der Bochumer Anhang ein ironisches und lang gezogenes »Hey« nicht verkneifen konnte. Kane selbst streckte beide Unterarme um 90 Grad nach vorn und schaute in Richtung Himmel, als würde er beten. Kurz schaute er entgeistert rüber zu Müller, der sich ärgerte über das nicht erfolgte Abspiel. Und dann ärgerte sich auch Kane, bückte sich und schlug mit der rechten Hand auf den Rasen. *Verdammt noch mal, was ist denn nur los*, schien er sich zu fragen.

Nur wenige Augenblicke später flogen Tennisbälle von der Tribüne auf den Rasen, ob aus dem bayerischen Gästeblock oder der Bochumer Fankurve, wieder als Protest in Richtung Deutsche Fußball-Liga. Rund 13 Minuten lang sind Ordner mit Aufräumarbeiten beschäftigt, ehe es weitergehen kann.

Bei den Bayern wärmte sich währenddessen Dayot Upamecano, der Unglücksrabe aus Rom, intensiver auf. Der Franzose hatte anstelle des Niederländers Matthijs de Ligt auf der Bank gesessen, wurde nun aber schneller als gedacht wieder gebraucht, weil sich Rechtsverteidiger Noussair Mazraoui am Oberschenkel verletzt hatte. Wie sich später herausstellte, hatte sich auch der Marokkaner einen Muskelfaserriss zugezogen. Konrad Laimer, lange Zeit der Aushilfsrechtsverteidiger, fehlte wegen einer Wadenverletzung ohnehin. Sacha Boey, der 30-Millionen-Einkauf, hatte es, nachdem er einmal kurz als Rechtsverteidiger eingewechselt worden und dann in Leverkusen als Linksverteidiger heillos überfordert gewesen war, ebenfalls erwischt mit einem »großen« Muskelfaserriss. Ein weiterer Rechtsverteidiger stand Trainer Tuchel nicht zur Verfügung, einzig Joshua Kimmich hatte diese Position schon öfter gespielt, wurde jetzt aber im Mittelfeldzentrum gebraucht. Also durfte Upamecano schon nach einer halben Stunde wieder ran und Wiedergutmachung leisten.

In Rom hatte es eine Halbzeitpause gebraucht, um einem passablen und verbesserten Vortrag der Bayern einen Bruch zu verpassen. In Bochum reichten ein paar Tennisbälle.

Auf einmal war wieder alles anders, schlechter, ängstlicher. Als hätte sich ein Bochumer in die Köpfe der Bayern geschlichen und gesagt: *So, das war bis hierher in Ordnung, aber jetzt erinnert ihr euch bitte wieder daran, dass ihr ja gerade in der Krise steckt. Also spielt auch so!*

Musiala verlor in der gegnerischen Hälfte den Ball, Kimmich im Mittelfeld viel zu leicht den Zweikampf gegen den fast 38-jährigen Bochum-Kapitän Anthony Losilla. Und plötzlich traf Takuma Asano schon wieder gegen Manuel Neuer, wie bei der WM in Katar in jenem folgenschweren Auftaktspiel gegen Japan. 1:1, alles wieder auf Anfang. Alles wieder auf Alarmstufe Rot.

Wie so oft in diesen vergangenen, schwierigen Jahren beim FC Bayern brauchte es auch in Bochum nur einen kleinen Rückschlag, um das Flaggschiff des deutschen Fußballs zum Kentern zu bringen. Der Regen wurde immer stärker, Bayern immer schlechter. Und der VfL Bochum schien zu begreifen: *Okay, dann nutzen wir das halt aus.*

Sechs Minuten nach dem Ausgleich schlug der Bochumer Mittelfeldregisseur Kevin Stöger einen Eckball ins Zentrum, wo sich Harry Kane und Matthijs de Ligt nicht einigen konnten, wer den Bochumer Abwehrspieler Keven Schlotterbeck decken sollte. Keiner tat es, und es stand 2:1 für Bochum.

An der Seitenlinie stand Thomas Tuchel, versteckt zwischen Adidas-Cap und Halstuch, das bis über die Nase ragte. Was sollte er noch machen? Welchen Anteil hatte der Trainer daran, wenn seine Mannschaft wieder und wieder auf unerklärliche Art und Weise einbrach? Wenn kleinste Pausen im Spiel schon reichten, um zehn Feldspieler aus dem Gleichgewicht zu bringen.

»Es ist extrem viel gegen uns gelaufen«, sollte Tuchel später sagen und *»Expected-Goals«*-Werte (auch xG-Werte genannt) anführen, um die eigentliche Überlegenheit seiner Mannschaft zu belegen. »Wir haben vier, fünf, sechs hochkarätige Chancen. Wir sind aus dem Nichts in Rückstand geraten, haben nie aufgehört.« Allerdings auch nicht mit den eigenen Aussetzern.

Nach einer Stunde wechselte Tuchel unter anderem Joshua Kimmich aus und Leroy Sané ein, der wegen Kniebeschwerden eigentlich mal eine Pause bekommen sollte und eine Pause gut vertragen konnte. Der Nationalspieler, der sich in der Hinrunde noch auf Weltklasse-Niveau bewegt hatte, stand fast sinnbildlich für die Schaffenskrise beim deutschen Meister, so wenig lief bei ihm noch zusammen. Beste Chancen ließ Sané seit dem Jahreswechsel regelmäßig aus, fiel stattdessen durch meckernde Gesten und hängende Schultern auf.

Auch mit Sané auf dem Feld wurde es zunächst nicht besser für Bayern, im Gegenteil. Upamecano, der fünf Minuten nach seiner Einwechslung die Gelbe Karte für ein taktisches Foul gesehen hatte, ging nach einer weiteren Flanke von Stöger ins Luftduell mit Schlotterbeck und erwischte den Torschützen dabei mit dem linken Ellbogen im Gesicht. Schiedsrichter Daniel Schlager zeigte sofort auf den Punkt und Upamecano regelkonform die zweite Gelbe Karte. Zum zweiten Mal binnen fünf Tagen hatte der Franzose nicht nur einen Elfmeter verschuldet, sondern auch noch Rot gesehen. Upamecano wusste ganz genau: Das war vielleicht ein Fehler zu viel auf diesem Niveau. Wie viele Chancen würde er noch bekommen?

Dem Bochumer Stöger war das natürlich egal, er verwandelte den Elfmeter und stellte auf 3:1. Eine Viertelstunde vor Schluss mussten zehn Bayern nun zwei Tore aufholen. Drei sogar, wenn sie tatsächlich noch daran glaubten, noch gewinnen zu können.

Tuchel reagierte noch mal, brachte Eric Dier für Raphael Guerreiro, den quirligen Jungspund Mathys Tel für Thomas Müller und stellte auf eine Dreierkette um. Alles nach vorn, jetzt spielte es auch keine Rolle mehr, ob es am Ende 1:3 oder 1:4 ausgehen würde.

Die Bayern zeigten eine Reaktion, sie wirkten wütend. Endlich eine Reaktion!, wollte man fast sagen. Nur kam sie jetzt womöglich zu spät.

Musiala probierte es aus spitzem Winkel vergebens, dann tauchte Sané, nachdem er zwei Gegenspieler hatte stehen lassen, ganz frei vor Riemann auf und bekam offensichtlich zu viel Zeit zum Nachdenken. Er zögerte einmal und schloss dann wuchtig, aber unplatziert ab. Bochums Keeper wehrte zur Ecke ab, feierte seine Parade wie ein Tor, und das Bochumer Stadion stimmte mit ein. Sané blieb nach außen gefasst, seine Mitspieler Tel und Kane vergruben stattdessen die Gesichter in den Händen. Wer solche Chancen nicht nutzte, konnte auch kein Spiel ausgleichen. Geschweige denn gewinnen.

Einmal klappte es dann doch noch, weil Tel erst hängenblieb, aber nicht aufgab und den Ball irgendwie rüber stocherte zu Sturmpartner Kane, der nur noch einschieben musste zu seinem 25. Saisontor. Ein abenteuerlich guter Wert, der in diesem Moment aber gar keine Rolle spielte.

Kane blieb gelassen, wedelte stattdessen mit seinen Armen die Los-weiter-hier-geht-noch-was-Geste, und es hätte wirklich noch was gehen können. In der Nachspielzeit schlug der auffällige Tel von der linken Seite eine mustergültige Flanke auf den zweiten Pfosten auf den schon wieder frei stehenden Kane. Der entschied sich aus vier Metern für einen Aufsetzer, bekam aber nicht genügend Druck hinter den Ball. Riemann griff sicher zu und hielt den Bochumer Sieg fest.

Zum dritten Mal in Folge verlor der FC Bayern ein Pflichtspiel. Und allmählich entluden sich die Emotionen. Joshua Kimmich war nach dem obligatorischen Gang vor die Gästekurve immer noch nicht über seine Auswechslung hinweggekommen, sagte zu Co-Trainer Zsolt Löw: »Das muss mir einer von euch mal erklären.« Warum war ausgerechnet er, der sich diese Situation augenscheinlich so zu Herzen nimmt, ausgewechselt worden? Warum hatte ausgerechnet er, der so gern vorangehen würde, nicht mehr weiterspielen dürfen?

Zwischen Spieler und Co-Trainer entbrannte ein Wortgefecht, Kapitän Manuel Neuer ging dazwischen und beruhigte die Gemüter. Doch die Nerven lagen blank.

Nüchtern betrachtet hatte der FC Bayern ein Spiel verloren, das er niemals verlieren durfte. Zwei vermeidbare Standard-Gegentore standen unzähligen ausgelassenen Großchancen gegenüber. So versuchte es auch Tuchel zu erklären, bevor er nach dem Spiel schnell das Stadion verließ, um das Flugzeug zurück nach München zu erwischen. Die xG-Werte hätten klar für die Bayern gesprochen, erzählte Tuchel am Spielfeldrand, und damit hatte er recht. Aber ein Bayern-Trainer, der unmittelbar nach einem solchen Schlag ins Gesicht von xG-Werten sprach, spürte den Gegenwind eindeutig.

Im 44. Pflichtspiel als Bayern-Trainer hatte Tuchel seine zehnte Niederlage hinnehmen müssen, sein Vorgänger Julian Nagelsmann hatte diese zweistellige Anzahl an Pleiten erst nach 84 Spielen erreicht. Auch sonst schnitt Tuchel im Vergleich schlechter ab. Unter ihm schossen die Bayern weniger Tore pro Spiel, unter ihm kassierten sie mehr Gegentore pro Spiel. Doch das Allerschlimmste: Unter ihm waren sie mit Vollgas auf dem Weg zur ersten titellosen Saison seit zwölf Jahren.

Die Meisterschaft, die sich für manchen Spieler nur noch angefühlt haben musste wie ein nerviger Nebenjob, geriet langsam außer Reichweite. Acht Punkte musste Bayer Leverkusen einerseits verspielen, acht Punkte musste Bayern aber andererseits auch erst mal holen. Als Nächstes warteten in der Liga der Pokalsieger Leipzig und ein meistens unangenehmes Auswärtsspiel in Freiburg.

Und die Frage, die nun auf der Hand lag: Durfte Thomas Tuchel in diesen Spielen noch dabei sein? Behielt er seinen Job beim FC Bayern? »Selbstverständlich«, sagte CEO Jan-Christian Dreesen in den engen Katakomben des Bochumer Ruhrstadions, während Leon Goretzka in seinem alten Zuhause von einem »nicht enden wollenden Horrorfilm« sprach.

Tatsächlich steckte dieser FC Bayern in einem nicht enden wollenden Sanierungsprozess.

Natürlich konnten die Bosse nun wieder den Trainer austauschen, nicht mal ein Jahr nach der Entlassung von Nagelsmann. Natürlich konnten sie wieder die Reißleine ziehen, länger als 21 Monate hatte seit Guardiolas Abschied im Sommer 2016 sowieso kein Bayern-Trainer ausgehalten. Aber was würde sich dadurch ändern? Kurzfristig mochte die Mannschaft beflügelt werden vom frischen Wind, das war ja einer dieser schönen Nebeneffekte, die ein Trainerwechsel mit sich brachte. Langfristig aber, das war den Verantwortlichen längst klar, würde ein Aus von Thomas Tuchel wieder nur die großen Probleme kaschieren. Dieser Kader musste überarbeitet werden, im großen Stil.

Doch zuerst flog der Trainer.

Fünf Tage waren nun vergangen seit jenem verregneten Sonntag in Bochum.

»Findet jeder Platz?«, fragte Bayerns Pressesprecher Dieter Nickles, während er im voll besetzten Presseraum an der Säbener Straße auf seinen Stuhl rutschte. Tuchel blickte kurz zur Seite, grinste und goss sich wie immer zunächst ein Glas Wasser ein.

»So viele Hände habe ich noch nie auf einmal gesehen«, sagte Nickles und zählte die Fragensteller.

Gefragt werden musste schließlich einiges. Denn Tuchel, das war seit drei Tagen klar, würde nach der Saison nicht mehr Trainer des FC Bayern sein. »Einvernehmlich«, ließ sich CEO Dreesen in der Pressemitteilung zitieren, seien Vereinsführung und Trainer zu dem Schluss gekommen, die Zusammenarbeit im Sommer zu beenden.

Ein kurzes Gespräch hatten Tuchel und Dreesen am Dienstag auf der Geschäftsstelle geführt, am Mittwoch dann die Mannschaft vor dem Training informiert. In der Kabine war die Botschaft des Vorstandsvorsitzenden unmissverständlich: Bald ist der nächste Trainer weg, ihr steht jetzt alle ganz genau unter Beobachtung.

Ausreden hatte dieses Aufgebot keine mehr, ab jetzt würde jeder Spieler für den Rest der Saison um seine persönliche Zukunft beim FC Bayern spielen. Tuchels Entlassung, auch wenn es öffentlich keiner der Verantwortlichen in der Form bestätigen würde, war erst der Anfang des Umbruchs beim FC Bayern, der Anfang der Zeitenwende. Eine Saison, die womöglich ohne Titel blieb, blieb beim FC Bayern nicht folgenlos.

Als dieser erfolgsverwöhnte Verein letztmals mit leeren Händen aus einer Saison gegangen war, nach einem blamablen 2:5 gegen Jürgen Klopps Dortmunder im Pokalfinale in Berlin, reagierten die Bayern-Bosse Uli Hoeneß und Karl-Heinz Rummenigge derart rigoros, dass sie 40 Millionen Euro für den defensiven Mittelfeldspieler Javi Martinez ausgaben, eine damals ungeahnte Ablösesumme im deutschen Fußball. Im Jahr darauf kauften sie dem BVB dessen Juwel Mario Götze weg, im Jahr darauf dessen Torgaranten Robert Lewandowski, zwei Jahre später dessen Abwehrchef Mats Hummels. Und sie hörten nicht mehr auf zu gewinnen.

Thomas Tuchel hatte in den Tagen vor der offiziellen Verkündung seines baldigen Ausscheidens behauptet, von all den Schlagzeilen in München nicht viel mitzubekommen, sich stattdessen zurückzuziehen in seine Blase, das Negative auszublenden. Doch für jemanden, der angeblich nichts las und wenig hörte, hatte sich der Trainer an diesem Freitag gut vorbereitet.

»Die Gründe sind …«, sagte der Trainer, nachdem er sich zurückgelehnt und drei Sekunden lang überlegt hatte, was für Gründe er vorbringen sollte für diese vorzeitige Trennung, auch wenn sie erst in drei Monaten passieren würde. »Wir sind unzufrieden mit der Art und Weise, wie wir spielen. Dazu sind wir unzufrieden mit der Punkteausbeute und mit den drei Niederlagen in Folge.« Ein eindeutiges Bild konnte der Trainer wie auch die Verantwortlichen nicht erkennen. »Wenn es einen Alleinschuldigen gäbe«, ergänzte Tuchel, »säße hier heute ein anderer Trainer auf der PK. Ich denke, das impliziert die Entscheidung auch.«

Die Beziehung zwischen Tuchel und einer bequemen Mannschaft war nicht mehr zu retten gewesen, da waren die Signale, die viele Spieler hinter dem Rücken des Trainers nach außen trugen, zu eindeutig. Es würde im Sommer einen Neustart brauchen, dieses Mal aber richtig. Ein 100-Millionen-Euro-Stürmer konnte manche Probleme kaschieren, aber nicht das Gesamtbild übermalen. Ein Harry Kane alleine würde im Sommer 2024 nicht reichen, ebenso wenig wie allein ein neuer Trainer.

Auf gewisse Art und Weise war ein aneckender Tuchel ein Leidtragender des schleichenden Abwärtstrends der Vorjahre. Spieler waren gekauft worden, die entweder kein Bayern-Niveau hatten oder nicht zum FC Bayern passten. Spieler waren verkauft worden, die nicht adäquat ersetzt wurden. Peu à peu hatte dieser FC Bayern seine Säulen abgegeben, ein Stück seiner Identität. Das über die Jahre so hochgepriesene »Mia san mia« drohte vollständig verloren zu gehen. Von »Wir sind die Besten«, »Wir sind besser als ihr«, »Wir machen das schon« war in diesem Verein allmählich nicht mehr viel zu erkennen.

Nicht umsonst waren Uli Hoeneß und Karl-Heinz Rummenigge, nachdem sie die Staffelstäbe schon an Hasan Salihamidžić und

Oliver Kahn übergeben hatten, zurückgekehrt, um »ihrem« Verein ein letztes Mal zu helfen, den Scherbenhaufen aufzuräumen. Und im Sommer würde jeder Schuss sitzen müssen.

25 Minuten sprach Tuchel an diesem Freitag, gab sich gelassen und lachte viel, antwortete auf jede Frage ausführlich und verteilte mit äußerst feiner Klinge klare Botschaften. »Ich denke nicht, dass ich das einzige Problem bin«, sagte er zum Beispiel. Nicht um sich aus der Schussbahn zu nehmen, sondern um andere reinzuwerfen. »Die Verantwortlichen kennen meine Analyse«, sagte Tuchel auch, erwähnte aber nicht, wo seiner Meinung nach die weiteren Probleme lagen. Einvernehmlich, das stellte der Trainer zwischen den Zeilen klar, war die Trennung natürlich nicht. »Ich bin mir nicht sicher, ob es die Option gab, dass ich das entscheide, wenn ich Angestellter des Vereins bin«, sagte Tuchel und grinste.

Ob es dem Trainer, der Mannschaft oder wem auch sonst passte, wenigstens herrschte jetzt Klarheit. Ausflüchte hatten die Spieler keine mehr. Ab jetzt spielte jeder um seinen Job. »Klarheit bringt Freiheit«, hoffte Tuchel und stellte klar, dass er, der sich nach einer Rückkehr in die Premier League sehnte, nicht zurückstecken würde bis zum bitteren Ende. »Es ist eigentlich egal, ob ich die Entscheidung komplett nachvollziehen kann; ob ich sie gut finde, ob ich erleichtert bin, ob ich nicht erleichtert bin, ob ich happy bin, ob ich es richtig finde. Das spielt alles keine Rolle. Ich liebe den Job, und ich werde den Job selbstverständlich wie zuvor mit der gleichen Energie machen.«

Aber wer noch?

21

Zuckerschlecken

Die Titelentscheidung

Tuchel und seiner Mannschaft blieben zwölf Spiele, um in der Liga einen Acht-Punkte-Rückstand auf Tabellenführer Leverkusen aufzuholen. Zwei Wochen zuvor hätten die Bayern theoretisch noch an Bayer vorbeiziehen können mit einem Sieg im Spitzenspiel, doch das schien inzwischen eher Lichtjahre zurückzuliegen, so unterschiedlich waren die Gefühlslagen in West- und Süddeutschland.

Die einen steuerten mit Hurra-Fußball auf die erste Meisterschaft der Vereinsgeschichte zu, die anderen liefen von einem Verderben ins nächste.

Da kam Angstgegner Leipzig gerade rechtzeitig.

Im letzten Heimspiel der Vorsaison hatten die Bayern bereits mit Tuchel gegen Leipzig verloren, einen Spieltag vor Schluss die Tabellenführung an Borussia Dortmund abgegeben und am Ende doch die elfte Meisterschale in Folge hochgehalten. Im ersten Heimspiel der laufenden Saison, dem Supercup, hatte es gleich die nächste Packung gegeben. Der Leipziger Dani Olmo hatte Harry Kanes Debüt mit einem Dreierpack überstrahlt.

Und jetzt stand Thomas Tuchel am Spielfeldrand und packte vor dem erneuten Aufeinandertreffen mit RB sein übliches Grinsen aus, das alles zwischen ehrlich amüsiert und hochgradig gereizt bedeuten konnte.

»Wir haben am Mittwoch gemeinsam eine Meldung herausgegeben, dass wir bis Saisonende weitermachen, und Sie fragen mich über das nächste Negativszenario?« Ob er denn bei einer weiteren Niederlage, der vierten in Folge dann, sogar vorzeitig rausgeschmissen werden könnte, hatte der Sky-Reporter Tuchel gefragt.

Eine richtige Antwort konnte der Trainer darauf ohnehin nicht geben. Der Verein war so erhitzt, dass Entscheidungen sich von Woche zu Woche ändern konnten. Es blieben ja nicht nur die zwölf Spiele in der Liga, um irgendwie noch den Titel zu holen. Die Bayern hatten aus ihrer extremen Horror-Vorwoche auch noch das 0:1 im Achtelfinal-Hinspiel der Champions League bei Lazio Rom aufzuholen. Wenn sich bis dahin aber nichts an Form und Verfassung änderte, musste vielleicht doch noch kurzfristig reagiert werden. Fürs Erste suchte sich Tuchel eine interessante Symbolik seines Energie-Versprechens und setzte sich gegen Leipzig erstmals auf einen silbernen und völlig zerbeulten Metallkoffer. Weil er auf gepackten Koffern saß?, wie ein Reporter ihn tatsächlich später fragen sollte.

Tuchel sah einen verbesserten Auftritt seiner Mannschaft gegen Leipzig. Das 1000. Heimspiel der Bayern-Geschichte fiel weitaus weniger schlimm aus, als die drei Auswärtspartien zuvor hatten befürchten lassen. Harry Kane, der in Bochum in ungewohnter Manier gleich zwei hochkarätige Chancen liegen gelassen hatte, scheiterte auch gegen RB mit seinem ersten Versuch, einem strammen Kopfball aus zehn Metern, den der Leipziger Torwart Janis Blaswich stark abwehrte.

Englands Nationaltrainer Gareth Southgate schaute sich seinen Kapitän aus nächster Nähe an, hatte sich erstmals seit Kanes Wechsel nach München einen Platz in der Arena gesucht und sah nun das Bemühen der Bayern, die vergangene Woche mit all ihren Folgen vorerst vergessen zu machen.

Leroy Sané hätte nach einem genialen Zuspiel von Jamal Musiala treffen können, vielleicht sogar treffen müssen, doch der deutsche Nationalspieler schleppte nicht nur Patellasehnenprobleme mit sich herum, sondern auch die Last, seit vier Monaten kein Tor mehr erzielt zu haben.

Sané war das Sinnbild einer strauchelnden Mannschaft geworden, die zwar vieles, vielleicht sogar alles mitbrachte, um es nach ganz oben zu schaffen. Die den Sprung nach ganz oben aber einfach nicht schaffte.

Seit Jahren schon spielte Sané zumeist eine geniale Hinrunde und ließ dieser eine durchwachsene Rückrunde folgen. So gut wie im ersten Halbjahr der laufenden Saison war Sané noch nie gewesen, hatte schon im November so viele Saisontore erzielt wie im gesamten Vorjahr. Niemand schien von Kanes Verpflichtung so sehr zu profitieren wie der Flügelspieler, der sich nicht nur auf dem Platz, sondern auch daneben bestens mit dem Engländer verstand.

In der 42. Minute, kurz nachdem Kane mit einem Fallrückzieher an Blaswich gescheitert war, zog der Angreifer aus 20 Metern wuchtig ab, traf dabei jedoch nur Sané, der nicht mehr rechtzeitig aus dem Weg kam. Was Kane nicht sah, während er sich aufregte und abschaltete: Der Ball lag noch bereit, Sané hätte nur in der Szene bleiben und aus fünf Metern abschließen müssen. So aber ging ein Raunen durchs Stadion.

Nach der Pause schien das Spiel zugunsten der Leipziger zu kippen, die in Hälfte eins noch ohne Torchance geblieben waren. Gleich dreimal hätte RB binnen drei Minuten treffen können, stattdessen traf Harry Kane auf der Gegenseite mit seinem schwachen linken Fuß wuchtig ins rechte Eck. Grinsend nahm Englands Coach Southgate das 26. Saisontor seines Kapitäns auf und nickte mit verschränkten Armen in Richtung der unteren Reihen.

Die Bayern-Fans jubelten kurz darauf erneut, dieses Mal aber über eine sensationelle Parade ihres Torhüters Manuel Neuer gegen den Leipziger Angreifer Benjamin Sesko. Der jubelte dafür in der 70. Minute, weil Leon Goretzka seinen Abschluss unhaltbar an Neuer vorbei ins Tor abfälschte.

Leipzig hatte sich den Ausgleich verdient, und das Spiel schien auf ein Remis hinauszulaufen, ehe Eric Dier in der ersten Minute der Nachspielzeit einen Flugball aus der eigenen Hälfte nach vorn schlug, Eric Maxim Choupo-Moting diesen abtropfen ließ und Kane ihn mit dem ersten Kontakt – wieder mit links – aus der Luft im rechten Eck unterbrachte. »Yabadabadoo«, hieß es wieder mal in der explodierenden Arena, als die Tormusik ertönte.

Es war kein grenzenloser Jubel der puren Freude, es war eher das Herausschreien der Erleichterung. Endlich hatte diese Misere ein Ende. Ob das jetzt verdient war oder nicht, ob es überzeugend war oder nicht, spielte für den Moment überhaupt keine Rolle. Wichtig waren nur diese verdammten drei Punkte.

Noch war nicht einmal der März angebrochen, und Kane wäre mit seinen 27 Saisontoren bereits in 36 von bis dato 60 beendeten Bundesliga-Spielzeiten Torschützenkönig geworden. »Geld schießt keine Tore«, hatte der ehemalige Bayern-Trainer Otto Rehhagel 29 Jahre zuvor mal gesagt. Kane bewies wöchentlich das Gegenteil.

»Es ist schön, ein paar Tore zu schießen und damit der Mannschaft auf dem Weg zum Sieg zu helfen«, sagte der 30-Jährige am Spielfeldrand ganz diplomatisch und nahm seinen zum Saisonende scheidenden Trainer in Schutz. »Wir Spieler haben nicht so gespielt, wie wir es eigentlich können. Man muss kämpfen und in jedem Moment hart arbeiten, heute haben wir das gemacht.«

Tuchel hatte Kane von einem Wechsel überzeugt, Tuchel hatte sich wie ein Kind auf Kane gefreut, weil er genau wusste, dass Kane eigentlich *das* Puzzleteil war, das ihm noch gefehlt hatte. Ein zusätzlicher Mittelfeldspieler wäre noch gut gewesen.

Kane jedenfalls erlebte nach nur sieben Monaten in München bereits, was er zuvor in London viel zu oft erlebt hatte. Im Sommer, wenn dann allerspätestens ein neuer Trainer auf der Bayern-Bank sitzen würde (Oder auf einem silbernen Koffer?), war das bereits der achte Coach seit Beginn des Jahres 2021, der Kane trainierte. Von

José Mourinho zu Ryan Mason zu Nuno Espirito Santo zu Antonio Conte zu Cristian Stellini zu Ryan Mason zu Thomas Tuchel zu … Xabi Alonso?

Natürlich kamen mit dem Bekanntwerden von Tuchels baldigem Aus sogleich die Gerüchte über den möglichen Nachfolger auf.

Quer durch die Reihen wurden alle möglichen Kandidaten durchgespielt. Der Italiener Roberto de Zerbi machte in Brighton zum Beispiel einen super Job, genauso wie der Deutsche Ralf Rangnick als Nationaltrainer in Österreich. Oder wie wäre es mit José Mourinho oder Antonio Conte, die beide gerade keinen Job hatten und sich ja eigentlich mit dem Gewinnen auskannten – und Kane kannten. Oder vielleicht doch einer der bereits Vertriebenen wie Hansi Flick, der Bayern 2020 zum Triple geführt hatte, oder Julian Nagelsmann, der erst mal die Nationalmannschaft halbwegs unfallfrei zur Heim-EM führen sollte. Wer durfte es sein? Wer sollte es sein? Und wer wollte es sein?

Fragen, die in der Regel ein Sportvorstand beantworten kann, auch wenn er es zumindest öffentlich in aller Regel vermied.

Wie treffend also, dass die Bayern nur zwei Tage nach dem Sieg gegen Leipzig bekannt gaben, was ohnehin längst kein Geheimnis mehr gewesen war: Max Eberl heuerte zum 1. März als neuer Sportvorstand beim deutschen Rekordmeister an.

Der 50-Jährige, aufgewachsen in Niederbayern, hatte sich über 14 Jahre als Sportdirektor von Borussia Mönchengladbach einen Namen gemacht, war in dieser Zeit mehrmals mit einem Job bei seinem Jugendverein FC Bayern in Verbindung gebracht worden. Erst im Januar 2022 hatte Eberl Gladbach unter Tränen und mit Burn-out-Syndromen verlassen, ehe er elf Monate später als Sportvorstand bei RB Leipzig angefangen und nur zehn Monate danach schon wieder aufgehört hatte. Den Leipzigern hatte Eberls volle Überzeugung gefehlt, weil in München parallel nach einem Nachfolger für den gerade entlassenen Sportvorstand Hasan Salihamidžić gefahndet und Eberls Name konsequent ins Spiel gebracht wurde.

In München wartete ein Berg von Aufgaben auf den Mann, der sein erstes Spiel als Fußballprofi für den FCB absolviert hatte. Mehr als dieses eine Spiel war im Bayern-Trikot jedoch nie dazugekommen.

Eberl hatte einen neuen Trainer zu finden, einer gesättigten und verwöhnten Mannschaft einen neuen Anstrich zu verpassen, und all das unter Berücksichtigung der ureigenen Klubwerte: Es musste wieder mehr Identifikation mit dem FC Bayern in die Mannschaft, in den Verein; mehr Charaktere und weniger große Egos. Der FC Bayern hatte sich in den vergangenen Jahren verloren, und Eberl musste ihn wiederfinden.

Wenn es sonst noch was sein durfte?

Mit einem breiten Grinsen betrat Eberl drei Tage vor dem offiziellen Dienstbeginn das Podium im Presseraum der Allianz-Arena, begleitet von Mediendirektor Stefan Mennerich, Präsident Herbert Hainer und Vorstandschef Jan-Christian Dreesen. Anders als seine Gefolgsmänner trug der baldige Sportvorstand kein offenes Hemd und auch kein Sakko, er hatte sich für hellblaue Adidas-Sneaker, eine blau-grün karierte Stoffhose und eine bis oben hin zugezogene, dunkelblaue Bomberjacke entschieden. Das erschien auf den ersten Blick nicht gerade »Bayern-like«, wie es Eberls Vorvorgänger Karl-Heinz Rummenigge gern zu sagen pflegte, aber Zeit für äußere Beurteilungen blieb bei der aktuellen Schieflage im Grunde nicht.

Fast 50 Minuten dauerte die Frage- und Antwortrunde im Bauch der Arena, Themen gab es schließlich genug. Eberl sprach unter anderem über die kurzfristigen und die langfristigen Ziele, über den aktuellen Kader und den potenziellen Kaderumbau, über die vorzeitige Trennung von Trainer Tuchel und die künftige Transferstrategie. Superstars wie Harry Kane sollten weiterhin verpflichtet werden, zugleich sollten aber unbedingt auch entwicklungsfähige Talente wie Mathys Tel oder sogar Eigengewächse wie der trotz aller Umstände aufblühende Sechser Aleksandar Pavlovic gefördert werden.

Nach der PK machte sich das Führungstrio auf den Weg in Richtung Arena-Rasen, nahm sich in die Arme und lächelte in die klickenden Kameras.

Schon an seinem ersten offiziellen Arbeitstag sollte Eberl das Lachen wieder vergehen.

Verdächtig leise und mit ausdrucksloser Miene setzte sich Thomas Tuchel am Donnerstagmittag auf seinen Stammplatz im fensterlosen PK-Raum an der Säbener Straße. Der Trainer, der es meistens schaffte, für die 15 oder 20 Minuten eine gute Miene zum bösen Spiel zu machen, wirkte gereizt, als er von den anwesenden Reportern auf die Verpflichtung Max Eberls angesprochen wurde, und was dieser bei seiner Vorstellung zwei Tage zuvor gesagt hatte, habe er nicht mitbekommen, sagte Tuchel trocken, »wir hatten Training«. Auch danach habe er nichts gelesen, wie er das angeblich immer tat. »Heute wird sich Max der Mannschaft vorstellen und dem ganzen Staff, hier an der Säbener Straße«, ergänzte Tuchel und holte aus zu einem kleinen und vor allem unvorhergesehenen Schlag Richtung Vereinsführung. »Es ist in diesen – wie lange bin ich jetzt hier? – zehn Monaten das dritte Mal, dass wir das Organigramm umschreiben«, meinte er.

Seitdem Tuchel Ende März des Vorjahres angefangen hatte, also etwa elf Monate zuvor, hatte der Verein Vorstandschef Oliver Kahn und Sportvorstand Hasan Salihamidžić rausgeschmissen, hatte den vormaligen Finanzvorstand Dreesen, der eigentlich gehen wollte, zum CEO befördert und mit Christoph Freund wieder einen Sportdirektor installiert.

2:2 spielte der FC Bayern gegen den SC Freiburg in einem Spiel mit vier Traumtoren. Zwar hatte er kurz vor Schluss noch 2:1 geführt, hätte nach einer vogelwilden ersten halben Stunde aber auch schon höher zurückliegen können als nur 0:1. »Harakiri« sei das gewesen, sagte Tuchel später und hielt seiner Mannschaft wieder mal schonungslos den Spiegel vor. »Wir haben Dinge gemacht, die haben wir noch nie trainiert, über die haben wir noch nie gesprochen. Wir haben eigentlich sehr, sehr früh gespielt, als wäre es die 85. Minute und wir wären 0:1 zurück.« Zudem habe seine Mannschaft »komplett ohne Struktur« und »viel zu undiszipliniert« im Positionsspiel gespielt und den Gegner »zum Kontern eingeladen«. Immerhin die Reaktion hatte gepasst, und Chancen waren eigentlich auch genug da gewesen. Aber dass Tuchel kurz vor Schluss Jamal Musiala, der die Bayern mit einem sehenswerten Solo in Führung gebracht hatte, ausgewechselt, den Innenverteidiger Dayot Upamecano eingewechselt und damit die Struktur über den Haufen geworfen hatte, verschwieg er lieber.

Max Eberl hatte den Vortrag an seinem ersten offiziellen Arbeitstag auf der Tribüne verfolgt und allerlei Emotionen von Nebenmann Dreesen vernehmen dürfen. Einen besseren Anschauungsunterricht zum Istzustand des FC Bayern hätte er zum Start kaum bekommen können.

»Und Höfler trifft den Ball nicht richtig«, sagte Eberl später der ARD und bezog sich auf das kunstvolle Freiburger Volleytor zum 2:2-Endstand. Dass der Spieler Höler hieß und nicht Höfler und dass Höler den Ball sehr genau und sogar sehr gut getroffen hatte, durfte man dem neuen Sportvorstand vielleicht nachsehen. Es war dann doch sehr viel auf einmal gewesen.

Kurzzeitig hatte das 2:1 gegen Leipzig wenigstens für ein bisschen Ruhe gesorgt, jetzt standen die Bayern schon wieder nah am Abgrund. Leverkusen würde am Sonntag mit einem Sieg in Köln auf zehn Punkte davonziehen und die Meisterschaft vorentscheiden können.

Doch das erschien tatsächlich nebensächlich. Viel drängender war die Frage, ob Thomas Tuchel vier Tage vor dem so wichtigen Achtelfinal-Rückspiel gegen Lazio vielleicht sogar sofort gehen musste. Er selbst hatte nach dem »einvernehmlichen« Entschluss angekündigt, fortan rücksichtsloser handeln zu wollen. Er musste sich ja nicht mehr darum sorgen, welche Lasten Spieler XY vielleicht in die neue

Saison schleppte. Welches Talent vielleicht noch mehr Einsatzzeit brauchte oder wer mal hier und daran durfte. Es ging nur noch um das Hier und Jetzt. Und das Hier und Jetzt, das Erreichen des Viertelfinals in der Champions League, schien akut gefährdet.

Tuchels abermalige öffentliche Demontage seiner Truppe hatte unmittelbar jedoch keine Folgen. Schon am Samstagmorgen sickerte durch, dass der Trainer auch gegen Lazio auf der Bank sitzen würde. Er selbst, sagte er am Tag vor dem Spiel, denke nicht an einen vorzeitigen Rücktritt.

»Wir Spieler sind natürlich auch verantwortlich«, hatte Abwehrspieler Matthijs de Ligt noch kurz zuvor gesagt. »Ich glaube auch, dass alle das wissen. Eigentlich sind wir alle zusammen jetzt …« Er zögerte und schaute grinsend zur Seite »… ich weiß nicht, in der Scheiße? Nicht so gut, aber ja. Wir sind zusammen in dieser Phase, und wir müssen zusammen da rauskommen.«

Kamen sie auch, zumindest in diesem Alles-oder-nichts-Spiel gegen Rom. Harry Kane traf zum 1:0, Thomas Müller noch vor der Pause nach artistischer Vorarbeit von de Ligt zum 2:0 und wieder Kane zum 3:0-Endstand. Wie sich herausstellte, war der Tabellenneunte der italienischen Serie A dann doch keine zu große Hürde.

Genießen dürfe man das jetzt schon mal, sagte Torschütze Müller später, weil sich das Weiterkommen im prestigeträchtigsten Wettbewerb »einfach gut« anfühle. »Es ist hier nicht irgendwie ein kompletter Scherbenhaufen da«, versicherte er, kam um das Offensichtliche aber nicht herum: »Wir haben halt auf dem Fußballplatz Probleme.«

Wenigstens geriet das anschließend zweimal in Vergessenheit.

Harry Kane führte mit sechs Treffern die Torschützenliste der Champions League an, gemeinsam mit Atleticos Antoine Griezmann und ManCitys Erling Haaland.

Insgesamt war keiner an mehr Toren direkt beteiligt als Kane, der dazu noch drei Vorlagen gegeben hatte.

Nahezu absurd wurden die Zahlen jedoch in der Bundesliga.

Gegen Mainz, bei einem vermeintlich befreienden 8:1, lieferte Kane zwei Assists und traf dreifach. Eine ganze Reihe an Rekorden hatte der Engländer wieder mal gebrochen.

Kane war der erste Spieler, der in seinem ersten Bundesliga-Jahr vier Dreierpacks schnürte.

Kane war der erste Spieler, der in seinem ersten Bundesliga-Jahr mindestens achtmal mehrfach traf. Kane war nach Uwe Seeler 1964 der erste Spieler, der in seinem ersten Bundesliga-Jahr mindestens 30 Saisontore erzielte.

Kane war seit Erfassung der Assists 1988/89 der erste Spieler, der zweimal in einer Saison fünf Scorerpunkte in einem Spiel verbuchte. Und Kane hatte allein mehr Saisontore auf dem Konto als Darmstadt, Mainz, Köln oder Union Berlin jeweils geschossen hatten. »Er ist ein Vorbild, eine große Persönlichkeit, Topspieler«, lobte Thomas Tuchel seinen Lieblingsschüler mal wieder. Gefühlt war Kane der einzige Spieler im Bayern-Kader, der den Trainer noch nicht mindestens einmal zur Weißglut getrieben hatte.

Auch in Darmstadt änderte sich daran nichts. Die Bayern gewannen nach Rückstand mit 5:2, vor allem dank eines herausragenden Jamal Musiala. Kane hatte wieder ein Tor und einen Assist beigesteuert und damit Uwe Seeler vom geteilten Platz eins verdrängt. 31 Liga-Saisontore waren ihm selbst in all den Tottenham-Jahren noch nie gelungen. Kane war außerdem drauf und dran, seinen ersten »Goldenen Schuh« für den besten Torjäger Europas zu gewinnen.

Er hatte allerdings auch humpelnd den Platz verlassen.

Nach einem Lattentreffer von Musiala hatte Kane versucht, den Rebound im Tor unterzubringen, war dabei jedoch gegen den Pfosten geprallt und dabei so unglücklich mit dem linken Sprunggelenk aufgekommen, dass es für ihn nicht weiterging.

»Es ist ein bisschen schmerzhaft«, rief Kane den Reportern in den Katakomben des Darmstädter Stadions zu. »Eine genaue Diagnose müssen wir noch abwarten«, erklärte Thomas Tuchel. »Wir hoffen, dass es bei dem Schreckmoment bleibt.«

Die Rechnung ging einigermaßen auf.

Leverkusen zeigte sich derweil unbeeindruckt von zwei Bayern-Siegen in Folge, gewann seinerseits einfach weiter und hielt den Vorsprung an der Spitze bei zehn Punkten vor der anstehenden Länderspielpause. Bayer hatte nach 25 Spieltagen schon 22 Siege eingefahren und damit einen mehr als Bayern in der gesamten Vorsaison.

Gewöhnlich wird es in einer Phase mit Länderspielen sehr ruhig an der Säbener Straße in München. Der FC Bayern kennt es gar nicht anders, als nahezu alle seine Spieler zu ihren Nationalmannschaften zu schicken.

In diesem März sah das ein bisschen anders aus.

Bundestrainer Julian Nagelsmann, vor ziemlich genau einem Jahr beim FC Bayern beurlaubt, verzichtete für zwei Testländerspiele auf die Münchner Leon Goretzka, Serge Gnabry und Leroy Sané, der wegen einer Roten Karte aus dem letzten Länderspiel gegen Österreich gesperrt war. Youngster Aleksandar Pavlovic, der Goretzkas Platz einnehmen sollte, blieb wegen einer Mandelentzündung zu Hause. Und kurze Zeit später kehrte auch noch Manuel Neuer zurück, weil er sich im Training beim DFB-Team einen Muskelfaserriss im Adduktorenbereich zugezogen hatte.

Kane war nach dem Sieg in Darmstadt zwar zur englischen Nationalmannschaft geflogen, hatte sich dort jedoch nur am Sprunggelenk behandeln lassen und war eine Woche später, nachdem er beim 0:1 gegen Brasilien nur zugeschaut hatte, bereits wieder nach München aufgebrochen, um dort individuell zu arbeiten.

Nagelsmanns Nationalmannschaft entfachte mit zwei beeindruckenden Leistungen in Frankreich und gegen die Niederlande plötzlich EM-Fieber im Gastgeberland.

In drei Monaten würde das Turnier in München gegen Schottland eröffnet werden. Und diese deutsche Mannschaft, angeführt von Toni

Kroos und den überragenden Technikern Jamal Musiala und Florian Wirtz, schien bereit zu sein.

Kane arbeitete derweil individuell mit Bayerns Fitnesstrainer Prof. Dr. Holger Broich und stieg schnell wieder teilweise ins Teamtraining ein. Das anstehende Topspiel gegen Borussia Dortmund würde er sich kaum entgehen lassen.

Schließlich fehlten Kane bei acht ausstehenden Ligaspielen »nur noch« zehn Treffer, um den 41-Tore-Rekord seines Vorgängers Robert Lewandowski zu brechen.

Am Donnerstag, als Kane sich im Gegensatz zu Pavlovic und Neuer endgültig zurückmeldete, erschien in der Mediathek des Bayerischen Rundfunks ein 41-minütiges Interview mit Uli Hoeneß.

In einem Konferenzraum der Säbener Straße saßen sich der Ehrenpräsident und der Reporter in zwei roten Sesseln gegenüber, Hoeneß wie gewohnt im weißen Hemd mit Button-down-Kragen und angeknöpftem Mikrofon.

Aus all den Jahren, in denen Hoeneß den FC Bayern geführt und nicht mehr geführt hatte, war klar, dass sich der Klubpatron immer nur dann öffentlich meldete, wenn er auch was loswerden wollte.

Während Leverkusens Erfolgstrainer Xabi Alonso nach wie vor als Topfavorit auf die Nachfolge von Thomas Tuchel galt, wusste Hoeneß vermutlich bereits, dass sein Ex-Spieler noch gar nicht vorhatte, Leverkusen zu verlassen. »Wenn der jetzt zwei, drei Jahre mehr Erfolge gehabt hätte, wäre es wahrscheinlich einfacher, ihn dort loszueisen«, sagte Hoeneß also. »Ob das jetzt dieses Jahr gelingt, werden wir mal sehen. Wird schwierig, um nicht zu sagen unmöglich. Wir würden den gern verpflichten, keine Frage, aber wenn das nicht klappt, wird es die Aufgabe des Managements sein, Alternativen zu suchen und zu finden.«

Der FC Bayern hatte binnen kürzester Zeit Hansi Flick ersetzen müssen, dann Julian Nagelsmann und bald Thomas Tuchel. Also drei der vermeintlich besten deutschen Trainer.

War der FC Bayern vielleicht untrainierbar? »Nein«, entgegnete Hoeneß. »Die Medien sind untrainierbar! Die haben nämlich überhaupt keine Geduld mehr. Früher hatten wir Trainer, einen Ottmar Hitzfeld, da haben wir auch zwei, drei, vier Spiele verloren. Da ging es wieder weiter. Aber heute, wenn wir zwei, drei Spiele verlieren, wird die Trainerfrage gestellt. Deswegen ist es besonders schwierig, beim FC Bayern zu trainieren.«

Wobei sich Hoeneß nicht ganz aus der Verantwortung nahm. »Ich muss auch sagen, in der letzten Vergangenheit ist auch von unserer Seite aus zu wenig Geduld aufgebracht worden. Wenn ich an die Geschichte mit Julian Nagelsmann denke, der zu einem Zeitpunkt entlassen oder beurlaubt wurde, wo noch alle drei Titel möglich waren … Das ist eigentlich nicht eine Sache, die zum FC Bayern passt.«

Genauso wenig wie die Tatsache, dass plötzlich ein anderer Verein dabei war, deutscher Meister zu werden. Nach elf Titeln in Serie. »Das ist ja anormal«, blickte Hoeneß noch mal stolz zurück. »Das hat selbst Real Madrid nicht geschafft. Das, was wir jetzt hier haben, ist ein gewisser Umbruch. Es ist natürlich auch ein Generationenproblem. Der Wechsel von Karl-Heinz Rummenigge und mir zu der nächsten Generation von Führungskräften … Dass der holprig wird, war eigentlich zu vermuten. Das wird vielleicht ein, zwei Jahre dauern, bis man dann wieder alte Blüte hat.«

Aber hat der FC Bayern, dieser chronisch ungeduldige Immer-Gewinner, genügend Geduld, um zwei, drei Jahre Umbruch auszuhalten? Wie auch immer der dann aussah. »Die Leute sagen immer, es ist gut, wenn mal ein anderer Meister wird oder wenn jemand anderes da mal eine größere Rolle spielt«, sagte Hoeneß grinsend. »Aber wenn's dann passiert, heißt es Krise, Chaos. Finde ich alles nicht. Das Leben besteht nicht nur aus Zuckerschlecken. Das erlebt gerade der FC Bayern.«

Dieser FC Bayern, der ja trotzdem noch so zufrieden sein konnte beim Blick auf sein berühmtes Festgeldkonto, auf die Säbener Straße, auf den Campus und auf die Allianz-Arena. »Das ist alles bezahlt!«, sagte Hoeneß und hob die Lautstärke etwas an. »Und wir haben immer noch ein bisschen Geld auf dem Konto. Wer kann das schon von sich behaupten?«

Niemand, aber die Antwort kannte Hoeneß natürlich.

Jetzt war eben mal Bayer und nicht Bayern dran, deutscher Meister zu werden. Und »wenn das passiert, werde ich der Erste sein, der Leverkusen gratuliert«, versicherte Hoeneß und schickte sogleich einen Drohbrief hinterher. »Das wird natürlich einen Reflex beim FC Bayern hervorrufen, denn wir werden uns noch mehr ins Zeug legen. Diese Larifari-Mentalität, die teilweise entstanden ist in den letzten ein, zwei Jahren, die wird wieder aufhören.«

Als der FC Bayern letztmals nicht Meister geworden war, 2012, hatte er den damaligen Konkurrenten aus Dortmund peu à peu auseinandergekauft und auf Meilen distanziert.

Was Leverkusen wohl drohte?

Xabi Alonso schien das fürs Erste völlig egal zu sein.

Am Freitag teilte er seinen Entschluss, bei Bayer zu bleiben, der Öffentlichkeit mit und beendete damit jegliche Spekulationen. »Ich habe das Gefühl, ich bin noch nicht fertig hier«, meinte er und schickte den Drohbrief sogleich zurück an Uli Hoeneß.

Der folgende Samstag brachte die endgültige Entscheidung.

Als Leon Goretzka am Nachmittag vor dem Topspiel gegen Borussia Dortmund den Arena-Rasen in München betrat, lag Leverkusen parallel mit 0:1 gegen Hoffenheim zurück und öffnete den Bayern damit zumindest einen Spaltbreit die Tür zur Meisterschaftschance.

Wer wusste schon genau, wie es im Innenleben dieser noch jungen und teilweise unerfahrenen Bayer-Mannschaft aussah? Wenn diese bislang immer noch ungeschlagene Mannschaft doch geschlagen werden konnte und anfing zu wackeln? Mit einem Sieg würden die Bayern dann sieben Spieltage vor Schluss auf sieben Punkte verkürzen können.

Spielte alles keine Rolle.

Als Goretzka ein paar Minuten später sein Smartphone checkte, hatte sich die Rechnerei schon wieder erledigt. Leverkusen hatte zweimal getroffen, zum achten Mal in Folge gewonnen und eine klare Botschaft nach München geschickt: *Ihr könnt machen, was ihr wollt. Es spielt keine Rolle mehr.*

Die Botschaft kam an.

Nach nicht mal zehn Minuten ging der BVB, der seit zehn Jahren nicht mehr in München gewonnen hatte, in Führung. Harry Kane hätte kurz darauf ausgleichen müssen, köpfte aus wenigen Metern jedoch am Tor vorbei.

Die Bayern spielten gegen ihren vermeintlichen Lieblingsgegner so, als habe ihnen Leverkusen durch die zwei Last-Minute-Tore den Stecker gezogen. Als hätte es diesen einen Sieg noch gebraucht, um festzustellen, dass es tatsächlich egal war, ob Dortmund jetzt geschlagen wurde oder nicht. Der »deutsche Klassiker«, wie dieses Aufeinandertreffen gern genannt wurde, wirkte wie eine bedeutungslose Partie an einem Nachmittag im Oktober. Nicht wie ein Schlüsselspiel im letzten Saisonviertel.

Körperlos und energielos traten die Münchner auf. Dortmund investierte nicht mehr als nötig ins Offensivspiel, trat dafür bissig und aggressiv auf, verteidigte in Person der Innenverteidiger Mats Hummels und Nico Schlotterbeck alles aus dem Strafraum und zermürbte die Bayern.

Zehn Minuten vor Schluss traf der rechte Außenverteidiger Julian Ryerson zum 2:0, und zahlreiche Bayern-Fans hatten genug gesehen. Aufnahmen aus der Helikopter-Perspektive zeigten Menschenmassen, die bereits vor Schlusspfiff aus der Arena stürmten.

»Oh, wie ist das schön«, sangen stattdessen die in Gelb gekleideten Dortmund-Anhänger. Oder auch: »Zieht den Bayern die Lederhosen aus!«

Biergetränkte Anhänger mit zerzausten Haaren konnten gar nicht genug bekommen von all der Häme, die ihnen so lange nicht mehr vergönnt gewesen war.

Und Harry Kane? Der musste sich vorkommen wie im falschen Film. Immer und immer wieder war der FC Bayern deutscher Meister geworden, immer und immer wieder hatte er währenddessen mit Tottenham nichts erreicht. Und ausgerechnet jetzt, als er endlich hatte gehen dürfen, platzte er beim FC Bayern in eine solche Situation.

»Bittersweet Symphony« spielte der Stadion-DJ, nachdem der Schiedsrichter die Partie abgepfiffen hatte und die Arena schon großflächig geleert war. Gleich darauf folgte eine der Hymnen des FC Bayern, die auf Englisch erklang und so viel sagte wie: »FC Bayern, für immer Nummer eins. Wir sind viel besser als der Rest.«

Darüber ließ sich endlich mal wieder streiten.

»No«, sagte Kane beim Verlassen der Arena an der Seite seines Bruders Charlie, als er die Reporter sah, »nicht heute«. Er hatte nichts zu sagen nach diesem bedenklichen Auftritt seiner Mannschaft.

Thomas Tuchel dagegen stellte sich, blickte nur noch ins Leere und hatte wieder mal keine Erklärung für dieses konfuse Konstrukt, das sich FC Bayern nannte. »Es ist offensichtlich extrem schwer für uns, mit dem richtigen Biss, mit der richtigen Leidenschaft Spiele anzugehen.«

Ob die Meisterschaft nun, bei dreizehn Punkten Rückstand, entschieden sei, wurde der Trainer gefragt, und der zögerte nicht zu antworten: »Nach dem Spiel heute brauchen wir nichts erzählen … Glückwunsch nach Leverkusen!«

22

Kinderfehler

Der Triefpunkt und London, Teil I

Der Sommer brach früh herein über Deutschland, zu früh wahrscheinlich. Vor einer Woche erst waren die Uhren auf Sommerzeit umgestellt worden, und schon platzte der Englische Garten im Herzen von München aus allen Nähten.

Tausende Menschen hatten sich um den Eisbach und den Schwabinger Bach auf grünen Wiesen versammelt, spielten im strahlenden Sonnenschein Volleyball, Spike Ball oder Beerpong. Hörten Musik oder grölten selbst. Wer sich ins Wasser wagte, bahnte sich schnell wieder den Weg ans Ufer, oft erschrocken und versteift ob der eisigen Kälte der Flüsse. Immerhin die Bierkästen oder Weinflaschen schienen es auszuhalten im Wasser, blieben perfekt gekühlt.

München feierte den ersten Sommertag des Jahres.

Nur der FC Bayern nicht. Der blamierte sich bis auf die Knochen. Wieder einmal.

Sieben Spiele blieben noch in der Bundesliga, die Chance auf die zwölfte Meisterschaft war längst dahin. Schon seit Wochen hatte sich beim FC Bayern intern niemand etwas vorgemacht, immerhin nach außen hatten sich Spieler und Verantwortliche noch so zuversichtlich gegeben, wie es eben ging.

Es war ja nicht nur die Tatsache, dass die Bayern selbst viel zu oft stolperten, sondern auch die erstaunliche Erkenntnis, dass Bayer Leverkusen anscheinend wirklich unbesiegbar war. Sei es in der Liga, im DFB-Pokal oder in der Europa League: Die Mannschaft von Bayers Traum-Trainer Xabi Alonso hatte noch kein einziges Spiel verloren und bis dato nicht den Anschein erweckt, dass sich daran etwas ändern könnte.

Dass Thomas Tuchel Leverkusen nach der Niederlage gegen Dortmund öffentlich gratuliert hatte, war manchem Verantwortlichen aus der Führungsetage sauer aufgestoßen. Nicht dass der Trainer Quatsch erzählt hatte. Leverkusen würde auf jeden Fall zeitnah Meister werden.

Es war eher die Art und Weise, die nicht passte. Ein FC Bayern gratulierte erst dann, wenn es nichts mehr zu drehen und zu gewinnen gab.

Ostern war vergangen und an der Säbener Straße wieder mal eine Woche mit vielen hochgezogenen Augenbrauen und hängenden Schultern. War diese Saison irgendwie noch zu retten? Wenn ja, wie? Und durch wen?

Das anstehende Champions-League-Viertelfinale beim FC Arsenal warf seine Schatten bereits voraus, doch zuerst mussten die Bayern nach Baden-Württemberg reisen, zum allerersten Mal traten sie in der Bundesliga beim Aufsteiger Heidenheim an.

Thomas Tuchel durfte seinen Job, den er im Sommer (endlich) los war, vorerst behalten. 110 350 Teilnehmer hatten an einer Umfrage des »kicker« teilgenommen, ob die Bayern vor dem Duell mit Arsenal am Trainer festhalten sollten. 59 146 Menschen hatten auf »Ja« geklickt, 51 204 auf »Nein«. Eine Unentschlossenheit, die zur Saison des FC Bayern passte.

Steil und kurvig führte eine schmale Straße die Münchner Profis in ihrem roten Mannschaftsbus hinauf auf den Schlossberg in Heidenheim, wo ein kleines Stadion aufragte. Die Sonne verwandelte das beschauliche Städtchen auf der schwäbischen Ostalb in einen kleinen Brutkasten, vor dem beide Fanlager schon früh campierten.

Hier roch es nach Bier und Bratwurst, wie auf einer typischen Kreisliga-Anlage. Hier wurden keine Social-Media-Influencer in VIP-Loges eingeladen, um sich selbst beim Jubeln oder Essen oder Trinken zu filmen. Hier trug man sein Trikot zum Spiel und kein Louis-Vuitton-Shirt. Hier klatschte man in die Hände und nicht in die Kamera. Hier arbeitete ein Trainer, der nebenan geboren wurde und diesen Klub schon trainiert hatte, als er noch in der Oberliga Baden-Württemberg vor 900 Zuschauern unterwegs war, während der FC Bayern gerade Franck Ribéry, Miroslav Klose und Luca Toni gekauft hatte.

Der 1. FC Heidenheim war das neueste Gesicht der Bundesliga und hatte sich neben Bayer Leverkusen und dem VfB Stuttgart zu *der* Überraschung der Saison gemausert. Dem Neuling waren weniger Chancen auf den Klassenerhalt ausgerechnet worden als dem 1. FC Saarbrücken auf einen Sieg im Pokal gegen den FC Bayern.

Und doch war dieser Neuling mittendrin im Geschäft, so gut wie sicher auch für ein weiteres Jahr im sogenannten Oberhaus qualifiziert. Gerade erst hatte die Mannschaft von Trainer Frank Schmidt ein 0:2 beim benachbarten Champions-League-Anwärter Stuttgart in ein 3:2 gedreht und am Ende doch »nur« 3:3 gespielt. Heidenheim hatte keines von beiden Spielen gegen Dortmund verloren, hatte mehr Punkte als Gladbach, Bremen oder Wolfsburg auf dem Konto. Und hatte so viel Geld für Transfers ausgegeben wie der FC Bayern für Harry Kanes kleinen Zeh.

»Wir haben etwas gutzumachen vom letzten Wochenende«, hatte Tuchel am Vortag des Spiels gesagt und zwischen den Zeilen überdeutlich durchblicken lassen, dass er Heidenheim gern überspringen und direkt gegen Arsenal spielen würde.

Er hätte aber wohl auch lieber noch um die Meisterschaft gespielt und nicht um die Goldene Ananas. Mit den Wünschen klappte das in München allerdings nicht mehr so gut.

Ohne den noch an den Adduktoren verletzten Manuel Neuer, die kranken Aleksandar Pavlovic und Noussair Mazraoui sowie die angeschlagenen Leroy Sané und Kingsley Coman war der FCB nach Heidenheim gereist.

Niemand sollte in dieser nicht mehr so bedeutenden Bundesliga-Saison bei einem nicht so übermächtigen Gegner ein Risiko eingehen und dann gegen Arsenal fehlen. Heidenheim musste auch so erledigt werden, danach konnte London kommen.

Während der Englische Garten in München immer voller und lauter wurde, tauchte das überschaubare Stadiondach in Heidenheim nur kleine Flecken des Rasens in Schatten, ansonsten schlug die Sonne wuchtig ein und schien ihren Teil dazu beizutragen, dass weder vom 1. FC Heidenheim noch vom FC Bayern zunächst viel Esprit ausging.

Bei den Münchnern hatte Thomas Tuchel die Innenverteidigung ausgetauscht, statt Eric Dier und Matthijs de Ligt nun wieder Min-Jae Kim und Dayot Upamecano gebracht. Und damit einen folgenschweren Fehler begangen.

37 Minuten waren gespielt, als Thomas Müller in seinem 700. Pflichtspiel im Bayern-Trikot auf Serge Gnabry lupfte, der ehemalige Arsenal-Spieler dann auf den ehemaligen Tottenham-Spieler Harry Kane lupfte. Und der ehemalige Tottenham-Spieler Kane den Ball überlegt ins linke Eck schob.

Kane hatte nun 32 Ligatore erzielt und damit so viele wie Niclas Füllkrug und Christopher Nkunku, die beiden Torschützenkönige der Vorsaison, zusammen. Er war der erste Spieler in Europas Topligen, der wettbewerbsübergreifend auf 50 Torbeteiligungen kam.

Nur blieb das für den Moment ziemlich bedeutungslos. Das hier war nur ein gewöhnlicher Samstagnachmittag im praktisch entschiedenen Meisterkampf. Es ging einzig und allein um ein bisschen Rhythmus für die Partie beim FC Arsenal, Kanes ehemaligem Erzrivalen.

Unmittelbar vor der Halbzeitpause schlug Linksverteidiger Alphonso Davies seine erste gute Flanke seit Monaten und legte dem vorherigen Vorbereiter Gnabry den Kopfball zum 2:0 auf.

Der Jubel der mitgereisten Bayern-Fans wirkte wie Dienst nach

Vorschrift. *Sollten die Spieler das hier mal erledigen, aber Dortmund vergessen wir nicht so schnell. In London zählt's!*

Thomas Tuchel warnte seine Spieler in der Kabine. Heidenheim, das wusste der Trainer, würde gleich wechseln, umstellen, offensiver und mutiger werden und alles nach vorn werfen. Der kleine Außenseiter hatte gegen den großen FC Bayern sowieso nichts zu verlieren, erst recht nicht nach einem 0:2-Rückstand.

Tuchel behielt in allen Punkten recht. Die Mannschaft hatte aber wohl nicht sehr gut zugehört. Oder alles ignoriert.

Keine fünf Minuten war die zweite Hälfte alt, als der eine Innenverteidiger Kim gegen Heidenheims Stürmer Tim Kleindienst ein Kopfballduell verlor, der andere Innenverteidiger Upamecano dann erst rausrückte und wieder zurückwich und so den Raum öffnete für den eingewechselten Kevin Sessa, der einen feinen Steckpass des ebenfalls eingewechselten Marvin Pieringer frei vor Sven Ulreich verwertete.

Heidenheim lebte wieder, weil der FC Bayern Leben verschenkte.

Nicht mal 120 Sekunden später hinderten weder Thomas Müller noch Joshua Kimmich Jan-Niklas Beste, den flankenstärksten Spieler der Liga, am Flanken. Im Strafraum irrte Kim irgendwo rum, aber nicht in der Nähe von Kleindienst. Und der Angreifer bedankte sich mit der Direktabnahme zum 2:2. Oberkörperfrei schmissen sich elektrisierte Heidenheim-Fans in die Arme, Bier flog durch die Menge. Und der Stadionsprecher verlor beinahe seine Stimme.

Heidenheim stand Kopf und die Bayern neben sich.

Harry Kane hätte kurz darauf noch mal treffen können, ebenso wie der eingewechselte Mathys Tel. Stattdessen genügte den Heidenheimern ein simpler Angriff über die rechte Seite mit vier Pässen zum Schuss ins Glück. Über den Rechtsverteidiger Omar Traoré, den Rechtsaußen Eren Dinkci und Pieringer war der Ball erneut im Sechzehner bei Kleindienst gelandet, der sich erneut keiner Gegenwehr ausgesetzt sah und den hilflosen Ulreich überwand.

Der FC Bayern, 33-maliger deutscher Meister, ließ sich vom 1. FC

Heidenheim, dem sechsmaligen Landespokalsieger Baden-Württembergs, düpieren und bis auf die Knochen blamieren. Eine Saison, die nur so vor Tiefpunkten triefte, hatte einen noch tieferen Tiefpunkt erreicht.

24 Jahre lang hatte der FC Bayern nicht gegen einen Bundesliga-Neuling verloren. Zwölf Jahre lang hatte er nicht mehr als fünf Saisonspiele verloren.

Doch inzwischen häuften sich eher Negativrekorde als Punkte.

Leverkusen gewann parallel bei Union Berlin und zog sechs Spieltage vor Schluss auf 16 Punkte davon, doch Leverkusen spielte längst keine Rolle mehr. Der Rückstand auf den Tabellenführer war mittlerweile mehr als doppelt so groß wie der Vorsprung auf Platz fünf, der möglicherweise nicht zur erneuten Champions-League-Qualifikation reichen würde.

Während die Heidenheimer jubelten, betraten weiß gekleidete Bayern-Spieler ihren mittlerweile fast schon obligatorischen »Walk of shame« zur eigenen Fankurve, aus der Pfiffe ertönten und kaum noch aufmunternder Applaus.

Leidgeprüft war definitiv nicht jeder Bayern-Fan. Junge Kinder unter zwölf beispielsweise kannten gar keinen anderen deutschen Meister als die Münchner. Davon war diese Bayern-Mannschaft so weit entfernt wie Heidenheim von der 2. Liga.

In der Rückrundentabelle hatte der FC Bayern fünf Spiele gewonnen und fünf verloren, er hatte weniger Punkte geholt als der FC Augsburg und mehr Gegentore kassiert als Heidenheim, der Tabellendrittletzte Mainz oder der Tabellenvorletzte Köln. Er hatte sich in elf Rückrundenspielen mehr Gegentreffer gefangen als in zwei von drei Saisons unter Pep Guardiola.

Und das Absurde an dieser Situation: Inzwischen sorgten solche Ausrutscher gar nicht mehr für große Regungen, weil sie längst keine Ausrutscher mehr waren.

Als die Bayern im Februar nach den Niederlagen in Leverkusen und Rom auch noch in Bochum verloren hatten, war das eine kleine Sensation gewesen. Jetzt nahm man relativ gelassen zur Kenntnis, dass dem 33-maligen deutschen Meister eine 2:0-Führung beim sechsmaligen Landespokalsieger Baden-Württembergs nicht mal zu einem Punkt reichte.

Das war jetzt halt so.

Nach der Niederlage in Bochum war das Aus von Tuchel zum Saisonende verkündet worden. Es hatte eine reinigende Wirkung, eine Art Aufbruchstimmung erzeugen sollen. Stattdessen wurde es immer schlimmer und peinlicher. Für keines der vielen Probleme trug Tuchel die Hauptverantwortung. Er hatte einen Scherbenhaufen übernommen. Er hatte es aber auch nicht geschafft, diesen Scherbenhaufen wieder zu kitten. Mit seiner direkten Art hatte er viele Spieler nur weiter verunsichert, statt sie zu beleben oder zu verbessern.

Während Kane, Kimmich und Müller als Erste in den Katakomben verschwanden, blieben der 18-jährige Tel, der 23-jährige Davies und der 22-jährige Bryan Zaragoza, der weder Deutsch noch Englisch sprach, vor der eigenen Kurve stehen. Tel schaute sich verdutzt um, versuchte noch, andere zum Bleiben zu überreden. Ein bisschen Demut war das Mindeste, was den mitgereisten Anhängern nach diesen 45 Minuten zustand.

Doch Tels Aufruf blieb ungehört.

Und während sich Kane und Co. in der Kabine verkrochen, sich duschten und den Mannschaftsbus suchten, so schnell wie möglich verschwinden wollten, nahm Max Eberl im Innenraum des kleinen Stadions kein Blatt vor den Mund. »Alle fordern immer, alle wollen«, zielte er in Richtung der Spieler, »aber tatsächlich dann auf dem Platz, wenn es drauf ankommt, dann ist das nicht so, wie man Bayern München kennt. Wir sollten die Arroganz ganz schnell weglassen, dass wir denken, es ist ärgerlich, dass wir nur Zweiter werden. Bis jetzt sind wir nicht auf diesem Platz und auch nicht sicher in der Champions League!«

Der Sportvorstand war gerade mal fünf Wochen im Amt und schien schon an Grenzen gestoßen. So hatte er sich den Einstieg bei seinem Kindheitsverein ganz sicher nicht vorgestellt. Er wollte etwas aufbauen, Siege feiern und Titel bejubeln. Nicht schon wieder eine Niederlage erklären und sich fragen lassen müssen, ob Thomas Tuchel auch im nächsten Spiel auf der Bank sitzen würde. Was er übrigens sollte.

Eberl wusste, dass er für den Sommer einen neuen Trainer finden musste. Er wusste, dass er einen Umbruch einleiten musste. Jetzt wusste er auch, dass ein kleiner Umbruch nicht reichen würde. »Ich habe das Gefühl, dass schon einiges geändert werden muss«, erklärte er vielsagend und zuckte kurz bei der Frage, was ihm denn Mut mache vor dem Spiel beim FC Arsenal. »Momentan fällt mir da nicht so viel ein. Zu hoffen, es ist jetzt Arsenal in der Champions League, jetzt straffen wir uns … So wird das einfach nicht funktionieren. Bei allem Respekt vor Heidenheim. Arsenal ist fußballerisch noch ein bisschen besser.«

Zurück in München, bekam der FC Bayern am Sonntag die volle Breitseite der Medien. Elf Jahre lang war jeder falsche Schritt begutachtet, ausgeschlachtet worden. Und am Ende waren die Bayern doch wieder deutscher Meister geworden. Dieses Mal boten sie so viel Angriffsflächen, dass sich Blattmacher nur die Hände reiben konnten.

Die »Bild«-Zeitung beispielsweise, seit jeher in einer speziellen Beziehung zum FC Bayern, betitelte Tuchels Mannschaft in einer Kolumne – oder Abrechnung? – als »Lustlos-Versager-Trottel-Truppe«, die eine Zwei-Tore-Führung bei einem Aufsteiger »verdödelt« hatte.

Die ARD freute sich mit ihrer Sportschau, der ersten Möglichkeit auf Free-TV-Bilder, über einen Marktanteil von 23,4 Prozent und damit über die beste Quote der bisherigen Saison.

Pay-TV-Sender Sky hatte mit dem Einzelspiel Heidenheim gegen Bayern einen Marktanteil von neuneinhalb Prozent erreicht und damit deutlich mehr als bei anderen Einzelspielen. Alle wollten sehen, wie der Immer-Gewinner schon wieder verlor.

Selbst im »Morning Briefing« der Wirtschaftszeitung »Handelsblatt« kam dieses ganz und gar kuriose Jahr des deutschen Rekordmeisters zur Sprache. »In diesen Wochen passieren einige gar wunderliche Dinge in Deutschland«, hieß es dort am Montagmorgen. »Der FC Bayern wird aller Voraussicht nach (zumindest bei den Männern) nicht deutscher Fußballmeister werden, Anfang April ist es über 30 Grad heiß, und die CDU flirtet mit den Gewerkschaften …«

Doch das gehörte dazu. Wer der größte Klub sein und die meiste Aufmerksamkeit haben wollte, musste auch mit Gegenwind umgehen können.

Und weil Thomas Tuchel laut eigener Aussage sowieso nie etwas von alldem las oder hörte, durfte ja ruhig jeder schreiben oder sagen, was er dachte. Selbst wenn man mit einer Wortneuschöpfung wie »Lustlos-Versager-Trottel-Truppe« übers Ziel hinausschoss.

In London baute derweil der Streaming-Dienst Prime von Amazon seine Kameras auf. Bereit für das nächste Spektakel. In welche Richtung auch immer.

Bei 27 Grad und strahlendem Sonnenschein stiegen Harry Kane und der restliche Bayern-Tross am Montagnachmittag in München ins Flugzeug, bei 16 Grad und einer grauen Wolkendecke stiegen sie am Flughafen London-Stansted wieder aus.

Zum ersten Mal seit acht Monaten kehrte der gebürtige Londoner Kane dienstlich in seine Heimatstadt zurück, ausgerechnet zum ewigen Erzrivalen Arsenal. Im Emirates Stadium hatte er mit Tottenham zwar nie ein Premier-League-Spiel gewonnen, dafür aber in fünf von acht Spielen getroffen, insgesamt 14-mal in 19 Aufeinandertreffen mit den »Gunners«.

Auch der FC Bayern hatte durchaus gute Erinnerungen an den aktuellen Tabellenführer der Premier League. Viermal war er Arsenal in der K.-o.-Phase der Champions League bis dato begegnet und viermal weitergekommen. Zuletzt hatte es 2017 gleich zwei Demütigungen für den englischen Hauptstadtklub gegeben, er hatte im Achtelfinale sowohl in München als auch in London mit 1:5 gegen den deutschen Rekordmeister verloren.

Doch die Vorzeichen hatten sich gedreht. Beim FC Bayern spielten kein Arjen Robben und kein Franck Ribéry mehr, kein Thiago oder David Alaba oder Xabi Alonso. Und beim FC Arsenal kein Francis Coquelin oder Alex Iwobi oder Kieran Gibbs. Und der FC Arsenal war auch nicht mehr Fünfter in der Premier League, sondern Erster vor Jürgen Klopps Liverpool und Pep Guardiolas Manchester City.

Trainer Mikel Arteta hatte diesem etwas vor sich hin dümpelnden Klub wieder Leben eingehaucht, eine klare Handschrift verpasst und die Fans zurück an Bord geholt. »Arsenal ist verdientermaßen im Moment die beste Mannschaft der Premier League«, sagte Tuchel am Montagabend, eine Stunde nach der Landung. In einem Kino-ähnlichen Pressesaal im Stadion hatte er im Anzug, mit Hemd und Krawatte vor rund 30 Journalisten Platz genommen, die eifrig lauschten, wie der Bayern-Trainer plante, seine Mannschaft aus dieser prekären Situation und ins Halbfinale zu manövrieren.

»Sie haben Topdaten, sind in Topform, es wird ein großer Test für uns«, führte er aus. »Sie spielen im zweiten Jahr auf diesem hohen Niveau, spielen mit hoher Energie. Es fand ein Kulturwechsel unter Trainer Mikael Arteta statt.«

Er selbst hatte es als Chelsea-Trainer noch miterlebt und von drei Premier-League-Duellen mit den Gunners zwei verloren. Auch für ihn war es wie für Kane eine spezielle Rückkehr nach London, dem Ort seines größten Triumphes. Mit Chelsea hatte er 2021 gegen ManCity die Champions League gewonnen und war dennoch nur rund ein Jahr später entlassen worden. Jetzt traf er auf Arsenal-Seite nicht nur seinen ehemaligen Mittelfeldspieler Jorginho wieder, sondern vor allem Kai Havertz, der im Finale in Porto damals das Goldene Tor gegen ManCity geschossen hatte.

Abgesehen von Kane war keiner beim FC Bayern motivierter als der Trainer, der sich gewissermaßen für die Premiere League bewerben durfte.

»Have you already forgotten about me?«, entgegnete Tuchel einem englischen Reporter lachend, der gefragt hatte, ob es einen Reiz für ihn ausübe, »die Leute in diesem Land zu erinnern«, was für ein guter Trainer er sei.

Habt ihr mich etwa schon vergessen?

Sie sollten sich wieder erinnern.

Very british zog der Dienstag, der Spieltag, in Englands Hauptstadt auf: Wolkenverhangen ergrauten die Wolkenkratzer und Sehenswürdigkeiten. Ein kalter, nasser Wind pfiff durch die schmalen Seitenstraßen. Und im Teamhotel des FC Bayern, »The Landmark London«, mittig gelegen zwischen Hyde Park, Regent's Park und dem Buckingham Palace, amüsierten sich die Spieler bei ihrer Spieltagsroutine.

Einem leichten Anschwitzen folgten Stabilisationsübungen zum Aufwärmen der Muskulatur, wie immer abgerundet vom Fußballtennis auf dem Teppichboden des 50 Quadratmeter großen Raumes, dem goldene Fenstervorhänge und kristallene Kronleuchter das nötige Champions-League-Ambiente verpassten.

Sie aßen zusammen mittag und verschwanden danach für ein paar Stunden auf ihren Zimmern. Der Großteil entschied sich in dieser letzten Ruhephase für einen »Power-Nap«, wie man das inzwischen nannte, obwohl man auch einfach Mittagsschlaf sagen konnte.

Erst am Nachmittag passte sich auch das Wetter dem Anlass des Tages an, plötzlich ließen Sonnenstrahlen das Emirates Stadium erleuchten, fanden ihren Weg durch die Ränge und tauchten rote Sitzschalen auf den Oberrängen in ein helles Orange. Windig war es immer noch, doch ansonsten konnte es für ein solches Fußballspiel kaum besser sein.

Am Seitenrand des Rasens standen Scheinwerfer, Kameras und Moderationspulte längst bereit, während die Fans sich nach und nach auf ihre Plätze begaben und erste Buhrufe hören ließen, als die Spieler des FC Bayern zur Platzbegehung und später zum Aufwärmen herausliefen. Besonders Harry Kane und Eric Dier, die zwei ehemaligen Tottenham-Spieler, erfuhren die bitterböse Antipathie des roten Teils von Nordlondon, als der Stadionsprecher in monotoner Stimmlage und möglichst leise die Aufstellung der Bayern vorlas.

Manuel Neuer hatte seinen Muskelfaserriss im Adduktorenbereich auskuriert, Leroy Sané seine Wehwehchen im Adduktorenbereich. Beide kehrten in die Münchner Startelf zurück, genau wie Dier und Matthijs de Ligt in der Innenverteidigung, für die Min-Jae Kim und Dayot Upamecano nach dem verheerenden Auftritt in Heidenheim Platz machten.

Der Stadion-DJ ließ die Musik von Eminems »Lose Yourself« laufen und trug nach und nach die elf Namen vor, die es für Arsenal richten sollten. Darunter auch Jorginho und Kai Havertz, Tuchels ehemalige Schützlinge. Nach jedem Nachnamen stießen 60 000 Arsenal-Fans ein lautes »Hey« aus und reckten anschließend mit beiden Händen ihre rot-weißen Schals in die Höhe, um Louis Dunfords inoffizielle Vereinshymne »The Anthem – North London Forever« zu singen. Lautes Getöse entbrannte, als die Musik langsam abklang.

Es kribbelte im weiten Rund und in den Beinen der 22 Spieler. Das hier war es, das hier war ein Do-or-Die-Spiel, wie es im Lexikon stand. Vor allem für den FC Bayern, der als Außenseiter ins Rennen ging und weder in der Liga noch im Pokal noch etwas zu gewinnen hatte. Ihm blieben nur diese zwei Duelle mit Arsenal, um die Saison am Leben zu halten. Würden sie in diesem Hinspiel eine ähnliche Niederlage erleiden wie vor einem Jahr beim 0:3 in Manchester, wäre Mitte April, also einen Monat vor Saisonende, alles gelaufen.

Es gab keine Ausreden mehr. Die Bayern konnten ihre Bundesliga-Sorgen jetzt mal ausblenden und vergessen. Das hier war die Champions League, der wichtigste Wettbewerb. Flutlicht, London, Arsenal gegen Bayern.

Doch so laut wie es auf den Rängen schallte, begann erst mal nur der FC Arsenal. Arteta hatte die linke Abwehrseite der Bayern als Schwachpunkt ausgemacht und bekam gleich vor Augen geführt, wie richtig er damit lag. Nach wenigen Minuten sah Alphonso Davies bereits die Gelbe Karte nach einem harten Einsteigen gegen Arsenals energisches Eigengewächs Bukayo Saka. In der zwölften Minute verlor Davies wieder die Orientierung gegen Saka, der sich nach einem Zuspiel des aufgerückten Rechtsverteidigers Ben White bedankte und zum 1:0 ins lange Eck traf.

Die Menge tobte, und auf die Bayern prasselte alles ein. Saarbrücken, Dortmund, Heidenheim. Und jetzt Arsenal, dieser Gegner, der noch mal viel, viel besser war als alle bisherigen.

Nur vier Minuten nach der Führung bediente Havertz im Strafraum den wieder vorgepreschten White, der frei vor Neuer auftauchte, doch dem Bayern-Keeper in die Arme schoss.

Die Münchner bekamen kaum einen Fuß auf den Boden, so dominant und erdrückend legten die Gastgeber los.

Doch aus dem Nichts verteilte der Gastgeber plötzlich Geschenke.

Ein Missverständnis zwischen Arsenal-Torwart David Raya und Innenverteidiger Gabriel erwischte auch Rechtsverteidiger Jakub Kiwior auf dem falschen Fuß, sodass Leroy Sané sich den Ball an der Mittellinie schnappte, kurz wartete und im perfekten Moment durchsteckte auf Leon Goretzka, der im perfekten Moment durchsteckte auf Serge Gnabry, der den Ball im Rutschen durch die Beine von Raya ins Tor bugsierte.

Und mit einem Mal verstummten 60 000 Menschen.

Weil Bayern-Fans trotz Bewährungsauflagen beim Achtelfinal-Hinspiel in Rom Pyrotechnik gezündet und Gegenstände geworfen hatten, waren sie vom Disziplinarausschuss der UEFA mit einem Ausschluss für die Partie in London bestraft worden. Lediglich die Ersatzbank, ein paar Mitarbeiter und die Mannschaft lagen sich in den Armen.

Und so unverhofft der Ausgleich auch gefallen war: Er verlieh den anfangs noch ängstlichen Bayern Zuversicht.

Auf einmal waren sie da, die Champions-League-Bayern, die Tuchel schon im Rückspiel gegen Lazio gebraucht und bekommen hatte. Weg war die Unsicherheit aus der Liga, der graue, düstere Alltag. Jetzt, wo der Himmel verdunkelt war und das Flutlicht immer heller leuchtete, fanden die Bayern wieder ihren Rhythmus. Mehr Lockerheit und Souveränität.

Manuel Neuer zum Beispiel spielte ganz hinten wieder sein eigenes Spiel. Verhinderte erst gegen White das 0:2 und jonglierte dann, unter Druck gesetzt von Arsenal-Angreifer Havertz, den Ball, hob ihn über seinen Nationalmannschaftskollegen hinweg und fand an der rechten Außenbahn Kimmich. Der wiederum legte ab auf de Ligt, der gleich druckvoll weiterspielte, die Außenbahn entlang zu Sané. Bayerns Nummer 10, attackiert von Kiwior, zog mit einer simplen Körpertäuschung am polnischen Kontrahenten vorbei mit Speed ins Zentrum. Dort grätschte erst Jorginho ins Leere, dann Gabriel, und zu guter Letzt konnte William Saliba, Gabriels Partner in der Innenverteidigung, Sané nur noch mit einem Foul stoppen.

Und da war sie wieder, die Stille im Stadion. Und die große Gelegenheit zur Führung. Die Gelegenheit vom Elfmeterpunkt für Harry Kane, der sieben seiner 14 Tore gegen Arsenal vom Elfmeterpunkt erzielt hatte.

Es regnete Pfiffe von den Rängen, Buhrufe und wedelnde Schals in Rot und Weiß. Arsenal-Fans probierten alles, um ihren so wenig gemochten Nationalmannschaftskapitän zu irritieren.

Vergeblich.

Kane lief unbeeindruckt an und tat etwas, was er sonst nie tat: Er zog nicht durch, zog nicht wuchtig ab. Er lief an und verzögerte für einen kurzen Schritt. Und genau der Schritt reichte, um zu sehen, dass Raya bereits am Boden lag, auf dem Weg in die von ihm aus gesehen rechte Ecke. Kane schob den Ball ganz gemütlich in die andere

Ecke und grinste, lief die Linie entlang, zeigte mit seinen auf und ab wippenden Zeigefingern auf jene Arsenal-Fans, die ihn gerade noch ausgebuht hatten und jetzt wieder schwiegen. Erstarrt aufgrund dieses Spielverlaufs.

Dieser FC Bayern, der vor vier Tagen erst gegen Heidenheim verloren und durchschnittlich fast zwei Gegentore pro Rückrundenspiel kassiert hatte, führte nun gegen den Tabellenführer der Premier League, der angeblich besten Liga der Welt.

Die Champions League, das durfte insbesondere der FC Arsenal feststellen, war eben doch noch mal ein anderer Wettbewerb. Und der FC Bayern, dieser Gigant des europäischen Fußballs, wohl doch noch in der Lage, sich aufzuraffen für die gigantischen Momente des europäischen Fußballs.

Da machte es auch nichts, dass der FC Bayern gar nicht spielte, wie der FC Bayern sonst spielen musste. Dass er reagierte und nicht agierte, auf Umschaltaktionen lauerte und den Ball nicht erst von A nach B nach C und nach D tragen musste.

Das hatte in der Liga bereits hervorragend funktioniert beim 4:0 in Dortmund in der Hinrunde oder, noch eindrucksvoller, beim 3:0 gegen Stuttgart ein paar Wochen später.

Mit dem Ball, gegen abwartende und robust verteidigende Gegner, gingen diesen Bayern manchmal die Ideen, dann die Motivation und der Ehrgeiz verloren. Jetzt aber, als abwartender und robust verteidigender Gegner, hatten diese Bayern den spielerisch sonst so starken Gunners fürs Erste den Stecker gezogen.

Arteta reagierte in der Pause, nachdem Außenverteidiger White zuvor noch Schlimmeres gegen Sané verhindert hatte, und brachte den gelernten Sechser Oleksandr Zinchenko für den hilflosen Linksverteidiger Kiwior und damit die etwas offensivere, kreativere Variante.

Doch die Bayern standen sicher, kompakt und lauernd. Kane warf sich in die Luft- und Bodenduelle mit den Abwehrkanten Saliba und

Gabriel, machte Bälle fest und verteilte sie teilweise herausragend an seine pfeilschnellen Offensivpartner. Einzig der finale Touch ging den Gästen in Hälfte zwei ab, ansonsten hätte sich Arsenal nicht über ein drittes Gegentor beschweren dürfen.

Das hätte in der 71. Minute eigentlich fallen müssen.

Gnabry, lange raus gewesen mit einem Unterarmbruch, einer Muskelverletzung im Oberschenkel und gerade wieder auf dem Weg zur Topform, griff sich an den Oberschenkel, musste auf dem Platz behandelt werden und konnte nicht weitermachen. Der Junge, der einst als 15-Jähriger aus der Jugend des VfB Stuttgart zum FC Arsenal gegangen war und unter Arsene Wenger sein Profi-Debüt gegeben hatte, blieb vom Pech verfolgt. Ein bisschen wie der FC Bayern.

Nachdem Gnabry Platz gemacht hatte für Raphael Guerreiro, musste Schiedsrichter Glenn Nyberg die Partie erst anpfeifen, bevor der bereitstehende Raya seinen Abstoß ausführen konnte. Nyberg pfiff, Raya spielte den Ball quer zu Abwehrspieler Gabriel. Und Gabriel nahm den Ball in die Hand, legte ihn noch mal hin und spielte wieder zurück zu Raya.

Handspiel? Elfmeter?

Jamal Musiala riss die Arme in die Höhe, schaute zum Schiedsrichter. Kane tat es ihm gleich. Auf der Bank sprangen Tuchels Co-Trainer auf, Tuchel selbst rannte wild gestikulierend zum Linienrichter, schrie zweimal gut sichtbar »Come on!«.

Schiedsrichter Nyberg winkte ab, sagte den reklamierenden Münchnern, dass er so etwas in einem Champions-League-Viertelfinale nicht pfeife. Dass es sich um einen »kids mistake« handle. Um einen Kinderfehler.

Er hatte recht, tatsächlich war es ein kindischer, peinlicher Fehler. Und trotzdem ein Handspiel. »Das ist ein blöder Fehler, aber das ist der eindeutigste Elfmeter, den ich je gesehen habe«, sollte Kane später sagen, gefolgt von seinem Trainer: »Das ist eine ganz neue Form der Regelauslegung. Das ist einfach unglaublich.«

Statt den Regelverstoß zu ahnden und Kane die Möglichkeit zu geben, wieder vom Punkt anzutreten, ließ Nyberg weiterlaufen.

Arsenal bedankte sich, glich in der 76. Minute durch den eingewechselten Leandro Trossard aus und ließ somit alles offen fürs Rückspiel.

Aufreger hatte das Spiel zwar noch zu bieten, wie der Pfostenschuss von Kingsley Coman in der 90. Minute oder Neuers vermeintliches Foul gegen Saka in der fünften Minute der Nachspielzeit. Doch der eine traf das Tor nicht, und der andere ließ sich am Bein treffen. Was letztlich zu einem Unentschieden führte, das die Bayern vor dem Anpfiff wahrscheinlich unterschrieben hätten, das nun aber etwas unglücklich ausfiel. Bis auf Trossards Treffer hatte Tuchels Mannschaft im zweiten Abschnitt keine Torchance zugelassen, sie hatte konsequent und konzentriert verteidigt.

Da es die Auswärtstorregel nicht mehr gab, würde das Rückspiel in München im Grunde bei 0:0 starten.

Trotzdem präsentierten sich Spieler und Trainer zufrieden, ob am Seitenrand im TV-Interview oder am Ausgang des Stadions vor dem Mannschaftsbus. Einerseits sei er zwar nie »ganz zufrieden, wenn wir nicht gewinnen«, sagte Kane, die Haare noch nass nach hinten gekämmt, im weinroten Trainingsanzug. »Aber das war eine Chance, Zusammengehörigkeit zu zeigen, und manchmal heißt das, als Team zu verteidigen. Wir haben gearbeitet, wir haben geblockt, wir haben geackert, wir haben sie beim Kontern erwischt. Wir müssen diesen Teamgeist finden, mit dem wir Spiele gewinnen, denn das haben wir dieses Jahr noch nicht oft genug getan.«

Nachdem Arsenal-Fans ihn noch im Stadion verhöhnt und ihren ehemaligen Spieler Granit Xhaka besungen hatten, der Kane mit Bayer Leverkusen gerade die Meisterschale wegschnappte, war der Torjäger schon wieder zu Scherzen aufgelegt. »Ich glaube, die haben ein bisschen Respekt vor mir«, sagte er grinsend und hatte natürlich recht.

Ob den Bayern in der Königsklasse noch die Chance blieb, Kanes titellose Durststrecke zu beenden? Er selbst verglich diese durch und durch merkwürdige Spielzeit mit der Saison 2018/19, als Kane und Titelmitfavorit Tottenham in der Premier League gerade noch so Vierter geworden waren, dafür aber das Champions-League-Endspiel gegen Liverpool erreicht hatten. »In der Champions League haben wir zu Leidenschaft und Zusammenhalt zurückgefunden und es bis ins Finale geschafft«, blickte Kane nun zurück. »Diese Erfahrung gibt mir Hoffnung, dass wir das wiederfinden können. Wir wissen, dass wir in den großen Spielen Leistung bringen können, im großen Viertelfinale nächste Woche zu Hause, und versuchen, wieder ins Finale zu kommen.«

Sie hatten bewiesen, dass sie immer noch dazu in der Lage waren, mit den Schwergewichten in Europa mitzuhalten. Auch wenn es erst ein Spiel und diese Arsenal-Mannschaft größtenteils noch völlig unerfahren war auf internationalem Topniveau.

»Was soll ich sagen?«, begann CEO Jan-Christian Dreesen seine Rede auf dem Bankett im Teamhotel. »Totgesagte leben länger. Die Mannschaft hat ihr wahres Gesicht gezeigt.« Doch stimmte das wirklich?

Das wahre Gesicht schien in dieser Saison eher das einer Mannschaft zu sein, die nicht dazu in der Lage war, sich gegen die Euphorie und den Druck eines Aufsteigers zu wehren, die sich bei kleinsten Widerständen ergab und teilweise desinteressiert durch die Liga stolperte.

Das Champions-League-Gesicht dagegen war die Ausnahme. »Die Krisen-Bayern«, schrieb zum Beispiel am Folgetag die Schweizer Zeitung »Blick«, »zeigen im Emirates-Stadion in London wieder ihr giftiges Gesicht.«

Nicht das wahre, sondern das giftige.

Genau dieses Gift brauchte es auch in der Folgewoche. Beim Rückspiel in der heimischen, ausverkauften Allianz-Arena.

Im nächsten Do-or-Die-Spiel.

23

Nachruf

Das Foto und London, Teil II

München brutzelte. Nach der Rückkehr aus London fanden die Spieler des FC Bayern in ihrer Heimat fast schon tropische Temperaturen vor, als sie sich auf die Ligapartie gegen Köln vor dem Rückspiel gegen Arsenal vorbereiteten.

25 Grad zeigte das Thermometer am Freitag vor dem Abschlusstraining an der Säbener Straße an, und Thomas Tuchel überlegte.

Der Samstag gegen Köln, auch wenn er das öffentlich und auch vor der Mannschaft nie zugeben wollte, spielte natürlich eine untergeordnete Rolle. Köln kämpfte in der Liga ums Überleben, hatte als Tabellenvorletzter aber komischerweise ein Rückrundenspiel weniger verloren als der FC Bayern.

Rotieren musste Tuchel ohnehin. Serge Gnabry hatte London mit einem Muskelfaserriss im Oberschenkel verlassen, Leroy Sané brauchte aufgrund anhaltender Schambein-Schmerzen dringend wieder eine Pause, auch Manuel Neuer sollte nach dem eigentlich auskurierten Muskelfaserriss im Adduktorenbereich noch mal ein Spiel aussetzen. Insgesamt siebenmal wechselte Tuchel letztlich, setzte Alphonso Davies, Leon Goretzka, Konrad Laimer und Jamal Musiala auf die Bank und ließ unter anderem den gesundheitlich lange angeschlagenen Youngster Aleksandar Pavlovic ran, ebenso wie Noussair Mazraoui auf der linken Abwehrseite als Testlauf für den gegen Arsenal gesperrten Davies. Und auf dem rechten Flügel Kingsley Coman. Eine Entscheidung mit Folgen.

In Trikots und T-Shirts strömten die Zuschauer trotz einer weißgrauen Wolkendecke in die Allianz-Arena, warm genug war es allemal.

Auch wenn das Spiel bei diesen Temperaturen nicht wirklich mithielt.

Die besten Chancen in einer erst mal chancenarmen Partie hatte der Gast aus Köln, schoss jedoch entweder vorbei oder scheiterte am gut reagierenden Neuer-Vertreter Sven Ulreich. Erst nach einer halben Stunde tauten die Bayern auf, vergaben durch Raphael Guerreiro, der nach einem Zuspiel von Harry Kane frei vor Kölns Keeper Marvin Schwäbe auftauchte, sowie Kane selbst gute Gelegenheiten. Kane traf einmal den Innenpfosten, Mathys Tel kurz vor der Halbzeit den Außenpfosten. Ergab die Aluminiumtreffer 19 und 20 und damit einen eher verzichtbaren Bundesliga-Bestwert.

Kurz nach dem Anpfiff zur zweiten Hälfte wurde es erst ganz laut und dann verdächtig ruhig im weiten Rund. Flügelspieler Coman kam im Kölner Strafraum an den Ball, ließ seinen Gegenspieler Jacob Christensen mit einer einfachen Finte stehen und hatte freie Schussbahn aufs Tor von Schwäbe. Die Zuschauer erhoben sich, gespannt wartend auf das mögliche 1:0. Doch Comans Abschluss sahen sie nicht, weil es ihn nicht gab.

Schon in der Ausholbewegung hatte der Franzose vor Schmerzen geschrien, sich an die hintere Innenseite des Oberschenkels gefasst und war liegen geblieben. »Wenn du siehst, wie das Gesicht entgleist«, sollte Thomas Müller, der direkt danebenstand, später traurig und ruhig sagen. »Da hat man sogar selbst Schmerzen gehabt.«

Gestützt von zwei Betreuern, wurde Coman vom Feld getragen, ließ das rechte Bein nur in der Luft hängen, konnte es vor Schmerzen gar nicht belasten. Das Rückspiel gegen Arsenal war für ihn gelaufen, genauso wie der Rest der Saison. Und womöglich auch die in zwei Monaten startende Europameisterschaft. Hier in Deutschland.

Noch am Abend teilten die Bayern auf ihren Kanälen die niederschmetternde Diagnose mit: Muskelbündel-Verletzung in den rechten Adduktoren. Offiziell sprachen sie von »mehreren Wochen« Pause, doch Comans Gesicht hatte Stunden zuvor bereits das ganze Dilemma verdeutlicht. Dieser hochbegabte Fußballer, immer wieder ausgebremst von kleineren und größeren Verletzungen, wurde wieder mal gebremst von einer größeren Verletzung. Erst der Innenbandriss zu Beginn des Jahres, jetzt die Adduktoren und das drohende EM-Aus.

Die Bayern brauchten ein paar Minuten, um sich zu schütteln, und durften sich dann bei Raphael Guerreiro bedanken, der ein Zuspiel einer kurz ausgeführten Ecke von Joshua Kimmich aufnahm, sich den Ball rechts vor dem Sechzehner einmal zurechtlegte und mit links wuchtig und doch gefühlvoll ins lange Eck abschloss.

»Yabadabadoo«, erklang aus den Stadionlautsprechern, während das Publikum erleichtert laut jubelte. Es war wieder eines dieser zähen Bundesliga-Spiele, in dem sich die Bayern gegen einen kompakt verteidigenden Gegner, der selbst wenig initiierte, schwertaten, eigene Chancen herauszuspielen. Da war so ein Sonntagsschuss am Samstag wie der von Guerreiro gern gesehen.

Tuchel wechselte ein wenig durch, schonte Kräfte und brachte zum Beispiel Dayot Upamecano für Matthijs de Ligt. Spätestens nach dem Fiasko in Heidenheim vor einer Woche war klar, dass am Innenverteidiger-Duo de Ligt und Eric Dier in den wichtigen Spielen dieser Saison – wie viele es auch noch sein würden – kein Weg vorbeiführte. Upamecano bekam ein paar Minuten, um sich von seinem nächsten schockierenden Auftritt gegen Heidenheim zu erholen, doch machte er alles nur noch schlimmer.

Eine Minute vor Schluss spielte der Franzose den Ball quer vor dem Sechzehner unbedrängt in die Füße des Kölners Luca Waldschmidt, der direkt abzog und von Dier geblockt wurde. Den Nachschuss nahm Stürmer Steffen Tigges ebenfalls direkt aus 20 Metern, doch Ulreich lenkte das Leder zur Ecke. Entgeistert schaute Upamecano ins Leere, als der Großteil der 75 000 Zuschauer fassungslos ob dieses erneuten Totalausfalls reagierte.

Wie sollte es mit ihm weitergehen, wenn er selbst in so einem einfach zu kontrollierenden Spiel die Kontrolle verlor?

Dieses Mal war es gut gegangen, in der Champions League würden solche Aussetzer aber wohl gnadenlos bestraft werden.

Auf der Gegenseite zeigte Kapitän Thomas Müller, wie es besser ging, und klaute ausgerechnet Waldschmidt den Ball, der vorher noch die Gelegenheit vergeben hatte. Frei vor Schwäbe blieb Müller cool, schob den Ball flach ins linke Eck und riss die Arme in die Höhe. Geschafft, Haken dran. Drei Punkte, egal wie.

Leverkusen war zumindest an diesem Samstag noch nicht Meister. Und die Generalprobe für Arsenal teilweise geglückt. Tatsächlich war es im zwölften Anlauf das erste Rückrundenspiel ohne Gegentor.

24 Stunden später passierte dann aber das Unvermeidliche.

Während sich Thomas Tuchel am späten Sonntagnachmittag am Fernseher anschaute, wie Arsenal durch ein 0:2 gegen Aston Villa die Tabellenführung in England an Manchester City verlor, sah der Großteil der Bayern-Profis dabei zu, wie in Leverkusen Fans schon vor Abpfiff den Platz stürmten, als Florian Wirtz zum zwischenzeitlichen 4:0 und später noch zum 5:0 gegen Werder Bremen traf. Einen Sieg hatte Bayer noch gebraucht und ihn auf die dominanteste Art und Weise eingefahren, ganz passend zu dieser noch immer niederlagenlosen Saison.

Zum ersten Mal überhaupt war eine Bundesliga-Mannschaft nach 29 Spieltagen noch unbesiegt. Als sich die Feierlichkeiten der Mannschaft vom Rasen in die Kabine verlagerten, verpasste ausgerechnet Josip Stanišić seinem Trainer die erste Bierdusche. Ausgerechnet die Bayern-Leihgabe, deren Wert in München verkannt wurde und die dann doch so bitterlich gebraucht worden wäre. Stanišić war dadurch erst der zweite Spieler der Bundesliga-Historie geworden, der in zwei

Saisons hintereinander mit zwei verschiedenen Vereinen Meister wurde.

Die Bayern wussten seit Wochen, dass es so kommen würde. Und jetzt war es auch okay. Es war okay, dass sie ausnahmsweise mal nicht mehr Meister wurden. Es war okay, dass sich Fußball-Deutschland viel mehr mit Leverkusen als immer wieder mit Bayern freute. Es war okay, dass jetzt mal andere jubelten.

Denn es war ja ein abenteuerlicher Lauf gewesen. Celtic Glasgow oder den Rangers waren in Schottland mal neun Meisterschaften in Serie gelungen, Juventus in Italien ebenso. Olympique Lyon hatte es zwischen 2002 und 2008 auf sieben Titel am Stück in Frankreich gebracht.

Doch niemand in Europa war so unglaublich erfolgreich gewesen wie der FC Bayern in Deutschland. Und darauf durften sie, die immer oder fast dabei gewesen waren, für einen Moment auch mal stolz sein.

Stolz auf einen Meistertitel mit 25 Punkten Vorsprung vor Borussia Dortmund wie 2013. Stolz auf unvergessliche Abende wie Robert Lewandowskis Neun-Minuten-Fünferpack 2015 gegen Wolfsburg. Stolz auf ein Last-Minute-5:4 in Leipzig am vorletzten Spieltag 2017, obwohl die Meisterschaft längst festgestanden hatte. Stolz auf Spieler wie Arjen Robben oder Franck Ribéry, die sich 2019 in ihrem letzten Bundesliga-Spiel für Bayern mit Toren und der dadurch wieder gewonnenen Meisterschale verabschiedeten. Stolz auf zwei Triple-Siege wie 2013 oder 2020. Und stolz auf Momente wie jenen von Jamal Musiala ein Jahr zuvor in Köln.

Es war so viel passiert in all diesen Jahren, dass man schnell dazu neigen konnte, vieles zu vergessen. Als der FC Bayern das letzte Mal nicht deutscher Meister geworden war, hatte Xabi Alonso als Spieler mit Spanien den Europameistertitel verteidigt und mit Real Madrid die Meisterschaft gewonnen. Der Bundesliga-Torschützenkönig hieß seinerzeit Klaas-Jan Huntelaar, er hatte den FC Schalke 04 mit 29 Treffern in die Champions League geschossen. RB Leipzig war gerade erst »gegründet« worden und spielte in der Regionalliga. Jamal Musiala lief als Neunjähriger in der Jugend des FC Chelsea dem Ball hinterher. Oder ließ andere hinterherlaufen. Und Harry Kane verdiente sich in der englischen zweiten Liga beim FC Millwall seine Sporen.

Harry Kane, der im Sommer zuvor extra nach Deutschland gezogen war, um endlich einen Titel zu gewinnen, war nun tatsächlich Teil der ersten Bayern-Mannschaft, die nicht mehr Meister wurde. Für Kingsley Coman, der ohnehin mit Schmerzen zu Hause lag, war es noch etwas absurder. Der 27-Jährige war nun, in seiner elften Profi-Saison, zum ersten Mal nicht Erster geworden.

»Herzlichen Glückwunsch an Bayer Leverkusen zur historischen ersten deutschen Meisterschaft in der Vereinsgeschichte«, ließ sich Herbert Hainer in einem vorbereiteten Schreiben der Bayern am Sonntagabend zitieren. Und sogleich eine Warnung hinterherschicken: »Das Ziel des FC Bayern lautet nun: Die Schale muss zurück nach München! Wir sehen uns in der neuen Saison.«

Die internationale Presse ergötzte sich an der »beendeten Tyrannei der Bayern«, wie es beispielsweise die spanische »Marca« schrieb. »Xabi Alonso«, meinte die katalanische Zeitung »Sport«, »regiert die Bundesliga mit Leverkusen. Anderthalb Jahre, um 119 Jahre Geschichte zu begraben. Anderthalb Jahre, um ein kaputtes, identitätsloses und in der Liga versunkenes Team in eine Dimension zu führen, von der es in seinen kühnsten Träumen nur geträumt hatte. Anderthalb Jahre, um ganz Deutschland zu sagen, dass es in der Bundesliga etwas mehr gibt als Bayern.«

Selten, fand der Schweizer »Tagesanzeiger«, »hat die Bundesliga einen besseren Meister gesehen. Leverkusen sagt mit dem 5:0 gegen Bremen Vizekusen ade.«

Die Frage, die der FC Bayern jetzt noch zu beantworten hatte: Holte er denn wenigstens einen anderen Titel?

Der Sonne folgte erst Schneeregen und dann Schnee. Nur zwei

Tage nachdem die Eiscafés noch aus allen Nähten geplatzt waren, regierten auf den Straßen in Bayerns Landeshauptstadt wieder Regenschirme und Wollmützen. Dicke Winterjacken und Stiefel statt Badehosen und Flipflops.

Der April, heißt es, macht, was er will. Und dieser April wurde seinem Ruf gerecht.

Beinahe 20 Grad hatte das Thermometer eingebüßt, als Harry Kane im weinroten Trainingsanzug, mit weinrotem Hoodie und weinroter Weste in der Allianz-Arena auftauchte. Am Dienstag, einen Tag vor dem Rückspiel, war die Wahl auf ihn gefallen, um die turnusmäßige Vor-Arsenal-Pressekonferenz abzuhalten.

Und warum auch nicht? Die größten Spiele erforderten einerseits die größten Spieler, andererseits war dieses Spiel für kaum einen Bayern-Spieler so speziell wie für Kane, der als Neunjähriger bei Arsenal aussortiert worden war.

»Dieses Spiel war immer eines der größten der Saison in meiner gesamten Karriere«, sagte Kane. Fast 50 Journalisten, viele davon aus England, lauschten seinen Worten gespannt. Und vorn, vor dem leuchtend roten Podium, schlichen die Fotografen von links nach rechts, erwischten Kane in jeder möglichen Pose. »Vielleicht ist es immer noch in meinem Hinterkopf, als ich in jungen Jahren entlassen wurde, dass es immer etwas zu beweisen gibt.«

Schließlich war das die Geschichte seiner Karriere. Er hatte sich immer beweisen müssen und fast immer bewiesen. Ob als 17-Jähriger in der dritten Liga bei Leyton Orient, in der zweiten Liga bei Millwall und Leicester. In der Premier League bei Norwich City. Und bei Tottenham, wo sich Trainer lange unsicher waren, ob dieser Stürmer oder Spielmacher oder stürmende Spielmacher auch das Zeug für das höchste Niveau hatte. »Ich gehöre zu den Spielern, die während ihrer gesamten Karriere immer wieder etwas zu beweisen hatten, und ich glaube, das wird mich nie verlassen«, sagte Kane nun, obwohl er längst der Rekordtorschütze von Tottenham und der englischen

Nationalmannschaft und obendrein noch der teuerste Bundesliga-Spieler aller Zeiten war.

Arsenal, auch wenn er die Rivalität inzwischen lieber kleinredete, löste immer noch etwas bei ihm aus. Zeit also, noch mal ein paar Dinge geradezurücken.

Heftiger Schneeregen prasselte vom Himmel, als die ersten Bayern-Spieler am Mittwoch, dem Spieltag, erwachten. Etwa 4000 Arsenal-Fans hatten die Reise von London nach München angetreten und schon am Dienstagabend die Stadt »erkundet«. Auch am Mittwoch füllten sich die berühmten Brauhäuser und Pubs rund um den Marienplatz von selbst. Schon allein deshalb, weil es draußen kalt blieb und im Stundentakt heftig regnete. Immerhin der Schnee würde erst am Donnerstagmorgen wiederkommen.

Um Viertel vor acht erreichte der Mannschaftsbus der Bayern die Arena in München-Fröttmaning, fernab vom Stadtkern. Die Ausgangslage war nach dem Hinspiel klar: Wer gewinnt, kommt weiter. Und im Falle des FC Bayern bedeutete das noch mehr. Es ging nicht nur ums Erreichen des Halbfinals, des ersten seit 2020 übrigens, sondern auch ums Fortsetzen der Saison. Schied Bayern gegen Arsenal aus, war die Saison vorbei. Mitte April.

Kam Bayern weiter, würde die Geschichte dieser eigentlich verkorksten Spielzeit am Ende vielleicht ganz anders erzählt werden. Dann war es zwar immer noch die erste »verlorene« Meisterschaft seit 2012. Dann war es immer noch die nächste Blamage im DFB-Pokal. Dann war es womöglich aber auch die Geschichte einer Mannschaft, die auf nationaler Ebene den Hunger verloren, dafür aber endlich wieder ein »Champions-League-Gesicht« entwickelt hatte. Das Gesicht einer Mannschaft, die bereit und in der Lage war, in den großen Spielen über sich hinauszuwachsen.

Und genauso fühlte sich dieser Abend an. Die Tribüne vibrierte, nachdem der Stadionsprecher die Bayern-Aufstellung vorgelesen hatte. Im Herzen der Allianz-Arena, der Südkurve, brannte eine

Leuchtfackel nach der anderen, als das Schiedsrichter-Gespann aus den Niederlanden die beiden Mannschaften auf den Platz führte. Aus dem gelb blinkenden Gewitter wurde ein roter Feuerball. Dicke Rauchwolken stiegen unters Arenadach, während die Ultra-Szene der Bayern-Fans das ganze Stadion dazu animierte, stehen zu bleiben, mitzusingen und die Mannschaft nach vorn zu peitschen. Das hier war kein gewöhnlicher Arena-Besuch. Das hier war ein Alles-oder-nichts-Spiel. So ein Spiel, auf das erfolgsverwöhnte Bayern Jahr für Jahr bis zum März oder April warten mussten. Wenn es nicht um drei Punkte gegen Bremen oder Bielefeld ging, sondern um den Einzug ins Champions-League-Halbfinale. Gegen Real Madrid oder Manchester City.

Eine lähmende Lautstärke zog durchs Stadion, nachdem Schiedsrichter Danny Makkelie die Partie aufgrund der rauchigen Sichtverhältnisse etwas später angepfiffen hatte.

Nur auf dem Platz, da blieb es erst mal ruhig. Thomas Tuchel konnte wieder auf Manuel Neuer im Tor bauen, dazu schleppte sich Leroy Sané trotz anhaltender Schambein-Schmerzen irgendwie durch. Und auf der linken Seite hatte sich der Trainer etwas ausgedacht. Für den gelbgesperrten Alphonso Davies spielte Noussair Mazraoui, doch vor ihm nicht wie erwartet Jamal Musiala und im Mittelfeldzentrum Thomas Müller. Tuchel bot stattdessen Musiala auf der Zehn auf und den eigentlichen Linksverteidiger Raphael Guerreiro links im Mittelfeld. Damit der Portugiese seinen marokkanischen Mitspieler in der Rückwärtsbewegung gegen Arsenals Flügelspieler Bukayo Saka unterstützen konnte.

Viel brachten beide Teams zunächst nicht zustande. Sowohl Bayern als auch Arsenal kamen zweimal halbwegs gefährlich vors Tor, brenzlig wurde es jedoch nicht wirklich.

»Rasenschach« nannten die einen das, »Taktieren« die anderen. »Risikominimierung« traf es auch, ein Abwarten, wer den ersten Fehler begeht.

Im Hinspiel hatten die Gunners den Ball laufen lassen, hatten die

Bayern hinten reingedrängt und auf Konter lauern lassen. Genau so, wie sich die Bayern das gewünscht hatten.

Etwas zurückhaltender agierte der Gast aus London auch dieses Mal, doch Tuchel rückte nur bedingt von seinem Ansatz im ersten Duell ab. Auch jetzt praktizierte er wieder einen fast schon perfekten Pragmatismus. Sollten die anderen doch spielen!

Nach der Pause kochte die etwas abgeflachte Stimmung wieder hoch. Erst köpfte Leon Goretzka eine Flanke von der rechten Seite auf die Latte, dann scheiterte Guerreiro aus spitzem Winkel mit dem Rebound an Arsenals Abwehr. Doch die Bayern waren da, und Arsenal wurde nervöser.

Ganz sicher war die Mannschaft von Mikel Arteta die spielerisch bessere in dieser Saison, doch auf dieser Bühne, in einem Spiel ums Halbfinal-Ticket in der Champions League, war Artetas Mannschaft fast noch gänzlich unerfahren. Kai Havertz kannte diese Situation, der Mittelfeldspieler Jorginho auch. Ansonsten jedoch waren Kapitän Martin Ödegaard oder eben Saka ganz wunderbar anzuschauende und hochtalentierte Fußballer, aber eben noch Küken in der Königsklasse. Und das zeigte sich nun mit jeder Minute stärker, als es schließlich passierte: In der 63. Minute setzte sich Sané auf seiner rechten Seite durch und brachte eine eigentlich ungefährliche Hereingabe vors Tor. Arsenal-Torwart David Raya jedoch wehrte diese nur halbherzig zur linken Seite ab, hielt den Ball unnötig im Spiel. Guerreiro legte sich das Leder einmal zurecht, schaute in die Mitte und flankte. Harry Kane wartete am Fünfer, doch schaute er nur, wie der Ball über seinen Schädel hinwegflog. Genau auf den heranlaufenden Joshua Kimmich, der wuchtig einköpfte ins linke obere Eck. Und die Allianz-Arena in ein Tollhaus verwandelte.

Da war er, der erste Fehler, und Arsenal hatte ihn begangen. Inbrünstig schrie jeder der rund 70000 Bayern-Anhänger den Namen »Kimmich«, nachdem Stadionsprecher Stephan Lehmann »Joshua« in sein Mikrofon gebrüllt hatte.

»Neuer Spielstand … Bayern?«

»EINS«

»Arsenal?«

»NULL«

»Danke!«

»BITTE!«

Wieder vibrierte die Tribüne. Denn jetzt war das Halbfinale zum Greifen nah.

Arsenal blieb harmlos, biss sich die Zähne an einer resoluten Abwehrreihe der Bayern aus. Ob es der Rechtsverteidiger Kimmich war, der Linksverteidiger Mazraoui, der Sechser Leon Goretzka oder dessen Nebenmann Konrad Laimer, der Ödegaard wie ein Leibwächter über den ganzen Platz verfolgte, die bayerische Defensive hielt. Und ganz hinten standen im Abwehrzentrum mit de Ligt und Dier zwei Türsteher, die niemanden an sich vorbeiließen.

Eine letzte Ecke bekamen die Gunners nach Ablauf der vierminütigen Nachspielzeit noch mal zugesprochen. Doch Sakas Hereingabe fiel schon am ersten Pfosten herunter. Und Goretzka auf die Knie. Er köpfte den Ball aus der Gefahrenzone und hörte im selben Moment den Abpfiff des Schiedsrichters.

Aus und vorbei, Halbfinale.

Kane stürmte auf Goretzka zu, nahm seinen Kollegen in die Arme. Die Mannschaft feierte vor der Kurve, sang und hüpfte zusammen mit den Fans. »Super-Bayern«, hieß es dort. Oder »Europapokalsieger«.

Europapokalsieger.

Träume waren jetzt wieder erlaubt.

Einer nach dem anderen betrat den Kabinentrakt breit grinsend, die Stimmlage höher als üblich. »Whooo«, schrie Harry Kane, »Yeees« kam von Matthijs de Ligt. Die Stimmung war so ausgelassen, dass die Bundesliga für den Moment wirklich gar keine Rolle spielte. Das Wort »Halbfinale« stand über allem.

Kane stellte sich, in der Kabine angekommen, mit de Ligt im linken und Ersatztorhüter Daniel Peretz im rechten Arm auf die Bank, hüpfte und stimmte gemeinsam mit seinen Mitspielern zur Melodie von »Freed from Desire« ein. Nur wurde der Refrain einfach durch ein »Lalalala« ersetzt.

»Freed from Desire«, befreit vom Verlangen. Dabei war genau das Gegenteil der Fall, nicht nur für Kane. Das Verlangen trieb sie an. Das Verlangen, die Champions League zu gewinnen. Das Verlangen, Dinge geradezurücken. Das Verlangen zu sagen: »Wir sind Bayern München, wir sind immer noch eine große Nummer.«

Alle sprangen sie sich in die Arme, hüpften und tanzten. Selbst sonst zurückhaltende Akteure wie Joshua Kimmich oder Serge Gnabry, der sich aufgrund seines Muskelfaserrisses auch ein bisschen zurückhalten musste.

Das Trainerteam, allen voran Thomas Tuchel, betrat die Kabine mit noch strahlenderen Gesichtern, stimmte ein in die ausgelassene Stimmung und veranlasste ein gemeinsames Foto in der Ecke. Ein Foto, das für Aufmerksamkeit sorgen sollte.

Oben, auf ihren Sitzbänken, standen neben Kane und de Ligt auch Leroy Sané oder Co-Trainer Zsolt Löw. Vor ihnen Neuer, Kimmich, Musiala oder Davies und Gnabry in Zivil, der eine mit weißer, der andere mit schwarzer Wollmütze. Und ganz vorn posierte Tuchel. In der Hocke strecke der Trainer seine Arme aus und zeigte einen Jubelschrei mit offenem Mund und hochgezogenen Augenbrauen, der so viel Interpretationsspielraum bot.

War das angeblich so belastete Verhältnis zwischen Trainer und Mannschaft vielleicht doch vollkommen intakt? Oder entstand dieses Bild einfach aus dem Moment? War dieser Trainer, der die Bayern zum ersten Mal seit 2020 ins Halbfinale der Champions League geführt hatte, vielleicht doch der richtige für die Bayern? Sollte er jetzt doch lieber bleiben?

Die Kandidatensuche nach einem Nachfolger für Tuchel verlief jedenfalls weiterhin alles andere als glatt. Xabi Alonso würde in Leverkusen bleiben, Julian Nagelsmann fand innerhalb der Münchner Geschäftsstelle zu gewichtige Gegenstimmen, und Kandidaten wie Roberto de Zerbi oder Zinedine Zidane waren nicht wirklich ernsthafte Kandidaten. Ralf Rangnick blieb noch, doch egal, wer die Aufgabe letztlich übernahm, ihm würde die zähe Suche später noch nachhängen.

Tuchel konnte das fürs Erste egal sein. Er hatte den FC Bayern und Fußball-Europa daran erinnert, dass er durchaus noch zu besonderen Spielen in der Lage war. Natürlich hatte seine Mannschaft in zwei Spielen gegen Arsenal keinen besonderen Fußball zelebriert, aber sie hatte sich durchgesetzt. Nichts anderes zählte für den deutschen Rekordmeister in dieser Situation.

»Es war ein Abend, an dem Bayern München seinen Behauptungen gerecht wurde, in der Champions League ein ganz anderes Kaliber zu sein«, schrieb der »Guardian« am Donnerstagmorgen, als in München schon wieder dicke Schneeflocken auf die Straße fielen. »Vielleicht wurden die Nachrufe auf eine angeschlagene Supermacht zu schnell geschrieben.« Sie konnten sogar begraben werden, vorerst zumindest. Halbfinale war Halbfinale, da konnte der Rest der Saison noch so öde verlaufen sein. »Bayern kommt immer zurück«, stellte die »Marca« fest, egal, wie schwierig die Lage auch schien. Und die »AS« hielt fest: »Die Bayern sterben nie.«

Arsenal war abgehakt, jetzt wartete Madrid.

24

Eruption

Der öffentliche Disput und Madrid, Teil I

In ein blau-weiß kariertes Hemd packte Borussia Dortmund seinen grinsenden Innenverteidiger Mats Hummels, retuschierte ihm zudem einen Strohhut auf den Kopf und antwortete damit auf einen Tweet des 35-Jährigen, der auf der Social-Media-Plattform »X« süffisant und auf Englisch geschrieben hatte: »Gute Ernte diese Woche, liebe Mitbauern.«

Dazu hatte er einen Handschlag-Emoji und die deutsche Flagge gepackt. Was übersetzt so viel bedeuten sollte wie: »Lasst die Premier League ruhig das ganze Geld haben, im Halbfinale stehen trotzdem die deutschen Teams.«

Als »Farmers League« witzelten englische Fußballfans gern mal über die Bundesliga. Die Bundesliga, behaupteten sie, sei eigentlich nur eine Ausbildungsliga für die Premier League. In der Bundesliga könnten sich vielversprechende englische Talente entwickeln und dann, wenn sie bereit sind für die große Premier League, nach England wechseln oder zurückkehren. Jadon Sancho zum Beispiel, den Borussia Dortmund 2017 aus der Akademie von Manchester City geholt und ihn vier Jahre später für 85 Millionen Euro an Manchester United verkauft hatte.

Die Bundesliga durfte also die Arbeit verrichten, die Premier League fuhr dann die Ernte ein.

Oder so ähnlich.

Hummels jedenfalls hatte gut lachen, nachdem nicht nur der FC

Bayern gegen Arsenal weitergekommen war, sondern auch Borussia Dortmund gegen Atletico Madrid. Und weil Manchester City an Real Madrid gescheitert war, standen genau null Teams aus der Premier League im Halbfinale der Champions League, dafür aber zwei deutsche.

Gute Ernte diese Woche, liebe Mitbauern!

Fast drei Milliarden Euro hatte die Premier League im Sommer zuvor für neue Spieler ausgegeben, die Bundesliga im Vergleich nur rund 850 Millionen Euro und damit sogar noch weniger als die frisch aufgepumpte Liga in Saudi-Arabien. Noch gravierender: Bei nur 1,6 Milliarden Euro Einnahmen verzeichnete Englands Oberhaus mal wieder ein dickes Minus, die Bundesliga dagegen hatte über 200 Millionen Euro Gewinn eingefahren.

Im April 2024 standen nun nicht nur zwei deutsche Teams im Halbfinale der Königsklasse, Bayer Leverkusen zog in der Europa League nach und überstand die Hürde West Ham, noch so ein englischer Vertreter. Der andere in diesem Wettbewerb, der FC Liverpool, scheiterte zudem an Atalanta Bergamo.

Zum ersten Mal seit 29 Jahren hatten drei deutsche Teams ein europäisches Halbfinale erreicht. Damals, in der Saison 1994/95, flogen die Bayern in der Königsklasse gegen das von Louis van Gaal trainierte Ajax raus, den späteren Titelträger. Im UEFA-Cup, dem Vorgänger-Wettbewerb der Europa League, scheiterte Leverkusen im Halbfinale an Nevio Scalas Parma, Dortmund parallel an Juventus mit Jürgen Kohler, Antonio Conte, Didier Deschamps oder Alessandro del Piero.

Jetzt wartete auf Leverkusen wieder ein italienisches Team, AS Rom. Borussia Dortmund würde zunächst Paris Saint-Germain vor eigenem Publikum empfangen, und die Bayern bekamen es mit Real Madrid zu tun. Dem Rekordgewinner der Champions League.

Doch zwischen Viertelfinale und Halbfinale sollte es mal wieder brodeln beim FC Bayern. Wie eigentlich immer.

»Einfach nur … machen«, sagte Julian Nagelsmann. »Weniger darüber reden … mehr machen!«

Also machte er und machte ein paar Menschen beim FC Bayern unglücklich.

Am 19. April, zwei Tage nach Bayerns Weiterkommen gegen den FC Arsenal, sorgte der Bundestrainer für Klarheit, verpackte seine »Machen«-Botschaft in ein Video, das der DFB in den sozialen Medien teilte, und verlängerte seinen Vertrag beim DFB bis nach der WM 2026.

Hieß auch: Er würde nicht, wie viel spekuliert und von manchen gehofft wurde, nach nur einem Jahr zum FC Bayern zurückkehren.

Max Eberl, seit nicht mal zwei Monaten Sportvorstand in München, hatte auf Nagelsmanns Jawort gehofft, im Verein jedoch nur wenige Fürsprecher für dieses Unterfangen gefunden. Eberl war genauso wie Sportdirektor Christoph Freund noch nicht in der Verantwortung gewesen, als Ex-CEO Oliver Kahn und Ex-Sportvorstand Hasan Salihamidžić im März 2023 entschieden hatten, Nagelsmann zu entlassen. Uli Hoeneß, der den Entschluss im Nachhinein als Fehler bewertete, schien jedoch ebenso wenig wie Aufsichtsratskollege Karl-Heinz Rummenigge zu vergessen, warum Nagelsmann damals hatte gehen müssen. Zu viel war getuschelt worden beim FC Bayern, zu viel Unruhe und Unzufriedenheit hatten geherrscht. Auch in der Kabine.

Dass sich nun nach nur einem Jahr alles geändert haben sollte, schien schwer zu glauben. War es auch.

Nagelsmann kam den Bayern also zuvor und unterschrieb beim DFB, bevor ihm der FC Bayern, mit dem er zumindest Gespräche geführt hatte, eine mögliche Absage erteilen konnte.

Die Suche ging also weiter in München und führte nach Xabi Alonso und Nagelsmann zu Ralf Rangnick, dem Trainer der österreichischen Nationalmannschaft.

Rangnick, immerhin schon 65 Jahre alt, hatte in Deutschland bereits in den 1990er-Jahren Spuren hinterlassen als Trainer des SSV Ulm. Hatte später die TSG Hoffenheim von ganz unten nach ganz oben geführt, hatte als sportlicher Leiter und zwischenzeitlicher Trainer RB Leipzig von ganz unten nach ganz oben geführt. Und zwischendurch mit dem FC Schalke den DFB-Pokal 2011 gewonnen und das Champions-League-Halbfinale erreicht.

Als »Besserwisser« hatte Hoeneß diesen Rangnick vor fast zwei Jahrzehnten mal im »Doppelpass« beschimpft. Als Besserwisser, »der im ersten Jahr super Leistung bringt und im zweiten entlassen wird. Rangnick versteht nicht, mit Höhenluft umzugehen.«

16 Jahre später fand auch Hoeneß Gefallen an der Idee, Rangnick nach München zu holen, auch wenn sie dann nicht der Plan A oder Plan B gewesen war.

Rangnick hatte bei Red Bull Salzburg eng mit Bayerns jetzigem Sportdirektor Freund zusammengearbeitet, beide vertrauten sich blind. Und nach den ersten intensiven Gesprächen bat der Schwabe die Bayern um etwas Bedenkzeit. Immerhin hatte er in Österreich eine spannende Nationalmannschaft geformt und zur EM geführt. Wäre sein Kopf wirklich frei für dieses Turnier im Juni, wenn er sich parallel mit der Kaderplanung beim FC Bayern beschäftigen musste? Der österreichische Verband fand zwar keinen Gefallen an den Gesprächen zwischen Bayern und Rangnick, wollte seinem Trainer im Fall der Fälle aber auch keine Steine in den Weg legen.

Einen Tag nach Nagelsmanns Unterschrift traten die Bayern in Berlin an, jetzt wieder ohne den dauerhaft angeschlagenen Leroy Sané, ohne den verletzten Jamal Musiala oder den geschonten Matthijs de Ligt. Sie fegten auch so über hilflose Unioner hinweg, gewannen 5:1 und hielten ihren endlich mal aufgebauten Flow aufrecht. Harry Kane hatte Youngster Mathys Tel ein Tor aufgelegt und vorher selbst per Freistoß getroffen, hatte Kylian Mbappé dadurch überholt und führte die europäische Topscorer-Liste vor dem Pariser Superstar an.

Und stellte sieben Tage später wieder ein paar Rekorde ein und auf.

Trotz all der Störgeräusche um ihn herum.

Die Südkurve München, das Herz der Bayern-Fangemeinde, bastelte bereits an einer imposanten Choreografie für das anstehende Halbfinal-Hinspiel in der Champions League gegen Real Madrid, als Uli Hoeneß sich am Freitag, den 26. April, zu einem Podiumsgespräch begab.

Die »Frankfurter Allgemeine Zeitung« hatte den Ehrenpräsidenten des FC Bayern eingeladen, um über die Frage »Wem gehört der Fußball?« zu diskutieren.

Es hätte auch heißen können: Wem gehört der FC Bayern? Denn immerhin diese Antwort sollte Hoeneß eindeutig liefern.

Im weißen Hemd mit Button-down-Kragen und schwarzen Sakko setzte sich Hoeneß auf die Bühne neben den Moderator, um sein Ohr ein Ansteckmikrofon, vor ihm ein paar geladene Fans und Gäste. Hoeneß, bestens gelaunt, sprach über den Irrglauben, dass beim FC Bayern immer noch jede Entscheidung über seinen Tisch gehe, obwohl er doch eigentlich nur noch in kontrollierender Rolle beistehe. Wenig später sagte er dann, dass Max Eberl, der neue Sportvorstand, und Christoph Freund, der Sportdirektor, einen neuen Trainer suchen. Dass dieser neue Trainer aber auch nur dann der neue Trainer werden kann, wenn auch wirklich alle beim FC Bayern damit einverstanden sind. Übersetzt: wenn auch er und Karl-Heinz Rummenigge den Daumen heben.

Was bei Xabi Alonso der Fall gewesen wäre, nicht aber bei Julian Nagelsmann.

Und Ralf Rangnick? »Ich denke, dass innerhalb einer Woche ein Ja oder ein Nein kommt.«

Er hatte also Hoeneß' Segen, wenngleich Hoeneß zwischen den Zeilen mehr als deutlich gemacht hatte, dass Rangnick nur die dritte Wahl war. Rangnick wiederum würde wenig später bei Hoeneß anrufen und den Bayern-Patron fragen, ob er ein Problem mit ihm habe. Eine Eigeninitiative, die Hoeneß imponierte.

»Wir möchten einen Trainer haben, der die einzelnen Spieler verbessert«, sagte Hoeneß auch noch und rückte damit den Scheinwerfer auf Thomas Tuchel, den noch amtierenden Chefcoach. »Das ist der Vorwurf, und das sage ich auch.« Er hob beschwichtigend die Hände. »Ich habe mit Thomas Tuchel überhaupt kein Problem, privat, der war ein paarmal bei mir zum Essen, das waren schöne Abende, alles okay. Aber«, eine kurze Pause, dann: »er hat eine andere Einstellung. Er meint nicht, dass man den Pavlovic verbessern kann, den Davies verbessern kann. Sondern wenn's nicht weitergeht, dann kaufen wir. Und das kann nicht die Lösung sein. Ich bin der Meinung, wir müssen mal ein, zwei gute Spieler kaufen, aber den Spielern, die wir haben, Selbstvertrauen geben und hart an denen arbeiten.« Rumms. Eine Aussage wie ein Schlag in Tuchels Gesicht.

Und eine Aussage mit Folgen.

»Ich kann mich entsinnen«, fuhr Hoeneß einfach fort. »Wir hatten mal einen Welttrainer namens Trapattoni.« Giovanni Trapattoni, um genau zu sein, von 1994 bis 1995. »Flasche leer« und so weiter. »Der hat jeden Tag nach dem Training dem Sammy Kuffour die einfachsten Dinger beigebracht. Pässe spielen, rechts, links. Den Ball auf der Brust annehmen, mitnehmen. Da habe ich ihn mal gefragt: ›Giovanni, warum machst du das?‹ ›Ich bin Fußballlehrer.‹« Also einer, der nicht nur trainiert, sondern eben lehrt, unterrichtet. »Und das ist ganz wichtig«, fand Hoeneß. »Dass man Spieler verbessert und dass man sie zwischendurch in den Arm nimmt.«

Was Tuchel laut Aussage des Ehrenpräsidenten eben nicht mache oder könne oder beides.

Doch Tuchel ließ diese Behauptungen nicht auf sich sitzen.

Aus 15 Grad in Berlin waren 25 in München geworden. Nach dem 5:1 bei Union empfingen die Bayern zu Hause Eintracht Frankfurt. Ein eigentlich wenig bedeutungsvolles Ligaspiel, das einzig und allein als Generalprobe für das drei Tage später anstehende Halbfinal-Hinspiel gegen Real Madrid dienen sollte.

Wäre dieser Nebenschauplatz nicht gewesen.

Online lief eine von rund 14 000 Menschen unterschriebene Petition, dass Tuchel doch bitte Bayern-Trainer bleiben möge. Was beide Parteien, sowohl die Bayern-Seite als auch Tuchel, bereits ausgeschlossen hatten.

Und spätestens seit Hoeneß' heftigen Vorwürfen bei der Podiumsdiskussion am Vortag bestand daran auch keinerlei Zweifel mehr.

Tuchel wusste genau, was für Fragen ihn erwarteten, als er eine halbe Stunde vor Anpfiff der Partie gegen Frankfurt am Spielfeldrand der Allianz-Arena zum Interview mit Sky marschierte. Also grinste er auch nur, als die unvermeidliche Erinnerung an Hoeneß' Aussagen kam, verbunden mit der Frage: Hat Hoeneß da vielleicht etwas falsch verstanden, wenn er behauptet, dass Sie gesagt hätten, keine Spieler besser machen zu können? »Ja, 100 Prozent«, antwortete Tuchel, während das anfängliche Schmunzeln aus den Mundwinkeln wich. »Also das ist natürlich so meilenweit an der Realität vorbei, dass es … ja … schon fast gar kein … ähm … eigentlich gar kein … müsste eigentlich … weiß gar nicht, wie ich darauf antworten soll.«

Wusste er offenbar wirklich nicht. Zumindest nicht so, dass es jugendfrei ausfiel.

»Auf der anderen Seite«, ergänzte Tuchel, »bin ich in meiner Trainerehre ein bisschen verletzt, weil ich glaube, wenn wir im Trainerteam die letzten 15 Jahre was nachgewiesen haben: dass junge Spieler, vor allem aus der Akademie, immer, immer, immer einen Platz bei uns im Training haben und über Leistung immer einen Platz auf dem Platz haben. Das haben wir übrigens auch jetzt bewiesen. Also diese Beispiele in den falschen Inhalt noch reinzubringen, also … ne. Kann ich nicht nachvollziehen, habe ich jetzt sehr wenig Verständnis für. Ich find's absolut haltlos, aber okay. Wenn ich das auch noch runterschlucken muss, schlucken wir das auch noch runter.«

Ob es ein klärendes Gespräch geben werde mit Hoeneß? »Ne.«

Ob er dazu keine Lust hätte? »Ne. Noch mal: Das ist so weit an der Realität vorbei, dass ich eigentlich gar nicht drauf reagiert hätte, wenn's nicht von Uli Hoeneß gekommen wäre. Dadurch, dass es von Uli ist, dass es von unserem Boss ist, dass es vier Tage vorm Spiel gegen Real Madrid ist, kriegt's ein bisschen eine andere Note. Und es ist ... ähm ... wie gesagt, das ist ... Ich finde, das ist ... Also für mich persönlich greift's mein tiefstes Verständnis als Trainer an. Wir haben das 15 Jahre nachgewiesen. Die Liste ist sehr lang.«

Er nannte die »Bruchweg-Boys« in Mainz als Beispiel. Die Saison 2010/2011, als der 1. FSV Mainz 05 im zweiten Jahr unter dem 37-jährigen Trainer Tuchel mit dem 20-jährigen André Schürrle, dem 20-jährigen Lewis Holtby und dem 23-jährigen Adam Szalai die Liga auf links drehte und völlig überraschend Fünfter wurde.

Er nannte weitere Spieler aus seiner Zeit in Dortmund als Beispiel. Julian Weigl unter anderem, der 2015 als 20-Jähriger und relativ unbeschriebenes Blatt von 1860 München kam und unter Tuchel sofort durchstartete. Oder Ousmane Dembele, der ein Jahr später als 19-Jähriger für 35 Millionen Euro von Stade Rennes nach Dortmund wechselte und wiederum nur ein Jahr und 35 Torbeteiligungen später für weit mehr als 100 Millionen Euro zum FC Barcelona weiterzog.

Tuchel nannte weitere Beispiele aus seiner Zeit in Paris und beim FC Chelsea, und »vor einer Woche«, sagte er, »haben wir Lovro Zvonarek eingewechselt, um ihn zu belohnen für seine Art und um ihn zu belohnen für seinen Aufwand, den er im Training betreibt. Strange, okay. Aber ... Schwamm drüber. Schon viel zu viel geredet.«

Viel und vor allem deutlich.

Die Bayern gewannen das Spiel kurz darauf übrigens mit 2:1, was links und rechts wenig Begeisterung auslöste. Die erneute Champions-League-Qualifikation hatten sie immerhin eingetütet, dazu die Generalprobe vor Madrid überstanden. Reibungslos war auch dieses

Spiel keineswegs verlaufen, ganz abgesehen vom öffentlichen Disput zwischen Hoeneß und Tuchel.

Harry Kane hatte beide Tore gegen Frankfurt erzielt und damit im Bayern-Trikot zum elften Mal mindestens doppelt getroffen. Seine Saisontreffer 34 und 35 in der Liga waren bereits drei Spieltage vor Schluss das drittbeste Ergebnis aller Zeiten, mit derselben Bilanz hatte sich Vorgänger Robert Lewandowski zwei Jahre zuvor zum FC Barcelona verabschiedet. Wettbewerbsübergreifend stand Kane bei 42 Toren und hatte damit bereits seine Bestmarke aus Tottenham-Zeiten übertroffen. Dazu hatte er als erster Spieler nach Lewandowski in einer Saison gegen alle 17 Bundesliga-Kontrahenten mindestens einmal getroffen oder ein Tor vorgelegt. Absurde Werte in einer immer absurder werdenden Saison.

Und jetzt rief auch Kane erstmals öffentlich die Jagd auf Lewandowskis Allzeit-Rekord von 41 Treffern in einer Bundesliga-Saison aus. Sechs Treffer musste er dazu in den drei verbleibenden Partien in Stuttgart, gegen Wolfsburg und in Sinsheim erzielen. »Es ist möglich«, sagte er schmunzelnd, bevor er die Arena verließ. »Es war schön, heute ein paar Tore zu erzielen und dem Team zu helfen. Hoffentlich kann ich diese Zuversicht mit ins Spiel am Dienstag nehmen.«

Da wartete Real Madrid.

In Spanien ist die Rede vom »Clásico«, wenn Real Madrid und der FC Barcelona aufeinandertreffen. Die beiden erfolgreichsten Klubs des Landes, die beiden Klubs mit den größten Superstars, die einen mit Ronaldo, die anderen mit Messi. Ein Klassiker seit Urzeiten.

Auf internationaler Bühne dürfen Reals Aufeinandertreffen mit dem FC Bayern diesen Stempel durchaus erhalten, so oft, wie sich beide bereits in den wichtigen Spielen der Champions League gegenüberstanden. Im Halbfinale 2001 zum Beispiel, als die Bayern weiterzogen und im Finale den FC Valencia bezwangen.

Oder 2007, als Roy Makaay im Achtelfinal-Rückspiel in München bereits nach zehn Sekunden gegen die Madrilenen traf.

Oder 2012, als Manuel Neuer im Halbfinal-Rückspiel im Estadio Santiago Bernabéu die Elfmeter von Cristiano Ronaldo und Kaka hielt, Sergio Ramos zudem übers Tor schoss und die Bayern das »Finale dahoam« erreichten. Und dort Chelsea unterlagen.

Oder 2017, als die Bayern nach grotesken Fehlentscheidungen des ungarischen Schiedsrichters Victor Kassai im Viertelfinal-Rückspiel in der Verlängerung ausschieden. Und Real sich in Cardiff gegen Juventus wieder mal zum Champion krönte.

Oder 2018, als Sven Ulreich im Halbfinal-Rückspiel in Madrid über den Ball rutschte und Karim Benzema den Doppelpack ermöglichte. Und Real sich in Kiew nach verheerenden Fehlern des Liverpooler Keepers Loris Karius wieder mal zum Champion krönte.

Real Madrid, sagte Thomas Tuchel also am Tag vor dem ersten Aufeinandertreffen in München, ist nicht nur irgendein Gegner. Real Madrid ist »ein Mythos«. Der Mythos der Unbesiegbaren, der Mythos der Königlichen.

Tuchel wiederum, das verschwieg der Trainer vielleicht bewusst, hatte in seiner Karriere bis dato noch nie ein Halbfinale verloren, tatsächlich sogar elf von elf Anläufe gewonnen.

Und das sollte natürlich so bleiben. Weshalb Tuchel nicht nur an den eigenen Matchplan appellierte, sondern auch noch mal einen Extra-Aufruf in Richtung des eigenen Publikums wagte. Noch mehr Stimmung als gegen Arsenal wünschte sich der Trainer, und der Klub half ihm dabei. Unter dem Motto »Alle in Rot« riefen die Bayern ihre Fans dazu auf, am Dienstagabend im roten T-Shirt, Trikot oder Pullover zu erscheinen. Warm genug würde es bei fast 27 Grad ohnehin werden, Jacken waren also überflüssig.

Es sollte eine einzigartige Atmosphäre entstehen. Den Heimvorteil, von dem die Münchner gegen Arsenal profitiert hatten, mussten sie dieses Mal im Hinspiel nutzen. In Madrid würde es noch schwierig genug werden.

Im Spalier stellten sich die Mitarbeiter am Nachmittag draußen an der Säbener Straße auf, verteilten sich in roten Oberteilen vor der Geschäftsstelle des FC Bayern und klatschten, als der Teambus herausfuhr und die Spieler in Richtung Stadion brachte. Dort angekommen, warteten Hunderte Fans aus der Südkurve und empfingen die Mannschaft mit lautstarken Anfeuerungsrufen: »Auf geht's Bayern, kämpfen und siegen«.

Kämpfen und siegen für diese historische Chance auf einen erneuten Champions-League-Titel. Kämpfen und siegen für die Chance, alles andere vergessen zu machen. Die Talfahrten, die vielen Niederlagen, das Trainer-Chaos, das neueste Hoeneß-Tuchel-Chaos. Die chaotische Suche nach einem Nachfolger für Tuchel. All das spielte an diesem Abend keine Rolle.

Von einem Halbfinale in der Champions League träumte jeder Spieler. Und jetzt war es da.

In den Münchner Gaststätten feierten Münchner und Madrider Fans zusammen. Sie hatten so viele Schlachten geschlagen und über all die Jahre einen tiefen Respekt füreinander gewonnen. Weshalb sie auch auf dem Weg zum Stadion, in den U-Bahnen, zusammen sangen, vornehmlich Anti-Barcelona-Lieder.

In der Kabine angekommen, erwartete Kane und Co. ein besonderer Anblick. Die Schrankwände erstrahlten nun in Rot, auf jedem ein Abbild des jeweiligen Spielers, dazu der Vorname und die Botschaft in der Landessprache: »Für alle in Rot.«

For all in red.

Todos de rojo.

Por todos de vermelho.

Es ähnelte Harry Kanes Debüt im August, so voll war die Arena bereits weit vor Anpfiff. Keiner, der das Glück gehabt hatte, ein Ticket zu bekommen, wollte irgendwas verpassen. Nicht wie sich die Torhüter um Manuel Neuer aufwärmten, wie Kane und Sané sich den Ball zuspielten, wie der »Zillertaler Hochzeitsmarsch« über die Stadion-Lautsprecher trillerte und die Schals dazu wedelten, wie die

Hymne anklang und die Tribünen wieder vibrierten und wie die Südkurve langsam ihre Choreografie über die ganze Tribüne ausrollte.

In den Katakomben flachste Thomas Müller mit seinem alten Trainer Carlo Ancelotti, lachte und umarmte den Real-Coach. Als wäre alles ganz normal. Als wäre das hier nicht das Halbfinale im wichtigsten Wettbewerb in Europa.

Auf der Südtribüne war plötzlich der »Kaiser« zu sehen, ein riesiges Bild von Franz Beckenbauer. Dazu auf roten und weißen Schildern zwei Wörter in Großbuchstaben: »Kaiser Franz«.

Und unten noch mal: »Als Dirigent auf dem Feld – bekannt in der ganzen Welt!«

Franz Beckenbauer hatte zu Lebzeiten alles gewonnen, ob als Spieler oder Trainer.

Jetzt waren seine Nachfolger an der Reihe.

Und sie legten entsprechend los.

Die Arena kochte. Jeder wurde angesteckt, sang mit und unterstützte die Mannschaft auf ihrer letzten Mission in dieser Saison. Auf der wichtigsten Mission.

39 Sekunden dauerte es, bis Leroy Sané nach Ablage von Harry Kane im Strafraum die erste gute Chance hatte, doch aus spitzem Winkel am gut reagierenden Madrider Schlussmann Andriy Lunin scheiterte.

Vor allem Kane und Sané waren es, die sich zu Beginn immer wieder gut durchkombinierten, doch diese Stafetten nicht zu Ende brachten. In der siebten Minute zog Sané wieder von links drüber, in der neunten probierte es Kane beinahe von der Mittellinie. Der Ball landete auf dem Tornetz.

Die Bayern waren da, waren drin im Spiel und dominant.

Bis sie plötzlich in Rückstand gerieten.

Matthijs de Ligt hatte es nicht rechtzeitig geschafft, laborierte noch an seiner Innenbandverletzung und saß im schwarzen T-Shirt auf der

Tribüne, zwei Reihen über dem ebenfalls verletzten Kingsley Coman und dessen Familie. Von dort aus sahen diese beiden potenziellen Stammspieler, wie Min-Jae Kim sich in der 24. Minute von einer schnellen Bewegung des Madrider Superstars Vinicius Junior aus der Kette locken ließ, den Raum hinter sich öffnete und Vinicius so den Weg ebnete. Toni Kroos, der sich in solchen Momenten nicht zweimal bitten ließ, sah die Möglichkeit sofort, spielte einen perfekten Flachpass in den Lauf von Vinicius, und Reals Nummer 7 schob den Ball mit dem ersten Kontakt unter Neuer hindurch ins Tor.

So war dieses Real Madrid, dieser Mythos. Sie konnten ruhig unterlegen sein, dem Ball erst mal hinterherlaufen und abwarten. Die Gelegenheiten würden schon kommen, selbst wenn es nur eine war. Sané hatte zweimal vergeben, auch Musiala einmal. Vinicius eben nicht.

Nicht nur die Mannschaft brauchte kurz, um sich von diesem Schock zu erholen. Auch auf den Rängen blieb es für einen Moment still, ehe es wieder nach vorn ging.

Tuchel reagierte in der Pause, nahm Leon Goretzka raus und stellte dafür Raphael Guerreiro neben Konrad Laimer ins zentrale Mittelfeld. Wobei der filigrane Portugiese eher die Rolle als Nummer acht ausfüllte denn als Nummer sechs. Laimer, der alles aus dem Weg räumte, übernahm die alleinige Verantwortung vor der Abwehr, Guerreiro orientierte sich am Zehner Müller. Und auf den Außenbahnen wechselten Jamal Musiala und Leroy Sané die Seiten. Mit großem Erfolg.

Sané, jetzt auf rechts, bekam den Ball in der 53. Minute halbhoch von Laimer an der Außenbahn, pflückte ihn mit der Brust herunter und nahm sofort Tempo auf, ging den Weg ins Zentrum, in den Strafraum, umkurvte Reals Linksverteidiger Ferland Mendy und zog mit links ab. Wuchtig und platziert ins kurze Eck, vorbei an Torwart Lunin.

Alle sprangen sie von ihren Sitzen auf, schrien die Freude heraus.

Der Ausgleich, er kam einer Eruption gleich. Sanés erstes Tor seit sieben Monaten.

Auf einmal war alles wieder ausgeglichen, alles auf null gestellt. Die Bayern wieder da.

Und wie.

Jetzt war es Musiala auf links, nur drei Minuten nach Sanés Tor, der von Müller am Strafraumeck bedient wurde, sich an Lucas Vazquez vorbeidribbelte und von Madrids Rechtsverteidiger gefoult wurde.

Elfmeter. Und wieder Jubel.

Harry Kanes Moment war gekommen.

»Er legt sich den Ball in aller Ruhe auf den Punkt«, kommentierte Fritz von Thurn und Taxis im Webradio der Bayern. »Er fährt sich noch einmal durchs Haar«, sagte der ikonische Fußball-Kommentator, der inzwischen im Ruhestand weilte, und zog das »Haar« in die Länge. »Er hat ja schöne Haare, sagt meine Frau immer. Da kann man hinschauen. Aber wir wollen jetzt auf seine Füße schauen. Und da kommt der Schuss …«

Kane ließ sich den Moment nicht nehmen. Lief an und stoppte wieder einmal ab, wie schon drei Wochen zuvor in London, verlud Lunin und schob links unten ein. Die speziellen Elfmeter hob er sich für die speziellen Spiele auf.

Und schrieb ganz nebenbei schon wieder Geschichte. Durch sein achtes Tor in dieser Champions-League-Saison hob er die Scorerzahl bei drei Vorlagen auf elf an, mehr hatte ein Engländer in einer einzigen Königsklassen-Spielzeit nie vollbracht.

Die Bayern blieben mit dem rechten Fuß auf dem Gaspedal, hätten durch Kane oder dessen Landsmann Eric Dier nachlegen können, wurden kurz vor Schluss aber wieder kalt erwischt von eiskalten Madrilenen.

In der 79. Minute hielt Neuer noch gut gegen Vinicius, der wieder mal Kim enteilt war. Drei Minuten später sah Bayerns Torwart und Kapitän jedoch nur zu, wie de-Ligt-Vertreter Kim im eigenen Strafraum plump foulte und Rodrygo zu Fall brachte. Wieder wurde es ganz still im Stadion, und wieder traf Vinicius.

Und dabei blieb es.

Applaus setzte ein, als Schiedsrichter Clement Turpin zum letzten Mal an diesem Abend in seine Pfeife blies und das Spiel abpfiff.

Zufrieden durften die rund 70 000 Bayern-Fans mit der Leistung ihrer Mannschaft sein. Sie hatte gekämpft, gebissen und teilweise guten Fußball gespielt. Sie hatte 520 von 555 Pässen an den Mann gebracht und damit fast Historisches geschafft. Seit neun Jahren hatte kein Team mehr in einem K.-o.-Spiel der Champions League eine Passquote von 93,7 Prozent erreicht.

Nur das Spiel hatte sie nicht gewonnen. Mannschaft und Fans wussten genau, dass gegen Real Madrid die Kleinigkeiten entschieden und jeder Moment genutzt werden sollte. Aus diesem Hexenkessel, aus dieser Atmosphäre nur ein 2:2 mitzunehmen, war möglicherweise zu wenig.

»Wenn du in so einem wichtigen Spiel 2:1 führst und nicht gewinnst, ist immer ein bisschen Enttäuschung dabei«, würde Torschütze Kane etwa eine Stunde später in den Katakomben der Arena sagen.

Vor der Fankurve bedankte sich die Mannschaft mit Applaus für die Unterstützung, Neuer schaute seine Mitspieler an, ballte die Faust zur Das-war's-noch-nicht-Geste.

Die Zuversicht, auch das war eine Erkenntnis dieses Abends, war zurück beim FCB. Völlig egal, wie verkrampft und verkorkst es teilweise in der Liga lief. Inzwischen war ein Stück vom FC Bayern wieder aufgetaucht. Ein Stück dieser Mentalität, die elf Meisterschaften in Folge, das Triple 2013 und 2020 gebracht hatte.

»Der Sieg gegen Arsenal hat uns den Glauben zurückgegeben«, sagte Müller auf Englisch im Interview bei CBS und zitierte wieder das »Konni-Laimer-Feeling«, während er mit dem Mittel- und Zeigefinger am Daumen rieb, um es zu verdeutlichen. Das Konni-Laimer-

Feeling meinte jenes Gefühl, wie es ist, den Gegenspieler zu jagen, von Minute eins bis neunzig, ihm den Ball zu klauen und dann nach vorn zu treiben. »In den letzten zwei, drei Wochen ist die Stimmung gut«, versicherte Müller. »Wir spielen nicht perfekt, aber besser.«

Aber auch gut genug?

25

Entschuldigung

Der nächste Korb und Madrid, Teil II

Die Freude war noch frisch nach dem eigentlich recht gelungenen Hinspiel gegen Real Madrid, da knallte es erneut.

Am Donnerstagmorgen, etwa 35 Stunden nach Abpfiff des ersten Halbfinals, twitterte der österreichische Fußballverband. Und der Tweet erwischte Bayern-Fans eiskalt.

Max Eberl und Christoph Freund wussten bereits, was kommen würde, auch wenn eine Verkündung noch gar nicht geplant gewesen war. Doch sie hatte der entscheidende Anruf am Mittwoch erreicht. Inklusive der Antwort, die sie nicht mehr für möglich gehalten hatten.

»Nein.«

Um genau 10 Uhr morgens ploppte auf »X« am Donnerstag ein Bild vom grinsenden Ralf Rangnick auf. Die Handgelenke auf die Hüften gestützt, das rote Trainingsshirt in der Sonne reflektierend. Und dazu zwei Sätze, die in München auf Unverständnis stießen: »Ralf Rangnick bleibt Teamchef des Nationalteams! Wir haben noch viel vor!«

Am Tag zuvor, unmittelbar nach dem 2:2 gegen Madrid, hatte Rangnick Max Eberl und Christoph Freund angerufen und dem sportlich verantwortlichen Duo beim FC Bayern seinen überraschenden Entschluss mitgeteilt. Noch am Wochenende hatte er seine prinzipielle Zusage gegeben, die Eckdaten waren bereits geklärt.

»Er ist ein exzellenter Kenner der Fußballszene«, hatte Präsident

Herbert Hainer noch am Dienstagabend im Bauch der Allianz-Arena über Rangnick gesagt und über »gute Gespräche« mit dem Noch-Nationaltrainer Österreichs geplaudert. »Er hat enorme Fähigkeiten, Spieler und Mannschaften zu entwickeln. Alles, was ich aus dem Umfeld der österreichischen Nationalmannschaft höre, ist sehr, sehr positiv. Wenn er kommen sollte, wäre er eine sehr gute Wahl für uns.«

Hätte, wäre, wenn.

»Ich bin mit vollem Herzen österreichischer Teamchef«, ließ sich Rangnick stattdessen nun zitieren. »Diese Aufgabe macht mir unglaublich viel Freude, und ich bin fest entschlossen, unseren eingeschlagenen Weg erfolgreich weiterzugehen. Ich möchte ausdrücklich betonen, dass das keine Absage an den FC Bayern ist, sondern eine Entscheidung für meine Mannschaft und unsere gemeinsamen Ziele. Unsere volle Konzentration gilt der Europameisterschaft. Wir werden alles unternehmen, um dort so weit wie möglich zu kommen!«

Keine Absage an den FC Bayern? Das durfte der FC Bayern gewiss anders sehen. Erst hatte er einen Korb von Xabi Alonso bekommen, dann hatte Julian Nagelsmann beim DFB verlängert. Und selbst B-Lösungen wie Unai Emery von Aston Villa oder Roberto de Zerbi von Brighton blieben lieber in England.

Es schien wie verhext zu sein. Wollte denn niemand mehr den FC Bayern trainieren? War dieser Gigant, das Flaggschiff des deutschen Fußballs, so unsäglich unattraktiv geworden?

Eine Alternative zur Alternative Rangnick hatten Eberl und Co. erst mal nicht parat, während der »kicker« seine Leser fragte: »Können Sie Rangnicks Entscheidung gegen den Bayern-Job nachvollziehen?«

Binnen 24 Stunden hatten rund 162 000 Menschen auf »Ja« geklickt, gerade mal 8602 auf »Nein«. 95 Prozent waren also der Meinung, dass Rangnick sich durchaus einen Gefallen damit getan hatte, nicht zum FC Bayern zu gehen und stattdessen weiterhin die österreichische Nationalmannschaft zu trainieren.

Der Pay-TV-Sender Sky Sport gönnte sich auf seiner Instagram-Seite den Spaß und verfasste im Namen des FC Bayern eine Stellenausschreibung, die von der Optik eher einer Todesanzeige glich. »Der FC Bayern München«, hieß es in diesem süffisanten Beitrag, »bekannt für seine Siege, seine Tradition und seine ausgezeichnete Wurst, sucht einen neuen Trainer, der bereit ist, die Liga zu rocken.« Aufgelistet unter Anforderungen: »Innovatives Denken, um Taktiken zu entwickeln, die unsere Gegner so durcheinanderbringen, wie es unsere Führungsebene manchmal tut.«

Albern zwar, und doch traf es den Nagel auf den Kopf.

Wer sollte sich dieses Chaos wirklich antun? Natürlich kämpften die Bayern gerade um ein Ticket fürs Champions-League-Finale. Mehr ging eigentlich nicht. Aber sie kämpften auch mal wieder gegen sich selbst. Uli Hoeneß hatte bei seinem aufsehenerregenden Auftritt bei der »Frankfurter Allgemeinen Zeitung« klargestellt, dass Eberl und Freund zwar diejenigen waren, die einen neuen Trainer suchten. Dass dieser potenzielle neue Trainer aber schon auch allen gefallen musste. Besonders ihm und Karl-Heinz Rummenigge, die als Aufsichtsratsmitglieder eigentlich nicht mehr ins operative Geschäft eingebunden waren.

Wie sollte irgendwer in Ruhe arbeiten, wenn ihm nicht nur ständig von oben auf die Finger geschaut wurde, sondern an verschiedene Leute auch verschiedene Dinge gestreut wurden, um die Öffentlichkeit darüber zu informieren?

»Mein einziger Ratschlag ist, wieder etwas mehr Geheimhaltung walten zu lassen«, erzählte ausgerechnet Rummenigge wenige Tage später der spanischen Zeitung »AS«. »Als wir Pep unter Vertrag genommen haben, haben wir insgesamt sechs Monate an dem Deal gearbeitet, und niemand wusste davon.«

Nur zu gut wusste dafür inzwischen jeder, wie gern er sich damals mit besagtem Pep Guardiola zum Abendessen verabredete und eine Flasche Rotwein trank. Und dass der neue Bayern-Trainer auch gern wieder so einer sein durfte. Einer, der Autorität und Ahnung mitbringt, sich aber auch mit den Bossen austauscht und plaudert. Einer wieder Guardiola eben, nicht einer wie Tuchel.

Der Fisch stank immer vom Kopf, und das bekam der FC Bayern nun von Rangnick zu spüren. Lieber blieb er in seiner Wohlfühloase bei der Nationalmannschaft, wo ihn Spieler mit Nachrichten belagert hatten, um ihn vom Verbleib zu überzeugen, als sich in das hausgemachte Durcheinander beim FC Bayern zu stürzen. Wo Eberl zwar offiziell der starke Mann war, aber eigentlich nicht wirklich.

Die Suche ging also weiter. Und das Namedropping ebenso.

Das Auswärtsspiel beim VfB Stuttgart zwei Tage später verloren die Bayern mit 1:3, doch das war Thomas Tuchel herzlich egal. »Das können wir abhaken«, sagte er in gleich mehreren Interviews nach dem Spiel und konnte sich das Lachen kaum verkneifen, als er einmal gefragt wurde, wie »schmerzhaft« diese Niederlage denn gewesen sei. »Spätestens wenn wir nachher im Bus sitzen und die ganzen Interviews hinter uns haben, erlaube ich keinem, eine Sekunde noch an das Spiel hier zu denken. Das war ein Sandwich zwischen Real Madrid. *It is what it is*, es ist ärgerlich, aber nicht mehr.«

Die Bundesliga-Saison war im Grunde beendet, wen interessierte also die siebte Niederlage?

Immerhin hatte Harry Kane mal wieder vom Elfmeterpunkt getroffen und sein Torkonto auf 36 Treffer erhöht. Fünf Tore brauchte er in den abschließenden zwei Spielen gegen Wolfsburg und bei der TSG Hoffenheim also noch, um mit Robert Lewandowski aus der Saison 2020/21 gleichzuziehen.

Ansonsten durfte jeder Münchner diese relativ bedeutungslose Bundesliga-Partie getrost abhaken, im Fokus stand einzig und allein das Rückspiel bei Real Madrid.

Der Dienstagabend war bereits angebrochen, als die Spieler des FC Bayern in dunkelblauen Anzughosen und hellblauen Jeans-Hemden den Rasen des berüchtigten Estadio Santiago Bernabéu betraten.

Harry Kane hatte seine Krawatte abgelegt, das Jackett ebenso, spazierte nun mit den Händen in den Taschen über das perfekte Grün und schaute sich um.

Dieser Ort war so magisch, so mystisch, wie es für ein Halbfinal-Rückspiel in der Champions League kaum intensiver möglich gewesen wäre.

Dieses immer schon besondere Stadion hatte sich durch Umbauarbeiten über die vergangenen Jahre in eine hochmoderne Vorzeigearena verwandelt. Mit einem verschließbaren Dach, mit austauschbarem Rasen, mit Dachterrassen und einer 360-Grad-Videoleinwand. Die äußere Fassade zeigte keinen historischen Betonkasten mehr, wie das zum Beispiel in Mailand oder Barcelona der Fall war. Sie zeigte ein silbern glänzendes Schmuckstück, fast wie von einem anderen Planeten.

Im Estadio Santiago Bernabéu hatten einst die Galaktischen gespielt. Beckham, Figo, Zidane oder Ronaldo. Jetzt wirkte dieses Stadion wie aus einer anderen Galaxie. Mondpreise hatte es zumindest gekostet, mehr als eine Milliarde Euro. Davon hätte Real Madrid noch neun weitere Jude Bellinghams kaufen können. Oder zehn Harry Kanes.

Jetzt aber spielten sie in diesem galaktischen Stadion mit einem Jude Bellingham gegen den FC Bayern mit einem Harry Kane.

Und dieser Harry Kane hörte ganz genau hin, als Thomas Tuchel die Mannschaft im Mittelkreis des leeren Stadions versammelte. Und für ein paar Minuten das Wort ergriff.

»Das war kein Einschwören«, erzählte er ein paar Augenblicke später auf der Pressekonferenz. »Mir war es ein Bedürfnis, noch mal ein paar Sachen zu sagen.«

Er wusste, wie das in Madrid lief. Wie das gegen dieses Publikum und diese Mannschaft lief. Und wie man beide besiegte. Mit Dortmund hatte er hier mal ein 2:2 geholt, mit Paris später ebenfalls und als Chelsea-Trainer später 1:1. Und im Jahr darauf mit 3:2 gewonnen, was damals aufgrund einer 1:3-Hinspielniederlage trotzdem nicht für den Einzug ins Halbfinale gereicht hatte.

Auf der anderen Seite freilich hatte der ehemalige Bayern-Trainer Carlo Ancelotti von neun Partien gegen die Bayern keine einzige verloren.

Dieses Mal sollte die Geschichte einen anderen Ausgang nehmen, also wählte Tuchel einen neuen Ansatz, einen einfühlenden und menschlichen Vortrag.

Den Tag mehr zur Vorbereitung, den Mannschaft und Trainerteam im Vergleich zum Hinspiel hatten, hatten sie bereits genutzt, hatten taktische Meetings und Trainingseinheiten hinter sich gebracht. »Jetzt war's einfach nur …«, sagte Tuchel, überlegte kurz und setzte neu an. »Ein paar Dinge angesprochen. Eines davon war, so einen Tag wie heute und so eine Ankunft auch mal kurz zu genießen. Wir befinden uns alle im Tunnel, alles ist sehr inhaltlich gestaltet; der Rückblick aufs Hinspiel, der Ausblick aufs Rückspiel; welche Räume wollen wir besetzen? Wer spielt wo? Was wollen wir ein bisschen besser machen? Was wollen wir genauso machen? Was wollen wir ein bisschen verändern? Das ist auch gut, dass das so ist, aber … Ich habe jetzt einfach gesagt, an so einem Abend … Wir werden morgen eh keine Zeit mehr haben, das zu genießen. Es ist wichtig, sich noch mal mit dem inneren Kind zu verbinden, mit dem eigenen inneren Kind. Und sich zu verdeutlichen, dass wir alle Teil dessen sein wollten, als wir klein waren. Dass wir diese Spiele im Garten nachgespielt haben. Und dass man dafür auch dankbar sein darf, stolz drauf sein darf. Und dass es uns natürlich nicht abhalten wird, morgen alles dafür zu tun, um den Schritt nach Wembley zu gehen.«

Nach Wembley, ins Finale. Ins Spiel der Spiele.

Harry Kane hatte dieses Finale schon einmal gespielt, 2019 mit Tottenham gegen Liverpool. Damals war er, wie immer, leer ausgegangen. Nun griff er mit Bayern nach dem größtmöglichen Titel.

Alle Versprechen habe er bislang erfüllt und sogar noch mehr, sagte ein gut gelaunter Tuchel grinsend über seinen absoluten Wunschspieler im vergangenen Sommer. »Morgen«, ergänzte der Trainer jedoch auch, »muss er den Beweis antreten und liefern«.

Er sollte auf der größten Bühne im europäischen Fußball liefern. Bislang hatte das ganz gut geklappt, immerhin zeichnete Kane für 38,3 Prozent der 115 Bayern-Tore in der Saison verantwortlich. So einen Prozentsatz hatte nicht mal Robert Lewandowski in seinen acht Jahren in München erreicht. Was einerseits zeigte, dass die Bayern von ihrer neuen Nummer 9 noch ein bisschen abhängiger waren als von ihrer alten. Dass sie insgesamt aber auch weniger Tore erzielten.

Ein Tor, das war vor dem Anpfiff bereits klar, würden sie erzielen müssen. Spätestens im Elfmeterschießen.

Die Uhren waren nach dem 2:2 im Hinspiel wieder auf null gestellt, es ging komplett von vorn los.

Und es ging beängstigend los. Ein bisschen zumindest.

Teil eins des deutschen Dreigestirns hatte am Vorabend vorgelegt. Bayer Leverkusen hatte das Endspiel in der Europa League nach einem 2:0-Hinspielsieg bei der AS Roma vor Augen. Und Borussia Dortmund, Fünfter in der Bundesliga, stand nach dem zweiten 1:0-Sieg über Paris Saint-Germain tatsächlich im Champions-League-Finale.

Das bedeutete auch: Würden die Bayern in Madrid weiterkommen, käme es zur Neuauflage des Finals von 2013, das die Bayern mit 2:1 für sich entschieden hatten, ebenfalls in Wembley. Sollte sich die Geschichte also elf Jahre später wiederholen?

Der spanische Meister hatte etwas dagegen und zeigte das.

»*El Real Madrid nunca se rinde*«, stand auf einem übergroßen Spruchband, das sich in Lila und Weiß durchs ganze Estadio Santiago Bernabéu zog, als beide Mannschaften am Mittwochabend den Rasen betraten.

Real Madrid, besagte der Spruch, gibt niemals auf.

Das wussten auch die Bayern. Sie und alle anderen Fußballvereine und Fußballfans hatten in den vergangenen Jahren gesehen, was für eine Magie dieser Mythos bisweilen entfachte. Ihm hatten 2022 drei Minuten gereicht, um Kylian Mbappé und PSG im Achtelfinal-Rückspiel den Zahn zu ziehen. Ihm hatten zwei Monate später zwei Minuten gereicht, um ein Halbfinal-Rückspiel gegen Manchester City auf den Kopf zu stellen. Ihm reichten Augenblicke, um wieder mal für große Augen zu sorgen.

Real Madrid war wie ein Löwe, der sich seine Beute zurechtlegte und auf den richtigen Moment wartete, um zuzuschnappen.

Und wenn die Bayern eins nicht mochten, dann Löwen.

Thomas Tuchel hatte eine Überraschung mitgebracht. Raphael Guerreiro fehlte verletzt, ebenso wie Kingsley Coman. Doch im Mittelfeld entschied sich der Bayern-Trainer nicht für das noch gegen Arsenal so sattelfeste Duo aus Leon Goretzka und Konrad Laimer vor der Abwehr, sondern neben dem abräumenden Österreicher für den gerade 20 gewordenen Aleksandar Pavlovic. Dazu spielte Serge Gnabry nach überstandenem Muskelfaserriss anstelle von Thomas Müller, Jamal Musiala durfte dafür wieder auf der Zehn ran. Und rechts hinten hatte Joshua Kimmich wieder mindestens 90 Minuten gegen Vinicius Junior vor sich.

14 Sekunden dauerte es, bis besagter Vinicius gegen Kimmich die erste Ecke der Partie herausholte, nachdem Leroy Sané bereits nach acht Sekunden den ersten Fehlpass gespielt hatte. Das Bernabéu brannte direkt, genauso, wie es die Bayern hatten vermeiden wollen.

Eine gute Kombination brachte Tuchels Elf in der achten Minute zustande, als der Ball schnell über mehrere Stationen lief und Gnabry letztlich im Strafraum einen zu ungenauen Querpass auf Kane spielte, den dieser nicht mehr erreichen konnte.

Ansonsten bestimmte Real das Geschehen. Wenige Minuten nach der aussichtsreichen Gelegenheit für die Bayern hielt Manuel Neuer gleich zweimal herausragend, lenkte erst einen Flachschuss von Vinicius an den Pfosten und schnappte sich dann auch den Rebound von Rodrygo.

Aus Bayern-Sicht lief vieles falsch. 25 Minuten waren gespielt, als sich Serge Gnabry nahe dem eigenen Strafraum auf den Boden setzte und medizinische Hilfe herbeiwinkte. Der Oberschenkel hatte wieder zugemacht und Gnabry somit Feierabend.

Tuchel wechselte ein erstes Mal, brachte Alphonso Davies für die linke offensive Seite. Der Kanadier war es dann, der nach dem Seitenwechsel das nächste Lebenszeichen in der Offensive sendete und Pech hatte, dass Madrids Rechtsverteidiger Dani Carvajal dessen Linksschuss knapp über das Tor abfälschte.

Ansonsten jedoch setzte sich das Duell Real Madrid gegen Manuel Neuer fort. Er parierte einen Freistoß von Rodrygo, parierte einen saftigen Schuss von Vinicius. Parierte immer wieder und brachte wuchtig anlaufende Spanier zur Verzweiflung.

Und wer die Tore vorn nicht macht …

In der 68. Minute landete ein gut platzierter Flugball von Harry Kane links im Lauf von Davies, der den Ball mitnahm, auf Sechzehnerhöhe nach innen bog, überraschend mit rechts abzog und in den Winkel traf.

Weit oben im runderneuerten Stadion schrien viertausend mitgereiste Bayern-Fans sich die Freude aus dem Leib, ganz unten sprang ein kleiner Bayern-Block aus seinen Sitzen und feierte mit den Spielern, die sich auf dem Rasen in die Arme fielen. Einen besseren Zeitpunkt für sein erstes Champions-League-Tor hatte sich Davies nicht aussuchen können.

Entgegen des Spielverlaufs waren die Bayern in Führung gegangen, aber das brauchte die Bayern ja nicht zu interessieren. Tuchel nahm die Führung mit geballten Fäusten und geschlossenem Mund zur Kenntnis, jubelte in sich hinein.

Ansonsten verfielen 80 000 Madridistas für einen Moment ins Schweigen. Kommen gesehen hatte dieses 0:1 niemand.

Und plötzlich stand Real Madrid wieder mal mit dem Rücken zur Wand. Wie eigentlich immer in einem bedeutenden K.-o.-Spiel der Champions League.

Wie diese Spiele meist endeten, wussten alle.

Und vielleicht ahnten sie es auch dieses Mal.

Ein Eigentor von Davies nur vier Minuten später nahm der polnische Schiedsrichter Szymon Marciniak nach einem Gang in die Review Area wieder zurück, weil Reals Innenverteidiger Nacho Kimmich in der Entstehung mit beiden Händen ins Gesicht gelangt hatte.

Wiederum vier Minuten später war der Arbeitstag für Leroy Sané beendet. Beim dauerverletzten Flügelspieler war einerseits wenig zusammengelaufen, andererseits war aufgrund anhaltender Schmerzen nicht mehr drin. Der im Hinspiel so unglückliche Min-Jae Kim kam in die Partie, Tuchel stellte auf eine Fünferkette mit drei Innenverteidigern um.

Auf der Gegenseite wechselte Carlo Ancelotti den einzigen echten Stürmer in seiner Mannschaft ein. Joselu, der es mal bei Hoffenheim, Eintracht Frankfurt und Hannover 96 in der Bundesliga probiert hatte, ersetzte Fede Valverde.

Auch Tuchel reagierte erneut, nahm Jamal Musiala und Kane vom Feld, brachte dafür Thomas Müller und Eric Maxim Choupo-Moting und hatte nun alle vier Offensivkräfte, die zu Beginn auf dem Feld standen, auswechseln müssen.

Die Konsequenzen waren kaum abzusehen.

Ausgerechnet Neuer, der Madrid bis hierhin zur Verzweiflung gebracht hatte, ließ in der 88. Minute einen eher harmlosen Abschluss von Vinicius nach vorn prallen. Joselu stand goldrichtig, staubte zum 1:1 ab und erweckte 80 000 Real-Fans wieder zum Leben.

Die Bayern waren so kurz davor gewesen, diesen Coup über die Zeit zu retten. Dieser verrückten Saison ein versöhnliches Ende zu verpassen. Thomas Tuchel das bestmögliche Ende als Bayern-Trainer zu bescheren.

Und jetzt standen sie hier, in einem brodelnden Bernabéu. Ohne die gesamte Offensive, mit leeren Akkus. Und dem psychologischen Vorteil beim Gegner, dem abgezocktesten Team Europas.

Real drückte aufs Gaspedal, drängte noch vor Anbruch der Verlängerung auf eine Entscheidung und bekam sie. In der ersten Minute der Nachspielzeit landete der Ball links im Strafraum bei Innenverteidiger Antonio Rüdiger, der mit links direkt ins Zentrum flankte, wo Joselu wieder goldrichtig stand und volley einschoss. Jubel entbrannte erneut, aber dieses Mal nur kurz, denn ganz außen hatte der Linienrichter die Fahne gehoben und Abseits angezeigt.

Wie das inzwischen so üblich war, waren Schiedsrichter dazu angehalten, mögliche Abseitsszenen erst mal laufen zu lassen und im Zweifel dann noch die Fahne zu heben. So konnten sie ein Tor immer noch zurücknehmen. Pfiffen sie andersrum fälschlicherweise zu früh ab, würden sie ein daraus resultierendes Tor möglicherweise verhindern.

Jetzt also wartete Schiedsrichter Marciniak auf das Signal des Video-Schiedsrichters, der sich die Szene wieder und wieder anschaute und alsbald erkannte, dass entgegen der Annahme des Linienrichters keine Abseitsstellung vorgelegen hatte. Marciniak blies in seine Pfeife, malte mit seinen Händen ein Viereck in die Luft und zeigte auf den Anstoßpunkt.

Tor für Madrid, der Tiefschlag für die Bayern.

Fassungslose, leere Münchner Gesichter sahen mit an, wie die gesamte Madrider Bank auf den Platz rannte und sich auf den Doppel-Torschützen Joselu stürzte. Wie sie ihr Comeback feierten. Das nächste von so vielen. Wie dann alles doch wieder seinen gewohnten Gang nahm.

Doch eine Pointe sollte dieses Spiel noch bereithalten.

Zwölf Minuten der eigentlich nur neunminütigen Nachspielzeit waren abgelaufen, als Joshua Kimmich noch mal einen Flugball in den gegnerischen Strafraum auf Noussair Mazraoui schlug, Müller an den Ball kam und diesen zum aufgerückten de Ligt köpfte. Der umgehend abschloss und Lunin im Tor überwand.

Nur jubelte dieses Mal niemand.

Denn Schiedsrichter Marciniak hatte bereits vor Müllers Kopfballvorlage abgepfiffen. Aber warum?

Dieses Mal hatte der andere Linienrichter die Abseitsfahne gehoben, allerdings zu früh. Er hatte Mazraoui bei Kimmichs Flugball im Abseits gewähnt und nicht abgewartet, bis die Szene zu Ende gespielt war. Ebenso wenig wie Marciniak, der noch gar nicht hätte pfeifen dürfen.

Das hatte er aber getan und somit nichts mehr an seiner Entscheidung ändern können.

Das, was er wenige Minuten zuvor beim Madrider Führungstor noch vorbildlich ausgeführt hatte, führte er jetzt ad absurdum.

An der Seitenlinie sprinteten Tuchel und sämtliche Bayern-Verantwortliche zum vierten Offiziellen, schrien und schauten so erbost, wie sie nur konnten, weil sie genau wussten, dass Marciniak nichts mehr an seiner Tatsachenentscheidung ändern konnte.

Es war gelaufen. Die Szene und das Spiel.

Und die Saison.

Aus und vorbei.

Sie sanken zu Boden auf dem Platz, starrten ins Nichts. Auf der Tribüne rissen die Bayern-Fans die Arme über den Kopf, sagten kein Wort.

Sie waren so nah dran gewesen, so kurz davor, ins Finale einzuziehen. Das deutsche Finale zu komplettieren, gegen Borussia Dortmund um den wichtigsten Titel zu kämpfen. Den einzigen verbliebenen Titel in dieser Saison.

Stattdessen gingen sie wieder leer aus. Wie schon gegen Leipzig, in Saarbrücken oder Leverkusen.

Zum ersten Mal seit 2012 beendete der FC Bayern eine Saison ohne einen einzigen Titel.

Harry Kane schaute auf den Boden, beide Hände auf die Stirn gelegt. Fassungslosigkeit machte sich auch beim Engländer breit. Fassungslosigkeit über dieses Spiel, aber auch über diese Saison. Er hatte Tottenham nach all den Jahren verlassen, um all die Tore endlich zu vergolden. Jetzt hatte er wieder getroffen und getroffen, hatte alles Mögliche getan. Und blieb wie in London ohne Titel.

Wie verflucht konnte das Schicksal eines Weltklasse-Fußballers denn sein? Thomas Tuchel standen die Tränen in den Augen, als er am Spielfeldrand seine Interview-Pflicht erledigte und von weit oben aus dem Bayern-Block seinen Namen hörte. Der Trainer hatte einiges mitgemacht in diesen nun 13 Monaten in München. War zweimal verfrüht aus dem Pokal geflogen, hatte die Meisterschaft scheinbar verspielt und dann doch noch gewonnen, hatte sie dann an Leverkusen übergeben müssen und in der Champions League wieder früher als gehofft die Segel gestrichen. Er hatte Spieler bekommen und andere nicht, hatte einen Ausfall nach dem anderen verkraften und moderieren müssen. Hatte sich öffentlich beklagt und dann wieder zurückgehalten. War entlassen worden, aber erst zum Saisonende. Und hatte inmitten dieses riesigen Chaos dann doch den Durchblick behalten und einer so konfusen Spielzeit beinahe ein Happy End verpasst.

Die Champions League, das hatte Tuchel bewiesen, war sein Wettbewerb. Er hatte seine Mannschaft perfekt vorbereitet auf Arsenal, ebenso auf Real Madrid. Im Hinspiel hatte ihn Min-Jae Kim im Stich gelassen, im Rückspiel ausgerechnet der bis dahin so überragende Neuer. Auch wenn das 2:1 für Real aufgrund der Überlegenheit und Chancen überaus verdient war.

Jetzt jedoch näherte sich Tuchels Zeit dem Ende. Und vielleicht ließ er alles mal Revue passieren, als ein paar Fans den scheidenden Trainer zum allerersten Mal wirklich bejubelten. Die Tränen jedenfalls sprachen Bände.

Tränen, die sich wenig später wieder in Wut verwandelten. Zurück im Bauch des Stadions, setzte sich Tuchel hinters Podium im Presseraum und nahm einen großen Schluck aus der bereitgestellten Gatorade-Flasche, als ihn ein Reporter auf Schiedsrichter Marciniak ansprach. Der Pole, erzählte der Reporter, habe sich beim eigentlichen Ausgleichstorschützen de Ligt bereits entschuldigt und den Fehler zugegeben. Ob er die Entschuldigung akzeptieren könne, wurde Tuchel gefragt.

Er setzte die Flasche ab, den Mund noch voll, und schüttelte bitter grinsend den Kopf. »Hmm, sehr schwer«, sagte er. »Also natürlich nehmen wir die an, aber wissen Sie … Es ist Halbfinale. Es ist nicht der Moment für Entschuldigungen, ehrlich nicht.«

Ein sarkastisch lachender Seufzer, dann wurde Tuchel immer lauter. »Es ist echt nicht der Moment für zwei so krasse Regelverstöße und danach Entschuldigung. Es ist einfach nicht der Moment.«

Er schlug sich mit der flachen rechten Hand in die linke. »Alle müssen ans Limit.«

Noch ein Klatscher. »Alle müssen, müssen, müssen leiden.«

Und noch ein Klatscher. »Alle müssen, müssen fehlerfrei spielen. Dann müssen die Schiedsrichter das auf diesem Niveau halt auch tun. Es hilft halt nicht, wenn du nachher Entschuldigung sagst. Dafür bist du auf dem Feld, dafür bist du der Beste, den es da draußen gibt. Und dann erwarten wir das auch bis zum Schluss. Und wenn du das nicht liefern kannst, hilft eine Entschuldigung in dem Moment nicht.« Ein lauter Monolog, den er leise und resignierend abschloss. »Wir nehmen das als Sportsmänner natürlich an, aber … pff, damit ist es irgendwie nicht getan.«

Es kam vieles zusammen beim Trainer, der nun nichts mehr zurückhalten musste. Seine Wechsel zum Beispiel habe er nicht freiwillig ausgeführt, erklärte Tuchel. Jeder war erzwungen. »Wir reagieren die ganze Saison auf Verletzungen. In unserem wichtigsten Spiel der Saison starten wir vorn mit vier, und alle vier müssen raus. Wir sind nur am Reagieren, wir sind nie am Agieren. Das ist einfach zu viel.«

Und Neuer? Den nahm der Trainer vehement in Schutz: »Von zehntausend Bällen hält er den zehntausend Mal, das ist der zehntausenderste«, erklärte Tuchel. »Es ist ausgeschlossen, dass Manu diesen Fehler macht. Er macht ihn ausgerechnet nach diesem Weltklasse-Spiel. Das ist so was von bitter. Wenn es jemanden gibt, der das nicht verdient hat, dann ist es Manu. Wir wissen, wo er herkommt, wie er dafür geschuftet hat. Ich weiß, wie der dafür geschuftet hat. Ich weiß, wie der sich hier vorbereitet hat. Also das ist … Puh … Man denkt dann ja immer, das passiert irgendwie für einen höheren Sinn, aber … Ich weiß nicht, ob sich der in den nächsten 50 Jahren noch erschließt. Das ist einfach nur bitter. Niemand wird mit dem Finger auf ihn zeigen. Er ist natürlich der Unglücklichste von allen.«

Neuer selbst stellte sich nach diesem so bitteren Abend, sprach in den Katakomben des Estadio Santiago Bernabéu ganz leise: »Da fehlen einem die Worte, wir waren mit einem Schritt in London. Egal, wie das Tor fällt, es geht mir schlecht. Ich habe den Ball anders erwartet, eher auf Brusthöhe, dann geht er Richtung Hals, ich konnte ihn nicht festhalten.«

Kurz vor Mitternacht begab sich der Bayern-Tross geschlossen in zwei Mannschaftsbussen auf den Rückweg ins Teamhotel, wo Sponsoren und Familienmitglieder beim Bankett bereits warteten.

Währenddessen bahnten sich Hunderttausende Zeitungen ihren Weg von der Druckerpresse in Lkw und Sprinter, auf den Weg in die Shops, Kioske, Flughäfen und Bahnhöfe. Und in jedem Land fiel ein leicht unterschiedliches Fazit. »Real Madrid«, fand die Real-nahe »Marca«, »erlaubt keine Rivalen. Seit zwei Wochen wurde behauptet, dass die Bayern Real Madrid am nächsten stehen, und als es darauf ankam, gingen die stolzen Bayern wie alle anderen in die Knie, als sie sich im Finale sahen.«

In England beklagte die »Sun« ein »Desaster«: »Fans behaupten, dass die Champions League manipuliert ist, nachdem Real Madrid gegen Bayern mit einer Riesen-Kontroverse endet, weil den Deutschen ein Tor verwehrt wird.«

Und Harry Kane? Dessen »Herz ist gebrochen«, urteilte der »Mirror«. »Einfach lächerlich« sei Real Madrid, meinte der »Guardian«. »Die Mannschaft, die anscheinend diesen Wettbewerb besitzt, die eine magische Macht hat über diese Trophäe, die sie einfach nicht aufgeben will, ist wieder im Finale, weil sie es natürlich ist.«

Trösten durften sich die Münchner mit 130 Millionen Euro, die sie über die gesamte Champions-League-Saison eingenommen hatten. Geld, das sie im Sommer gut gebrauchen konnten. Sie mussten einen neuen Trainer finden und dann den Kader angehen. Spieler sollten gehen, andere kommen.

Und dann sollte ein neuer Anlauf genommen werden.

Als die Bayern letztmals eine Saison ohne Titel beendet hatten, hatten sie im Anschluss das Triple gewonnen. 2025, das wussten alle Beteiligten nur zu gut, würde das Champions-League-Finale in München stattfinden. Der Zeitpunkt, Geschichte zu wiederholen, konnte also kein besserer sein.

»Wir sind auch in der Vergangenheit schon durch solche Talsohlen und tiefe Gräben gegangen«, erzählte Jan-Christian Dreesen, als alle beim Bankett eingetroffen waren und den Worten des CEO lauschten. »Das ist das, was die FC-Bayern-Familie auszeichnet: dass wir nach bitteren Niederlagen wie heute stärker als zuvor zurückkommen.« Also nahm Dreesen das übernächste Champions-League-Finale ins Visier, frei nach dem Mia-san-mia-Motto: »Das ist jetzt unser großes Ziel.«

Das große Ziel vor einem großen Sommer.

Epilog

Den Rekord knackte er nicht mehr.

Cargoshorts und ein dunkelblaues T-Shirt trug Harry Kane, als er vier Tage nach dem Ausscheiden in Madrid den Rasen der Allianz-Arena betrat.

Er hatte nicht mitgespielt beim 2:0 gegen Wolfsburg, dem letzten Heimspiel der Saison und dem eigentlich letzten Heimspiel von Trainer Thomas Tuchel. Eigentlich.

Eine Blockade im Rücken, die schon in Madrid zur verfrühten Auswechslung geführt hatte, verhinderte Kanes Einsatz und die Jagd auf die 41-Tore-Marke von Robert Lewandowski. Stattdessen spazierte er mit seinen Töchtern Ivy, Vivienne und dem zweitjüngsten Sohn Louis auf den Platz und erhielt umgehend lauten Beifall von den zahlreichen Zuschauern, die nach Schlusspfiff noch geblieben waren, um die Mannschaft gebührend zu verabschieden nach einer so kräfteraubenden Saison.

Die drei Kinder hüpften im neuen, roten Trikot des FC Bayern umher, mit der Nummer 9 auf dem Rücken und der Aufschrift »Daddy«. Blaue Lärmschutzkopfhörer hatten Papa Harry und Mama Katie ihrem Nachwuchs aufgesetzt, es wurde schließlich immer mal wieder recht laut in einem Fußballstadion.

»Harry, Harry, Harry«, riefen ein paar Fans. Kane registrierte es, winkte dankend und nahm seine Töchter wieder zur Seite, Sohn Louis auf den Arm und stellte sich zur Mannschaft, die sich vor der Südkurve versammelt hatte und den Worten des Vorsängers lauschte, anschließend zusammen sang, klatschte und eingehakt hüpfte.

Harry, Ivy, Vivienne und Louis drehten mit der Mannschaft und weiterem Nachwuchs eine Abschiedsrunde über den Arena-Rasen. Und am Ende wartete Mama Katie wieder auf ihre Kinder, das Quintett stellte sich für ein Foto zusammen, das Kane später bei Instagram teilte. »Ein großes Dankeschön an unsere Fans, die mir und meiner Familie in dieser Saison das Gefühl gegeben haben, so willkommen und zu Hause zu sein«, schrieb er dort. »Es war toll, einen schönen Moment mit der Familie auf dem Spielfeld zu verbringen und unseren unglaublichen Fans nach einem Sieg zu danken. Nächstes Wochenende wollen wir die Saison mit einem Erfolgserlebnis beenden.«

Der Kreis schloss sich, als Kanes gesamte Familie durch die Katakomben in Richtung Kabine schritt. Eltern, Großeltern und Schwiegereltern. Neffen, Nichten und Schwager.

In der Konstellation hatten sie zusammen am Tag nach Kanes Debüt im Supercup zum ersten Mal gemeinsam den Rasen in der Allianz-Arena betreten, und so beendeten sie auch die erste Saison in München.

Es passte alles ganz wunderbar ins Drehbuch, wie dieses absurde Jahr sich dem Ende zuneigte. Einen Nachfolger für Thomas Tuchel hatten die Bayern auch vor dem letzten Spieltag noch nicht gefunden, hatten es deshalb also gleich noch mal bei Thomas Tuchel versucht. Beide Parteien hatten nach dem verlorenen Halbfinale in Madrid verhandelt, und für ein paar Tage hatte es tatsächlich nach einer 180-Grad-Drehung ausgesehen, nach der Lösung für diese schier endlose Trainersuche.

Bis Tuchel am Freitag vor dem letzten Aufgalopp bei der TSG Hoffenheim den kleinen Presseraum an der Säbener Straße betrat, das große Aufkommen mit einem süffisanten Lächeln registrierte und natürlich wusste, welche Frage zuerst kommen würde. »Die Verletztenliste?«, fragte er sarkastisch, bevor der Reporter überhaupt das Mikrofon entgegengenommen hatte. »Hoffenheim? Grundordnung?«

Er nahm einen Schluck Wasser aus dem Glas, das er sich gerade selbst befüllt hatte, und wartete ab.

»Bleiben Sie Trainer des FC Bayern? Oder ist das hier heute Ihre letzte Pressekonferenz an der Säbener Straße?«

Tuchel zögerte nicht, nickte mehrfach und grinste dabei. »Das ist die letzte Pressekonferenz an der Säbener Straße. Es bleibt bei der Vereinbarung vom Februar. Es gab noch mal Gespräche in der letzten Woche, aber wir haben keine Einigung gefunden für eine weitere Zusammenarbeit.«

Und rumms. Die nächste Ohrfeige für die Bayern, deren Suche nach einem neuen Trainer nicht nur zur Farce verkam, sondern allmählich immer peinlicher wurde.

Xabi Alonso hatte abgesagt, Julian Nagelsmann beim DFB verlängert, Ralf Rangnick sein Jawort zurückgenommen. Und nun ging auch Tuchel definitiv von Bord.

Zahlreiche Bayern-Profis, hieß es, hätten sich bei den Bossen für Tuchel starkgemacht. Immerhin hatte dieser Trainer, der in besagtem Februar noch so distanziert und teilweise regelrecht schockiert gewirkt hatte, offensichtlich eine Bindung zur Mannschaft gefunden. Hatte sie in den entscheidenden Champions-League-Spielen vernünftig eingestellt und nur um einen abgeprallten Abschluss das Finale verpasst.

Und immerhin war er derjenige gewesen, der Harry Kane unbedingt nach München holen wollte. »Ich bin bis heute … vielleicht sogar ein bisschen stolz, aber sehr froh, dass ich unnachgiebig war bei dem Thema Harry Kane«, sagte Tuchel an jenem Freitag, als er ein kleines Fazit zu seinen rund 14 Monaten beim FC Bayern zog. »Dass ich das mit Brazzo damals noch angeleiert habe und Brazzo infiziert habe mit dem Feuer. Und dass wir drangeblieben sind und alles dafür getan haben, dass wir zu Harry mal gehen und ihn persönlich kennenlernen, um den Stein ins Rollen zu bringen. Und dass ich da hart geblieben bin im Transferausschuss.«

Kane hatte die Bayern bereichert, auch wenn er die titellose Saison nicht verhindern konnte.

Jetzt fragte auch er sich, wie es weitergehen würde in München. Wer ihm in der kommenden Saison zu Silberware verhelfen sollte. Wer dieses Rätsel FC Bayern wohl besser lösen konnte als Thomas Tuchel.

Die Pressekonferenz am Freitag hatte diese Spielzeit schon vortrefflich abgerundet, tags darauf tat die Mannschaft in Sinsheim ihr Übriges. Also diejenigen, die noch übrig geblieben waren.

Nach rund fünf Minuten hatten die Bayern bereits mit 2:0 bei der TSG Hoffenheim geführt, nur um am Ende völlig einzubrechen und 2:4 zu verlieren. Und den zweiten Platz im Fernduell an den VfB Stuttgart abzugeben.

Leroy Sané und Jamal Musiala waren nicht dabei gewesen, ebenso wenig wie Kingsley Coman oder Serge Gnabry oder Min-Jae Kim oder Sacha Boey oder Raphael Guerreiro. Sie alle waren verletzt oder angeschlagen, genau wie Harry Kane.

Der hatte Deutschland bereits verlassen, um sich vor der Europameisterschaft den lädierten Rücken behandeln zu lassen.

Die Torjägerkanone, die der »kicker« alljährlich an den besten Torschützen der Bundesliga-Saison vergab, würde er zum Start der neuen Saison in München entgegennehmen. Er hatte 36 Tore erzielt, so viele wie kein anderer in seiner ersten Bundesliga-Saison. Sechsmal hatte er mit dem linken Fuß getroffen, 22-mal mit dem rechten und ganze achtmal per Kopf. Hinzu kamen acht Vorlagen in der Liga sowie zwölf Torbeteiligungen in der Champions League. Ergab unterm Strich 44 Tore und zwölf Assists in 45 Pflichtspielen.

Mit einem Titelgewinn beim FC Bayern hatte es noch nichts sein sollen, vielleicht fand er ja aber dieses Mal Trost im Kreise der Nationalmannschaft. Wo er 2021 schon am EM-Pokal geschnuppert hatte. Wo er anderthalb Jahre später den entscheidenden Strafstoß im WM-Viertelfinale gegen Frankreich vergeben hatte.

Wo er trotzdem der unumstrittene Kapitän war. Der Fixpunkt einer Mannschaft voller Hochbegabter.

Die Nummer 9.

Auf der Jagd nach Titeln.